哲學門

第十卷（2009）第二册

总第二十辑

北京大學出版社
PEKING UNIVERSITY PRESS

图书在版编目(CIP)数据

哲学门(总第二十辑)/赵敦华主编.—北京:北京大学出版社,2010.2
ISBN 978-7-301-16926-1

Ⅰ.哲…　Ⅱ.赵…　Ⅲ.哲学－文集　Ⅳ.B-53

中国版本图书馆 CIP 数据核字(2010)第 020126 号

书　　　名：哲学门(总第二十辑)
著作责任者：赵敦华　主编
责 任 编 辑：田　炜
封 面 设 计：奇文云海
标 准 书 号：ISBN 978-7-301-16926-1/B·0886
出 版 发 行：北京大学出版社
地　　　址：北京市海淀区成府路 205 号　100871
网　　　址：http://www.pup.cn　电子邮箱：pkuwsz@yahoo.com.cn
电　　　话：邮购部 62752015　发行部 62750672　出版部 62754962
　　　　　　编辑部 62752025
印 刷 者：北京宏伟双华印刷有限公司
经 销 者：新华书店
　　　　　　787mm×1092mm　16 开本　25 印张　384 千字
　　　　　　2010 年 2 月第 1 版　2010 年 2 月第 1 次印刷
定　　　价：40.00 元

未经许可,不得以任何方式复制或抄袭本书之部分或全部内容。
版权所有,侵权必究
举报电话:010-62752024;电子邮箱:fd@pup.pku.edu.cn

论 坛：佛学与中国哲学

唯识思想的基本特征 …………………………………… 周贵华（1）

一心与机用
　　——佛教"观心论"的实践意义 …………………… 李四龙（13）

华严宗的孕育新考 ……………………………………… 杨维中（29）

晚明佛学与儒典解经
　　——以智旭的《四书蕅益解》为中心 ……………… 龚　隽（61）

论 文

亚里士多德《范畴篇》中的实体理论
　　——对《范畴篇》第5章的研究 ………………… 聂敏里（79）

宗教能否使人得救？
　　——对斯宾诺莎宗教得救学说的一个探讨 ……… 黄启祥（97）

赋义与理解：齐克果论"信念"
　　——兼论普兰丁格的宗教认识论 ………………… 邹晓东（113）

弗雷格的"真" …………………………………………… 蒋运鹏（139）

什么样的社会能使人的"个性"得以彰显？
　　——《德意志意识形态》中"我的交往"部分解读 … 聂锦芳（157）

奥斯维辛之后欧洲思想家关于"禁止表象"的思考 ……… 刘文瑾（195）

基础认知词模态逻辑 ……………………… 裘江杰　黄华新（221）

道之隐显（上）
　　——《老子》第一章阐微 …………………………… 李若晖（235）

品墨三昧 ………………………………………………… 宋文坚（271）

郭象的政治哲学 ………………………………………… 杨立华（285）
刘因"议论之学自传注疏释出"的思想 ………… 蔡方鹿　陈欣雨（309）
论怀特海哲学对牟宗三的影响 ……………………………… 王　锟（321）

书评

徐刚：《孔子之道与论语其书》 ……………………………… 付　佳（333）
向世陵：《理气性心之间——宋明理学的分系与四系》 ……… 邓庆平（337）
王中江：《近代中国思维方式演变的趋势》 ………………… 干春松（345）
〔韩〕崔英辰：《韩国儒学思想研究》 ………………………… 王　雅（356）
〔美〕沃格林：《希腊化、罗马和早期基督教》 ……………… 刘晨光（363）
谷裕：《隐匿的神学——启蒙前后的德语文学》 ……………… 林丽娟（371）
〔法〕汤姆·洛克曼：《马克思主义之后的马克思》 ………… 王　巍（379）

书讯

〔清〕黄宗羲：《黄梨洲文集》 ………………………………………（28）
〔清〕王夫之：《诗广传》 ……………………………………………（28）
〔美〕列文森：《儒教中国及其现代命运》 …………………………（137）
〔清〕戴震：《戴震集》 ………………………………………………（138）
〔德〕海德格尔：《现象学之基本问题》 ……………………………（138）
〔美〕德·阿尔瓦热兹：《马基雅维利的事业——〈君主论〉疏证》 …（156）
黄裕生：《宗教与哲学的相遇——奥古斯丁与托马斯·阿奎那的
　　基督教哲学研究》 ………………………………………………（220）
〔德〕萨弗兰斯基：《尼采思想传记》 ………………………………（284）
丰子义：《发展的呼唤与回应：哲学视野中的社会发展》 …………（308）
〔加拿大〕弗莱切：《记忆的承诺：马克思、本雅明、德里达的历史与政治》
　　………………………………………………………………………（332）

Contents

Forum: Buddhism and Chinese Philosophy

The Characteristics of Vijñaptimātra Thought ·············· Zhou Guihua(1)

"Yi Xin" and "Ji Yong": the Practical Significance of "Guan Xin Lun"
·· Li Silong(13)

A New Study on the Origin of Huayan Zong ············ Yang Weizhong(29)

Buddhism and the Interpretation of Confucian Classic in late Ming Dynasty:
  On Zhi Xu's Interpretation of "Si Shu" ······················ Gong Jun(61)

Articles

On Aristotle's Theory of the Entity in Categories 5 ············ Nie Minli(79)

Would Religions Save Us?
  A Discussion of Spinoza's Religious Theory ············ Huang Qixiang(97)

Kierkegaard on "Faith":
With an Observation on Religious Epistemology of Plantinga
·· Zou Xiaodong(113)

What Kind of Society Would Reveal Man's Personality?

Frege on Truth ·· Jiang Yunpeng(139)

An Explanation of "Intercourse of My" in "The German Ideology"
·· Nie Jinfang(157)

The Discussion of "Representation Ban" among European Thinkers in
  the Post-Auschwitz Period ······································ Liu Wenjin(195)

The Modal Logic of Baci Recognition ······ Qiu Jiangjie, Huang Huaxin(221)

"Yin" and "Xian" of Dao: a Discussion on Chapter 1 of "Lao Zi" (I)
·· Li Ruohui(235)

A Discussion of "*Mo Jing*" ·· Song Wenjian(271)
Guo Xiang's Political Philosophy ·· Yang Lihua(285)
On Liu Yin's Thoughts of "*Li Xue* Should Be Based on *Jing Xue*"
··· Cai Fanglu, Chen Xinyu(309)
A Study of Whitehead's Influence on Mou Zongsan ············ Wang Kun(321)

Book Review

Xu Gang, *Confucius's Way and His Analects* ····················· Fu Jia(333)
Xiang Shiling, *Li, Qi, Xing, Xin, the Division of Neo-Confucianism in the Song and Ming Dynasties* ················· Deng Qingping(337)
Wang Zhongjiang, *The Trend of the Change of Thinking Mode in Modern China*
··· Gan Chunsong(345)
Cui Yingchen, *A Study on Korean Confucianism* ············ Wang Ya(356)
E. Voegelin, *Hellenism, Rome, and Early Christianity*
··· Liu Chenguang(363)
Gu Yu, *Concealed Theology: Germanic Literature after and before Enlightment*
··· Lin Lijuan(371)
Rockmore, *Marx after Marxism: the Philosophy of Karl Marx*
··· Wang Wei(379)

New Books

Huang Zongxi: *The Collection of Huang Lizhou* ······················· (28)
Wang Fuzhi: *Commentaries on Shi Jing* ································· (28)
Levenson: *Confucian China and Its Modern Fate* ··················· (137)
Dai Zhen: *The Collection of Dai Zhen* ································· (138)
Heidegger: *The Primary Issues of Phenomenology* ··················· (138)
S. de Alvarez: *The Machiavellian Enterprise: a Commentary on the "Prince"* ···
··· (156)
Huang Yusheng: *The Encounter of Religion and Philosophy:*
    a Study on Augustine and Aquinas' Philosophy ········· (220)

Safranski: *The Biography of Nietzsche* .... (284)
Feng Ziyi: *The Calling and Response of Development: the Philosophical View of Social Development* .... (308)
Fritsch: *The Promise of Memory: History and Politics in Marx, Benjamin, and Derrida* .... (332)

唯识思想的基本特征

周贵华*

提 要：作为大乘佛教瑜伽行学思想核心的唯识学，在印度产生与兴盛，而在中国完善与终结。其形态可区分为有为依与无为依两种，但二者皆可从体、相、用三个角度予以说明。本文正是通过对与这三个角度相应的本体论、识境论与缘起论的考察，简单阐发了唯识学的基本思想特征。

关键词：瑜伽行学 唯识学 有为依 无为依 本体论 识境论 缘起论

唯识学一语既可以用作大乘佛教瑜伽行学的通称，也可作为其核心理论的特称，本文是在后者的意义上使用的。作为瑜伽行学的核心理论的唯识学，产生、兴盛于印度，但完善、终结于中国。下面就对其基本思想特征予以略析。

一 唯识学的二支与三分

在形态上，唯识学可分为两支，即有为依唯识学与无为依唯识学。[①]其中，以有为性的第八识阿赖耶识为一切法的根本所依，建立有为依唯识学。

---

* 周贵华，1962 年生，中国社会科学院哲学所东方哲学研究室副研究员。
① 参见周贵华：《唯心与了别》，北京：中国社会科学出版社，2004 年，第 124—157 页。

从学说史角度看,有为依唯识学以印度部派佛教说一切有部、经部学说为其前行学说,其理论开展过程可分为印度与中国两阶段。具体而言,有为依唯识学在印度由弥勒、无著、世亲依据瑜伽行经教成型,经过陈那、安慧、护法等系统化,最后在中国由玄奘、窥基等全面完善。以唯心意义上的无为性的心性真如为一切法的根本所依,建立无为依唯识学。无为依唯识学源于印度大乘早期佛性如来藏思想,在瑜伽行经教以及弥勒、世亲等论中成立。它可分为两个维度,第一是在印度将唯心意义上的心性真如释为法性心、自性清净心,而在中国进一步释为阿摩罗识,这是无为依唯识学的自我进化维度;第二是将唯心意义上的心性真如释为佛性、如来藏,这是无为依唯识学扩释为心性如来藏学的转义维度。这样,无为依唯识学与心性如来藏学构成一体两面的关系。

有为依唯识学与无为依唯识学在内在结构上是相似的,皆可从体、相、用三个角度予以观察。因此,在下面的讨论中,二者以唯识学统称,一并处理。唯识体论是成立唯识的关键,它确立唯识之本体,或者说一切法所依之本体,属本体论;唯识相论阐唯识之相,即说明在唯识意趣下境与识的关系,称识境论;而唯识用论从动态机制角度谈唯识性一切法之发生与作用,即说明因果关系,以及诸识转起的相依关系,属缘起论。①

具体而言,首先,唯识学认为一切诸法以心或心性为根本所依,由此,可从本末关系谈唯识,即心或心性为本,而诸法为末,末依存于本,以此建立本体论。在此意义上,唯识学可称有所依之学。其次,唯识学认为,一切法唯识,非为离识独立之存在(所谓外境),外境决定无,由此可从识与境的关系说明唯识学,即建立识境论。再次,唯识学认为一切法为因缘和合而生,由此可从一切诸法的因果关系,如种子与现行相互为因的关系以及诸识生起的相依关系来看唯识学,可有缘起论。当然,此缘起论是在唯识意趣的限定下安立的,可称唯心意义上的缘起论。②

由此可知,唯识学,不论是有为依唯识学还是无为依唯识学,都可解读为本体论、识境论、缘起论三部分之合构。

---

① 参见周贵华:《唯心与了别》,北京:中国社会科学出版社,2004年,第21页。
② 从直接意义看,唯识与唯心是从不同角度安立的,但在唯识意趣统摄下,二者可等同使用。

二 唯识学本体论的思想特征

(一) 无住与有所依

对传统中国佛教界而言,"本体"或者"本体论"皆是非常忌讳的用语。如果将"本体"限定在"常、一、自在"的实体方面,那么,断言大乘佛教持反本体论立场当然没有错,因为这样的实体即是全体大乘佛教所极力遮除的"我",所谓"法我"与"众生我"(即"补特伽罗我")。但如果在实有的意义上使用"本体"概念,则除般若中观思想中主张唯遮者采取严格的反本体论立场以外,大乘佛教无疑预设了本体论立场。

般若中观思想认为一切法无自性、空、无所得、无住/无所住,法的存在唯是假名安立,构成"无住之学"。而且空、无所得、无住之唯遮意趣,意味着不安立一种法作为其他法之根本所依,采取一种反本体论之立场。由此,般若中观学说亦可称"无所依之学",或者"无住且无所依之学"。

但在般若思想后显现之佛性如来藏思想,则以空之反显,即以空遮凡夫之所执,同时反显真实之存在,说明诸法法性的胜义实有性,并以此为佛性如来藏和一切法之根本所依,建立了一种依于胜义实有(真实存在)即法性真如之本体论。到瑜伽行学,不仅随顺佛性如来藏思想,以无为依学依于无为性胜义存在,建立了无为依本体论,而且还以有为依学依于有为性存在,建立了有为依本体论。显然,从早期佛性如来藏思想到瑜伽行派思想,皆承许本体论立场,建立的是"有所依之学"。虽然如此,但无住之意趣仍是共许的,因为无住意味无执。在此意义上,早期如来藏思想与瑜伽行学可称"无住但有所依之学"。

总之,在大乘中,般若中观思想称"无所依之学",即不承许本体之学,而早期佛性如来藏思想与瑜伽行学皆是"有所依之学",即承许本体之学。然而,所依/本体虽是实有,但不是我(众生我与法我),因此有所依之本体,不是有所执,或者说,不是有所住。

(二) 有为依与无为依

就瑜伽行派而言,承许两种实有:一种是在世俗谛意义上之实有,谓依他起性,即唯心所摄的缘起性存在,这种实有离不开分别与名言,所以是世俗有,但并非一切皆无,不同于遍计所执性之虚妄,因此有时亦称胜义有;另一种是在胜义谛意义上之实有,谓圆成实性真如,即离言自性,是无二我所显之性。瑜伽行派还承许一切法的安立必依实有之体性,所谓"假必依实"。这样,瑜伽行学承许本体论,而且依于依他起性与圆成实性两种实有立说。

瑜伽行派之本体论立场可以概括为三点:

第一,承许实有法,不论在世俗谛意义上,还是在胜义谛意义上。实有即是圆成实性与依他起性两类存在性。但凡夫依名所执之自性(义),即如名自性、如言自性、言说自性,属遍计所执性,如龟毛兔角一样根本不存在,不在实有范围。

第二,承许"假必依实"原则,认为一切法必依存于实有法体,换言之,一切法的安立最终必落实于实有法体上。即使是遍计所执性,亦必须在实有体性上安立,如,《解深密经》、《摄大乘论》等指出遍计所执性安立于依他起性上。①

第三,一切法必依存于根本所依,这是瑜伽行派唯识学本体论最核心之思想。其中,无为依唯识学以无为之心性真如为一切法之根本所依,而有为依唯识学以有为之第八识为一切法之根本所依。这样的根本所依,即是在唯识学意义上之"本体",而非大乘所一致遮除的"常、一、自在"之"我"。后者如印度吠陀奥义书传统所说的"梵我",或者中国道家所说的无名之"道",等等。

唯识学本体论之基本特征在唯识学所依的根本经典之一《阿毗达磨大乘经》的"界颂(dhātu 颂)"中得到很好的体现。"界颂"在《摄大乘论》中的诠释给出了有为依唯识学之本体论特征,而在《究竟一乘宝性论》中给出了无为依唯识学之本体论特征。②

1. 有为依

有为依是指以有为性第八识作为一切法的根本所依。这直接反映在《阿毗达磨大乘经》关于界与阿赖耶识的思想中。该经的"界颂"云:

---

① 参见《解深密经》卷二,〈一切法相品〉第四与〈无自性相品〉第五,《大正藏》第十六册;又见《摄大乘论本》卷中,〈所知相品〉第三,第139页。
② 有为依唯识学与无为依唯识学的界定可参见拙著《唯心与了别》,第124—157页。

无始时来界，一切法等依，由此有诸趣，及涅槃证得。(《摄大乘论本》卷上，〈所知依分〉第二，第133页)

此中指出"界（dhātu）"作为无始相续之存在，是一切法之等依（sama-āśraya），即平等所依，从而成为建立生死轮回所摄的诸趣以及解脱菩提所摄的涅槃之根源。在此意义上，界即是一切法所依存之本体。对此中之"界"，《阿毗达磨大乘经》有"颂"作进一步解释，说："由摄藏诸法、一切种子识，故名阿赖耶，胜者我开示。"①即将界诠释为一切法之种子的摄受体阿赖耶识。由阿赖耶识作为一切法之本体，与余一切有为法构成本末之所依与能依关系。这种思想在《摄大乘论》、《成唯识论》等论中得到系统论说。由此，阿赖耶识在唯识学中被称为所知依、心体、根本识。但必须注意，阿赖耶识虽具有本体含义，但绝非常、一、自在之实体，而是刹那生灭的依他起性之存在。换言之，阿赖耶识的"无始时来"之性质，并非指其具有永恒不变性，而是指其前灭后生，相似相续，非常非断，如同大河奔流，相续不断。阿赖耶识以无始时来的相似相续性，保证了作为本体的"稳定性"，但又避免了常一不变之"我性"。阿赖耶识又是有为法，而为一切法之根本所依，可称有为依（saṃskṛta-āśraya）。由前可知，《阿毗达磨大乘经》在遵守一切法无我的基本原则下，以有为性之阿赖耶识为核心概念，善巧建立了一种新的本体观。这种有为依本体论思想作为基本原则，在有为依唯识学中得到严格贯彻，是其最具特异性的标志思想之一。

2. 无为依

无为依指以无为性真如为一切法的根本所依。这清楚地反映在《究竟一乘宝性论》对《阿毗达磨大乘经》的"界颂"的诠释中，而成为无为依唯识学本体论之中心思想。在《究竟一乘宝性论》的汉译中，"界颂"被翻译如下：

无始世来性，作诸法依止，依性有诸道，及证涅槃果。(《究竟一乘宝性论》卷四，〈无量烦恼所缠品〉第六，《大正藏》第三十一册，第839页)

---

① 《摄大乘论本》卷上，〈所知依分〉第二，第133页。

此中的"性（界，dhātu）"，被该论解释为真如，以及于其上安立的佛性、如来藏，而以"无始世来"表示真如如来藏作为实有之恒常性。在此意义上，"界颂"表明，真如如来藏为一切法之所依（依止），由此而有生死轮回与解脱菩提之安立。以真如如来藏为本体，与以阿赖耶识为本体含义大异。因为真如如来藏是无为性，是离言性、胜义性、恒常性之实有，不同于阿赖耶识之有为性、假名安立性、无常性。恒常性的真如如来藏与无常性的现行法虽然构成依存关系，但二者非是平等的，真如如来藏为主，是所依，而无常法是从，是能依。此中，真如为无为法，而为一切法之所依，可称无为依（asaṃskṛta-āśraya）。这种无为依本体论思想在《楞伽经》中表现得最为充分。该经以心性真如如来藏为一切善不善法之所依因，认为其"能遍兴造一切趣生"，而将其解释为一切法之本体。[①] 以真如或心性真如为如来藏，为一切法之根本所依，似梵化色彩很浓。特别是《楞伽经》的"兴造"一语，使本是无为的心性如来藏，带上动力性色彩，而差不多成为一切法之本源，似梵化色彩愈显浓重。但该经又强调心性如来藏是建立在法的无我性之上的，非了义，是用于引导畏惧无我之"我执"特重者入佛道的方便安立，从而消解了其似梵化色彩。[②] 这实际明示了佛性如来藏思想类型的佛教学说（包括无为依唯识学）安立之意趣。

总括来看，如果说以阿赖耶识为中心的本体说在逻辑上与无我说相谐，以心性真如为中心的本体说似乎就与无我说有相当的不一致性，这导致无为依唯识学在瑜伽行学中很快被边缘化，待到瑜伽行学开展的中期阶段，瑜伽行学就完全是有为依唯识学之天下了。

三　唯识学识境论的思想特征

唯识学的识境论主要涉及心识与境之关系问题，实际可称为狭义的唯识说或唯心说。值得注意的是，有为依唯识学与无为依唯识学二者在识境论方面性质相同，皆以一切唯心所现的思想为基础，只不过有为依唯识之相

---

① 《楞伽阿跋多罗宝经》卷四，〈一切佛语心品〉之四，《大正藏》第十六册，第510页。
② 《楞伽阿跋多罗宝经》卷二，〈一切佛语心品〉之二，第489页。

关部分在后来的"经院化"传统的发展中被建构得更为精致与复杂而已。

唯识学初期之经典是在心识之缘起与显现的意义上阐释唯识思想的。其中,前者是有为依唯识学识境论之最初表达,后者是无为依唯识学识境论之基本思想。

无为依唯识学的心显现之唯心(识)说以一切为心识所显现为核心观点。这在《辨中边论》、《大乘庄严经论》等论中有充分的阐明。如《大乘庄严经论》云:

> 能取及所取,此二唯心光,贪光及信光,二光无二法。……种种心光起,如是种种相,光体非体故,不得彼法实。(《大乘庄严经论》卷五,〈述求品〉第二,《大正藏》第三十一册,第613页)

此中之"光",梵文有三语 prabhāsa, ābhāsa, pratibhāsa,皆是"显现"之义。此段引文将凡夫所执的所谓一切离心独立之存在(即外境)区分为能取与所取两方面,而说明此二取唯是心之显现(光,prabhāsa)。并且,进一步指出二取所摄的一切信等善法与贪等非善法,亦是心之所显现(光,ābhāsa)。显现意味似有但实非有。因此,种种法作为心之所显现,没有实在体性。由此否定了离心独立的外境之存在,所谓唯有能显现之心识(citta),而无所显现之外境(artha,能所二取)。心识能颠倒显现,说明心识是错乱(bhrānti)的。此以显现为中心概念的唯心(识)说,在无为依唯识学中得到彻底的贯彻,如,在其主要经典《楞伽经》、《密严经》中即有更深入的阐示,此处不赘述。需注意,虽然弥勒在《辨法法性论颂》中将心识之显现多解释为了别(vijñapti,藏 rnam par rig pa)之显现,但就无为依唯识学著述之识境论而言,基本是以心识之显现思想来贯穿的。

有为依唯识学之识境论要复杂得多。在《阿毗达磨大乘经》、《解深密经》、《瑜伽师地论》的本地分中,以一切法为阿赖耶识种子所生而成唯心性,可称心缘起的唯心(识)说。此为有为依唯识学识境论最早的表述。在进一步之展开中,首先是吸收显现说,但为了避免实体主义的执著,而将心识之显现,转释为了别之显现。因为心识在"外道"与小乘之用法中,多带有实体性,所以,无著进一步贯彻弥勒之意趣,以功能作用取代实体,将识之相——了别——作为识之自体,由此建立了一切唯是了别所显现的唯了别说

(vijñaptimātratā-vāda)。这在瑜伽行派有为依唯识学的集大成性质的论著《摄大乘论》中有系统的表述。该论以了别(vijñapti)代识(vijñāna)，并将之与心缘起的唯识说整合起来，形成识境论的第一次融合。其基本思想可表述为，一切唯是了别所显现，而了别则是阿赖耶识种子所生。如《摄大乘论》所说：

> 何者依他起相？谓阿赖耶识为种子、虚妄分别所摄诸识。此复云何？谓身身者受者识、彼所受识、彼能受识、世识、数识、处识、言说识、自他差别识、善趣恶趣死生识。(《摄大乘论本》卷中，〈所知相分〉第三，第137—138页)

此中的身身者受者识等九识，勘藏译皆是 rnam par rig pa，即了别。意为，摄一切现相法的依他起相即指了别，后者可复分为"身身者受者了别"（即"身身者受者识"）等诸了别，而此诸了别并非实有自足之体性，而是由阿赖耶识种子所生的缘起性法。此段引语直接说明了一切唯了别的思想。

就反实有主义之立场而言，以一切法为了别所显现成立的唯了别思想是相当成功的。但了别在显现上具有二元形式，即能取和所取，这就要求有进一步的说明，才能保证唯识思想之解释力。因此即形成了具有似能取、所取二分形式之学说。为此，世亲又由了别回到了心识，而以心识之转变(pariṇāma)成立内境说，从而识与其转变所生起的(内)境形成似能、所的二分形式。如《唯识三十颂》所说：

> 由假说我法，有种种相转，彼依识所变，此能变唯三，谓异熟思量，及了别境识。(《唯识三十论颂》，《大正藏》第三十一册，第60页)

此中的"所变"、"能变"梵文皆是 pariṇāma，即转变之义。意为，一切法皆依识之转变安立，而能转变之识可分为三类，即阿赖耶识（异熟识）、末那识（思量识）、前六识（了别境识）。此即世亲的识转变之唯识说。此识转变说，将识之转变相区分为见分、相分，并进一步在见分中区分出自证分、证自证分，而成识转变之四分说。唯识学据此解释识之生起机制，以及认识之发生机制，解释记忆等心识功能，等等，建构了识境论之最终表达形式。

心缘起之唯心说、心显现之唯心(识)说、了别显现之唯了别说、识转变之唯识说,代表了唯识学识境论之四种形式。其中,前二者可看成识境论之基本型,后二者可看成识境论之派生型。因为后二者是在前二者之基础上深化而成的,是瑜伽行派唯识思想之集大成者无著与世亲对识境论的最终阐述,是识境论最有代表性的思想范型。

四 唯识学缘起论的思想特征

瑜伽行派唯识学的一个重要特色就是在缘起论方面有深入的开展,建立了佛教思想史上最为完备的缘起理论。在此方面,主要是依据大乘瑜伽行经教之因果学说,并在大乘意趣下吸收善谈因缘的有部与安立有完整因果发生机制的经部的缘起思想建立的。

从唯识思想之逻辑结构看,其本体论与缘起论具有紧密关系。前文所举的"界颂"表明,唯识学,不论是有为依唯识学还是无为依唯识学,其本体论皆蕴涵有缘起论之因果关系。具体而言,界(dhātu)是一切法之共所依(sama-āśraya),即为一切法所依存之本体,由此进一步被解释为轮回与涅槃所摄染净一切法之本源。换言之,界,不论被有为依唯识学释为种子体阿赖耶识,还是被无为依唯识学释为心性真如(佛性、如来藏),皆具有因之意义。由其所具本体义与因义,安立染净一切法。由此可知,在"界"概念上,唯识学之两支皆构成了本体论与缘起论之合一,即,界既是一切法之根本所依即本体,又是一切法之因。但在有为依唯识学中,作为界的阿赖耶识是有为的,而在无为依唯识学中,作为界的心性真如是无为的。因此,二支虽然在形式上具有相同的本体论与缘起论之合一结构,但意义完全不同。前者以有为法作为本体与因,后者以无为法作为本体与因。正是因此,二者在缘起论方面出现了重要的差异。须知一法既是本体又是因,它作为因必定是根本因,或说所依因(建立因),但是否为亲因(发生因、直接因),即直接发生动力性主要作用之因呢?对此必须稍作考察。

在瑜伽行派中,对亲因有限定原则,即"因果平等原则",要求因与果在性、相方面相应。对因性质的规定反映在《瑜伽师地论》的"七因相"以及《摄大乘论》中的因六义或说种子六义上。《瑜伽师地论》云:

又建立因有七种相,谓无常法是因,无有常法能为法因,谓或为生因,或为得因,或为成立因,或为成办因,或为作用因;又虽无常法为无常法因,然与他性为因,亦与后自性为因,非即此刹那;又虽与他性为因,及与后自性为因,然已生未灭方能为因,非未生已灭;又虽已生未灭能为因,然得余缘方能为因,非不得;又虽得余缘,然成变异方能为因,非未变异;又虽成变异,必与功能相应方能为因,非失功能;又虽与功能相应,然必相称相顺方能为因,非不相称相顺。由如是七种相,随其所应诸因建立应知。(《瑜伽师地论》卷五,〈本地分中有寻有伺等三地〉之二,《大正藏》第三十册,第302页)

此中第一相"无常法是因,无有常法能为法因",以及第七相"必相称相顺方能为因,非不相称相顺",即是因果平等原则的直接说明。而《摄大乘论》之种子六义中的"刹那灭性"、"决定性"、"唯能引自果性"三者表述的亦是因果平等原则。①

因果平等原则直接限定了亲因之种类,排除了无为法作为亲因之可能性。换言之,由于果是有为法,因亦必须是有为法。究其原因,是因为无为法是无造作之法,不能作为发生因。在此意义上,有为性的种子体阿赖耶识既可是根本因,亦可是亲因,但无为性的心性真如则只能是根本因,不能是亲因。简言之,有为依唯识学的本体论与缘起论之合一在阿赖耶识概念上是贯彻到底的,因为作为一切法所依存之本体的阿赖耶识既是一切法生起之根本因,亦是亲因,而无为依唯识学的本体论与缘起论之合一在心性真如概念上却大打折扣,因为作为一切法所依存之本体的心性真如虽是一切法生起之根本因,但不能是亲因。就后者而言,实际是在相当于缘之意义上说为因。

在瑜伽行派看来,一切法皆刹那生灭,所谓的相续存在,实即一种假象,乃是在前灭后生的前提下的相似相续。同时,瑜伽行派还承许一切法是唯心性,皆为心识所显现。因此,刹那生灭的无常性,相似相续的存在性,皆跟心识联系起来,成为心识的相应性质的显在反映。但就粗显的眼识、耳识、

---

① 《摄大乘论本》卷上,〈所知依分〉第二,第135页。

鼻识、舌识、身识、意识而言,因为皆有在一段时间内停转的可能,不能保证相似相续,这样,现象世界由相似相续造成的重复性、稳定性、统一性,必然不能诉诸于眼识等六识,必有微细之心识存在,以支撑显在的相似相续。由此,唯识学安立显以现象之明面与潜在现象之暗面二分来统摄一切有为法。其中明面、暗面皆是刹那生灭而又相似相续的,可称为明流与暗流。显然,暗流是根本性的,而明流及其相似相续性,是暗流之表现。反过来,明流之相似相续性,或者说,明流的重复、稳定、统一之显现,要求暗流接受并保存明流之影响,并在未来显现出来。因此,明流与暗流间形成了相互影响之机制。

明与暗的相互影响,被唯识学解释为相互为因。其中,暗面称种子,明面称现行。暗流是种子流,明流是现行流。由于明是暗所产生,只有暗流是稳定的,而明流只有表观的稳定性。种子相对于现行是因产生果之关系,即种子作为发生因(亲因、直接因)在缘的配合下生起现行。而现行对种子的影响,被称为熏习,即现行将其余气势分熏植于种子体中,此余气势分称习气,在成熟时产生现行而转称种子。在此熏习关系中,现行是因,习气(种子)是果。由此,即有种子与现行的相互为因之因果关系。种子集积体/摄受体称阿赖耶识,所以,种子与现行之相互为因,被解释为阿赖耶识(种子体)与一切法(现行法)之关系。这在《阿毗达磨大乘经》中有颂说明:

  诸法于识藏,识于法亦尔,更互为果性,亦常为因性。(《摄大乘论本》卷中,〈所知依分〉第二,第 135 页)

此中,识藏即阿赖耶识。值得注意的是,现行与种子相互为因皆是俱时因果关系,换言之,因果同时。这对唯识学这种主张而言,实属理所当然。在经部,种子及其所生法是异时的,但按照瑜伽行派立场,根本不能成立。瑜伽行派作为大乘刹那论者,认为现象法过去、未来皆不存在,唯现在有。如因与果异时,则果将现起时,因已灭,然而,无因,果如何生?所以,因与果必须俱时。种子生现行如此,现行熏种子亦须如此。而且,必须在同一刹那完成种子生现行与现行熏种子两个过程,虽然逻辑上前一过程在先。如《成唯识论》卷二云:

  能熏识等从种生时,即能为因复熏成种,三法展转,因果同时。如炷生焰,焰生焦炷;亦如芦束更互相依,因果俱时,理不倾动。(《成唯识

论》卷二,《大正藏》第三十一册,第 10 页)

此中以二例,即油灯燃时炷生焰,同时焰又烧炷,以及三支芦束互相支撑而不倾倒,说明种子生现行与现行熏种子两过程,以及两过程间的俱时性。

此相互为因的俱时因果关系,是唯识学的一个重要特见。但必须指出,仅承许俱时因果关系还不能解释现象法的相似相续问题,必须建立一种前灭后生之因果关系。显然,由于现行法是种子所生,现行法间的前后不能构成真正的因果关系,这种前灭后生之等流因果关系只能建立在种子上。这对唯识学之刹那生灭说确是一个挑战,必须予以善巧处理。唯识学将前后种子因果等流,用秤喻说明,如《成唯识论》云:

> 前因灭位后果即生,如秤两头低昂时等,如是因果相续如流。……观现在法有引后用,假立当果对说现因;观现在法有酬前相,假立曾因对说现果。假谓现识似彼相现。如是因果理趣显然,远离二边契会中道,诸有智者应顺修学。(《成唯识论》卷三,第 12—13 页)

此中"即"语意味前因灭与后果生同时,并进一步说明,由于过去、未来之法不存在,所谓的前因并不能作为亲因而生后果,而是在"引"之用上建立因义。但由于这种关系的重要性,唯识学习惯将此种子前引后仍称因果关系。

种子与现行之相互为因以及种子等流三种因果关系说明的是普于一切法之缘起,体现佛教所说的生命流转性之十二因缘作为业感缘起亦须以此三因果关系为基础来说明,换言之,业感缘起在唯识学中并没有获得独立的理论地位,而是附属性的。

上述三种因果关系是有为依唯识学缘起论之基本内容,对无为依唯识学亦是合适的。但须知,由于无为依唯识学与有为依唯识学在本体论方面根本不同,二者在因果说之具体内容方面亦有差异。具体而言,在有为依唯识学中,一切法所依本体阿赖耶识(种子体)既是一切法生起之根本因(建立因、所依因),亦是亲因(直接因、发生因),但心性真如仅是一切法生起之疏助缘,即增上缘;在无为依唯识学中,一切法所依本体心性真如是一切法生起之根本因,而非亲因,亲因仍是习气种子,且习气种子体阿赖耶识与一切现行法仍满足前述三种因果关系。

一心与机用
——佛教"观心论"的实践意义

李四龙*

提　要："心"是佛教修持的核心问题，汉译印度佛典、中国佛教宗派有关"心"的表述与解释纷繁复杂。本文试从三个方面，心与法、境，心与识、智，心与机、用，梳理"心"在佛教里的意义，认为：心既是一种关系的存在，无住为本；心又是一种实践的存在，无念为宗。依佛教的理解，心如虚空，假名为心。只有依赖平时的"机用"，只有在实践中才能显现心的存在与价值。

关键词：一心　法　境　识　智　机用

心，是佛教修持的核心问题。它既与人生的烦恼、解脱密切相关，更与中印佛教史上的许多理论问题纠缠不清，譬如，真心与妄心、心性本净与心性不净、佛性本有与佛性始有等。佛教有关"心"的说法，名目繁多，诸如菩提心、平常心、清净心、染污心、众生心、佛心、四无量心、三界唯心、安心、观心等。但是，什么是"心"？

在《楞严经》第一卷，佛问阿难"心在什么地方"？阿难前后七番回答：一是认为"识心实居身内"，二是认为"我心实居身外"，三是认为"能知之心潜伏根里"，四是认为心分内外、闭眼见暗、开眼见明，五是认为"随所合处，心则随有"，六是认为心在根尘中间（"根"指六根，眼耳鼻舌身意，代表认知

---

* 李四龙，1969年生，北京大学哲学系副教授。

主体；"尘"指六尘或六境,色声香味触法,代表认知客体),七是认为心是一切无著。阿难说:"分别心性,既不在内,亦不在外,不在中间,俱无所在。一切无著,名之为心。"但是,这些问答全部遭到佛陀的批评。"心"究竟在哪里?

中国的佛教宗派,特别重视"心"的问题。天台宗创始人智𫖮(538—597,智者大师)临终最后的遗教是一部《观心论》,认为学佛不观心,"即是天魔外道眷属";禅宗素有"以心传心"的传统,主张"直指人心,明心见性",还有"即心是佛"的提法。华严宗、唯识宗依据印度佛教"三界唯心"的思想,把"心"视为总相、万法的根源,解脱的途径乃在于"转识成智"。

汉译印度佛典、中国佛教宗派,它们有关"心"的表述与解释多种多样。本文试从三个方面,心与法、境,心与识、智,心与机、用,梳理"心"在佛教里的意义,认为:心既是一种关系的存在,无住为本;心又是一种实践的存在,无念为宗。

一　心与法、境

法,梵语 dharma,通常音译为"达磨"。该词的用法繁多,含义复杂。玄奘(600—664)编译的《成唯识论》认为,法有"任持自性"与"轨生物解"两种基本含义[①]。任持自性,是指保持自体的自性不改变,就此而言,法是指具有自性的一切存在;轨生物解,是指能够让人理解特定事物的根据、轨范,就此而言,法是指认识的标准、规范、道理等。因此,佛教所说的"法",既可以是有自性的存在,也可以是没有自性的轨范;既可以是物质性的实体,也可以是精神性的现象。

佛教有关"法"的分类甚是复杂,诸如有为法与无为法、善法与不善法、有漏法与无漏法、染法与净法、世间法与出世间法等。最常见的主要有两种说法,《俱舍论》所讲的五位七十五法,以及唯识宗所讲的五位百法。依据《俱舍论》的说法,五位七十五法包括:色法十一种、心法一种、心所有法四十六种、心不相应法十四种、无为法三种。唯识宗的五位百法,依据《大乘百法明门论》的说法,包括:心法八种、心所法五十一种、色法十一种、不相应行法

---

① 参见《成唯识论》卷一、窥基《成唯识论述记》卷二末、普光《俱舍论光记》卷一。

二十四种、无为法六种。五位法的分类，唯识宗与《俱舍论》一致，但具体的内容并不相同。色法、心法、心所法、心不相应法，均属有为法，与无为法相对。"无为法"是指不需要因缘条件的法，心法与色法一样，都是假借因缘条件才能出现的法。

《俱舍论》讲的心法仅有一种，即"意识"；但是，唯识宗的心法有八种，包括：眼识、耳识、鼻识、舌识、身识、意识、末那识、阿赖耶识。佛教所谓的"心"，严格说来专指"心法"，亦称"心王"。如果宽泛一些的话，心所法亦可归入"心"的范围，因为心法与心所法相应，而色法、心不相应法，与心法并不相应。佛教设立"五位法"，而心法仅为其一。因此现在要把佛教简单地说成"唯心主义"，实在有欠公允。因为在五位法里，色法、心不相应法是独立于心法的存在。

色法，在《俱舍论》、唯识宗都是十一种，包括五根（眼根、耳根、鼻根、舌根、身根）和六境（色境、声境、香境、味境、触境、法处）。部派佛教承认心识的物质基础，色法被列在五位法之首。但他们认为，单纯的感觉器官是不能产生认识的。譬如，大众部认为，"五种色根，肉团为体。眼不见色，耳不闻声，鼻不嗅香，舌不尝味，身不觉触"①。承担认识功能的是心，大众部说，"心遍于身"。窥基解释说，这里的"心"，是指细意识。所有的眼见色、耳闻声、鼻嗅香、舌尝味、身觉触，都要经过"细意识"的感觉统合，否则五根的感觉活动是不可能进行的。细意识的物质基础是"意根"，佛教在讲十二入（六根、六境）、十八界（六根、六境、六识）的时候，"意根"被看成是与眼耳鼻舌身五根同类的存在，构成所谓的"六根"，但在十一种色法里却没有"意根"的影子。这说明，"意根"被当成是一种特殊的东西。现代医学认为，大脑具有人的思维功能，神经原是脑功能的基本单位，依靠遍布全身的神经系统，大脑接受不同速率的神经原冲动，引起各种各样的思维活动或心理活动。也就是说，大脑及神经系统是心理活动的生理基础，认知是大脑的生理功能，尽管人类迄今还不能十分清楚大脑的认知过程是如何实现的。所以，现代学者有时把意根诠释为人体的神经系统，这也就是佛教所说的心理活动的生理基础。

不仅如此，心识的出现，必须"依根托境"才能生起。根，是心的所依；境

---

① 《异部宗轮论述记》卷中，金陵刻经处重印江西刻经处校刊本，第23—24页。

是心的所缘。心的大小,完全是随着根境的变化而变化,正如大众部所说,"心随依境,卷舒可得"①。所以,心的呈现,实质上依赖于作为色法的根与境。小乘佛教对于"人我"持空义,但对"法我"的执著并未完全破除。这也表明,小乘佛教的唯心主义并不彻底。

到了大乘佛教,"人我"、"法我"都是假名,"心法"被列为五位法之首,佛教这才成为唯心主义的思想体系。佛教的"唯心"思想,来源甚多。《般若经》内有,《华严经》亦有,大成于唯识学。龙树在解释《大品般若经》时说,"三界所有,皆心所作"(《大智度论》卷29)。《华严经》"十地品"则说:"三界虚妄,但是心作。十二缘分,是皆依心。"②《楞伽经》亦说:"云何观察自心所现?谓观三界唯是自心,离我我所,无动作无来去。"③其实,在失译的小乘《般泥洹经》(译出年代不晚于东晋)里,已有"从心行得起诸法"的明确表述,而且还提到"心作识,识作意,意转入心"。④

受到这些经典的唯心思想的影响,中国佛教很早就表现出"以心为本"的思想特色。郗超(336—377)《奉法要》说:"心为种本,行为其地,报为结实。"罗什(343—413)注《维摩诘经·佛国品》说,"心为德本"。梁武帝(464—549)在《立神明成佛义记》里说"心为用本"。智者大师也明确说,"心是诸法之本"(《法华玄义》卷一上)、"心是惑本",心是一个包罗万象的总称,是一切烦恼疑惑的根本,他甚至还说,"心是一切法"、"一切法是心"。心与法,似乎是同一的。其实不然,智者所说的是心与法的依存关系,法由心生、心依法起⑤,是从理体、真性、实相的角度说明"心具一切法"。

---

① 《异部宗轮论述记》卷下,第3页。
② 《华严经》卷二十五,《大正藏》卷9,第558页下。
③ 《楞伽经》卷二,《大正藏》卷16,第599页下。
④ "人知正心,天上诸天,皆代人喜。当以降心,柔弱自损,勿随心行,心之行无不为。得道者,亦心也。心作天,心作人,心作鬼、神、畜生、地狱,皆心所为也。从心行得起诸法。心作识,识作意,意转入心。心也者,取为长。心志为行,行作为命。"《般泥洹经》卷上,《大正藏》卷1,第181页上。
⑤ 智者大师说:"夫心不孤生,必托缘起。意根是因,法尘为缘,所起之心是所生法。此根尘能所三相迁动,窈起窈谢,新新生灭,念念不住。"(《摩诃止观》卷一下)"观根尘相对一念心起,能生所生无不即空,妄谓心起。起无自性无他性,无共性无无因性。起时不从自他共来去,去时不向东西南北去。此心不在内外两中间,亦不常自有,但有名字,名之为心。"(同上)"观根尘一念心起,心起即假。假名之心,为迷解本。谓四谛有无量相。三界无别法,唯是一心作。心如工画师,造种种色。心构六道,分别校记无量种别。"(同上)

与"心"相对的"一切法",严格说来,并不包括五位法的全部,而是专指"境",若以专业的佛学名相表述,即是"所缘缘"。"所缘缘",一方面是心法、心所法所取之境,称为"所缘",另一方面,由于根境相对,"所缘"同时也是心法、心所法的发生缘,故称"所缘缘"①。在六境里,眼、耳、鼻、舌、身等前五根、五识的对境,分别称为"色、声、香、味、触";但第六根(意根)、第六识(意识)所缘的对境,则被称为"法"或"法处"(dharmāyatana)②。因此,狭义而言,一切法应指与第六识相对的"所缘缘";广义而言,一切法可以包括六识、六根所对的"所缘缘",包括:一切色、一切声、一切香、一切味、一切触、一切法处。《俱舍论》解释说:"所缘缘性即一切法,望心、心所随其所应。谓如眼识及相应法,以一切色为所缘缘。如是耳识及相应法以一切声,鼻识相应以一切香,舌识相应以一切味,身识相应以一切触,意识相应以一切法为所缘缘。"③依《大乘百法明门论》的说法,心法(心王)只能了知境之总相,而心所法在了知境之总相的同时,还可以了知境之别相。这里与"法"相对而言的"心",应该包括心法与心所法。

以"所缘缘"释"境",进而说明"一切法",这在部派佛教与大乘佛教并无明显的不同。构成两者差异的是,部派佛教把六境纳入色法,而色法独立于心法,置于五位法之首;大乘佛教则虽然也把六境纳入色法,但色法从属于心法,外境只是内心所呈现的影像,若以唯识学的语言表述,即是所谓的"相分"。

在这样的"唯心"框架里,中国佛教特别关注心与一切法的关系。《起信论》、华严宗,把"心"解为"如来藏自性清净心"、"真如",提出"如来藏缘起"或"真如缘起"的模式,自性清净心是一切法的总相、根源;唯识宗则把"心"解为"八识",提出"阿赖耶识缘起",其核心的思想是"唯识无境"。部派佛教以"蕴处界"三科破除众生的"我执",但很容易堕入心外有境的"法执",龙树中观学缘此建立"毕竟空"的思想,予以对治,破除部派佛教的"人、法"两执。唯识无境的思想,既要杜绝以为心外有境的"法执",又要避

---

① 参见《顺正理论》卷十九,《大正藏》卷29,第447页中。
② 参见《大毗婆沙论》卷七十三、《俱舍论》卷一、《法蕴足论》卷十"处品"。
③ 《俱舍论》卷七,《大正藏》卷29,第37页上一中。

免堕于"恶趣空"的危险①。这里表明了一种唯心主义的世界观。大乘佛教在纯粹的意识领域构成我们的生活世界,这个过程既有可能产生烦恼,也有解脱成佛的可能。

基于我们对心与法、心与境的关系的分析,不妨做出两点小结:第一,"意根"是心的生理基础,有时甚至被并入"心"的范畴②,这多少表明佛教具有唯物主义的因素;第二,大乘佛教的心法关系,从属于"三界唯心"的理论框架,心是心法与心所法的总称,一切法是指能在内心中显现出来的外境。

上述的心法或心境,是一种有内外分别的关系。心是从属于这种内外关系的存在,无法独立存在。心王是五位法的一种,既可专指第六识意识,亦可泛指大乘唯识学所讲的八识。一旦达到解脱成佛的境界,八识都将转换为一种生命的智慧。随之而来的问题是,心的存在究竟与识或智慧有什么关系?

二 心与识、智

智者大师在《摩诃止观》卷一罗列了汉译佛典有关"心"的三种不同表达。他说:"质多者,天竺音,此方言心,即虑知之心也;天竺又称污栗驮,此方称是草木之心也;又称矣栗驮,此方是积聚,精要者为心也。"

质多,梵语 citta,智者谓之"虑知心"。污栗驮,梵语 hṛd 或 hṛdaya,智者谓之"草木心",该词的确切意思是指:肉团心、真实心、坚实心。在《大日经疏》卷四,"汗栗驮"是指肉团心,即是众生的心脏;在《大日经疏》卷十二,该词被释为真实的心性,即如来藏心。显然,"污栗驮"既可指非常具体的心脏,也可指相当抽象的真实心,两者的共同点在于,都不是指众生平常的虑知心。智者的解释或许来源于四卷本《楞伽经》卷一的注解:肝栗大为"性自

---

① 欧阳渐说:"唯识义者,众生执我,蕴处界三方便解救,遂执法实心外有境,救以二空,又复恶取。是故'唯'言遣心外有境,'识'言遣破有执之空而存破空执之有,具此二义立唯识宗。"参见欧阳渐:〈十要第三〉,《〈瑜伽师地论〉叙》卷上。
② 智者大师说:"毗婆沙明三科开合:若迷心,开心为四阴,色为一阴;若迷色,开色为十人及一人少分,心为一意人及法人少分;若俱迷者,开为十八界。"(《大正藏》卷46,第51页下)意人,即为意根。

性第一义"之心,犹如树木之心,而非为念虑之心①。所以,智者此处称"污栗驮"为草木之心,应作比喻的理解,即区别于作为人们心理活动的虑知心。矣栗驮,智者谓之"积聚精要之心",应该说是一种误读,未明 hṛd 与 hṛdaya 实为一词。但智者的解读,亦非毫无根据。hṛdaya 是在 hṛd 词尾加上 aya,两者都有心、精神的意思。精要之心,则是某种意义上的引申,《心经》的"心"字即指"核心"。

本文所讲的心,当然是指虑知心,也就是众生的一念心,通常被等同于"识",这在《俱舍论》被解释为"集起心"。《俱舍论光记》说:"由心力集起心所及事业等故。经云:心能导世间,心能遍摄受,故能集起,说名为心。"识,是"了别"的意思,表达了心的认知功能。在智者大师那里,众生的一念心,就是指"识蕴"。然而,识蕴又是什么?

佛教把众生的生命体归纳为五蕴:色、受、想、行、识,又把这五类粗分为两大类:色、名,相当于我们现在所说的物质与精神、身与心,受、想、行、识四蕴统称为名。所谓识蕴,实际上是受、想、行三蕴的总称,具体而言,是把眼等六识聚集起来的统合能力。这也就是解释了上面所提到的"集起"之义。所以,在小乘佛学里,识蕴是六识的和合。《俱舍论》卷一说:"各各了别彼彼境界,总取境相,故名识蕴。此复差别有六识身,谓眼识身至意识身。"但到大乘佛学,识蕴就不仅是眼耳鼻舌身意的六识身,还应包括末那识与阿赖耶识。《大乘阿毗达磨杂集论》卷二:"云何建立识蕴?谓心、意、识差别。"其中,第八阿赖耶识为心,第七末那识为意,前六识为识,也就是把八识总称为"识蕴"②。宗密在解释"集起心"时,就说是指第八阿赖耶识积集种子而能生起现行。③

识蕴既然是受想行三蕴的总称,它同时也要依止受想行三蕴才能显现;不仅如此,识蕴首先还要依止色蕴,本文上节已经说到了心的生理基础,色

---

① 《楞伽经》卷一,《大正藏》卷16,第483页中。
② 《大正藏》卷31,第701页上。
③ 宗密《禅源诸诠集都序》卷上之一,将"心"分为四种:纥利陀耶(hṛdaya),肉团心,指身体中的心脏;缘虑心,即眼、耳等八识,具有思考的作用;质多耶(cetaya),即集起心,指第八阿赖耶识积集种子而能生起现行;干栗陀耶(hṛdaya),即坚实心、真实心,指真如之心,亦即如来藏心。所以,宗密把纥利陀耶与干栗陀耶视为截然不同的两种心:一指肉团心,一指真实心。不过,《解深密经》以第七识为心,色

蕴正是识蕴的物质基础。所以,佛教有"四识住"的提法,色受想行四蕴是识蕴的住处。《长阿含经》说:"复有四法,谓四识住处。色识住,缘色、住色,与爱俱增长。受、想、行、识中亦如是住。"① 如果识蕴能离此四蕴而不再贪著,"识不住东方、南西北方,四维上下,除欲见法,涅槃灭尽,寂静清凉。"② 印顺认为,五蕴说的安立,是由"四识住"而来,综合此四识住的能住、所住,即是五蕴,这是有情的一切。③ 识蕴,也就是十二缘起所说的"识"支。识支的投胎,最后导致生命的再现。佛教在讲述死亡时,认为地水火风空五大相继分解,最后只剩下"识",成为所谓的"中阴身",人死最后所留的也是这个"识蕴"。

所以,识蕴,在某种意义是指一种生命的主体,只是这种主体并非如同常人所见的一种实体,而是一种功用,有如我们平常所说的生命力。识蕴所要表达的,正是一种在生死轮回过程中相续不断的东西,有别于通常所说的业力,却要承担业力的因缘果报。部派佛教普遍接受"细意识"的表述,这个概念也称"细心",其所表达的意思与"识蕴"相似。类似的表述,在部派佛教里还有其他的概念,如:根本大众部的"根本识"、化地部的"穷生死蕴"、正量部的"果报识"、经量部的"一味蕴"、上座部的"有分识"等。到了大乘唯识学,"阿赖耶识"取代了部派佛教上述所有的概念,印顺认为,细心相续,是唯识学思想的先驱。④

所以,心、意、识,在佛教里所要表达的内容是相通的,狭义的是指一种主观的认识能力,广义的则指一种相续不断的生命力,是一种精神性的轮回主体。在"六识"、"七识"或"八识"不同的解释框架里,心、意、识三者具体对应的"识"会有所不同,意的作用是思量,识的作用是了别,而心的作用是在统合(集起)。六识与识蕴的最大区别在于,六识是间断的,而能够统合六识的识蕴是不间断的;在七识说里,识蕴的统合能力,被赋予给了第七识"阿陀那识";而在八识说里,这种统合能力,交给了无始以来相续不断的阿赖耶识。

---

① 《大正藏》卷1,第51页上。
② 《杂阿含经》,《大正藏》卷2,第17页上。
③ 印顺:《佛法概论》,第四章〈有情与有情的身心〉之"蕴观"。
④ 印顺:《唯识学探源》,下编第二章第一节。

部派佛教认为,六根与六境的接触,就会出现六识;同样,如果没有六识,六根与六境也就不能接触。识,被认为是与生俱有,甚至是伴随着生死而流转轮回。识既不同于人身上的六根,也不同于人身外的六境。所以,心识既不在内也不在外。但是,心与识并不能等同。圆瑛说:"不但肉团不是真心,即缘尘分别之意识心,也不是真心。若认识为心,无异认贼为子。必须照空妄心,则真心自可出障圆明,灵光独耀矣。"(《心经释》)如果心识等同,那就是一念妄心;如果能够转识成智,心与智同,那么,此心乃是真心。但是这个真心并非是从妄心生出,而是本自有之的清净心,并以日常现起的平常心为其体相。

心既可与识合,也可与智合。这样的心识,谓之"心性本净"、"心性不净",还有什么区别呢?人心最终有可能摆脱烦恼的束缚,不与烦恼同类,所以,有的部派主张"心性明净"[①],譬如大众部说:"心性本净,客尘随烦恼之所杂染,说为不净。"[②]但有的部派不同意这一看法,有部认为"心性不净",清净心是在"解脱"之后,要在灭除原有的杂染心之后才能生起;《成实论》卷三"心性品"同意"心性本净"的提法,但认为这只是佛陀当年的方便说法。"心性非是本净,客尘故不净,但佛为众生谓心常在,故说客尘所染则心不净。又佛为懈怠众生,若闻心本不净,便谓性不可改,则不发净心,故说本净。"[③]大乘佛教继承"心性本净"思想而有发展,以如来藏、佛性、菩提心、真如心、法性心、空性、净识、圆成实性等形容心体。[④] 在中国佛教,清净心与平常心是对"一心"的两种不同表述,其实它们只是一体两面,并无本质的不同。就本性而言,一心是自性清净心;就体相而言,一心是平常心,就是我们平常的"根尘相对,一念心起"。《大乘起信论》所讲的"一心开二门",从如来藏自性清净心开出生灭门与真如门,最能代表中国佛教这一方面的思想倾向。

---

① 参见吕澂:〈试论中国佛学有关心性的基本思想〉,载《吕澂佛学论著选集》第三卷,济南:齐鲁书社,1991年。
② 《异部宗轮论述记》卷中,第29页。
③ 《大正藏》卷32,第258页中。参见印顺《如来藏之研究》第三章。
④ 参见楼宇烈:〈禅宗"自性清净"说之意趣〉,载《中国佛教与人文精神》,北京:宗教文化出版社,2003年。

清净心,是指没有执著、烦恼的心,即如佛经所说的"无垢心"、"自性清净心"。部派佛教讲"心性本净",侧重于人生的解脱;而在大乘佛教,心性清净,更多的意趣是从"空性"、"无住"的角度立论。《金刚经》说:"诸菩萨摩诃萨应如是生清净心,不应住色生心,不应住声、香、味、触、法生心。"①这也就是"应无所住而生"的心,是"五蕴皆空"的心。《维摩诘经》讲到"从无住本立一切法",中国佛教便是从此"法体"、"空性"的立场,要人深彻地了解无明烦恼的空性,从而达到一种智慧的解脱。

上述的清净心,仅是在理论上的"解悟",这是不够的,还需要实践上的"证悟"。这需要把清净心落实到平常不经意的一念心上。所以,平常心是道。马祖道一(709—788)的这句名言,说出了中国佛教注重实践的特点。他说:"道不用修,但莫污染。何为污染?但有生死心,造作趣向皆是污染。若欲直会其道,平常心是道。谓平常心无造作、无是非、无取舍、无断常、无凡无圣。……只如今行住坐卧、应机接物尽是道。"②也就是说,佛法要从日常生活里了达世界的本来面目。日常生活所具有的心,表现于行、住、坐、卧等日常的起居动作,见于平常的喝茶、吃饭、搬柴、运水等活动。若能于平常心现清净心,此乃真实之禅。智者大师说,"因缘所生法,即空即假即中"。在从世俗假法中悟到佛法之空以后,还要从佛法之空返归日常的生活世界,只有在此平常的一念心里,才能最终舍弃假法、空性的束缚,达到"即空即假即中"的最高境界。他说:"一念即空即假即中,并毕竟空,并如来藏,并实相。非三而三,三而不三。"(《摩诃止观》卷一下)若能悟入如此的境界,心识转变成为智慧,唯识学谓之为"转识成智":阿赖耶识转为大圆镜智,末那识转为平等性智,意识转为妙观察智,前五识转为成所作智。

回到本文最初的议题,"心"是什么?心既可以展现为自性清净心,也可以展现为平常一念心,分别代表"一心"的体与相。清净心是一念心之体,平常心是一念心之相。大乘佛教的解脱论,并非是要离群索居,而是在救度众生的过程中落实个人自身的解脱,在实践中完善自己的悲愿。所以,"一心"最终的意义,并不在于它的体相,而是它的功用。对此,《起信论》说的极为

---

① 《大正藏》卷8,第749页下。
② 《景德传灯录》卷二十八,《大正藏》卷51,第440页上。

清楚。该论从体、相、用三方面说明"众生心"的意义：一是"体大"，指"一切法真如平等不增减"；二是"相大"，指"如来藏具足无量性功德"；三是"用大"，能生出"一切世间、出世间善因果"。

前一节是从心法或心境的角度，在一种内外关系里从形式上去分析"心"的定义。这里则是从心识或心智的角度，从内容上来分析"心"的定义：心是诸识的总体；若能转识成智，心识关系随之变为心智关系。显然，心的内涵，要从心与识或心与智这种前后有分别的关系去把握。这种转识成智的过程，即是迷与悟的转换，心在现实生活里转染成净，当下证得清净世界。但是，如何证得呢？这不仅需要宗教上的实践，还要特定的时机来实现心态的转化。下文试从功用的角度进一步分析"心是什么"，探讨"心"的时间结构。

三　心与机、用

在心与法的关系里，"境"是呈现于内心的东西；在心与识的关系里，"智"是心识转依的结果。"境"的呈现，需要空间；"智"的转依，需要时间。这样的时空转换，须是在一刹那间完成，所谓"一刹那心"。若不能瞬间转依，一刹那心还是众生的一念妄心；若能证得转依，一刹那心即是本自具足的如来藏心。这种瞬间，以佛教的词汇来说，就是"当机"。

心，虽然没有实体性的存在，但它的功能却是真实无虚的。梁武帝在《立神明成佛义记》里说"心为用本"，非常能够说明"心"的这种特点。他说，心"若与烦恼诸结俱者，名为无明；若与一切善法俱者，名之为明"，心的根本即是这种"无明神明"。《大乘起信论》提出"一心开真如、生灭二门"，恰好也说明了这种"心用"，而作为"一心"的如来藏自性清净心，并非表示有一类似造物主的真常心，而是表明"一心"的自性是清净的，可以随缘变现真如门或生灭门。如此的随缘变现，就是心的功用，也就是"起用"。

当机与起用，合在一起，是佛教所说的"机用"。一心，是指一念心，而"一念"其实是梵文 kṣaṇa 的意译，表示极小的时间单位，并非专指凡夫的妄念。所以，心是刹那生成、生灭无常的，只能当机起用，却永远不能被执为实有。所以，"心"是一种象征，若是等同于平常的"识"，它代表了在现实生活里不断滋生的生死烦恼;若是转化为超越的"智",它就代表一种落实在当下的生死智慧。心,如佛经常说的"虚空"一般,非有非无,有机则有用,无机则无用,机用一体,贯彻人生。

在中国佛教,不管是哪个宗派,首先看重的是"发心"的作用与意义。发心,就是发菩提心,智者大师说,"菩提心是诸行本","佛菩提心从大悲起,是诸行先"(《摩诃止观》卷一上)。他的《摩诃止观》共有十章,前五章全在讨论如何发心的问题。各家各派对于菩提心的诠释并不一致,对于如何发心的说法也不相同。这里简单介绍智者大师的说法。

在智者看来,发心是上求菩提下化众生,最初是要明辨是非,认识到"破戒心"会堕地狱,"悭贪心"会堕饿鬼,"无惭愧心"会堕畜生;然后是要学习苦集灭道四谛,以慈悲心发四弘誓愿,然后通过六个步骤的止观修行,才能发起真正的菩提心。这六个步骤是天台宗所讲的"六即",理即、名字即、观行即、相似即、分真即、究竟即。若能达到"究竟即",实际上已臻佛的境界,智者毕生修行,临终自称只到"相似即"。缘此不难发现,在佛教大师看来,发心是件极难的事情,既是修行的起点,又是修行的终点。智者说,"止观即菩提,菩提即止观"(《摩诃止观》卷一下)。所以,智者所讲的"发心"与"观心",实际上是相通的。若不发心,无从观心;若不观心,无从发心。也就是说,发心是一件时时求证的事情。

发心之后,当然是要观心。正因为"心"是只有在实践中才能显现的存在,所以,佛教素来重视观心的意义。"诸恶莫作,众善奉行。自净其意,是诸佛教。"众所周知,这是对佛教最简洁明了的定义。"自净其意",实质也是落实于"观心"的佛教修持。五停心观所讲的不净观、慈悲观、因缘观、念佛观、数息观,表面上好像与观心实践没有直接的关系,但它的主要功能是止息内心的散乱妄念,是佛门禅定功夫的基础。四念处观虽然也是佛门禅定的基础,但它的功能是在观照:观身不净、观受是苦、观心无常、观法无我,其中明确提到观心实践。佛教到了中国,禅修的方式主要是观心。智者大师对此的说明非常直截了当,"众生法太广,佛法太高,于初学为难。然'心佛及众生,是三无差别'者,但自观己心则为易"(《法华玄义》卷二上)。宗密(780—841)后来把中国佛教判为三类:息妄修心宗、直显心性宗、显示真心即性教,且不论这种判摄是否适当,至少这些宗与教都与观心直接有关。

《金刚经》的主题是"云何降伏其心",反反复复只为观心,这部佛经能在中国大为流行,不识字的慧能因为其中的一句"应无所住而生其心",言下顿悟,决非偶然。

北宗禅提出"看心守净",似乎有一实有之心可看可守。这种禅修方法,因此遭到了南宗禅的批评,后者基于"空性"的见解,要求"直指人心"。禅师在接引弟子,引导他们当下"明心见性"的时候,最为看重当时的"机用",决不采用经教的陈词去说服弟子,也不允许机械地模仿过去的禅师,而要经个性化的方式"应机接物"。临济义玄(?—867)的棒喝在禅宗史上非常著名,但他的棒喝决不"错为人下注脚",而是应机用喝。语录记载:

> 师应机多用喝,会下参徒亦学师喝。师曰:"汝等总学我喝,我今问汝:'有一人从东堂出,一人从西堂出,两人齐喝一声,这里分得宾主么?汝且作么生分?'若分不得,已后不得学老僧喝。"示众:"我有时先照后用,有时先用后照,有时照用同时,有时照用不同时。先照后用有人在,先用后照有法在。照用同时,驱耕夫之牛,夺饥人之食,敲骨取髓,痛下针锥。照用不同时,有问有答,立宾立主,合水和泥,应机接物。若是过量人,向未举已前,撩起便行,犹较些子。"

在教化弟子的过程中,能否把握恰当的时机,这是禅师高明与否的重要标志。禅宗认为,悟道的过程与状态,实际上是无法运用语言文字能够说清的。若要大彻大悟,就要以拄杖、手势或棒喝等超越语言的方法教化弟子。《林间录》卷上说:"独江西石头而下,诸大宗师以机用应物。观其问答,溟涬然令人坐睡。"[①]

既然彻悟是"心"当机起用的结果,开悟成佛也应当是当下现成、不断证成的。《景德传灯录》卷三"菩提达磨"条表达了"性在作用"的道理,佛性即在现前作用之中,而作用有身、人、见、闻、香、谈论、执捉、运奔等八种极为常

---

① 《卍续藏经》第87册,第247页上。

见的现象。① 日本曹洞宗的开山祖师道元,对此有着独到的理论总结。他曾来中国师从天童山如净(1163—1228)禅师,修学了二年多时间。道元虽然并不运用中国禅师惯用的机锋、棒喝等事,但他领悟到了"身心脱落,修证一等"的禅宗精髓,体会到"只管打坐"的妙用,认为:佛心佛性现时当下生成不断。每时每刻的禅修打坐即是证悟,即是佛心佛性的当下现成。"初发菩提心而只管打坐的时节,就是佛心佛性'现成公案'的时节,只管打坐而证悟成佛的时节,仍是佛心佛性'生成不断'、悟迹休歇而继续禅修的时节。"② 这种佛性论摆脱了佛性的本有、当有的争议,自然也摆脱了本觉、始觉的分歧。这位日本禅师以清晰的佛教语言,表达了"佛心佛性"是生成不断的。佛心如此,人心更是如此,要在平常的"机用"里才能有所表现。

佛性是不断生成,人心更是刹那生灭,这便是"一心"的时间结构。人心在刹那生灭之中相续不断,而佛性在当下现成的过程中恒常不灭,菩提心、慈悲心的发起与证成,亦在同时完成。每一刹那的修证,既是人心的延续,也是佛性的证成。如此这般的修证一等,便会确立一种永恒的菩提心、慈悲心,与人欢乐、拔人痛苦,去落实佛法的现实意义。

结语:心如虚空、假名为心

本文从"心与法、境"、"心与识、智"、"心与机、用"三个不同的角度,诠释"心"的体、相、用,说明佛教所讲的"心"是一种关系的存在、实践的存在。我们无法找到孤立存在的"心",却可以在心法的内外关系、心识的前后关系里感受、转化刹那生灭的心。

《楞严经》提出"心在哪里",本文提出"心是什么",如果硬要给出一种

---

① 当时王正波罗提:"何者是佛?"答曰:"见性是佛。"王曰:"师见性否?"答曰:"我见佛性。"王曰:"性在何处?"答曰:"性在作用。"王曰:"是何作用?我今不见。"答曰:"今见作用,王自不见。"王曰:"于我有否?"答曰:"王若作用,无有不是,王若不用,体亦难见。"王曰:"若用时,几处出现?"答曰:"若出现时,当有其八。"王曰:"其八出现,当为我说。"波罗提即说偈曰:"在胎为身,处世名人,在眼曰见,在耳曰闻,在鼻辨香,在口谈论,在手执捉,在足运奔。遍现俱该沙界,收摄在一微尘,识者知是佛性,不识唤作精魂。"王闻偈已,心即开悟,乃悔谢前非。《大正藏》卷51,第218页中。
② 傅伟勋:〈如净和尚与道元禅师——从中国禅到日本禅〉,载《从西方哲学到禅佛教》,北京:三联书店,1989年,第337页。

回答,那就借用佛教常用的比喻:心如虚空。只有依赖平时的"机用",只有在实践中才能显现心的存在与价值。众生的一念心,就其本性而言是清净的;若就其日常的表象而言,又是虚妄的;若在佛教的修持实践当中,一念心亦即菩提心、慈悲心。

所以,若是套用智者大师"一心三观"的提法,"众生心"的体、相、用三个层面,我称之为"一心三用":清净心是体,代表一种即空观;平常心是相,代表一种即假观;慈悲心是用,代表一种即中观。清净心与平等心,都是一种了达空性的智慧,如禅宗二祖慧可所言,觅心了不可得;而慈悲心的生起,亦是般若性空智慧的体现。三心实为一心,即是无心,心如虚空,无念为宗;说是"三心",乃从机用入手,根尘相对一念心起,当机起用,假名为心,无住为本。慈悲心起,不在内、不在外、亦不在中间,遍虚空处,以刹那生灭的人心证得当下现成的佛性。

佛教常被看成是一种唯心主义哲学,但在这里,我们不难发现:"心"在佛教里,其实被认为是不存在的,是一种假名。大乘佛教的"唯心"思想,并非旨在突出"心"的主体性,而是强调"心"的能动性,最终是要劝人重视宗教上的实践或修持,发挥"心"的机用。所以,与其把佛教说成是唯心主义哲学,不如视之为一种以慈悲心、菩提心为根本的实践哲学。惟其如此,才能理解中国佛教历来就重视"发心"与"观心"的问题。

《黄梨洲文集》

[清] 黄宗羲　著，陈乃乾　编
北京：中华书局，2009年5月第2版

该书是中华书局出版的"理学丛书"中的一种。黄宗羲以史学大家而擅长古文辞，平生所著传状、碑志、书序、杂文等甚多，经该书汇集，凡300余篇，表现了黄宗羲各方面的思想。

该书据《南雷文案》、《南雷文定》、《南雷文约》、《南雷余集》各种刻本所载之文，分类重编，又据梨洲先生手写残稿校正错误。每篇原载何书，在目录下分别注明书名及卷数。编者另就见闻所及，对黄梨洲文集旧有各本略加说明，并录各本序跋，附于全书之后。（孟庆楠）

《诗广传》

[清] 王夫之　著，王孝鱼　点校
北京：中华书局，1964年2月第1版，2009年5月重印

该书是中华书局出版的《王夫之著作》中的一种。该书是王船山读《诗经》时写下来的一些杂感性文字。他从个人的哲学、历史、政治、伦理和文学的观点出发，对《诗经》各篇加以引申发挥。

全书共分5卷，第一、二卷论《二南》和十三《国风》，第三卷论《小雅》，第四卷论《大雅》，第五卷论《颂》。全书共有237篇长短不等的文章。

该书以金陵刻本为底本，参照周调阳依嘉恺抄本所作的校勘记加以勘正，并作了校注。（孟庆楠）

华严宗的孕育新考

杨维中[*]

提　要：本文在吸收学术界相关研究成果的基础上,进一步论证了从古相传的华严宗"三祖说"的可靠性。从华严宗的孕育角度而言,至相寺的地论师、摄论师对智俨有深刻影响,但传统文献所坚持的法顺与智俨的师徒关系不但有时人道宣的记述作为有力证据,而且智俨与华严寺的关系这一有待进一步发掘的历史线索,也强化了法顺与智俨之间师徒关系的确定性。以现代人自定的标准,今人对唐代已经普遍认同的祖师传承做出新的排定,不但缺乏确定的事实依据,也有阉割历史之嫌。道宣的记述应该得到充分的尊重,而智俨"转依多师"并不至于动摇古人所认同的师徒关系。

关键词：华严宗　至相寺　华严寺　法顺　智俨　三祖说

学术界共知,在华严宗的传承中,最早出现的是宗密的"三祖说"。此说中杜顺为初祖,智俨为二祖,法藏为三祖。此说也就成为华严宗的祖师传承的定说,从唐代至清,未曾受到怀疑。而近代以来的日本学者,对此祖师传承说提出了异议。其中主要的疑难是法顺与二祖智俨之间的关系,以及现今署名为法顺、智俨的著述的真伪等问题。本文将通过对以终南山至相寺为核心的地论师、摄论师的活动的考察,来分析说明华严宗孕育的过程。本

---

[*] 杨维中,1966年生,南京大学哲学系教授。

文的结论是,智俨作为创立华严宗的关键人物,其华严观法和佛学思想是长期学习、探索而形成的硕果,而后世将其看作法顺的弟子是由当时的师门惯例所决定的,并不能因为史籍中的只言片语就否定二者之间的师徒关系。

一 至相寺与地论学派

至相寺是由释青彡渊建立的,因而对至相寺地论师的考察自然需要从释青彡渊的行历的论述考辨开始。而众所周知,青彡渊之师是灵裕法师,灵裕法师之师为慧光。如此则可推至地论学派的创始者菩提流支和勒那摩提。

释青彡渊(544—611),姓赵氏,京兆武功(今属陕西省)人。《续高僧传·青彡渊传》记载:"家世荣茂,冠盖相承,厌此浮假,希闻贞素。"①557年,十三岁出家,"道务宏举,定慧攸远。属周武凌法,而戒足无毁。慨佛日潜沦,拟抉目余烈,乃剜眼奉养,用表慧灯之光华也"②。隋文帝重开佛法,随即重穿僧服。"而慧业遐举,闻持莫类。自《华严》、《地持》、《涅槃》、《十地》,皆一闻无坠,历耳便讲。既释众疑,时皆叹伏,行必直视,动静咸安,住则安禅,缘诸止观,一盋之与百纳,始习至终。常坐之与山居,报倾便止,讥疑有涉,敛足不行。"③由此可知,渊法师早年已经熟悉《华严经》、《地论》和《大涅槃经》。

《续高僧传·青彡渊传》记载:"承灵裕法师擅步东夏,乃从而问焉。"④从传文排列次序看,渊法师归灵裕门下应该是在开皇初。此时,灵裕法师是在邺城外的宝山寺。

关于灵裕法师的生平,以道宣《续高僧传·灵裕传》最为详细⑤,而法藏《华严经传记·灵裕传》明显是节略道宣之文而来,基本上没有新材料。清代人编的《全唐文》卷九○四收有《大法师行记》碑文⑥,石碑现存河南安阳灵泉

---

① [唐]道宣:《续高僧传》卷十一,《大正藏》第50册,第511页中。
② 同上。
③ 同上书,《大正藏》第50册,第511页中—下。
④ 同上书,《大正藏》第50册,第511页下。
⑤ 与《续高僧传》中南北朝时期其他人的传记相比较,道宣所写《灵裕传》很详尽,夸赞之语也很多。道宣曾经亲自前往相州以及宝山寺考察,而且道宣著录灵裕撰《十德传》记载慧光十大弟子的行历。可见,道宣所写根据充足。
⑥ 河南省古代建筑保护研究所:《宝山灵泉寺》,郑州:河南人民出版社,1991年,第376页图版。

寺石窟。此碑立于贞观六年(632),为灵裕弟子海云所立,可惜中段残缺。另外,现灵泉寺存北宋绍圣元年(1094)所立《有隋相州天禧镇宝山灵泉寺传法高僧灵裕法师传并序》,基本上是《续高僧传·灵裕传》的摘抄,无多少新材料。下文主要依据这些资料,对灵裕法师的行历、著述以及传承等内容作些考辨叙述。

释灵裕(518—605),俗姓赵,定州巨鹿曲阳(今河北省曲阳县①)人。根据《续高僧传·灵裕传》记载:灵裕年居童幼时,就对佛教有特殊的感觉,"异行感人,每见仪像、沙门必形心随敬;闻屠杀声相,亦切怆胸怀。致使乡党传芳亲缘,为之止杀。年登六岁,便知受戒"。等到"年七岁,启父出家。父以慧解夙成,意宗继世,决誓不许。唯令俗学,专寻世务,碍之道法。裕叹曰:'不得七岁出家,一生坏矣。'遂通览群籍,资于父兄,并包括异同,深契幽赜,唯老庄及易,未预承传"②。十五岁时,正想潜逃出家,恰好其父去世,便依照伦理要求,为父守孝三年,"杖而能起,服毕厌俗,心猛不敢辞母,默往赵郡应觉寺,投明、宝二禅师而出家焉,其人亦东川之摽领也"③。由这一叙述可知,灵裕年少即有出家之志,但至十八岁(535)方才至赵郡应觉寺出家为沙弥。应觉寺,原名堰角寺,在元氏县飞龙山。道宠即出家于此寺。文中所说的宝禅师、明禅师史籍失载。④ 唯《大法师行记》碑文有一句:"盖明法师(阙十二

---

① 历史上有上曲阳和下曲阳之分。上曲阳故城在定州曲阳县西五里,此处所说"定州曲阳",笔者以为是指上曲阳。汉置上曲阳县,属恒山郡。后汉属中山国。晋属常山郡。后魏属中山郡。北齐改为曲阳县。隋开皇六年,改曰石邑。开皇七年,改为恒县,属定州。唐因之。下曲阳位于今河北省晋州市西。
② [唐]道宣:《续高僧传》卷九,《大正藏》第50册,第495页中。
③ 同上。
④ 有学者推测明禅师"或许就是僧稠曾经从学过的赵州道明禅师"(徐文明:《中土前期禅学思想史》,北京:北京师范大学出版社,2004年,第111页),唯未讲出理由。经过笔者考证,这一推测是不正确的。《续高僧传·僧稠传》记载:僧稠"又诣赵州障供山道明禅师,受十六特胜法"。此中"障供山"又写作"漳洪山"、"嶂洪山"。此漳洪山与道宠、灵裕出家的飞龙山应觉寺不在一地。《续高僧传》又有《隋赵郡漳洪山释智舜传》,其文说:释智舜"年二十余,厌世出家,事云门稠公居于白鹿,始末十载"。后卒于元氏县屈岭禅坊,时年七十有二,即仁寿四年(604)正月二十日。"初葬于终所山侧,后房子县界嶂洪山民,素重山道,夜偷尸柩瘗于岩中,及往追觅皆藏其所。"传文又记载开皇十年(590)文帝下诏:"皇帝敬问赵州房子界嶂洪山南谷旧禅房寺智舜禅师,冬日极寒,禅师道体清胜,教导苍生,使早成就。朕甚嘉焉。……"而时赵州刺史杨达,"以舜无公贯,素绝名问,依勅散下,方始知之,乃为系名同果寺。用承诏旨,而舜亦不临赴。山民为之起寺,三处交络,四方闻造"。这就是智舜圆寂地屈岭禅坊的由来。大约在元代,该寺犹存,仍名为"禅房寺"。少林寺方丈古岩普就(1241—1317),河北真定人,十五岁时(1255)即出家于"封龙山禅房寺"。经查考历史地理文献可知,飞龙山禅房寺、应觉寺位于赵郡元氏县(今河北省元氏县),而"嶂洪山"则属于赵郡房子县(今河北临城县)。

字)中(阙一字)当千季之后之上首也,又是光律师之孙,凭法师之息……"①此句明确说明了明禅师是慧光的徒孙,道凭的弟子。道宣还记叙了灵裕于应觉寺的表现:"既初染大法,勅令诵经。裕执卷而誓曰:'我今将学,必先要心。三藏微言,定当穷旨,终无处中下之流。暨于儒、释两教,遍须通晓也。'"②显然,灵裕无论在家,还是出家为沙弥时,都有凌云之志,确实显得卓尔不群。

"年始登冠"③时,灵裕前往邺都,准备归禀慧光法师。然而,当他于此年三月二十四日到达邺都时,才知慧光已经于七日前圆寂。灵裕于是转投慧光的弟子道凭法师,"听于《地论》,荏苒法席,终于三年。二十有二,方进具戒。还从明、宝二德,求为本师。乃皆辞曰:'吾为汝缘,吾非汝师。可往胜上所也。'遂赴定州而受大戒,即诵《四分》、《僧祇》二戒,自写其文。八日之中书诵俱了。有定州刺史侯景,访裕道行,奏请度之,隶入公名,甚相器重。后南游漳滏,于隐公所偏学《四分》,随闻寻记,五卷行之。又以《地论》初兴,惠光开悟之元匠,流衍弘导,道凭即光师之所亲承"④。灵裕又"依凭法席,晨夜幽通,发奇剖新者,皆共推揖"。

关于灵裕这一段的行程,道宣叙述得颇为细致因而显得曲折,而法藏在撰写《华严经传记》时作了删节引录,由此引起当代一些学者的怀疑,认为道宣叙述重复混乱。如先后两次请求明、宝二禅师为其本师却被拒绝以及两次皈向道凭门下等,似乎显得多余。⑤ 笔者以为,道宣的叙述是可信的。受具足戒成为比丘,一是需要走许多程序,二是有名额限制,三是并非所有比丘都有给人授具足戒的资格。灵裕尽管出家的愿望很早,成为沙弥的时间为十八岁。从上文的表述看,他受具足戒面临一些困难,不方便明白道来。真相是,灵裕没有进入"公度"名牒之中。原来,北魏后期为了限制僧尼数量的膨胀,实行"勅度"制度,以每年四月八日和七月十五日两次"勅度"为常

---

① 河南省古代建筑保护研究所:《宝山灵泉寺》,第376页图版。
② [唐]道宣:《续高僧传》卷九,《大正藏》第50册,第495页中。
③ 同上。《大正藏》采用的是"年始弱冠",而有注宋元本作"年始登冠"。《大法师行记》记载,"二十有一,南游邺京",由此可知,"登冠"较为恰当。
④ [唐]道宣:《续高僧传》卷九,《大正藏》第50册,第495页中一下。
⑤ 徐文明:《中土前期禅学思想史》,第111页。

态。通过"敕度"的僧尼,官方登记造册,属于合法僧尼,而"私度"即民间隐瞒不报私自履行受戒手续,是不合法的。"敕度"由皇帝亲自批准名额、受戒地点,而受戒的"三师七证"则由官方选择任用。灵裕赴定州受大戒的时间是东魏兴和二年(540)。正式受戒之前要考试,灵裕于八日之内诵《四分》、《僧祇》二戒,自写其文并且诵出。考察通过之后,经过当时的定州刺史侯景①奏请朝廷同意,灵裕方才得以成为"公度"比丘。依照当时的惯例,受具足戒之后,还须到律师门下研习律学一二年。这就是灵裕于定州受戒后又南下至邺都于昙隐门下研习《四分律》的原因。研习《四分律》并且以昙隐的讲解为基础著成《四分律疏》五卷之后,灵裕又回到道凭门下研习《十地经论》。

  道宣的上述叙述,在《大法师行记》碑文中也得到印证。碑文有如此记载:"盖明法师……(阙七字)八秋中涉学,学且散矣!薄言从宅巡衢,野望繁霜,满(阙五字)怖(阙二字)猛,倚树叹息,拭(阙十三字)命也。忠情既发,留者谁乎?不计危亡,专投隐觉。于腊(阙九字)此日而受出家(阙十三字)。"②——此段叙述灵裕出家为沙弥的简单过程,"隐觉"即应觉寺。"岁已,向周有人言曰:'此非佛法矣!'求仙之念,从是(阙十一字)而兼饵诵(阙十四字)念(阙一字)吾当学问于阎浮提中,作最大法师,若(阙一字)不尔,(阙十一字)伴难逢踟(阙十四字)到已(阙一字)。"——这是说,在出家为沙弥一年之后,受周围人影响,灵裕一度有信奉道教的想法,但很快坚定信仰,发愿"作最大法师"。于是,"奉大法师,听《十地》、《地持》。其法师也,道讳道(阙十一字),季在从(阙十六字)之威巍巍自住,薄有四王之德"。《大法师行记》的最后又有一句说:"师时十八家,求学造此结门(阙十四字),二十有一,南游邺京。"如前文所引道宣所写《灵裕传》所说"年始登冠",二者参照可知,元象元年(538)三、四月间,灵裕至邺城已经年满二十岁或二十一岁。《大法师行记》接着记载:"师于夏日辄患曰:(阙十二字)此(阙十六字)还向定州而受具戒。受已,连翩复返上原。年廿(阙二十八字)亦讫。季廿

---

① 根据史籍记载,侯景在击败葛荣的战争中立功,后被提拔为定州刺史。天平三年(536)九月,侯景又以定州刺史兼尚书右仆射、南道行台;兴和三年(542)秋八月,转任以开府仪同三司、吏部尚书兼尚书仆射、河南行台。灵裕受戒时,侯景恰好任定州刺史。
② 河南省古代建筑保护研究所:《宝山灵泉寺》,第 376 页图版。

六,从隐律师学于《四分》。其律师也,业想清高(阙三十字)。"——此段叙述灵裕跟从"大法师"道凭学习《十地经论》和《地持经》。其后,前往定州受戒。受戒后又回到邺都。二十六岁时,他又跟从昙隐律师研习律学达三年,当时昙隐在邺东大衍寺。"年廿九,向彼白鹿李潜下寺,首尾一周,时造《十口疏》(阙二十九字)。"至二十九岁(546)时,他离开昙隐所在的寺院至另外的寺院造《疏》。此后,又"更还邺,更访名师"①,重新回到道凭身边,其时间应在天保元年(550)之前。当时,道凭在邺城宝山寺。

将道宣《灵裕传》所写与《大法师行记》相对比,一致者如上。但有一个差别,就是灵裕第一次师从道凭的持续时间。道宣说:"师听于《地论》,崔苒法席,终于三年。二十有二,方进具戒……后南游漳滏,于隐公所偏学《四分》,随闻寻记。"②但以"年始登冠"以及二十有一至邺都来看,以年头计算也就是两年,实际上仅仅一年而已。然而,《大法师行记》于此不巧有较多缺文,其文是:"受已,连翩复返上原,年廿(阙二十八字)亦讫。"其后则是二十六岁跟随昙隐学律。如此一来,灵裕法师在二十二岁至二十六岁之间作何事,便缺失载记。我们推测,他受戒归来,很大可能是重新回到道凭法师座下研习经论。

从上述疏解可知,灵裕起先两次间断地至道凭门下学习。第一次为538年至539年,身份是沙弥;第二次是外出受戒数月后返回。二十六岁至二十九岁,灵裕跟随昙隐学习律学。二十九岁(546)的某时之后,大概一直系籍于道凭法师住持的宝山寺。如前文所叙述,道凭于北齐天保十年(559)三月七日圆寂于邺城西南宝山寺,而现存《凭法师烧身塔》立于北齐河清二年(563),可知,此碑应该是由包括灵裕在内的弟子们共同树立的。

在叙述完灵裕重回道凭所在的寺院之后,《续高僧传·灵裕传》接着说:

> 自此专业《华严》、《涅槃》、《地论》、律部,皆博寻旧解,穿凿新异。唯《大集》、《般若》、《观经》、《遗教》等疏,拔思胸襟,非师讲授。又从安、游、荣等三师听《杂心》义。嵩、林二师学《成实论》,功将一纪,解贯二乘,纲领有存,皆备科举,而精爽弘赡,理相兼通。曾与诸僧共谈儒

---

① 河南省古代建筑保护研究所:《宝山灵泉寺》,第376页图版。
② [唐]道宣:《续高僧传》卷九,《大正藏》第50册,第495页下。

教,旁有讲席,参涉间闻,两听同散,竟以相闻覆述句义,并无一遗。由此邺下擅名,遐迩驰誉,且而刚梗严毅,守节自专。①

依据此文所说,灵裕真正博通了大小二乘,其中对《华严经》、《涅槃经》、《十地经论》以及律部,都在博寻旧解的基础上,做了叠有新意的解释。而《大集经》、《般若经》、《观经》、《遗教经》等疏,则是自己师心独悟而成。此外,灵裕又跟从安、游、荣等三师听《杂心论》,跟从嵩、林二师学《成实论》。

道宣在《灵裕传》中说过,灵裕"自年三十即存著述,初造《十地疏》四卷,《地持》、《维摩》、《波若疏》各两卷"。又说:"故十夏初登,而为领袖倾敬。"②灵裕三十岁即548年,"十夏"即受具足戒十年,为550年,此年恰好为天保元年。而《大法师行记》有文记载:"年廿九,向彼白鹿李潜下寺,首尾一周,时造《十囗疏》(阙二十九字)。"现存的碑石在"十"与"疏"之间有一缺字。此碑的前文延伸,似乎此疏应该与律学有关。但是,《大法师行记》后文又记载:"齐天保元年冬,在邺京讲《十地论》,(阙三十字)旨(阙一字)一卷合十三卷矣。"③因此,此缺字应为"地"字。几种记载是一致的。由此可知,灵裕开讲的第一部经论是《十地经论》,而且在讲之前的两年,就已经写好了《十地经论疏》四卷。

关于灵裕宣讲经论,道宣还写道:

> 至于都讲、覆述,励怀非任,世供道望,销声避隐,有事不获已者,让而受之。夏居十二,邺京创讲,名节既著,言令若新,预听归依,遂号为裕菩萨也,皆从受戒三聚,大法自此广焉。因以导物为恒务矣,意存纲领不在章句,致有前后重解,言义不同,亡筌者会其宗归,循文者失其宏趣。④

此文说,灵裕本来不以"都讲"⑤为己任,而对于著述兴致更高。但在众

---

① [唐]道宣:《续高僧传》卷九,《大正藏》第50册,第495页下。
② 同上书,《大正藏》第50册,第497页下。
③ 河南省古代建筑保护研究所:《宝山灵泉寺》,第376页图版。
④ [唐]道宣:《续高僧传》卷九,《大正藏》第50册,第495页下。
⑤ "都讲"为古代寺院讲经时所设之职掌,即都讲者负责发问,主讲者回答,俾使听众容易理解文义。

人的请求下,也就当仁不让了。特别是在夏腊十二年(552)开始独立宣讲经论,一举成名,世人称之为"裕菩萨"。此后,多次讲解同样一部经论,因此其著述的文句就略有不同。此后,"会齐后染患,愿讲《华严》,昭玄诸统举裕以当法主,四方一会,雅为称先。时有雄鸡一头,常随众听。逮于讲散,乃大鸣高飞西南树上,经夜而终。俄尔疾遂有瘳。斯亦通感之明应也。内宫由是施袈裟三百领,裕受而散之"①。

灵裕为学以广博为务,为人则清高而淡泊名利。北齐文宣帝于邺都修建了不少大寺,"勅召德望,并处其中,国俸所资,隆重相架。裕时蔚为称首,令住官寺,乃固让曰:'国意深重,德非其人,幸以此利授堪受者'"②。灵裕拒绝接受朝廷所给予的当时一般名僧所具有的特殊待遇,但"有善生法供,则受而无惮",对于民间有利于佛教发展的供养,无论数量多大,都毫无顾虑地接受。"故其所行藏,不为世情之所同测矣。"③在此,道宣之文又涉及他与法上的关系。道宣说:"有齐宣帝盛弘释典,大统法上势覆群英,学者望风向附,用津侥幸,唯裕仗节专贞,卓然不偶伦类,但虑未闻所闻,用为翘结耳。后上统深委高亮,钦而敬之。"④理解这一段文字,需要回顾前文所说的法上在地论师,特别是他在东魏、北齐所具有的佛教领袖地位这样的事实。以慧光门下十大弟子而言,由于法上接替慧光长期担任朝廷的最高僧官——大统的职务,因此,法上实际上是地论师第二代的核心人物。道凭年长于法上,但道凭很早就至邺都之外的宝山修行,而法上住于邺城内的大觉寺。道宣此段文字的要义在于,在其师道凭圆寂之后,灵裕坚持独立发展,不卑不亢,受到大统法上的尊敬。

灵裕在四十七岁(565)时,"将邻知命,便即澄一心想,禅虑岩阿,未盈炎溽,范阳卢氏,闻风远请"⑤。在灵裕打算谢绝干扰,专修禅定之时,范阳卢氏请法师至范阳宣讲经论,"裕乘时弘济,不滞行理,便往赴焉。至止讲供,常

---

① [唐]道宣:《续高僧传》卷九,《大正藏》第50册,第495页下—496页上。
② 同上书,《大正藏》第50册,第496页上。
③ 同上。
④ 同上书,《大正藏》第50册,第495页下。
⑤ 同上书,《大正藏》第50册,第496页上。

溢千人。听徒嘉庆,前后重迭"①。道宣的这一记载,在《大法师行记》中也有记载:"年四十七,赴请范阳,随宜阐说,三智博流"②。可知,灵裕的声名已经广泛传播,已经成为很有影响的论师。

灵裕法师"后还邺下,与诸法师连座谈说。齐安东王娄叡,致敬诸僧,次至裕前,不觉怖而流汗。退问知其异度,即奉为戒师。宝山一寺,裕之经始,叡为施主,倾撒金贝,其潜德感人又此类也。"③灵裕法师继承其师道凭的事业,继续营造宝山寺,而当时的权臣娄睿是其最大的檀越。娄睿,鲜卑人,本姓匹娄,简改称娄。从《北齐书·武成纪》、《北齐书·娄睿传》及出土的《墓志》来看,他的姑母娄昭君是高欢的嫡妻,他即为北齐武明皇太后的内侄。自随高欢"信都起义",先为帐内都督,曾平定叛乱,收复炽关,为北齐建立军功,先后封东安王、司空、司徒、太尉,天统二年(566)封为大司马统领全军,天统三年为太傅、太师,兼录并省尚书事、并省尚书令,成为"坐而论道"、"总领帝机"的宰辅重臣。在东魏、北齐之世,他是一个很有影响的人物。他以外戚而贵幸,也有纵情声色、敛财无厌、滥杀无辜等劣迹,史书都有记载。他卒于武平元年(570)二月五日。从道宣文字表述看,娄睿成为宝山寺的大檀越,是从灵裕从范阳回来后开始的,应在天统二年娄睿被封为大司马之后。

《续高僧传·灵裕传》又记载:"周氏灭齐,二教沦没,乃潜形世壤,衣以斩缞三升之布,头经麻带,如丧考妣。"④这是说,在周武帝灭佛后,灵裕潜形世壤,穿着孝服,如丧考妣,誓得佛法。关于此事的发生时间,也与北周于齐地毁佛的起始时间有关。对此,《续高僧传·慧远传》记载:"及承光二年春,周氏克齐,便行废教。"⑤《广弘明集》卷十所收录的《周祖平齐召僧叙废立抗拒事》中都说:"周武帝以齐承光二年春,东平高氏,召前修大德并赴殿集。"⑥在此次集会之后,下令毁灭齐地佛教。《广弘明集》卷十有文说:"帝已行虐三年,关陇佛法诛除略尽。既克齐境,还准毁之。尔时,魏齐东川佛

---

① [唐]道宣:《续高僧传》卷九,《大正藏》第50册,第496页上。
② 河南省古代建筑保护研究所:《宝山灵泉寺》,第376页图版。
③ [唐]道宣:《续高僧传》卷九,《大正藏》第50册,第496页上。
④ 同上。
⑤ 同上书,《大正藏》第50册,第490页上。
⑥ [唐]道宣:《广弘明集》卷十,《大正藏》第52册,第153页上。

法崇盛,见成寺庙出四十千,并赐王公充为第宅,五众释门减三百万,皆复军民,还归编户。融刮佛像,焚烧经教,三宝福财,簿录入官,登即赏赐分散荡尽。"①《广弘明集》卷十《周高祖巡邺除殄佛法有前僧任道林上表请开法事》一文记载:"周建德六年十一月四日,上临邺宫新殿,内史宇文昂上士李德林收上书人表。于时任道林以表上之。"②对于上述史料,笔者在《中国唯识宗通史》中也未曾分辨,在此略作辨析。首先须指出,《周书·武帝本纪》等都记载,北周武帝于建德六年(577)正月攻陷邺城,齐后主领百骑东遁。周武帝入邺城,遣将追齐后主至青州(今属山东)南邓村,俘其父子等。北齐亡,北周统一北方。其二,承光年号是北齐幼主于北齐隆化二年(577)春正月乙亥即皇帝位后所改,实际上只使用了数月,幼主就被北周俘获,此年号随即废弃。从这一情形推知,上引文献中"周武帝以齐承光二年春,东平高氏"后于邺城大殿召集僧人聚会的说法,在时间上有误;应该是承光元年(577)。其三,根据《周书·武帝本纪下》的记载,周武帝于周建德六年春灭齐后确实在邺城停留了一段时间。《周书·武帝本纪下》记载:"六年春正月乙亥,齐主传位于其太子恒,改年承光,自号为太上皇。壬辰,帝至邺。齐主先于城外掘堑竖栅。癸巳,帝率诸军围之,齐人拒守,诸军奋击,大破之,遂平邺。甲午,帝入邺城。"③其四,周建德六年十月,武帝确实曾经到过邺城。《周书·武帝本纪下》记载:建德六年"冬十月戊申,行幸邺宫"④,至十二月庚申(578年1月15日),"行幸并州宫"⑤。由上述资料可知,周武帝在刚刚占领邺城就召集僧人议论废除佛教事,显然有些迫不及待。至当年十一月四日,有僧人任道林上表请开法事,但未有结果。

在577年之后,灵裕"引同侣二十余人,居于聚落,夜谈正理,昼读俗书,学既探幽,随览缀述。各有部类,名如后列"⑥。这是道宣《续高僧传·灵裕传》中的句子。据此段文字可知,即便是在如此艰难险境中,灵裕法师仍然

---

① 《广弘明集》卷十,《大正藏》第五十二册,第153页下。
② 同上书,第154页上。
③ 《周书》卷六,北京:中华书局,1971年,第100页。
④ 同上书,第104页。
⑤ 同上书,第105页。
⑥ [唐]道宣:《续高僧传》卷九,《大正藏》第50册,第496页上。

带领弟子二十余人,研习经论不辍,并且著述不断。尤其是,依照灵裕法师的教诲,这二十人各有重点。从此可见,至少于此时,灵裕对于法系的代代相承以及弘法方向已经有自己独特的安排。

隋朝立国,佛教复兴,灵裕出山弘法。开皇三年(583),相州刺史樊叔略创办讲经法会,邀请灵裕讲经论,"一期影向,千计盈门"①,听讲者数以千计。在隋初,灵裕具有很高的声望,隋文帝"有勅令立僧官,略乃举为都统"②。灵裕对刺史说:"统都之德,裕德非其德,统都之用,裕用非其用。既其德用非器,事理难从。"刺史手下的人说:"舍于此人,则荐失纲要。"刺史又多次邀请,灵裕"乃潜游燕赵,五年行化,道振两河"③。灵裕这次外出弘法,至开皇九年(589)才回到邺城。因为有题记显示,这一年他在宝山寺主持修建了一座石窟。

《续高僧传·灵裕传》记载:"又营诸福业,寺宇灵仪,后于宝山造石龛一所,名为金刚性力住持那罗延。窟面别镌法灭之相,山幽林竦,言切事彰。每春游山之僧,皆往寻其文理,读者莫不歔欷而持操矣。"④而现存的"大住圣窟"有题记如下:

> 大隋开皇九年乙酉岁敬造窟,用功一千六百廿四;像世尊,用工九百:卢舍那世尊一龛、阿弥陀世尊一龛、弥勒世尊一龛、三十五佛世尊三十五龛、七佛世尊七龛、传法圣大法师廿四人。叹三宝偈言:如来(智)慧无边际,神通广大妙难思,相好光明超世纲,故令三界归依,法宝清净如虚空,善(寂)甚深无穷尽,无生无灭无往来,(寂)灭离垢难思议,圣众口真功德海,断灭一切诸诤流,戒□清净无瑕口。⑤

此窟位于宝山寺西侧。窟作方形平面,覆斗形窟顶,窟由东、西、北三壁各凿一大型圆拱龛,龛中雕卢舍那佛、弥勒佛和阿弥陀佛,龛侧雕三十五佛和七佛。窟门外东侧镌刻灵裕造窟记,窟门两侧浮雕那罗延神王和迦毗罗

---

① [唐]道宣:《续高僧传》卷九,《大正藏》第50册,第496页上。
② [唐]道宣:《续高僧传》卷九,《大正藏》第50册,第496页中。
③ 同上。
④ 同上书,《大正藏》第50册,第497页中。
⑤ 河南省古代建筑保护研究所:《宝山灵泉寺》,第376页图版。

神王各一尊,窟内前壁东侧线刻"世尊去世传法圣师"二十四祖形象,始于大迦叶,终于师子比丘。

开皇十年(590),灵裕曾经至洺州(今河北省永年县)灵通寺弘法。第二年,隋文帝欲在各地征召高僧至京师弘法,许多人都推举灵裕。文帝随即下诏:

> 敬问相州大慈寺灵裕法师,朕遵崇三宝,归向情深,恒愿阐扬大乘,护持正法。法师梵行精淳,理义渊远。弘通玄教,开导聋瞽。道俗钦仰思作福田。京师天下具瞻,四方辐凑,故远召法师共营功业,宜知朕意早入京也。①

灵裕得到诏书,起先以有疾病相推辞,又说:"业缘至矣,圣亦难违。"于是,灵裕步行进入长安,不乘坐官乘,而时年他已经七十四岁了。灵裕到长安面见皇帝后,文帝下敕安排其住于大兴善寺。其后,"仍诏所司咸集僧望,评立国统,众议咸属,莫有异词。裕笑曰:'当相通委,何用云云?'遂表辞请还,置言详核。帝览表究情,依即听返。仆射高颎等,意存统重,又表请留。帝即下勒,令且住此。裕曰:'一国之主,义无二言,今复重留情所未可。'告门人曰:'王臣亲附,久有誓言。近则侮人轻法,退则不无遥敬。故吾斟酌向背耳。'寻复三勒固邀,裕较执如上。帝语苏威曰:'朕知裕师纲正,是自在人,诚不可屈节。'乃勒左仆射高颎、右仆射苏威、纳言虞庆则、总管贺若弼等诸公诣寺宣旨:'代帝受戒忏罪。'并送绫锦衣服绢三百段,助营山寺。御自注额,可号'灵泉',资送优给,有逾常准"②。经过灵裕多次推托,总算推掉了"国统"职位。隋文帝不但允许灵裕回到邺城,并且下敕将灵裕的住寺宝山寺改名为灵泉寺。灵裕又步行而归,回到邺城。

上述叙述是依据道宣所记。费长房在《历代三宝纪》卷十二中也有一记载:

> 开皇十年,降勒所部,追裕入京,至见阙庭,劳问殷重。方应攀龙鳞,以布法云,使苍生蒙润;附凤翼以扬慧吹,令黔首获凉。到未几何,

---

① [唐]道宣:《续高僧传》卷九,《大正藏》第50册,第496页中。
② 同上书,《大正藏》第50册,第496页中—下。

频辞请退。乃云:"不习水土,屡觉病增。"十一年春,放还归邺。①

依据此说,开皇十年(590),文帝发诏书请灵裕来京师,而灵裕住京师时间不长,就提出回去,开皇十一年春,灵裕启程回相州。如此,灵裕到长安至少停留数月,并且在京师多次宣讲经论,如《续高僧传·灵裕传》记载,"由是至终,远常赴集"②,灵裕法师一旦开讲经论,净影慧远都要前去捧场。

灵裕法师由此名震京师。此后隋文帝多次下诏问候,"颁锡重沓,稽疑请决者,不远而至,餐风沐道者,复结于前矣"③。灵裕晚年又住于邺城城西的演空寺,文帝闻之又下诏说:"敬问演空寺大德灵裕法师,朕遵仰圣教,重兴三宝,欲使生灵,咸蒙福力。法师舍离尘俗,投旨法门,精诚若此,深副朕怀。"④

仁寿年间,灵裕又主持在邺城外的寒陵山造佛塔。根据《续高僧传·道昂传》的记载,此塔可能是其弟子道昂所住的寒陵山寺。《灵裕传》记载说:

> 寒陵山所造九级浮图,仁寿末岁,止营四层。裕一旦急催曰:"一切无常,事有障绝。"通夜累构,将结八重,命令断作,仅得施座安橙。值晋阳事故,生民无措其手足。裕命复悬于后载。⑤

这是指仁寿四年(604)七月隋文帝驾崩、隋炀帝即位后的八月,并州总管汉王杨谅举兵造反,今河南、山西、河北一代陷入战火。文中说,灵裕预见到战乱将至,先是吩咐加快修造进度,其后则停止修造,而封闭佛塔以待将来再行建造。这时,邺城也流行一句谶语:"裕师将过世矣",但不知其言的出处。后来,灵裕感觉身体不适,至第七日,援笔制诗二首。第一篇题为《哀速》,末尾说:"今日坐高堂,明朝卧长棘。一生聊已竟,来报将何息。"第二篇名为《悲永殒》:"命断辞人路,骸送鬼门前。从今一别后,更会几何年。"⑥当夜即圆寂于演空寺,春秋八十八。此即大业元年(605)正月二十二日。

---

① [隋]费长房:《历代三宝纪》卷十二,《大正藏》第49册,第105页。
② [唐]道宣:《续高僧传》卷九,《大正藏》第50册,第498页上。
③ 同上书,《大正藏》第50册,第496页下。
④ 同上。
⑤ 同上。
⑥ 同上书,《大正藏》第50册,第496页下—497页上。

总结灵裕的一生,著述、宣讲经论、授徒、修建塔寺是其四大业绩。灵裕知识渊博,学通内外。唐初道宣《大唐内典录》卷五有一评价:"裕即道凭法师之弟子也。轨师德量,善守律仪,慧解钩深;见闻弘博,兼内外学,为道俗归;性爱传灯,情存著述,可谓笃识高行沙门也。"[①]这一评价客观真实,可谓确切之论。修建塔寺方面的业绩已见上文所论,在此逐次将其他三方面的贡献简述如下。

从其传记以及道宣的评价看,四大业绩中,灵裕最看重的是著述。他的著述特别多,可惜保存下来的非常有限。道宣在《续高僧传》卷九《灵裕传》以及《大唐内典录》中有著录,而《大法师行记》则以编年体方式作了详细著录,可惜此部分已难以辨认。灵裕三十岁以后,即开始著述。其著述涉及范围广泛驳杂,可分为四大类。下文主要依据道宣的著录,参照《大法师行记》,对灵裕的著述作一分类罗列。

第一类,经论著述:《十地经论疏》四卷、《地持经疏》二卷、《维摩经疏》二卷、《般若经疏》二卷、《般若论疏》一卷、《华严经疏》及《华严旨归》合九卷、《涅槃经疏》六卷、《大集经疏》八卷、《胜鬘经疏记》、《央掘经疏记》、《无量寿经疏记》、《观无量寿经疏记》、《仁王般若经疏记》、《往生论疏记》、《弥勒上生经疏记》、《弥勒下生经疏记》、《遗教经疏记》、《温室疏》一卷、《成实论抄》、《毗昙抄》、《大智度论抄》各抄五卷。此外,还有首尾注《华严》等经论、《众经宗要》等。

第二类,自撰佛教论书:《大乘义章》四卷、《信三宝论》一卷、《序大小乘同异》、《论舍利目连传御众法》等,又制《安民论》、《陶神论》各十卷、《论[穀-禾+卵]卵成杀论字本》七卷、《因果论》二卷、《圣述记》二卷(或称《圣迹记》两卷)、《十法忆》一卷、《触事申情颂》、《三行四去颂》、《十慈颂》、《十志颂》等。此外,灵裕对佛典翻译也有理论总结,反映在《译经体式》之中。

第三类,律学及僧尼制度方面的著述:《毗尼母疏记》、《四分律疏》五卷、《四分戒本疏》一卷、《受菩萨戒法》并《戒本》以及《僧制寺诰》、《僧尼制》一卷等。

---

① [唐]道宣:《大唐内典录》卷五,《大正藏》第55册,第277页下。

第四类，佛教史著:《佛法东行记》、《经法东流记》一卷、《光师弟子十德记》①、《圣迹记》两卷、《齐世三宝记》、《灭法记》、《寺破报应记》、《塔寺忆》一卷。

第五类，外学著述:《孝经义记》、《庄记老纲式》、《经兆纬相录》、《五兆书》、《医决》、《符禁法》、《文断水虫序》等，《十怨十志颂》、《齐亡消日颂》、《诗评》并《杂集》等五十余卷。

宣讲经论是灵裕法师第二大业绩。他从三十二岁开始宣讲经论，以《地论》、《华严经》为宣讲重点。关于这一方面的特色，道宣有较为全面的叙述:"至于弘法轨模，万代宗辖。志存远大，不局偏授。故有单讲双时，雅为恒度。略文对讲，生常不经，必有传讲。"②——这不仅涉及灵裕法师对讲经传法之重要性的看法，也是对他不辞辛劳常讲常新的作为的最好概括。"故十夏初登，而为领袖倾敬。或大德同集，间以谑情。及裕之临席，无不肃然自持，喧闹攸静。所以下座尼众，莫敢面参。而性刚威爽，服章粗弊，贵达之与厮下，承对一焉。"③——这是对灵裕法师宣讲经论之风范的描述:严肃认真，但又不喜客套，"去来自彼，曾无迎送，故通儒开士，积疑请决；艺术异能，抱策呈解，皆顶受绝叹，言不写情，可谓坐镇雅俗于斯人矣。故邺下谚曰:衍法师伏道不伏俗，裕法师道俗俱伏。诚其应对无思，发言成论故也"④。衍法师即灵裕之师叔，这一评价反映了灵裕在僧、俗中都有同样的震撼力。道宣《续高僧传·灵裕传》有一则故事:

> 要须延请，供承颙仰，方登法座。尝有一处，敷演将半。因行游观，乃近韮园。问其本缘云:"是讲主所有。"裕曰:"弘法之始，为遣过原。恶业未倾，清通焉在？此讲不可再也，宜即散之。"便执锡持衣，径辞而出。讲主曰:"法师但讲，此业易除耳。复未足忧之。"便借倩村民犁具，一时耕杀四十亩韮，拟种谷田。斯道俗相依，言行无越，一人而已。⑤

---

① [唐]道宣:《续高僧传》序:"惟隋初沙门魏郡释灵裕，仪表缀述，有意弘方，撰《十德记》一卷，偏叙昭玄，师保未奥，广嗣通宗。"(《大正藏》第50册，第425页中。)
② 《续高僧传》卷九，《大正藏》第50册，第497页上。
③ 同上书，《大正藏》第50册，第497页中。
④ 同上。
⑤ 同上书，《大正藏》第50册，第497页上。

这则故事形象地说明了灵裕对俗士严格的信仰要求。

关于灵裕法师讲解经论的语言风格，道宣《灵裕传》如此概括描述：

> 其讲悟也，始微终著，声气雄远，辩对无滞，言罕重宣。或一字盘桓，动移数日。或一上之中，便销数卷。及至后讲更改前科，增减出没，乘机显晦，致学者疑焉。裕曰："此大士之宏规也，岂可以恒情而断之？"①

对于这一风格，明代莲池大师在《竹窗随笔》"灵裕法师"条中评论说："裕师盖得无碍辩才，庶几乎于法自在。而拘名著相，以文害辞，以辞害意，与夫参死句之辈，何足以知之？今人不可执己见，而蔑视胜流，轻谈横议；又不可昧己量而效颦先德，妄行自用也。"对于灵裕法师这种不拘一格的讲解风格，莲池大师大加赞赏之余，告诫常人不可东施效颦，因为灵裕法师乃获得无碍辩才之大士也。

在授徒方面，灵裕最突出的是严格僧仪和寺院规范。道宣说："自有师资希附，斯轨年登耳顺，养众两堂，简以未具，异室将抚，言行有滥即令出众。"②凡是想正式作为灵裕法师的及门弟子，必须年资达到四十岁后方才予以考虑，如果言行方面有瑕疵，立即令其离开。作为比丘寺院，灵裕在其住持的寺院中严格遵守戒律规定：第一，"寺法不停女人尼众，誓不授戒。及所住房由来禁约，不令登践"③。在弘法之时，方才允许女众入寺，"并后入先出，直往无留"。第二，严格执行授戒仪轨。"沙弥受具，和上德难，故尽报不行。自余师证，至时临众，若授以三聚则七众备传。致有法席清严，向传宇内。"第三，"侍者供给不预沙弥，僧制澄正，无论主客，内惟护法，外肃愆过"④。第四，"身服清修，不御绫绮，垂裙踝上四指，衫袖仅与肘齐，祇支极长至胫而已，设见衣制过度，则处众割之。故方裙正背大毡被褥，皮革上色，钱宝等物，并不入房。何况身履而为资具？斯又处俭之后教矣"。这是对寺院全体僧人的规定，灵裕法师也身体力行，"常服五条，由来以布，纵有缯帛成

---

① ［唐］道宣：《续高僧传》卷九，《大正藏》第 50 册，第 497 页上—中。
② 同上书，《大正藏》第 50 册，第 497 页中。
③ 同上。
④ 同上书，《大正藏》第 50 册，第 497 页中—下。

施,终以惠人。祇支亦尔,余则弊纳而已"。对于灵裕这种做派,世间有一些人不理解,认为如此是为了获取更大的名声。灵裕法师说:"吾闻君子争名,小人争利,复何辞乎?"有人说:"名本利缘耳。"灵裕回应说:"吾得利,便失名矣。"又有人说:"此乃诈为善相。"灵裕回答说:"犹胜真心为罪也。"时人以为佳言。道宣评论说:"其志行之仪,可垂世范。"①

道宣在《续高僧传》卷十五"论"中有一评论:

> 沙门灵裕,行解相高,内外通赡,亦当时之难偶也。然而立性刚毅,峭急不伦。侍人流汗,非可师范。世或讥论,以此为先,斯亦不比德而观也。语俗而谈,滔滔风流;爱心绵密,未觌其短,多容瑕累。见心机动,祸福相邻。若不先知,何成惩艾?致使裕公虚沾此及。若能返求诸己,斯言自亡。②

此处道宣罗列了当时佛教界对灵裕的三点非议:一是刚毅而具威慑力,使得身边的人战战兢兢,不足以成为别人的楷模;二是语言通俗而滔滔不绝,因充满爱心而容纳别人的短处;三是预知祸福,精通古代各种相术。有意思的是,道宣所描述的前二者恰好能构成互补,即外表刚毅严格而内心具海纳百川的气度。第三方面则是指他屡屡以相术言事,道宣《续高僧传·灵裕传》中也叙述了在灭法时期灵裕以出售自编的相书及相术筹集粮食等生活用品之事。而且,灵裕将其这一技能也传授给弟子们。尽管如此,在此文之后,道宣的总评是:"故宣尼流无备之词,居士设未轻之论,诚有由矣。"③可见,非议者是少数,而灵裕在僧、俗两界都具有崇高威望。

灵裕法师的及门弟子,具体数字不详。道宣说"各有部类,名如后列"④,但其传文中并无名字。可见,道宣写此传的资料中原有主要弟子的名单,道宣照抄其文而未列其弟子之名。从如前所论说,灵裕法师自身所学所弘不限于《地论》、《华严经》,甚至不限于大乘。他不仅继承其师道凭之学,更有建立佛法体系的宏大决心。因此,举凡大乘重要经典,甚至小乘"毗昙学"、

---

① [唐]道宣:《续高僧传》卷九,《大正藏》第50册,第497页下。
② 同上书,卷十五,《大正藏》第50册,第549页下。
③ 同上。
④ 同上书,卷九,《大正藏》第50册,第496页上。

《成实论》,还有律学,都是其关注、研习和弘扬的对象。因此之故,他的弟子的兴趣和发展方向都是多样的。从后世的影响来说,主要有五大方向:一是弘扬《十地经论》者,二是弘扬《华严经》,三是《摄大乘论》,四是律学,五是禅修。此外,灵裕精通术数,而其弟子中也不乏以此见长者,如《续高僧传》卷二十五《道辩传》所写的道辩就是此类僧人,道宣也专门将其与感通类僧人置于一卷。依据此传所说:释道辩,"齐人,住泰山灵岩寺。居无常所,游行为任,经史洞达,偏解数术"①。道辩曾经给人说:"吾昔于裕法师所,学观七曜。……"②可见,灵裕也以术数传人授徒。

从道宣的记述可知,青乡渊继承了其师灵裕法师所着力弘扬的《十地经论》和《华严经》两大方向。

道宣在《续高僧传·青乡渊传》中说,渊法师于宝山寺,"居履法堂,亟经晦朔,身服粗素,摧景末筵,目不寻文,口无谈义。门人以为蒙类也,初未齿之"。也许是灵裕门下弟子才高八斗者太多,渊法师处事低调,沉默寡言,似乎很愚笨。"裕居座数,观异其器宇,而未悉其惠解。乃召入私室,与论名理。而神气霆击,思绪锋游,对答如影响,身心如铁石。"灵裕由此大为赞叹,"以为吾之徒也。遂不许住堂,同居宴寝,论道说义,终日竟夜,两情相得,顿写幽深"。渊法师有一次说:"理出不期,更流神府。博观盛集,全无可师。"由此可见,在渊法师心中,灵裕法师是天下第一"可师"之人。传中又说:渊法师"还返裕所,具陈性欲"。这是说,渊法师至灵裕的住所,向其师诉说自己的志向和打算。随后,他"后整操关壤,屏迹终南。置寺结徒,分时程业。三辅令达,归者充焉。今之至相寺是也"③。不久,渊法师回到自己家乡所在的关中,隐居在终南山,建成至相寺。从时间上推测,至相寺初建也就是开皇初年的事情。

开皇十一年(591),"裕后勅召入朝,才有间隙,径投渊寺,欣畅意得,倾阴屡改。又以帝之信施,为移山路,本居迮隘,兼近川谷,将延法众,未曰经远。裕卜西南坡阜,是称福地,非唯山众相续,亦使供拟无亏。渊即从焉,今

---

① [唐]道宣:《续高僧传》卷二十五,《大正藏》第50册,第662页中。
② 同上书,《大正藏》第50册,第662页下。
③ 同上书,卷十一,《大正藏》第50册,第511页下。

之寺塠是也。自尔迄今五十余载。凶年或及,而寺供无绝。如裕所示,斯亦预见之明也"①。在长安时,灵裕抽空去渊法师所修的至相寺视察,并且将皇帝所施的钱财用之以为至相寺修路之资。至相寺最初是在蟠梓谷内的峡谷之中,水流湍急,诸多不便。灵裕让其改迁西南坡阜,此即至相寺今址。

青乡渊"因疾卒于至相之本房,春秋六十有八",即大业七年(611)四月八日。"弟子法琳,夙奉遗踪,敬崇徽绪,于散骸之地,为建佛舍利塔一所,用津灵德,立铭表志云。"②

青乡渊于至相寺弘扬《地论》和《华严经》,最大的成效就是十几年之后,此寺"成为全国最有名、最稳定的华严学研究中心,华严宗的学说正是从这里形成的"③。作为灵裕法师常住长安的弟子,青乡渊在中国佛教史中具有特殊的地位。不仅由其创始的至相寺成为华严宗的祖庭,而且以他为纽带,地论学派的思想被较为直接地导入华严宗的初祖、二祖的思想体系中,并且在实际上形成华严宗的一个传统。智正入住至相寺,发扬光大了青乡渊奠定的至相寺的华严学传统。

在由渊法师开创的至相寺华严学传承中,最重要的一个环节就是智俨法师入至相寺学习。通过他的弘扬,地论思想被后来的华严宗所继承,成为华严宗教义的重要组成部分。因此之故,至相寺成为当之无愧的华严宗的祖庭。

二 法顺与义善寺、华严寺

法顺(557—640),俗姓杜,因此也被称为杜顺,雍州万年县杜陵(今陕西西安境内)人。《大唐花严寺杜顺和尚行记》称法顺"生于国南门外村里",后文将考辨这就是法顺晚年所居义善寺的所在。

现存的由法顺的后裔乡贡进士杜殷撰的《大唐花严寺杜顺和尚行记》中如此叙述法顺出家前的经历:

---

① [唐]道宣:《续高僧传》卷十一,《大正藏》第 50 册,第 511 页下。
② 同上书,《大正藏》第 50 册,第 511 页下—512 页上。
③ 魏道儒:《中国华严宗通史》,南京:江苏古籍出版社,1998 年,第 101 页。

弱冠，师之兄有军旅之患。欲赴，跪而启父兮母兮，厥而赓去。允斯所命，被甲铠汪汪，执戈慷慨，逼至鱼丽。胜而多捷，卓尔哉出群。隐而靡究，慈惠沾濡。一帅之卒，渠百结，师补缀焉。渠有咎，酷答刑，师受答焉。负薪爇火，汲水燃之，渠盥濯，师之躬焉。渠役烽火游外，师之当焉。昔魏禅师师主也，异日：倍吾之日，临流未济杖之功，登岭有去虎之妙哉。员来妇人有一子，求之□斜睐，掷于急流中而复见胡匐反，乃是宿根深债。历县侧，睹畋猎，化□□□龙盛，与屠沽豪士交会，因励承励而息心归依。

关于法顺出家前从军的经历，道宣《续高僧传·法顺传》也有简略记载："禀性柔和，未思沿恶，辞亲远戍，无惮艰辛。"①此《行记》的叙述颇为详细。法顺十八岁弃俗出家，因此，法顺替兄从军的时间不长。大概从军回来后，就事因圣寺僧珍禅师而出家了。

现存史籍中所描摹的法顺形象差别很大，一般归纳为三种：一是"禅僧"形象；二是"神僧"形象。道宣在《续高僧传》把杜顺归于"感通"人物，而法藏在《华严经传记》中则以"神僧"视之，宗密称其"神异甚多"。三是"文殊化身"的形象。在《华严感应缘起传》、《华严五祖略记》等传记文本中，法顺皆以文殊化身著称于世。然而，在记述法顺事迹的早期史籍（特别是道宣和法藏的叙述）中，唯独缺少关于法顺义学造诣的叙述，这就引起了当代学者的议论。

关于法顺的住寺，唐初的史籍记载不明确，导致后世众说纷纭。道宣在《续高僧传》中记法顺卒于义善寺，而道宣为法顺立传的标题就是"唐雍州义善寺释法顺传"。根据学者考证，此义善寺位于法顺出生地"杜光村"。② 现存于陕西碑林博物馆的《大唐花严寺杜顺和尚行记》中说：法顺"生于国南门外村里"，也就是长安城南门外的"村里"。据史念海先生考证，这里的"南门"，是长安外郭城南三门中偏东的启夏门，而此村的位置，就在今西安南郊

---

① [唐]道宣：《续高僧传》卷二十五，《大正藏》第50册，第653页中。
② 路远：《杜顺、华严寺与〈杜顺和尚碑〉》，载《文博》，2008年第2期。关于义善寺和华严寺的考证，此文所述最为精粹。下文叙述主要参照此文之分析。

电视塔东南方向的南窑村一带。①

关于义善寺的初建时间,唐初史籍记载匮乏。宋元时期的文献所说建于贞观十九年的说法,纯属猜测之辞。宋人张礼《游城南记》记有义善寺。在"杜光村"条下,张礼自注曰:"杜光村有义善寺,俗谓之杜光寺,贞观十九年建,盖杜顺禅师所生之地。"元人骆天骧《类编长安志》卷五《寺观》的"杜光寺"条,引用了《游城南记》而略加修改:"在城南杜光村。俗呼为杜光寺,本唐义善寺,贞观十九年建,盖杜顺禅师所生之地。"关于这一记载的失误之处,有学者业已指出。法顺于贞观十四年卒于义善寺,这是道宣明确记载的,不会有错。"此义善寺建于何时已不可考,但它应是杜顺生前进行传教活动的重要场所。他出生在这个村庄,成人后,又从这里走向正处于北朝之末的纷乱的尘世;最后,还是在这个村庄的寺院中,他走完了自己弘扬佛法、富于神秘色彩的人生之旅。"②

由上述材料大致可以推定,法顺晚年的住寺是自己故里的义善寺。而后世传闻法顺住于华严寺,是错误的。宋人张礼在《游城南记》"杜光村"条下的自注中说:"顺解《华严经》,著《法界观》,居华严寺,证圆寂。今肉身在华严寺。"元人骆天骧在《类编长安志》卷五《寺观》中沿袭其说:"顺解《华严经》,居华严寺,证圆寂。大师坐化肉身连环灵骨,葬樊川华严塔,至今呼樊川为华严川。"这些说法中,法顺居华严寺属于以讹传讹,而法顺肉身葬于华严寺则基本属实。不过准确的说法是先有灵塔,后有华严寺。

道宣在《续高僧传·唐雍州义善寺释法顺传》中叙述说:

> 以贞观十四年,都无疾苦,告累门人:"生来行法,令使承用。"言讫,如常坐定于南郊义善寺,春秋八十有四。临终双鸟投房,悲惊哀切。因即坐送于樊川之北原,凿穴处之。京邑同嗟,制服亘野,肉色不变,经月逾鲜,安坐三周,枯骸不散。自终至今,恒有异香,流气尸所。学侣等恐有外侵,乃藏于龛内。四众良辰,赴供弥满。弟子智俨,名贯至相,幼年奉敬,雅遵余度,而神用清越,振绩京皋,《华严》、《摄论》,寻常讲说。

---

① [宋]张礼:《游城南记》,史念海、曹尔琴校注,西安:三秦出版社,2003年,第93页。
② 参见路远:《杜顺、华严寺与〈杜顺和尚碑〉》。

至龛所,化导乡川,故斯尘不终矣。①

这一段文字包含了许多重要的信息:其一,法顺于义善寺圆寂之后,遗尸送于"樊川之北原"。义善寺位于长安郭城南三门中偏东的启夏门,法顺的葬地位于距义善寺几十里的少陵原之原畔。此地南对终南山,俯瞰樊川。其二,道宣说,法顺的遗体送至"樊川之北原"后,"凿穴处之",而"肉色不变,经月逾鲜,安坐三周,枯骸不散",可见,其尸骸并未采取毗荼的方式,而是以"龛葬"的方式保存肉身。道宣说其"自终至今,恒有异香,流气尸所",是说至道宣写此传时,其肉身尚保存于龛所。其三,弟子智俨从至相寺"至龛所,化导乡川",这是说,智俨住于此地传法,因此,法顺的事业得以延续,道宣说的"故斯尘不终矣",即是此意。

现存的文献以及地志材料都说,法顺肉身瘗埋之地就是位于长安杜陵原的华严寺。前文已经引用的杜殷撰的碑文全称就是《大唐花严寺杜顺和尚行记》,可见,唐人确实认定此寺与法顺有关系。而最直接的联系就是法顺的灵塔在此寺。宋敏求《长安志》记载说:"华严寺,会圣院,真如塔,在县南三十里。贞观中建。"此中所说"真如塔"应该就是法顺灵塔。张礼在《游城南记》中也叙述了华严寺的情况:

> 东上朱坡,憩华严寺。下瞰终南之胜,雾岩、玉案、圭峰、紫阁,粲在目前,不待足履而尽也。已而,子虚、希古开樽。三门寺僧子齐出诗凡数百篇,皆咏寺焉。……及读相国陈公"悔把吾庐寄杜城"之言,则又知华严之为胜也。酒阑,过东阁。阁以华严有所蔽而登揽胜之。真如塔在焉,谓之东阁,以西有华严寺故也。今为草堂别院。下阁,至澄襟院。院引北岩泉水,架竹落庭,注石盆中,莹彻可掬,使人不觉顿忘俗意。

张礼在"草堂别院"下有一自注:

> 《长安志》曰:真如塔在华严寺。今塔在东阁法堂之北,壁间二石记皆唐刻也,且载华严寺始末,则华严、东阁本一寺也。不知其后何以隶草堂焉。

---

① [唐]道宣:《续高僧传》卷二十五,《大正藏》第50册,第654页上。

从此段文字可知，至少在北宋时期华严寺仍然留存有两方唐代石刻①记述华严寺的沿革。至明万历四十六年（1618），赵崡循着张礼《游城南记》的路线巡游长安城南，他也将游历所见撰成《游城南》一篇，附录于《石墨镌华》卷七。此文如此叙述华严寺：

> 上华严寺，丹碧雕残，《记》谓有澄襟院，有东阁，有元医之居，引水架阁，颇极幽胜，今独断崖败壁而已。而倚高原瞰太乙诸山，粲然在目前，则犹昔也。寺西二塔，不知谁为真如。寺僧言，昔有五塔，止存二。余观东一塔下，有杜顺禅师像，西一塔为清凉国师妙觉塔，俱经重修。败垣中有唐比丘圆满断碑，书雅有欧褚法。又一僧房有唐严尊者塔额，大字。又有梦英撰碑，何润之书，记文殊阁藏杜顺肉身，今亡所在。而杜顺和尚碑，不知何缘乃在长安开佛寺中。……华严寺之胜，十不存一二焉。

从赵崡此文可见明代华严寺的情形。与本文所叙述内容有关的是关于华严寺五塔的叙述。"寺僧所说昔有五塔，很可能是华严宗五祖各有一塔。按华严宗学统传承，其初祖杜顺，二祖智俨，三祖法藏，四祖澄观，五祖宗密。赵崡见到的二塔，是初祖杜顺禅师塔和四祖澄观之清凉国师妙觉塔。他还见到'唐严尊者塔额'，无疑是二祖智俨之塔的遗物。此杜顺禅师塔已经过了重修，它是否当年张礼所见之真如塔，已很难讲。而此清凉国师妙觉塔，因有元至元九年（1272）重修碑记在，可知是元代在废塔址上重新修建的。赵崡还提到，寺中原有宋僧梦英撰文的一块碑'记文殊阁藏杜顺肉身'，则北宋之初杜顺肉身尚在，且建阁藏之。另外，他提到了《杜顺和尚碑》，只是该碑并不在华严寺中，而知何因缘而在长安开佛寺中。"②

从上述考辨可得出两条重要结论：一是华严寺是法顺灵塔之所在，二是智俨于法顺圆寂未久，至其"龛所"弘法，由此形成华严寺。至于华严寺的初建，唐宋文献或笼统地记载为贞观中，或明确记载为贞观十九年。从事理上推测，贞观十九年上距法顺圆寂五年，智俨于此时移住"龛所"且着手修寺也

---

① 张礼《游城南记》所记的是他和友人于北宋元祐元年（1086）春天游历长安城南之所见。
② 参见路远：《杜顺、华严寺与〈杜顺和尚碑〉》。

是可能的。更何况,记述华严寺历史的石碑至北宋时期还保存在其寺,因此,贞观十九年华严寺初建的记述应有所据,是可信的。

三 智俨与法顺

作为初祖的法顺以及作为二祖的智俨,对华严宗的产生起了重大作用。当代学者对于二者师徒关系的怀疑,事出有因,但查无实据,不足以推翻道宣在《续高僧传·唐雍州义善寺释法顺传》中的记述。智俨为法顺弟子,在唐宋时期是一个"常识"。道宣在《法顺传》中言之凿凿地说,法顺的弟子智俨继承了法顺的事业,且在其师的"龛所"弘扬其说,致使法顺的事业确不至于中断。现今学者怀疑法顺未曾教授过智俨,进而欲否定法顺华严宗初祖的地位,其主要来由不过是对法藏《华严经传记》几句话的误解而已。

释智俨(602—668),俗姓赵,天水(属今甘肃省)人。其父赵景任申州(今河南省信阳市)录事参军。炀帝大业九年(613),即智俨十二岁时,法顺到赵景的家里,请求把智俨给他作弟子,赵景夫妇欣然应允。法藏《华严经传记》卷三对这一过程的叙述颇具神秘性:

> 父景,申州录事参军。母初梦梵僧执锡而谓曰:"速宜齐戒,净尔身心。"遂惊觉。又闻异香,有娠焉。及俨生数岁,卓异凡童,或累块为塔,或缉华成盖,或率同辈为听众,而自作法师。生智宿殖,皆此类也。年十二,有神僧杜顺,无何而辄入其舍,抚俨顶,谓景曰:"此我儿,可还我来。"父母知其有道,欣然不恪。①

文中说,年少的智俨随父母住于申州其父的任所,而法顺至其家度化其皈依佛门。从文中的叙述看,法顺将这位少年带至长安。到达长安的智俨被安排住于法顺或者弟子达法师所住锡的佛寺,法顺将智俨交给达法师教诲:"令其顺诲。晓夜诵持,曾无再问。后属二梵僧来游至相,见俨精爽非常,遂授以梵文,不日便熟。"②法藏的这一叙述似显示,这位达法师当时住于

---

① [唐]法藏:《华严经传记》卷三,《大正藏》第 51 册,第 163 页中。
② 同上。

至相寺。而如果将这一时机与法顺的行历联系起来考虑,"曾无再问"四个字能涵盖多久的时间区段确实耐人寻思。当今许多学者习惯将其理解为,在智俨出家整个求学阶段法顺都不过问,这一理解大有疑问。如果将有关法顺的记载相对照,则可知,这一时期的法顺或"游行"于各地,或隐居于终南山修行。这样的活动,带着刚刚皈依且未曾受戒的少年,显然不大妥当,因而将其托付给长住于佛寺的弟子暂时照看训导,也是可以理解的。这样的安排,并不意味着法顺数年之后不再过问智俨的修行。特别是晚年的法顺回到自己的故乡"长安城南门外村里"的杜光村建寺弘法后,如果智俨与法顺仍然没有联系,而道宣却非要在《法顺传》中把智俨作为法顺弟子叙述,确实令人难于理解。

应该指出,法顺著述著录流传不明,加之道宣和法藏所写传记的某些缺憾,都是当代学者产生诸多怀疑的原因。而智俨"转依多师"的特点更加深了这些怀疑。尽管如此,道宣作为当时人和见证人的身份所作的记述是不容忽视的,任何怀疑其实都属于假设后的推定,缺乏基本资料的支持。

四 智俨的"转依多师"

现存数种文献中记述的智俨之师,除法顺外有达法师、二梵僧、释法常、释僧辩、琳法师、智正法师。

关于释智俨早期的学习经历,文献记述说:法顺于智俨十二岁时,将其由申州带到了长安,交给其高足达法师,"令其顺诲。晓夜诵持,曾无再问。后属二梵僧来游至相,见俨精爽非常,遂授以梵文,不日便熟"。可见,这位达法师当时住于至相寺。十四岁,智俨出家为沙弥。智俨"后依常法师,听《摄大乘论》,未盈数岁,词解精微。常因龙象盛集,令其竖义。时有辨法师,玄门准的,欲观其神器,躬自击扬。往复征研,辞理弥王。咸叹其慧悟,天纵哲人"①。此处的"常法师"即法常,"辨法师"应该是僧辨。

释法常(567—645),是昙延法师的弟子。《续高僧传·法常传》记载:法常从二十二岁起,于"秦齐赵魏,靡不周行",研习《摄论》五年。"至于《成

---

① [唐]道宣:《华严经传记》卷三,《大正藏》第51册,第163页下。

实》、《毗昙》、《华严》、《地论》,博考同异,皆为轨辙。"当时佛教界认为其以弘扬《摄论》见长,而其志之所尚为《涅槃》。可见,法常是一个以《摄论》、《地论》、《涅槃经》为研习核心的博学之僧。唐朝初年,法常住于长安大禅定寺,后住普光寺,均以宣讲《摄论》为务。从法藏在《华严经传记》中的叙述看,从十四岁至受具足戒的这一段时间,智俨主要跟随法常学习《摄论》。

释僧辩(568—645),也是隋唐之际著名的《摄论》学者。大业初年也住于大禅定道场,唐初"武德之始,步出关东,蒲虞陕虢,大弘法化"①,其后即回京师。《续高僧传》有记载说法常与僧辩是好友。由此可见,智俨是从法常学《摄论》,也得到另一位《摄论》大师僧辩的赞扬。

武德五年(622),智俨二十岁时,受具足戒。其后,"听《四分》、《迦延毗昙》、《成实》、《十地》、《地持》、《涅槃》等经。后于琳法师所,广学征心,索隐探微,时称得意"②。此处的"琳法师"③应该是位精通禅定者。

根据《续高僧传》卷二《静琳传》记载,静琳先投昙猛法师为师五年,"犹事沙弥,未敢受具"。受大戒后,"又于觉法师所听受《十地》,回趾邺都炬法师所,采听《华严》、《楞伽》、《思益》"。后来,"即舍讲业,专习禅门。初学不净念处等法,又嫌其琐小,烦稽人虑。乃学大乘诸无得观,离念唯识,弥所开宗。每习一解,陶练十年,精其昔知,更新后习……"由此叙述可知,静琳法师后来所习的是"唯识禅观",刚好与智俨跟从琳法师学习"征心"相合。引文中说,智俨"索隐探微,时称得意",可见已经基本掌握了静琳法师所习禅观的精髓。武德三年(620)后,静琳法师住锡弘法寺。智俨跟随静琳法师修习唯识禅观,应是前往弘法寺。《续高僧传》又记载说,静琳与法常是好友,如《静琳传》所说"有沙门法常者,盛名帝宇,素与周旋"。可见,智俨的问学一直是在一个友人链条中进行的。

《华严经传记》卷三《智俨传》又记载:智俨感到佛教的经典和派别很

---

① [唐]道宣:《续高僧传》卷十五,《大正藏》第50册,第540页中。
② [唐]法藏:《华严经传记》卷三,《大正藏》第51册,第163页下。
③ 隋唐之际的长安至少有三位释法琳。最著名的是护法沙门法琳,这位法琳祖籍颍川郡,因而被称为"颍川沙门法琳";因为远祖随宦徙寓襄阳,因而又被称之为"襄阳沙门法琳";隋末曾住终南山龙田寺,因而又被称之为"终南山龙田寺沙门法琳"。而至相寺青夃渊也有弟子法号法琳。另外,可能被称之为"琳法师"的是静琳。汤用彤先生注意到了三位可以称之为"琳法师"的唐初僧人,但未确定其所指。参见汤用彤:《隋唐佛教史稿》,北京:中华书局,1982年,第164页。

多,难以遍学,因而在经藏前发誓,信手探取,获得《华严经》第一卷,于是决定专学《华严》。"即于当寺智正法师下听受此经。虽阅旧闻,常怀新致,炎凉亟改,未革所疑。遂遍览藏经,讨寻众释。传光统律师文疏,稍开殊轸,谓'别教一乘无尽缘起',欣然赏会,粗知毛目。"此中说,智俨通过听闻智正所讲的《华严经》,再细心阅读各种经疏。特别是,地论学派的第一代传人慧光的著述,给予智俨极大的启发。以这一思想线索逆推上去即是智正——渊法师——灵裕——道凭——慧光——勒那摩提。传说中,智俨又遇到一位僧人,告诉他:"汝欲得解一乘义者,其《十地》中'六相'之义,慎勿轻也。可一两月间,摄静思之,当自知耳。"智俨依照这一指引,作疏解释《华严经》的义理,即成《大方广佛华严经搜玄分奇通智方轨》,略称《华严经搜玄记》,那时他才二十七岁,即贞观三年(629)。不过,这部著述直到他晚年才在至相寺弘传。

释智正(549—639),姓白,定州安喜(属河北省定州市)人。《续高僧传·智正传》记载:年十一,出家为沙弥。"身无戏掉,口不妄传;奉戒精勤,昏晓自策。和上同师,私共叹异。年虽弱冠,曾无驱役,供赡所须,恣其学问。不盈数载,慧声遂远。"①这一简略叙述,没有记载其出家寺院和师父法号,仅仅知道其师不让其从事劳务,专心于经论的研习,因此,名声远播。"年虽弱冠"一句暗示其已经受具足戒。道宣此传跳跃性太大,此句后就直接接续"开皇十年,文皇广访英贤,遂与昙迁禅师同入魏阙,奉勅慰问,令住胜光"。——这一句话对于当今的学者太重要了,因为很多人从中推出昙迁与智正之间具有师徒关系。笔者以为未必如此。

上述引文中的"开皇十年"(590)不能轻易否定而改换为开皇七年②。开皇七年秋天,隋文帝下诏,应征"徐州昙迁法师"并带"闲解法相、能转梵音"的弟子十人一起入京,"又勅所司,并于大兴善寺安置供给"。③ 其实,隋文帝下诏应征高僧不止这一次,如《续高僧传》卷十《法瓒传》记载:"开皇十四年,文帝省方,招访名德。人有述其清旷者,乃下勅延之。与帝同归,达于

---

① [唐]道宣:《续高僧传》卷十四,《大正藏》第50册,第536页中。
② 汤用彤先生即持此说,理由即是"六大德"入长安之事。参见《隋唐佛教史稿》,第164页。此后多有沿袭者。
③ [唐]道宣:《续高僧传》卷十四,《大正藏》第50册,第536页中。

京邑,住胜光寺。"①《续高僧传》卷二十六《宝积传》记载:"开皇十四年,隋高东巡,候驾请谒。一见便悦,下勅入京,住胜光寺,讲扬《智论》及《摄大乘》。"②同书同卷又有释法性,"开皇十四年,文帝东巡,搜访岩穴,因召入京,住胜光寺"。可见,隋文帝到一地巡幸,有搜访当地高僧并选择性地招入京师的习惯。《续高僧传·昙迁传》也记载说:开皇十年春,"帝幸晋阳,勅迁随驾。既达并部,又诏令僧御殿行道,至夜追迁入内,与御同榻。……"③可见,开皇十年,昙迁跟从隋文帝至晋阳,隋文帝并于晋阳宫中召集僧众行道。如此,则二僧有很大可能于此时此地相见。《昙迁传》也记载:开皇十年,"寻下勅为第四皇子蜀王秀,于京城置胜光寺,即以王为檀越,勅请迁之徒众六十余人,住此寺中受王供养"④。另外,由上述引证可知,开皇七年那次征召六大德,敕六大德及其弟子住于大兴善寺,而胜光寺是开皇十年新建寺院。如果将开皇十年改为开皇七年,后面的叙述即与事实不合⑤。

总之,智正很有可能是开皇十年于晋阳随昙迁一同入京城,然后入住胜光寺。说智正师从昙迁缺乏证据,纯属揣测之辞。然而,智正佩服昙迁并且从其短暂学习是可能的,但这与古代严格的师徒传承是不同的。

仁寿元年(601),"左仆射虞庆则,钦正高行,为奏寺额,造仁觉寺,延而住之,厚礼设御"⑥。智正有可能在仁觉寺住了几年。他又以为"深惟苦本,将捐此务,归静幽林。承终南至相有渊法师者,解、行相高,京城推仰,遂往从焉。道味江湖,不期而会,因留同住"。这一叙述,又被一些人解读为智正又成为渊法师的弟子。笔者以为证据不足。因为上述引文明确讲,智正之所以离开仁觉寺,是想归于幽林,远离城市以及都市寺院的喧嚣,文中的"道味江湖,不期而会"是说二人趣味相投,未曾暗示是归其座下学习。而且,这时的智正已经五十二岁,渊法师年长其五岁,应该说早已过了正式皈依为某僧弟子的年龄。总之,智正与渊法师是同道关系,即如当时的净影慧

---

① [唐]道宣:《续高僧传》卷十,《大正藏》第50册,第506页中。
② 同上书,卷二十六,《大正藏》第50册,第669页中。
③ 同上书,卷十八,《大正藏》第50册,第572页下—573页上。
④ 同上书,第573页上。
⑤ 当然,道宣后文的叙述也有可能有脱漏。但依照考据学的一般规则,以符合简单性原则的诠释为胜。
⑥ [唐]道宣:《续高僧传》卷十四,《大正藏》第50册,第536页中。

远与昙迁的关系一样。由于当时渊法师年资和学问略高于智正法师，因此，智正受到渊法师较深影响是符合实际的。

道宣所写《智正传》在"不期而会，因留同住"后面接着说："二十八年，静恭无事，不涉人世。有请便讲，详论正理，无请便止，安心止观。世情言晤，不附其口。贞梗自课，六时无憩。"①有学者将二十八年与"因留同住"连缀起来，成为智正与渊法师同住于至相寺二十八年。实际上，二十八年应该连缀于下文，就成了二十八年以来，智正"不涉人世"，游走于宣经讲论和修行止观之间。智正于贞观十三年（639）二月二十八日圆寂于至相寺，春秋八十一。如果以圆寂之年逆推则可知，至611年，智正即远离人世纷扰。如此，是否暗示，智正于大业七年（611）始住于至相寺呢？而渊法师恰恰是于此年四月圆寂的。笔者经过考辨，初步认定可能性不大。

总之，智正"正式"的师承关系史籍记载不明，他与昙迁并非师徒关系。智正精通《华严经》《摄大乘论》和《楞伽经》，由于智俨后来曾经跟从智正学习，因此，智正的思想和修行方法自然会对智俨产生重大影响。

智俨于总章元年（668）十月二十九日夜圆寂于清净寺，春秋六十七。法藏说："俨所撰义疏，解诸经论，凡二十余部，皆简略章句，剖曜新奇。"现存的有《大方广佛华严经搜玄分奇通智方轨》十卷、《华严一乘十玄门》一卷、《华严五十要问答》二卷、《华严经内章门等杂孔目章》（略称《华严孔目章》）四卷、《金刚般若波罗蜜经略疏》二卷，其他著述都已失传。与唯识学有关的著述有《楞伽经注》七卷、《大乘起信论义记》一卷、《大乘起信论疏》一卷、《摄大乘论无性释论疏》等，而《入道禅门秘要》一卷应是阐释智俨自己禅观方法的著作。如前文所考辨，《入道禅门秘要》应该是从静琳法师处学来的唯识观法。

智俨弟子很多，著名的有法藏、怀齐、义湘、慧晓、薄尘、道成法师等多人。其中，法藏大师为华严三祖，义湘大师于新罗弘扬大法，被推为新罗华严宗的初祖。而智俨至法藏的传承，是华严宗孕育直至正式形成的关键。

---

① ［唐］道宣：《续高僧传》卷十四，《大正藏》第50册，第536页中。

五 结 语

从上述分析可以得出这样的结论:华严宗是从地论师和摄论师中逐渐发展起来的,特别是以至相寺为核心的地论师和摄论师,对华严宗的形成产生了决定性影响。

在古代华严宗史上,一直将法顺和智俨作为华严宗的初祖和二祖。而在昭和初期的日本,首先由境野黄洋对杜顺初祖说发起非难,提出初祖智正说,附和者有后来的铃木宗忠,但他以智俨为初祖。此后,赞同传统说法的学者和反对者长期各持己见,莫衷一是。笔者以为,这样的争论之所以产生,有其研究方法和思维方式等根源暗含其中,双方似乎各有理由,很难说服对方。笔者撰写此文的目的就是试图以"宗派之孕育"的概念和方法化解对古人"定祖"说的怀疑论调。

所谓的"宗派佛教",是相对于南北朝时期的"学派佛教"而言的。如果将南北朝佛教学派与隋唐宗派的情况作一对照,就会发现二者在以下三方面有很大的差别:第一,形成有一定排他性的创始者、传授者及其信仰者系统;第二,具有独特内容的教义体系;第三,具有独特内涵的修行方法及其仪轨制度。华严宗的形成自然也是如此。

第一个条件中,所谓"排他性的创始者、传授者"是指一般所说的"法统"。兴起于东晋末年的"学派佛教",虽说是"学派",但其传承从来就不是固定的,而且并不具有排他性。譬如隋代大师级的僧人净影慧远,既弘扬《十地经论》,又弘扬《涅槃经》、《摄大乘论》、《起信论》。而之所以如此,其根本的原因在于:虽然净影慧远具有丰富的佛学思想,而且在某些方面具有很强的创新性,但是,他的学说来源庞杂,没有固定的师承以及可以追根溯源的传承体系;与此相联系,以其为核心的僧团及其僧团内部研习的学说自然也是不固定的,当然也谈不到排他性;由于僧团本身的流动性,自然也难以在学统与寺院以及寺院经济之间建立固定的、具有一定程度的排外性的联系。因此,净影慧远在隋代的影响,并不一定比同时代的吉藏、信行小多少,但吉藏、信行却是宗派的创立者,净影慧远却并未创立宗派,而仅仅是南北朝涅槃学派、地论学派在隋代的重要代表。"在中国佛教的宗派历史中,传法是一个关键的概念。它在隋唐以后才甚为流行,前此不然也。"①中国佛教发展到隋唐时,师资传授渐受注意。根据汤用彤先生的考据,在隋之前,所谓"付法"实际是推举能够继续其师讲授经论的人,所付者不过是经论的讲解权或所著作的义疏。

如上文所叙述的有关智俨行历中,转益多师是其求学阶段的突出特征,而他在拜法顺为师之后,法顺就把智俨交给其高足弟子达法师,"令其顺诲。晓夜诵持,曾无再问"②。今人怀疑法顺的初祖身份,其主要依据就是法藏《华严经传记》中的这句话。笔者在此特别强调,在唐代乃至清代,没有人怀疑法顺和智俨之间的师徒关系。唐人之所以不怀疑,是因为当时的师承关系有教界的惯例可循,有朝廷的法令可依,其师徒关系为当时教界所公认,为朝廷僧籍、寺籍等文书登记确定。而这一切并不一定依后来所学内容以及所师的改变而轻易改变。当然,也有改变的空间,而这种改变同样要遵循教界的认同等原则。从这一角度考虑,唐代佛教史籍之所以未曾否定法顺和智俨的师徒关系,近代以来持怀疑态度的学者之所以怀疑,显然是标准和方法不同所致。究底而言,当代学者重视的是思想的传承而非古代佛教界重视的"法统"。

佛教学派向宗派的演进,确立排外性的"法统"是其基础性的工作。这一工作,重要的倒不一定是现代史学意义上的历史真实,而是其于当时及其以后所获得的可信度。华严宗的形成的基本标志就是这一排外性法统的确定。

佛教宗派的形成与发展,其排他性的寺院以及佛寺系统的出现是一个明显的标志。智俨求学期间所住的至相寺,特别是法顺后期所住锡的义善寺,由智俨所开创的华严寺,完全可以看作是以弘扬《华严经》和"华严信仰"的专门性佛寺。

对于佛教宗派来说,"法统"的排他性本身如果没有坚实的内容作支撑,其"法统"是没有意义的。因此,宗派成立的第二、第三个条件——具有独特内容的教义体系,具有独特内涵的修行方法及其仪轨制度——才是佛教宗

---

① 汤用彤:〈中国佛教宗派问题补论〉,载《汤用彤学术论文集》,北京:中华书局,1983年,第394页。
② [唐]法藏:《华严经传记》卷三,《大正藏》第51册,第163页中—下。

派成立的最关键的因素。法顺,特别是智俨、法藏三代持续不断的努力终于完成了宏大的华严宗教义和修学体系。

由此种种均说明,法藏正式创立了华严宗,而其孕育则是由法顺和智俨成就的。

晚明佛学与儒典解经
——以智旭的《四书蕅益解》为中心

龚隽*

一 引 言

提　要：本文以晚明佛学大师智旭的《四书蕅益解》为中心，讨论了晚明佛学思想是如何通过解经学的策略来重新融通和安排佛教与儒家之关系。文章并不是一般性地论述智旭如何用佛学概念去会通儒经，而是把《四书蕅益解》放在晚明思想史的历史脉络中，特别是朱子与阳明学的不同传统中，去探讨智旭解儒中的读解策略和用心。

关键词：智旭　《四书蕅益解》　解经　儒佛关系　正统性

在中国佛教思想史上，儒佛之辨几乎伴随着佛教在中国开展之始终。早在汉末佛教刚传入中国时，儒佛关系就在三教论辩中表现出来，这一点，我们只要从《弘明集》、《广弘明集》等有关材料中就可以找到明证。唐宋以来，在儒家士大夫排佛的声浪中，佛教内部更不乏从不同方面来试图融贯儒

---

* 龚隽，1964 年生，中山大学哲学系教授。
① 分别见宗密：《华严原人论·序》，《大正藏》第 45 册，第 708 页上；契嵩：《镡津文集·广原教》，《大正藏》第 52 册，第 654 页中。
② 依陈寅恪和余英时先生的看法，宋代佛教学者智圆和契嵩的《中庸》论述曾经影响了宋代理学家的论学。参见余英时：〈绪说〉四，《朱熹的历史世界：宋代士大夫政治文化的研究》（上篇），台北：允晨文化实业股份有限公司，2003 年。

佛的,最重要的如唐之圭峰宗密以佛教特有的判教形式来进行所谓"二教(儒、道)惟权,佛兼权实"的论述,而宋代的赞宁、智圆和契嵩等也都力主调和儒释而"急欲解当世儒者之訾佛"论。① 更有意味者,天台智圆与禅门契嵩还结合了儒门之《中庸》来阐解玄义,并反过来影响了宋代儒学《四书》学传统的形成。②

晚明佛教学界出现了明显的三教融合趋势,这些在学界都是早已经成为定案的事,不烦在这里复论。本文主要以蕅益的《四书》解为中心,重新讨论晚明佛教学人是在怎样的思想条件下透过注疏儒典来贯通两教。蕅益有关儒佛关系的论述,学界的相关讨论尚有许多未发之覆。学者们大都把蕅益的儒佛论述淹没在晚明儒佛不二的一般论述当中,而没有意识到晚明佛学内部在会通儒佛的原则下,不同学人的思想方向和方法间都存在着非常复杂的异同关系,呈现出多音异流的局面。蕅益的论说儒佛,虽然有沿承旧义的一面,如他曾分别以"人乘"说儒家,以"天乘"说道家,而以为两家"总不及藏教之出生死"。这些都与宗密判教说有类似之处。不过,他的融会儒释无论从思想格局和会通方式来讲,都还有不少孤明先发的地方。如他以判教说儒佛,但并不是简单地重复旧制,而是引申了天台教判的系统,分别以藏、通、别、圆来论三教关系。① 至于他直接援佛意以疏《四书》的解经学方式来贯通儒佛,这一创制在中国佛教思想史上可谓前无古人,而又开晚近儒佛会通的新形式。清之彭绍升,以至晚清民国以来的杨文会、欧阳竟无等以注解儒典,特别是以《四书》为中心来融会儒佛的思想方式,就多少沿袭了蕅益的思想传统。②

解经总是在具体的话语世界和知识型(epistemes)中进行的。学界解读蕅益的儒佛关系论,方法论上一般都脱离开思想史的场所而就他的《四书》注疏进行内部的解析,这样的讨论不免流于简单化的叙事。蕅益《四书》解经中的曲折,必须经由特定的思想史脉络分析,即分析这一论述生产的可能

---

① 参见智旭:〈性学开蒙答问〉,《灵峰宗论》卷三之二,《蕅益大师全集》第 16 册,台北:佛教书局,1989 年,第 10707—10710 页。
② 如彭绍升之作"读《论语》别"、"读《中庸》别",杨文会作"《论语》发隐"、"《孟子》发隐"等,皆以佛学阐解儒义,而不只是停留在一般原则或判教上的会通二家。欧阳竟无更以一种批判性的解经方式重新抉择旧义,会通孔学而又判为一说。

性条件才可以获得恰当的了解。就是说，蕅益注疏《四书》，作为一思想史的事件不仅需要讨论他《四书》解的内在含义，更重要的是读解其文字背后的修辞——解经策略。本文并不打算从整个晚明文化、社会、经济和权力的脉络来讨论蕅益《四书》解的写作，而仅限于作者书写的思想史"处境"(place of writing)来进行分析。① 而关于此，我们必须从明代作为正统性思想的朱子《四书》学说起。

二 蕅益的《四书》解与朱子学的正统性

朱子的思想是有明一代士大夫学问的根柢所在，在这一意义上，可说成立于宋代的程朱学派对明代思想产生了"最大的影响"②。一直到晚明，学人们建立自家宗说也或明或暗地必须面对朱子学的传统。明代思想史上无论是尊朱或攻朱者，均围绕着他的《四书》解而发挥己意。《四库全书总目》中就说"有明一代士大夫学问根柢，具在于斯(《四书》)"；又于论朱子《四书》解一书中说：

> 明以来攻朱子者，务摭其名物度数之疏；尊朱子者，又并此末节而回护之，是均门户之见。③

可见，明代大部分重要的思想家都是经由出入朱子《四书》学的传统而逐渐发展出自己学说的，《明史》的说法也再次说明了这点：

> 有明诸儒，衍伊、洛之绪言，探性命之奥旨，锱铢或爽，遂启歧趋，袭谬承伪，指归弥远。④

---

① 关于这一"思想史"书写的方法论，可参考克拉科(Elizabeth A. Clark)有关"新思想史"的讨论，见 Elizabeth A. Clark, *History, Theory, Text: Historians and the Linguistic Turn*, Cambridge: Harvard University Press, 2004, pp. 106-129。
② "Introduction", *The Unfolding of Neo-Confucianism*, ed. by Wm. Theodore De Bary, New York: Columbia University Press, 1970, p. 15.
③ 均见[清]永瑢等撰：《四库全书总目》上册，卷36，〈四书类二〉，卷35，〈四书类一〉，北京：中华书局，1965年，第302、294页。
④ [清]张廷玉等：《明史》第二四册，卷二百八十二，列传第一百七十，儒林一，北京：中华书局，1974年，第7222页。

朱熹于淳熙九年(1182)首次把《大学章句》、《中庸章句》、《论语集注》和《孟子集注》勒为一编,由此而开始了儒家经学历史上《四书》解释的传统,并成为中国宋以后政治和思想正统性的最为基本的经典依据。朱子所创立的四书学在元、明时代已经官方化为政府意识形态一部分,《明史·艺文志》中更是把《四书》独立出来而别立一门。可以想见,以朱子学为中心所诠注的《四书》观念在当时的知识分类和学术思想中所具有的重要地位。由此朱子为代表的理学思想,也作为国家钦定的正统性思想而成为科举之标准,如明太祖就以朱注《四书》取士,沿袭元代以来之旧制。而永乐年间,成祖制序的《四书大全》颁行天下,朱子学的《四书》思想更是"二百余年,尊为取士之制者也"①。历时有明一代,朱子的《四书》学思想成为明代官方的"万世法程"②。

朱子学的流行对明代佛教来说并不是福音。对于明代佛教学人来说,作为正统意识形态的朱子《四书》学中有鲜明的排佛论倾向。朱熹注疏《四书》把先秦儒学性理化和经典化的同时,也不断"以斥夫二家(释老)似是之非"为目的,明确把佛教作为"异端之说"③。虽然朱子组织其学说,特别是其形上学的思想时也曾经阴援佛说,但他却力辨儒佛之别。这一点,我们从朱子的《四书章句集注》和《或问》中都可以找到明确的证据。如朱子在《中庸或问》中就区分了儒家之天命"率性之说"与"释氏所谓空者"的不同,并指出释、老之教"与夫百家众技之支离偏曲,皆非所以为教矣"。《论语或问》中也对儒佛之际的近似而非作了这样意味深长的论述:

> 今读者类不深察,信之过者,则遂以为儒、释之归,实无二致;不信之甚者,则又直诋以为窃取释氏之妙,以佐吾学之高。二者其向背出入之势虽殊,然其为失旨均矣。④

如果说宋代朱子作《四书》解,还在努力于把儒家道学从隋唐以来处于

---

① [清]永瑢等撰:《四库全书总目》上册,卷36,〈四书类二〉,第301页。
② 参见余英时:〈明代理学与政治文化发微〉,见其著《宋明理学与政治文化》,桂林:广西师范大学出版社,2006年,第22页。
③ 朱熹:〈中庸章句序〉,《朱子全书》六,上海:上海古籍出版社,合肥:安徽教育出版社,2002年,第30页。
④ 朱熹:《朱子全书》六,第552、906页。

盛势的佛教思想当中析分出来,以建立儒家自身的道统。那么时过境迁,元、明以后的情况则显然不同。朱子学不仅完善了自身的论述和建立了独立的思想传统,而且渐成为具有排他性的社会思想之独尊。到了晚明,朱子学已经是"执其成说,以裁量古今之学术"的单一正统化论述,稍有与之不合者,亦"概指之为异学而抹杀之"①。这一点,明代朱学传统大儒罗钦顺也说到,朱子之"《论孟集注》、《学庸章句》、《或问》不容别有一般道理"②。显然,朱子《四书》学并没有为佛教留有多少空间,而他的儒佛之论对晚明佛教之合法性构成了很大的冲击。晚明的紫柏大师就意识到朱子学的正统化给佛教所造成的困境,他提到了明代理学独尊一术而斥佛老的状况:

> 讲道学,初不究仲尼之本怀,蹈袭程朱烂馊气话,以为旗鼓。欲一天下人之耳目,见学老学佛者,如仇雠相似。③

李卓吾也清楚描述了朱子学传统中的辟佛论一直影响到晚明思想界:

> 自朱夫子以至今日,以老、佛为异端,相袭而排摈之者,不知其几百年矣。④

在这样一个脉络里来重新解读晚明佛教思想运动中的三教融合论,特别是蕅益《四书》写作的生产条件,也许才可以发现一些更深层的意义。

《四书》之学的影响所及已经深入到佛教内部。有趣的是,晚明佛教界对僧才的培养也免不了要"教习《四书》,讲贯义理"⑤,所以晚明佛教界要维系佛教的合法性,都必须对《四书》,特别是朱子《四书》学的传统做出慎重的回应,尤其必须处理朱子《四书》学传统中的反佛论影响,并想办法纳入到佛教的立场重新给予解决。

从晚明佛教诸大师对朱子学的反应来看,他们并不是铁板一块的。于是笼统地讲他们融儒于佛并不能说明问题,这里需要注意到晚明儒佛关系

---

① 黄宗羲:〈恽仲升文集序〉,《南雷诗文集》(上),《黄宗羲全集》第十册,杭州:浙江古籍出版社,2005年,第4页。
② 罗钦顺:〈论学书信·与王阳明书〉,《困知记·附录》北京:中华书局,1950年,第110页。
③ 紫柏:〈与于中甫〉,《紫柏尊者全集》卷二十四,《卍续藏经》第73册,第349页中。
④ 李贽:〈复邓石阳〉,《焚书》卷一,《李贽文集》第一卷,北京:社会科学文献出版社,2000年,第11页。
⑤ 德清:〈选僧行以养人才〉,《憨山大师梦游全集》卷50,《卍续藏经》第73册,第809页下。

论述中不同的思想类型。如莲池袾宏对朱子学传统的回应就比较温和,他绝不是黄宗羲所批评的那种"压儒不遗余力"的佛教学人。① 莲池所提出的"儒释和会"对正统的朱子学传统就采取了相当包容的态度。如他把程朱视为"诚实儒者",对于他们的辟佛言论,莲池也能够同情地理解为"原无恶心",只是其学主入世,故与出世佛教方向不同,势必争执。② 莲池甚至还把儒家孝道看作是佛教净土思想的首要伦理原则,以至于有学人认为他臣服于这一明代社会的"外在正统性",而把佛教"儒家化了"③。不妨对照莲池《竹窗随笔》和《竹窗三笔》中对阳明"良知"及阳明后学李卓吾的评论来看,我们可以看到,它们显然都没有对朱子学这样亲切。④ 而憨山德清融合儒说的方式与莲池有些不同,他在佛教的立场上并不是由净土入手,而是重于禅门,所以他于儒家也是本之于禅门心法来加以贯通的,他说"读孔子书,求直指心法",而对《大学》中的若干主题,他也进行了带有禅学性质的会解。⑤ 与许多晚明佛教学人一样,蕅益也提倡儒佛并用,甚至主张以儒扶佛,如他在《灵峰宗论·示石耕》中说:

> 佛法之盛衰,由儒学之隆替。儒之德业学问,实佛之命脉骨髓,故在世为真儒者,出世乃为真佛,以真儒心行而学佛,则不学世之假佛。⑥

表面上看,蕅益的很多说法不过是在重复莲池以来融通儒佛的通式。实际上,蕅益对儒佛关系的论述,无论从思想立场和方法上面都与莲池以来的传统有很大不同。可以说,晚明佛教学界对朱子《四书》学的反佛论进行

---

① 黄宗羲:〈张仁庵先生墓志铭〉,见《南雷诗文集》(上),《黄宗羲全集》第十册,第457页。黄之所以批评莲池,很可能是从阳明学的立场来出发,认为莲池有为朱学辩护,而在论阳明"良知"时,则远不及对朱子学的回护。
② 莲池:《竹窗三笔·儒者辟佛》,《莲池大师全集》,金陵刻经出本,第42、43页。
③ Whalen W. Lai, "The Origins of Ming Buddhist Schism", *Heterodoxy in Late Imperial China*, Kwang-Ching Liu and Richard Shek, Ed., Honolulu: University of Hawaii Press, 2004. 问题也许没有这么简单,莲池的和会儒家很有策略上的思考,所以他在讲"三教一家"时,特别提醒人们注意,不能把三家一致讲到"漫无分别"的地步,所谓"理无二致,而深浅历然"(《正讹集·三教一家》,《莲池大师全集》,第15页),佛教为本而优于儒家的原则是铁定不动的。
④ 分别见莲池:《竹窗随笔·良知》、《竹窗三笔·李卓吾》,《莲池大师全集》,第26、27页;第25、26页。在《竹窗随笔·良知》中,莲池特别要辨明良知与佛说真如之不同。
⑤ 德清:〈《大学》纲目决疑题辞〉,《憨山大师梦游全集》卷44,《卍续藏经》第73册,第762页上。
⑥ 智旭:《灵峰宗论》卷二之四,《蕅益大师全集》第16册,第10537页。

最有策略和系统还击的,则无疑要算蕅益智旭了。蕅益所说的"真儒心行"其实是别有深意的,他会通儒佛绝不肯泛泛回到儒佛不二的老调,针对朱学的压力,而特别明确地要把儒佛关系融会到佛教优先的立场进行重新解说。这一精神在他注解《四书》的时候是可以清楚辨识出来的,他所谓的"儒者道脉同归佛海"讲得正是这个意思。

虽然蕅益早年的佛学观念曾经受到莲池极大的影响①,不过他后来走向自己独立发展的道路,特别是他晚年重新讨论儒佛观念时,别有抉择而与莲池亲朱子学路线完全不同,并表示了对作为正统性的朱子学派的批判。所以他在讨论"儒释同异之致"的《性学开蒙答问》中,一开始就批评朱子的《中庸》学把尊德性与道问学析别为二,"如两物相需,未是一贯宗旨",明确表示陆象山的心学虽未究竟,却仍然"较紫阳之渐修,当胜一等"。② 这表示蕅益对儒学的贯通,乃是以心学为宗,他会通儒佛就是有意识地接引到儒门心学的传统中,去抵抗朱子学的影响。最有意味的是,蕅益为了消解朱子学传统的影响,还对宋明儒家正统性谱系进行了重新排定。蕅益所排定的儒门宗谱,即他所谓的理学"宗传",从宋初的周濂溪一直说到明代的阳明,而其中他所谓能得"孔颜心法"的,除了周子外,就只有阳明了。在蕅益看来,二程只似曾子和子夏,象山"乃得孟氏心法",都不能够说是道学的嫡传。而论到朱子,蕅益认为他更未接上周子的道统,"非实知周子也"③。蕅益为理学所建立的这一道学图式,实在是别有深意地把朱子学从儒学的道统中清理出去,这一做法在当时可谓意味深长的举动了。

从蕅益的传记资料看,他早年对朱子学其实是有所出入的,而这也对他后来儒佛观的形成有着很重要的历史经验。他少年时曾因崇朱子学说而走向了反佛,这一经历对他后来重新反省朱子学与佛教的关系起到了关键性的作用。他在自传性的《八不道人传》中,说他早年习佛茹素,而十二岁接触到儒门学说即开始"誓灭释老,开荤酒",十七岁以后因读莲池大师的《竹窗随笔》而又回到佛教的路线,并重诠《论语》,"大悟孔颜心法"。等到五十岁

---

① 参见智旭:〈八不道人传〉,《蕅益大师全集》第 16 册。
② 智旭:《灵峰宗论》卷三之二,《蕅益大师全集》第 16 册,第 10693、10700 页。
③ 智旭:〈儒释宗传窃议〉,《灵峰宗论》卷五之三,《蕅益大师全集》第 17 册,第 11030—11031 页。

左右,他才又系统地写作《四书》解,并分别作《大学直指(依古本)》、《中庸直指》和《论语点睛》(其《孟子解》可惜已不传),系统地论述自己以佛会儒的思想。① 可以理解,蕅益出入儒学的经历让他意识到,对儒学,尤其是朱子学的进入稍有不慎,便很容易走向排佛主义的立场,让他深有感触地是"倘宋儒陈腐见识,一毫未净,未可深谈佛法"②。他自己的人生经验使他在对佛学有了更系统和深入的学养之后,"反观向所悟孔颜心学"而要做出新的融会贯通,并认真面对朱子学传统对佛教所产生的效应:

> 复被宋儒知见覆蔽,遂使道脉湮埋,非藉三藏十二部教,求开眼目,不唯负己灵,宣尼亦受屈多矣。③

可见,蕅益"身为释子,喜拈孔颜心学示人"④,确实也是境况所迫之下,不得已而为之。虽然他在自传中对早年所谓的"圣学"经验并明指是朱子之学,但结合他在《灵峰宗论》有关儒佛的讨论和他的《四书》解来看,他后来所特别要提防的所谓"圣学",其实就是当时作为正统学说的程朱理学。这一点,从他给范明启的信中就可以得到说明,他在信中说他少时"亦拘虚于程朱"⑤,表示十二岁影响他毁非佛教的正是朱子学的一系。民国江谦在为蕅益《论语点睛》作"补注"时也注意到这个问题,他说蕅益作《论语》解,乃是针对《朱子集注》"采时贤之说,毁佛正法,使人不悟本来佛性"而发。⑥

蕅益的疏解《四书》显然有策略性地要颠覆朱子学的传统,这还可以得到许多的证明:如蕅益作《四书》解,在讨论到《四书》之间的秩序安排与思想内容的解读方面,都有意识地表示与朱学的不同。朱子有关《四书》之排序,乃首明《大学》、次《中庸》,而后才排到《论》、《孟》,所以朱子提出"读《四书》者,又不可不先于《大学》"。关于此,朱子提出的理由是《大学》首尾

---

① 智旭:〈八不道人传〉,第 10220—10226 页。
② 智旭:〈寄万韫玉〉,《灵峰宗论》卷五之一,《蕅益大师全集》第 17 册,第 10931—10932 页。
③ 智旭:〈示沈惊百〉,《灵峰宗论》卷二之一,《蕅益大师全集》第 16 册,第 10389 页。
④ 蕅益:〈性学开蒙自跋〉,《蕅益大师全集》第 18 册,第 11275 页。
⑤ 智旭:〈示范明启〉,《灵峰宗论》卷二之一,《蕅益大师全集》第 16 册,第 10390 页。
⑥ 江谦:〈《论语点睛》补注序〉,《蕅益大师全集》第 19 册,第 12417 页。关于此,亦可参考圣严法师的《明末中国佛教の研究》一书第一章,第二节,台北:法鼓文化事业股份有限公司,1999 年。

该备,纲领可寻,节目分明,工夫有序,很切于学者日用。① 与朱子重视《大学》不同,蕅益以人论定,更强调《论语》在《四书》系统中所具有的优先地位,他并不遵循朱子《四书》学的排序,而代以自己的判释标准,即把《论语》列第一,次《中庸》、《大学》,最后才是《孟子》。他抬举《论语》,乃由于"《论语》为孔氏书",即孔子亲传,所以位列于首,而《大学》、《中庸》皆子思所作,故次之。更值得注意的是,蕅益不仅在《四书》编排的体系上打乱朱子以来所立定的规矩,抬《论语》来抵抗朱子《四书》学传统中的《大学》为先。对于《大学》章句,诸儒本来就颇有异同,蕅益亦有意不崇朱注章句,而明确尊奉阳明的意见,承袭旧本。② 又如,蕅益在注解《论语》第三章"八佾"中的"乐而不淫,哀而不伤"一节时,就指出这是针对后妃不嫉妒多求淑女而言,绝不是朱注中所谓"言后妃之德,宜配君子"来讲的,他还批评朱子解"以求后妃,得后妃为解,可笑甚矣",乃脱离《诗传》、《诗序》的传统而"别为新说"③。

仔细解读蕅益的《四书》注疏,从知识的注经传统来看,他显然缺乏朱子《四书》学传统中那套精密的解经家法和系统的儒门知识学的训练,所以他对朱子的批判,如果要从儒家知识学的谱系中去作精细的辨证,当然还有很多的问题。而他的《四书》解所重视的其实并不在经义本身内容的准确性,而是要借《四书》来完成他自己的修辞。具体说,即是在对《四书》进行重新解释的策略中,造成的对朱子《四书》学传统颠覆性的效果。关于这点,蕅益自己在他的《性学开蒙答问》中曾不经意地流露出来。他颇有禅意地指出,只要"尚顺实相正法",无论应用何种方式来讲"理性之谈"都是合理的,所以他明确承认自己作《中庸》"直指"有六经注我之意,"是智旭之《中庸》,非子思之《中庸》也"④。于是,只有把蕅益的《四书》注疏放到晚明思想和佛教发展的历史世界中,我们才能够获得恰当的理解。

蕅益注解《四书》以所谓"须藉《四书》,助显第一义谛"⑤。这一策略也

---

① 朱熹:《大学或问》,《朱子全书》六,第515页。
② 均参见蕅益:〈四书蕅益解序〉,《蕅益大师全集》第19册,第12345—12346页。
③ 分别参见朱熹:《论语集注》,《朱子全书》六,第89页;蕅益:《论语点睛补注》,《蕅益大师全集》第19册,第12440页。
④ 智旭:《蕅益大师全集》第16册,第10715—10716页。
⑤ 蕅益:〈四书蕅益解序〉,《蕅益大师全集》第19册,第12345页。

旨在以注经的形式拆解朱子《四书》学传统所建立的儒佛之间的那道壁垒，所以他在解经的方式上，即是直接以释氏之说来格义《四书》，而有意识地以佛知见为《四书》作解，建立儒佛不二之论。最明显的，如他对于朱子和阳明对《大学》"格物致知"解释中的对立，就"约佛法为唐宜之说"，以"一心三观"、"一谛而三谛"而给予了佛教立场的统合。①

进一步从佛教学的方面来分析，蕅益在佛教义学上推重《起信论》(包括《楞严经》)为中心的如来藏缘起论，并究心于天台三大部。如他专门为《起信论》作了"裂纲疏"，认为该论"圆极一乘"，为"佛祖传心之正印，法性法相之总持"②。所以他注解《四书》所持的佛教学观念也主要来自于《起信论》和天台教观。这样的例子在他的《四书》解中随处都可以找到，我们只需略举数例为证：

以《起信论》本、始二觉解。在《大学直指》开宗明义解读"明明德"时说"上明字是始觉之修，下明德二字是本觉之性"。《论语点睛》"学而第一"中也这样解释"学而时习之"："今学即是始觉之智，念念觉于本觉，无不觉时，故名时习，无时不觉。"又，"雍也第六"亦解颜回"不迁怒，不贰过"为"无怒无过，本觉之体；不迁不贰，始觉之功，此方是真正好学"。③ 又，以《起信论》之生灭、不生灭"和合"解《中庸》开篇之"天命之谓性"；以《起信论》之"直心正念真如"，解《中庸》君子慎独。④

依天台解《四书》的例子也很多，不劳在这里详举。蕅益主要是以天台性具义展开论述的。如在《中庸直指》中，他解释"善执其两端"，说两端就是指善恶，而"善恶皆性具法门"。同书中解"凡为天下国家有九经"云："九经，无非性具；悟性方行九经。"《论语点睛》"为政第二"解释"为政以德"，说"以德者，以一心三观，观于一境三谛，知是性具三德也"。又，解"里仁第四"中"能好人，能恶人"时，说"能好能恶，性具也；仁，性体也"⑤。

---

① 蕅益：〈致知格物解〉，《灵峰宗论》卷四之三，《蕅益大师全集》第 17 册，第 10904—10905 页。
② 分别见智旭：〈裂纲疏自序〉，《灵峰宗论》卷六之四，〈裂纲疏自跋〉《灵峰宗论》卷七之二，《蕅益大师全集》第 17、18 册，第 11225、11317 页。
③ 分别见蕅益：〈四书蕅益解〉，《蕅益大师全集》19 册，第 12351、12352、12419、12458 页。
④ 同上书，第 12378、12380 页。
⑤ 同上书，第 12383、12395、12427、12444 页。

无论是以《起信》或是天台性具论来格义儒说,凡此种种,表明蕅益借《四书》所要助解的佛学传统,也是有所指涉的,这即是作为中国佛教思想主流的如来藏思想或真常唯心之论。

三 晚明佛学思想中的阳明学:阳明、李贽与蕅益的儒佛之论

明中叶以来,思想界有关正统与异端的议论仍然是一非常重要的问题,但儒学内部已经出现了某些自我批判与更新的声音,特别是阳明学的传统强调对经典的解读必须"深思而自得",即结合到个人的经验和自我意识(self-consciousness)的内向价值去进行体会。所谓"学问之道,以各人自用得着者为真"①,晚明随着阳明学的发展,尤其是对经典的解释方面,已经不再是简单地依门傍户地在朱子学派单一的系统里进行,而是学不一途,存在着"一偏之见"和"相反之论"。② 这一情况下,晚明新儒学对《四书》的注疏也不再局限在朱子学的传统内部来开展,而融入了自性义上的体会,这又使得儒佛之间的差别很难区分,"儒、释几如肉受串,处处同其义味矣"③。从晚明"表章程朱之学者"的朱子学派传人耿定向对这一融佛入儒的指责中,已经可以思过半矣。④ 这一新的儒学传统也直接影响了一批当时重要的佛教学人,所以他们一面以佛教格义儒学经典,试图瓦解朱学辟乎异端给佛教带来的不利,一面又接续阳明学传统中的反正统主义的解经策略,来为佛教争取来自儒学内部的支持。

阳明通过批判朱子传统的《四书集注》来建立自己的心学思想,这一点对朱子学的独尊起到很大的破坏作用。⑤《明史·儒林传》中就说:

---

① 分别见黄宗羲:〈恽仲升文集序〉,《南雷诗文集》(上),《黄宗羲全集》第十册,第 4 页;黄宗羲:《明儒学案·发凡》,北京:中华书局,1985 年,第 18 页。
② 黄宗羲:《明儒学案·发凡》,第 18 页。
③ 黄宗羲:〈张仁庵先生墓志铭〉,第 455 页。
④ 关于此可以参考荒木见悟(Araki Kengo), "Confucianism and Buddhism in the Late Ming", *The Unfolding of Neo-Confucianism*, ed. by Wm. Theodore De Bary, p. 54。该文特别讨论到了阳明学对晚明《四书》注疏的所带来的刺激,以及禅佛教影响下新的《四书》解释的诞生。
⑤ 参考松川建二:〈王守仁《传习录》和《论语》——心学解释的成果〉,见松山健二编:《论语思想史》,林庆彰等译,台北:万卷楼图书股份有限公司,2006 年,第 375 页。又见"Introduction", *The Unfolding of Neo-Confucianism*, ed. by Wm. Theodore De Bary, pp. 29-30。

> 原夫明初诸儒,皆朱子门人之支流余裔,师承有自,矩矱秩然。……学术之分,则自陈献章、王守仁始。宗献章者曰江门之学,孤行独诣,其传不远。宗守仁者曰姚江之学,别立宗旨,显与朱子背驰,门徒遍天下,流传逾百年,其教大行,其弊滋甚。①

阳明学的传统,表面上看并不是要反朱子学,而恰恰还是为了深化朱子学传统中反佛教的立场。关于此,黄宗羲作了意味深长的表述:

> 昔人言学佛知儒,余以为不然。学儒乃能知佛耳。然知佛之后,分为两界,有知之而允蹈之者,则无垢、慈湖、龙溪、南皋是也。有知之者而返求之六经者,则濂、洛、考亭、阳明、念庵、塘南是也。

> 程、朱之辟释氏,其说虽繁,总是只在迹上;其弥近理而乱真者,终是指他不出。明儒于毫厘之际,使无遁影。②

黄宗羲试图从儒学立场去区隔阳明学传统与佛学的不同,保持了阳明学在儒学系谱里的合法性。不过,他的这一辩解虽然一面表示了阳明学的所传还是儒门正统的余绪,而所谓"毫厘之际"却从另一面无意中也表示出,与朱子学不同的阳明学传统和佛教思想之间的实际距离不是拉大,而是接近了。难怪晚明朱学传统的罗钦顺也正是根据这种儒佛之间的"毫厘之差"来批评阳明学大类禅学,指责阳明的《大学》之教"局于内而遗其外,禅学是矣"③。不管阳明学的思想归属如何去分判,也无论他们如何一再地声明自己的学说是孔门心传而不是禅佛教的法流,可以说,阳明学所开出的思想路线从主体心性的思想上面打破了朱子之学在儒佛之间所铸造起的那道藩篱。④ 这表现在解经学的方面,就是阳明对《四书》的诠注大都别出于朱子

---

① [清]张廷玉等:《明史》第二四册,卷二百八十二,列传第一百七十,儒林一,第7222页。
② 分别见黄宗羲:《张仁庵先生墓志铭》,第455—456页;黄宗羲:《明儒学案·发凡》,第17页。
③ 罗钦顺:《论学书信·与王阳明书》,《困知记·附录》,第109页。又,罗氏在批评阳明学类于禅学时,就这样说到儒释之辩:"盖吾儒昭昭之云,释氏亦每言之,毫厘之差,正在于此。"同上书,第111页。
④ 荒木见悟(Araki Kengo),"Confucianism and Buddhism in the Late Ming",p.46。豪夫(Kandice Hauf)也认为,阳明的良知之说重新厘定了儒家的边界,而使程朱学所建立的那套儒佛界限被打破了。见"'Goodness Unbound': Wang Yang-ming and the Redrawing of the Boundary of Confucianism",*Imagining Boundaries: Changing Confucian Doctrines, Texts, and Hermeneutics*, Kai-wing Chow, On-cho Ng, and John B. Henderson, ed., Albany: State University of New York Press, 1999。

《四书》学的垄断，力图"以良知为大头"，而这实际也破坏了朱子《四书》学所建立起的那种知识论传统，把对《四书》的解读从朱子独断论的思想系统中解放出来，融会到每个人的良知自心中去进行。阳明甚至还"明斥朱子传注为支离"①，这一动向，在阳明后学的发展中，特别在"朱子学的叛逆者"李卓吾的思想中可以更明确表示出来。蕅益之所以公开以阳明、卓吾为援手来助其疏解《四书》，也正是看到了这一点。

晚明以来，佛学内部虽然在融合儒家的作风和方式上还不尽一致，但都对阳明学的传统有着浓厚的兴致，并纷纷做出不同的回应，隐然形成了佛教内的阳明学运动。②像莲池大师虽然是佛学内比较有朱学倾向的人物，主张慎辨阳明之良知与佛教之真常寂照之异同，但他仍然力赞阳明的良知"新建"之说"识见学力深造所到，非强力标帜以张大门庭"。③而晚明禅僧如圆澄（1561—1626）、无异元来（1575—1630）、宗宝道独（1599—1660）等也都从不同方面发挥阳明的良知之说。④这是晚明中国佛学思想中非常有趣的现象，值得做更细密的讨论。

如果说莲池为程朱之学曲为之辩，那么蕅益可以说是晚明佛教思想中最鲜明的阳明学派，他对于阳明学的推重更是引以为同道而几无分别了。蕅益对阳明的悟道有一段耐人寻味的解释：

> 王阳明奋二千年后，居夷三载，顿悟良知，一洗汉宋诸儒陋习，直接孔颜心学之传。予年二十时所悟，与阳明同，但阳明境上炼得，力大而用广，予看书时解得，力微而用弱。由此悟门，方得为佛法阶渐。⑤

---

① 罗钦顺：《三续》，《困知记》，第95页。
② 晚明以来，以佛教会通儒学传统的，大都是接续阳明学脉来开展。如清代之彭绍升，回应程朱学派的辟佛论，会通儒佛，也是融合到阳明学来论述的，他说"从宋明诸先辈论学书，窥寻端绪……而于明道、象山、阳明、梁溪四先生，尤服膺弗失。以四先生深造之旨，证之佛氏，往往而合。然四先生中，独阳明王氏无显然排佛语，而明道、象山、梁溪所论著，入主出奴，时或不免。"（见其《一乘决疑论》，参见石峻等编：《中国佛教思想资料选编》第三卷、第三册，北京：中华书局，1989年，第445页。）一直到欧阳竟无，他会通儒佛，而于儒学，最为推崇的，也正是阳明之学。如他对《大学》就取阳明之解而不取朱子之说，并说阳明修身之教乃"证知"，而"非徒解知也"。（参考《孔学杂著·大学王注读叙·附：读大学十义》，济南：山东人民出版社，1997年，第17页）
③ 莲池：《竹窗随笔·良知》，见《莲池大师全集》，第26页。
④ 参考陈永革：《晚明佛教思想研究》，北京：宗教文化出版社，2007年，第387—388页。
⑤ 智旭：《示李剖藩》，《灵峰宗论》卷二之四，《蕅益大师全集》第16册，第10535—10536页。

黄宗羲努力区隔阳明学传统与佛学法流之不同，而蕅益则有意识地引申两者之间的思想关联，他甚至认为宋明以来儒门理学当中，只有阳明一人"直续孔颜心脉"而又与佛门居士之见"未可轩轾"。① 更为可圈可点的是，蕅益一面不留情面地批判朱子学的排佛论，而对于阳明的辟佛言论，却极力进行一番知人论世般的辩护，并打了这样的圆场：

  孰谓世间大儒，非出世白茅哉？或病阳明有时辟佛，疑其未忘门庭。盖未论其世，未设身处其地耳。呜呼，继阳明起诸大儒，无不醉心佛乘。夫非炼酥为酒之功也哉。②

所以当蕅益在《四书蕅益解序》中论到《大学》时，就公开以阳明的《大学》解来驳正朱子的看法。他的《四书解》中，引述佛教之外的观念来解释《四书》的，也就只有阳明学的一脉。这里姑举他引阳明以为解证的数例：

《大学直指》解释"小人闲居为不善"一条，以阳明良知为解说："此明小人亦有良知，但不能致知，故意不得诚也。"

《中庸直指》解"博学之，审问之"一条下注曰："王阳明曰，问、思、辩、行，皆所以为学，未有学而不行者也。"

《论语点睛》所引阳明学的更多，如解"述而章"之"发愤忘食"一节云："王阳明曰，发愤忘食，是圣人之志如此，真无有已时；乐以忘忧，是圣人之道如此，真无有戚时。"又释"卫灵公章"中"颜渊问为邦"一节说"王阳明曰，颜子具体圣人，其于为邦的大本大原，都已完备……"③

在蕅益看来，李卓吾就是所谓续阳明而起，"醉心佛乘"的一流。黄宗羲所说阳明后学中那类对于佛教"有知之而允蹈之者"的，很可能也是指卓吾之学。在蕅益的《四书》疏解中，他最为倾心的阳明后学，则非李卓吾莫属了。卓吾是晚明阳明学左派的重要人物，作为儒门出身，他公开出入儒佛，提出"儒、道、释之学，一也"，认为儒家与佛教乃"万古一道，无二无别"。卓吾自称自己早年从儒家的圣教传统内部反不能够透解儒典精蕴，而"随人说

---

① 智旭：〈西方合论序〉，《灵峰宗论》卷六之四，《蕅益大师全集》第 17 册，第 11196 页。
② 智旭：〈阅阳明全集毕偶书二则〉，《灵峰宗论》卷四之三，《蕅益大师全集》第 17 册，第 10901 页。
③ 均见蕅益：〈四书蕅益解〉，《蕅益大师全集》第 19 册，第 12359、12397、12473、12537 页。

研,和声而已"。五十后因研读佛经而"乃复研穷《学》、《庸》要旨,知其宗实"①,可见,他是典型的黄宗羲所批评的那种"学佛知儒"的一类。如他解《四书》,就偶有直接用禅作格义的例子,在解释《论语·乡党》篇时,他就把"山梁雌雉,时哉!时哉"理解为"分明一则禅语。若认作实事,便是呆子"。②

卓吾这一借佛而悟儒,即通明佛学之后返观儒典而会为一味的方式,对于佛子以佛解儒的提示是意味深长的,也殆成为晚明以后不少佛教学人的通则。憨山德清就说他是在深究禅门心法之后,才于儒、释、道三教之理豁然贯通的:

> 余幼师孔不知孔,师老不知老。既壮,师佛不知佛。退而入于深山大泽,习静以观心焉。由是而知三界唯心,万法唯识。……是则一切圣人,乃影之端者;一切言教,乃响之顺者,由万法唯心所现。故治世语言资生业等,皆顺正法,以心外无法,故法法皆真。迷者执之而不妙,若悟自心,则法无不妙。心法俱妙,唯圣者能之。③

蕅益不也正是在深入佛教的真谛之后才悟入孔颜心法的吗?一直到晚近,佛教内以佛通儒书者,大体都表示自己有过类似的经历。像彭绍升就说他自己初习儒书时还"执泥文字",只有在究佛之说"瞿然有省"以后,才知道回向心地,而"稍识孔颜学脉"。近代之欧阳竟无讲到自己的"晚年定论",就说自己于儒学的新悟,也恰恰是在对佛教之学"融会贯通,初无疑义"之后,"返观儒书默然有契"的。④

另一方面,李卓吾对程朱理学那种"直以濂洛关闽接孟氏之传"的道统谱系也颇不以为然,在思想上否弃了朱子理学中的"反佛主义的桎梏"。他

---

① 分别见李贽:〈三教归儒说〉、〈圣教小引〉,《续焚书》卷二,《李贽文集》第一卷,第72、63—64页。
② 李贽:《四书评·论语卷之五》,《李贽文集》第五卷,第57页。学界关于李贽《四书评》的真伪还有争论,关于此,不在此详论。不过,蕅益的《四书》解以此为李贽作品,并广为引证。
③ 德清:〈观老庄影响论〉,《憨山大师梦游全集》卷45,《卍续藏经》第73册,第766页下。
④ 参见王恩洋:〈追念亲教大师〉,《王恩洋先生论著集》第十卷,成都:四川人民出版社,2001年,第629页。

批评朱学"好自尊大",而"反不如彼之失传者"。① "失传者"具体何指,我们在这里不加深究,而可以肯定的是,他对"宋儒之穿凿"以解儒典表示了强烈的不满,并反对"执一定之说,持刊定死本",以通行天下后世。② 这些议论显然都是针对朱子学的传统而发的。特别需要一提的是,他分明说自己对朱学的《四书》传统颇不能心契,"读传注不省,不能契朱夫子深心"③,于是他重作《四书评》的意味就更有耐人寻味的地方,很可能就是有意识要地在朱学传统之外"别立宗旨"了。

对于卓吾的思想行谊,晚明以后的儒门学人大都采取比较激烈的批判态度。④ 有趣的是,晚明佛门学人的反应却表现得有点暧昧。一方面,卓吾别立褒贬,使"斥异端者日益侧目"⑤,而有又"为出格丈夫之事","参求乘理"⑥,并公开以"异端者流"的身份批评朱子"以老、佛为异端"的观念⑦,这些都可以为佛门学人引为同道的地方;但另一面,卓吾过于极端和尖锐的思想和行为方式,又让佛门学人不便全盘加以认同。这一欲扬还羞的复杂心理,如果稍为细心地去考究晚明佛教大师,如紫柏和莲池等对卓吾的评论,就不难体会出来。紫柏的说法非常有意思,他这样评论卓吾:

> 然卓吾非不知道,但不能用道耳。知即照,用即行。老朽更不如卓吾在。⑧

此外,紫柏在他的〈卓吾天台〉一文中,特别就卓吾与明代朱学传承耿定

---

① 分别参考卜正民:《为权力祈祷:佛教与晚明士绅社会的形成》,张华译,南京:江苏人民出版社,2005年,第65页;李贽:〈德业儒臣前论〉,《藏书》卷三十二,北京:中华书局,1959年,第517页。
② 李贽:〈孟轲〉,《藏书》卷三十二,第520页。值得注意的是,李贽在该文解释孟子性善论时,以佛家之"至善者无善无不善"来作解,表示了与朱子反佛传统的不同。
③ 李贽:〈杂述·卓吾论略〉,《焚书》卷三,《李贽文集》第一卷,第78页。又,李贽在他的《四书评》中有批评朱子大学章句中有关"格物致知"的一段文字,有学者认为,这表示了李贽有"反对钦定经说"的历史意义。参见侯外庐:〈李贽的进步思想〉,《侯外庐史学论文选集》(下),北京:人民出版社,1988年,第56页。
④ 晚明儒学家大多批评卓吾过于激进主义的立场,如顾炎武和王夫之都对他时有抨击,此可参见佐藤炼太郎:〈李贽《李温陵集》和《论语》——王学左派的道学批判〉,见松山健二编:《论语思想史》,第404、405页。
⑤ 袁中道:〈李温陵传〉,《续焚书》,《李贽文集》第一卷,第132页。
⑥ 分别见李贽:〈与明因〉,《焚书》卷二,《李贽文集》第一卷,第57页;袁中道:〈李温陵传〉,第131页。
⑦ 李贽:〈复邓石阳〉,《焚书》卷一,《李贽文集》第一卷,第11页。
⑧ 紫柏:《紫柏尊者全集》卷二十三,《卍续藏经》第73册,第343页中。

向(天台)之间的论争发表了自己的看法。在这里,他表示了自己"始心见卓吾"之意,而对卓吾思想之认定又颇有些模棱两可。① 莲池在《竹窗三笔》中有两条关于李卓吾的,他对卓吾亦儒亦佛而又非儒非佛的作风有深入的体察,故一面赞叹卓吾"弃荣削发,著述传海内",有"超逸之才,豪雄之气";同时又惜其思想上过于独发天真,"不以圣言为量,常道为凭",以及行为上的不检和狂放不羁,"不持斋素而事宰杀,不处山林而游朝市"。② 可以说,这些对卓吾毁誉参半的评论,表示了晚明佛家学人对卓吾的思想方式多少有些爱恨交织。

蕅益对卓吾的欣赏是明确和坚定的。虽然他很少直接对卓吾进行公开的评议,而他对卓吾的公开推崇,主要就表现在他的《四书》解的写作当中。也许他重解《四书》很大程度上就是受到了卓吾的启发,特别是他的《论语点睛》,几乎无处不在地广引卓吾之说来加以佐证。蕅益之前各家有关《论语》的注疏非常之多,为什么他偏偏要援引在当时根本就没有权威性,而且还争议颇多的卓吾之疏来作表明自己的见地,这是很耐人寻味的事情。从蕅益的《论语点睛》所引卓吾之说来分析,我们可以找到一些理解的方向,这就是引卓吾之解以通会佛义。在蕅益的《论语点睛》中,通常都是把卓吾解与佛家观念(通常以"方外史曰"来表示)结合起来注疏《论语》的。我们引若干条为证。

"里仁第四"解"德不孤,必有邻",先引卓吾说"有一善端,众善毕至",接着就是"方外史曰:此约观心释也",讲得其实就是天台"观心为要"的道理。"述而第七"解"好古敏以求之者",也是先引卓吾一句毫无意味的禅语("卓吾云:都是实话"),接着又是"方外史曰:不但释迦尚示六年苦行,虽弥勒即日出家,即日成道,亦是三大阿僧祇劫修来的",原来是以佛家之渐修来通贯儒门之学而知之。又,"卫灵公第十五"解"当仁,不让于师"条,先以禅门之"见过于师,方堪传授"来解,接着又引卓吾注来旁证云:"只为学者,惟有当仁一事让师故云"。③

---

① 参见紫柏:《紫柏尊者全集》卷二十一,《卍续藏经》第73册,第327页中。
② 参见《莲池大师全集》第25、26页。
③ 均见蕅益:〈四书蕅益解〉,《蕅益大师全集》第19册,第12450、12473、12543页。

可以想见,蕅益的广引卓吾以证经解确实是别有深意在焉。

晚明佛学思想史上的儒佛会通并不是笼统地以儒佛不二,或是以佛解儒就可以讲清楚的,佛门学人对于儒学的融贯,无论是就佛教学的立场或是儒学的方面看,都表现出不同的思想倾向和方式,诸如上文所分析的,莲池与蕅益就分别表示了晚明佛门中的尊朱与宗王的不同路线。于是,明代儒学内部的朱王之争,也曲折地再现于晚明佛学的思想论述当中,不了解这一点,就会忽略晚明佛学思想有关儒佛关系论的复杂性和丰富性。蕅益疏解的《四书》,别有深意地回应了朱子《四书》学传统对佛教所造成的冲击,试图以佛解儒经的方式重建佛教在社会思想中的合法性,并策略性地融摄阳明学派,特别是异端学人李卓吾的思想来对抗朱子学的传统。这些论述都只有在具体的思想史场景中来进行解读才是可能的。

亚里士多德《范畴篇》中的实体理论
——对《范畴篇》第5章的研究

聂敏里[*]

提　要：《范畴篇》第5章向来受到研究者的重视，研究者普遍同意在这一章中含有亚里士多德的一个实体理论。但是传统的观点认为，亚里士多德在《范畴篇》中所展示的这个实体理论是同他后来在《形而上学》核心卷中所表达的实体理论不同。本文对《范畴篇》第5章进行了全新的研究，围绕亚里士多德对实体范畴的界定指出，亚里士多德在这里实际上是奠定了有关实体的一些基本原则，它们主要是主体性原则、个体性原则、自身性原则和依存性原则。针对传统的观点，本文提出了一个完全不同的见解，即《范畴篇》第5章所奠定的这些有关实体的基本原则而言，它们不仅同亚里士多德后来在《形而上学》中所进行的有关实体的研究不相抵触，而且实际上还构成了后来的更进一步研究的原则基础。本文针对亚里士多德有关实体范畴的这四个原则的分析和论述是全新的。

关键词：主体性原则　个体性原则　自身性原则　依存性原则　存在者整体核心存在者

实体理论是亚里士多德形而上学的核心理论。如果说形而上学是对"作为存在的存在"的研究，那么，正是在《形而上学》Γ卷中，亚里士多德明

---

[*] 聂敏里，1971年生，中国人民大学哲学系外国哲学教研室副教授。

确地向我们表明，"作为存在的存在"不是别的，就是实体，因为实体是首要的存在。Z、H、Θ三卷构成了所谓的《形而上学》的核心卷，研究者们普遍同意，这三卷，尤其是其中的Z卷含有亚里士多德的一个实体理论。在Z卷中，亚里士多德通过对可感实体的结构分析对什么是实体这个问题做了更为深入的研究和回答，为在H、Θ卷中通过质料和形式、潜能和现实的结构将对实体的研究引向形而上学所唯一关注的第一实体奠定了理论基础。但是必须承认的是，Z卷乃至整个《形而上学》核心卷对实体的研究是亚里士多德对实体问题的一个直接面对的、更为深入的研究，在这里，亚里士多德已经瞄准了研究的目标，从而他可以径直从对可感实体的分析入手，来寻求真正意义上的实体。如果是这样，那么显然，在能够进行这样一种更为深入的研究之前，就必然还存在这样一种性质的研究，这就是将研究的目光从一般存在者上调校到其中的"作为存在的存在"、即实体上，为一种更为深入性质的研究确定它的研究目标和对象。而承担和从事这个任务的不是别的，就是亚里士多德的《范畴篇》。

研究者们公认，在《范畴篇》中，特别是其中的第5章中存在着亚里士多德的一个实体理论。尽管由于《范畴篇》的早期性质，研究者们绝大多数都倾向于认为《范畴篇》中的这个实体理论反映的是亚里士多德早期的实体思想，而且大多数的研究者还倾向于将《范畴篇》中的实体理论同《形而上学》Z卷中的实体理论对立起来。但是，如果允许我们暂且搁置在这个问题上的争论的话（我们后面会对这个问题有正面的明确的回答），那么不容否认的却是，正是在《范畴篇》中，亚里士多德对实体范畴做了最初的界定和说明，明确了有关实体范畴的一些基本的原则，将形而上学研究的目光调校到了实体问题上。从而，无论这些原则是否和后面的有关实体的原则相抵触，也无论它们是否在亚里士多德以后对实体的研究中得到坚持，在这里首先肯定它们必然会为《形而上学》Z卷中一个更为成熟的实体理论奠定基础，应当至少是没有问题的，而由此当然，对《范畴篇》中的这一实体理论做一番深入细致的探究恐怕也就是极其必要的。本文所要从事的就是这样一种研究，即通过对《范畴篇》第5章进行深入的挖掘，试图发现亚里士多德在这一章中有关实体范畴所奠定的一些基本原则，而无论这些原则是否在亚里士多德以后的研究中得到坚持。

一

众所周知,《范畴篇》第 5 章包含着亚里士多德的一个实体理论。长期以来,很多研究者认为,《范畴篇》中的实体理论和《形而上学》Z 卷中的实体理论有着重大的差别,《范畴篇》中的实体理论是反柏拉图主义的,而《形而上学》Z 卷中的实体理论则具有柏拉图主义的特征,理由就是,前者认为个别事物是实体,而后者则仿佛又回到了柏拉图主义,认为形式才是真正的实体。同时,研究者也注意到,尽管《范畴篇》中的第二实体在某种意义上可以被认为相当于《形而上学》中的形式概念,但是,假如想要在《范畴篇》中发现《形而上学》实体理论中的另一个重要的概念即质料概念,却是徒劳的。从而,有一些研究者,例如丹尼尔·格拉汉姆(Daniel W. Graham)在其著作《亚里士多德的两个体系》①中便认为,在亚里士多德的《范畴篇》和《形而上学》中展示了两种实体理论或两种形而上学的体系。但是,相反的观点也存在着,并对上述传统观点构成了直接挑战。一个近期由 Furth, Gill, Burnyeat 等人所持有的观点就是,从整体论的视角出发,主张《范畴篇》是亚里士多德的一部针对初学者的著作,因此它撇开了对实体问题的更为深入的研究,例如关于实体构成的质料和形式的研究,而只是针对实体范畴本身提出一些原则性的看法。②

这是人们在对比考察《范畴篇》和《形而上学》时所产生的种种看法和

---

① Daniel W. Graham, *Aristotle's Two Systems*, Clarendon Press, 1987.
② 参见 Mary Louise Gill 在"Aristotle's Metaphysics Reconsidered"一文中对这一问题的有关论述:*Journal of the History of Philosophy*, vol. 43, no. 3 (2005), p. 224. 另请参见 Furth, M., *Substance, Form and Psyche: An Aristotelean Metaphysics*, Cambridge University Press,1988;Gill, M. L., *Aristotle on Substance: The Paradox of Unity*, Princeton University Press, 1989;Burnyeat, M. F., *A Map of Metaphysics Zeta*, Pittsburgh, Pa.: Mathesis,2001。此外,像 Loux, Bolton, Wedin 等人也都表达了类似的看法。由此,他们构成了相反于传统的认为《范畴篇》中的实体理论和《形而上学》中的实体理论有根本差异的观点的阵营。见 Loux, M. J., *Primary Ousia: An Essay on Aristotle's Metaphysics Z and H*. Ithaca, NY: Cornell University Press,1991;Bolton, R., "Science and the Science of Substance in Aristotle's Metaphysics Z.", in *Form, Matter, and Mixture in Aristotle*, ed. by Lewis & Bolton, Oxford and Boston: Blackwell 1996, pp.231-280;Wedin, M. V., *Aristotle's Theory of Substance: The Categories and Metaphysics Zeta*, Oxford University Press,2000。

争论,我对这个问题所持的立场和见解后面将会出现。但这里首先要说的是,不管人们在这些问题上持有什么立场和见解,至少一个被一致认同的事实就是,《范畴篇》第5章对实体范畴的界定和分析同《形而上学》核心卷中的实体理论有着本质的关联。事实上,人们或多或少承认,它们之间存在着某种理论上的连续性,在《范畴篇》第5章对实体范畴的界定和分析中所奠定下来的一些有关实体的基本原则不仅没有在亚里士多德后来有关实体的理论研究中销声匿迹,相反还得到了巩固和加强,并被进一步发展。

那么,亚里士多德在《范畴篇》第5章中围绕实体这个范畴,究竟奠定了哪些基本的原则呢?很显然,如果我们能够在对文本的分析中具体地发现和确定这些基本的原则,那么,对于《范畴篇》中的实体理论同《形而上学》核心卷中的实体理论的同与不同的问题必然会有一个至少有益的说明。因此,我们现在就进入到第5章的文本中去。

在《范畴篇》第5章的一开始,亚里士多德这样说:"实体是那最主要、第一位、最重要而言者,它既不谓述一个主词也不在一个主体之中,例如,这一个人或这一匹马。"(2a11-13)这是亚里士多德关于实体的最言简意赅的定义,后面的所有论述实际上都是对这个定义的展开和说明,而第二实体的提出也不能干扰实体的这个定义的绝对性和严格性,因为,第二实体之所以是"第二"实体,只是因为它是不严格意义上的实体,而严格意义上的实体只能是这个定义所规定的。这样显然,这个关于实体的最严格的界定就是我们首先要关注的。我们的问题是,这个定义关于实体究竟说了什么?

对于这个问题,我首先给出的一个直截了当的回答就是:这个定义告诉我们,实体在其最严格的意义上是终极主词和终极主体。这个回答是建立在这个定义的实质部分,即"既不谓述一个主词也不在一个主体之中"之上的,从而这就把我们引向了对定义的这个部分的具体分析。

显然,定义的这个部分让我们首先想到的是《范畴篇》第2章中亚里士多德用来划分存在者的那两个标准,即"是否谓述一个主词"和"是否在一个主体之中"。这两个标准,一个是用来在同一类型的范畴之间区分一般概念和个体概念的,一个是用来在不同类型的范畴之间区分实体类范畴和属性类范畴的。通过前者,我们可以在同一类型的范畴内部建立起概念之间基于一般和个体的谓述关系,通过后者,我们可以在不同类型的范畴之间建立起基于实体和属性的依存关系。将这两个标准综合运用,那么显然,符合"既不谓述一个主词又不在一个主体之中"的就只有个体性的非依存性的存在者,因为,"不在一个主体之中"要求一种非依存性的存在者,而"不谓述一个主词"又要求一个个体性的存在者,它们合在一起当然所指向的就是一个个体性的非依存性的存在者,而亚里士多德在这里所举的例子就是"这一个人"、"这一匹马",它们显然符合这个标准。

这样,仅对定义的这个部分做单纯形式的分析,我们就可以得出,只有个体性的非依存性的存在者才符合这个定义的要求,从而它们就是亚里士多德所说的实体。但是,假如我们对这个定义的理解仅仅是如此,那么,我们也就仅仅是从字面上理解了这个定义的所指,即,它指的是个体性的非依存性的存在者,但是,我们并没有理解为什么它们是"第一"实体,亦即真正严格意义上的实体,是所谓的"最主要、第一位、最重要而言者",换言之,我们并没有理解,为什么亚里士多德对实体的这个定义是在告诉我们实体是终极主词和终极主体。这样显然,我们还必须对定义的这个部分作更为深入的理解,而不能仅仅局限在对《范畴篇》第2章中所阐明的那两个标准的形式意义的理解上。

二

事实上,亚里士多德也正是这样做的。我们看到,就在对实体作了上述界定之后,亚里士多德立即对定义中"谓述一个主词"和"在一个主体之中"这两个关键的术语作了进一步的分析和说明,而这实际上就是在向我们揭示他的实体定义的真正内涵。

他告诉我们,"谓述一个主词"是指不仅名称谓述这个主词,而且名称的定义也谓述这个主词。例如,"人"谓述"这一个人",那么"动物"作为"人"的定义也将谓述"这一个人",因为这一个人既是人又是动物。显然,仅就这里所论述的而言,我们便可以认识到,"谓述一个主词"是就同一类型范畴而言的,因为只有在同一类型范畴的高一级概念和低一级概念之间的谓述关系中,才存在一种类似于《范畴篇》第1章中所阐明的"同名同义"的现象,即,高一级的概念不仅名称谓述低一级的概念,而且定义也谓述低一级的概念。从而,"谓述一个主词"所关涉的正是同一类型范畴内部一般概念和个体概念之间的谓述关系。据此,毫无疑问,不仅在实体范畴内部存在这样一种关系,而且在非实体范畴内部也存在这样一种关系。因为我们同样可以说,"白色"谓述"这一个白色",而"颜色"作为"白色"的定义也将谓述"这一个白色",因为,这一个白色既是白色也是颜色。这样显然,"谓述一个主词"所指的就是在每一类型范畴内部能够充当谓词的概念,而由此,"不谓述一个主词"所指的当然是每一类型范畴中谓述关系的最底层的概念,因为,它们显然"不谓述一个主词",而是作为主词被其他一般性的概念所谓述。这样,"不谓述一个主词"作为实体定义的一部分,就确立了实体作为主词的地位,表明这里所定义的实体是被谓述者,是主词。但是显然,假如亚里士多德对实体的定义仅止于此,那么,它尚不能确立实体作为终极主词的地位,因为如上所说,能够充当主词的不仅仅是实体范畴中的底层概念,其他范畴中的底层概念同样也可以充当主词。从而,假如要确立实体的终极主词的地位,就必须做出进一步的界定,而这正是通过"不在一个主体之中"来实现的。亚里士多德在对"在一个主体之中"这一术语的进一步的分析中表明了这一点。

他告诉我们,"在一个主体之中"在绝大多数情况下,在主体之中的东西并不对它所在其中的那个主体构成任何谓述关系,无论是就名称来说还是就名称的定义来说。但是,在有一些情况下,在主体之中的东西对它所依存的那个主体却存在着一种特殊的谓述关系,这种谓述关系和"谓述一个主词"所表达的那种在同一类型范畴内部的谓述关系不同,而是有些类似于他在《范畴篇》第1章中所阐明的"同名异义"的现象,即,仅仅名称谓述主词,而名称的定义不谓述主词。例如,"白色"在主体"身体"之中,我们也可以说,"身体是白色",在这里,"白色"谓述它所依存的那个主体"身体",但是,我们却不能进一步用"白色"的定义"颜色"来谓述"身体",说"身体是颜色",这显然是不成立的。这样显然,"在一个主体之中"在某种意义上就不仅仅表示的是一种依存关系,而且也是一种谓述关系,但是是一种特殊的谓述关系,它所表达的是不同范畴之间、尤其是非实体范畴和实体范畴之间的谓述关系。在其中,非实体类范畴中的底层概念而非种概念或属概念,尽管在其自身所属的范畴内部是谓述的主词,但是自身也可以成为谓词而对实体范畴中的概念进行谓述。显然,"在一个主体之中"的这样一种规定的一个直接的后果就是,在非实体范畴内部可以充当主词的底层概念,其主词的地位发生了动摇,它在它所属的范畴内部可以充当主词,但是,不是严格意义上的主词,因为,相对于它所在其中的那个主体实体范畴来说,它又是谓词,对某个实体范畴概念进行名称上而非定义上的谓述。这样显然,只有实体范畴中的底层概念才是严格意义上的主词,因为,它不仅相对于同一范畴内部的高一级的概念、即实体范畴中的种概念或属概念是主词,而且相对于其他范畴中可以充当主词的底层概念来说也是主词,因为后者在它之中,可以对它构成一种基于偶性关系的谓述。

现在一旦我们阐明了这一点,那么亚里士多德实体定义中那个实质的部分的真正内涵就变得一目了然了。"既不谓述一个主词也不在一个主体之中",这是在就实体的终极主词的地位进行界定,它告诉我们,实体作为既不谓述一个主词也不在一个主体之中的存在,正是终极主词。其中,"既不谓述一个主词"这个界定规定了它在同一范畴内部的主词地位,而"也不在一个主体之中"这个界定则进一步规定了它在不同范畴之间的主词地位,它无论是在同一范畴内部的谓述关系中还是在不同范畴之间的谓述关系中都是主词,因而它就是终极主词。这样,亚里士多德通过对"谓述一个主词"和"在一个主体之中"的分析就阐明了第一实体之为"第一"实体的真正内涵,亦即它是严格意义上的主词,是"最主要、第一位、最重要而言者",是终极主词。

我们看到,亚里士多德在 2a34-2b6 的一段话中进一步挑明了他的这一思想主旨。他这样说:"其他一切要么谓述主词第一实体,要么在主体第一实体之中。这由现成的具体例子是显然的。例如,动物谓述人,因此动物也将谓述这一个人,因为,如果它不谓述任何一个人,它也就完全不谓述人。再如,颜色在身体之中,因此也在一个身体之中,因为如果它不在具体的一个身体之中,它也就完全不在身体之中。所以,其他一切要么谓述主词第一实体要么在主体第一实体之中。第一实体不存在,其他任何一个也就不能存在。"这就表明了其他一切要么对第一实体构成了就其自身的谓述,要么构成了就其属性的谓述,而这也就反过来表明了,第一实体是被其他一切所谓述和间接谓述的,从而它是严格意义上的主词,是终极主词。

现在我们就阐明了在亚里士多德的《范畴篇》中实体作为终极主词的地

位,而一旦我们确立了这一点,那么相应地,实体作为终极主体的地位也就得到了确立。这不仅是因为,对于亚里士多德来说对范畴的分析不仅仅是一种语义学和逻辑学的研究,而且更是一种存在论的研究,从而实体在谓述中的终极主词地位的确立同时也就意味着在存在者中的终极主体地位的确立;而且是因为,既然其他一切存在者都是紧紧围绕着它的,是对它的直接或间接的谓述,也就是说,只是在对它加以表达,那么显然,它就是存在的核心,是存在的真正的主体。这样,随着实体作为终极主词地位的确立,相应地也就确立了它的终极主体的地位。当然,亚里士多德自己实际上也明确地表明了这一点。我们看到,在 3a7-10 中,亚里士多德这样说:"就全部实体而言不在一个主体之中是共同的。因为第一实体既不在一个主体之中也不谓述一个主词;对于第二实体同样明显的是,它们不在一个主体之中。"我们说,这就突出而肯定地强调了实体在存在者整体中的终极主体的地位。

这样,假如说在对实体首先的定义中亚里士多德所确立的不是别的,实际上就是实体作为终极主词和终极主体的地位,那么,这也就等于确立了有关实体的一个基本的原则,这就是主体性原则。也就是说,实体对于亚里士多德来说,假如目前还不能确定它真正的具体承担者,那么现在至少可以确定的就是,实体是主体,主体性是实体能够成立的一个首要原则。这样,实体即主体的主体性原则就是亚里士多德在《范畴篇》中首先确定的。

但是,关于这一点,我们有必要使上述意思更为明确一点。因为,当我们说实体是终极主词、终极主体,特别是当我们说实体是主体时,假如我们说的并不是近代以来由黑格尔所表明的那个著名的主体性原则的话,那么,我们就必须阐明亚里士多德是在什么意义上讲实体即主体的主体性原则的。我们说,在这里的主体乃是存在的主体,或者更为明确地说,是存在者整体中的核心存在者,它并不是作为认识主体的那个主体。而作为存在者整体中的核心存在者,显然,其他一切存在都是围绕着它的,不过是对它的谓述和表达,这样,很显然,相反于作为认识的主体的那个主体,实体作为存在的主体,它所指的是真正的实在,也就是说,在诸存在者中只有它是实在的,而换句话说也就是,它是当之无愧的"在者"。这也就解释了为什么从系动词 eimi 的阴性主格单数分词 ousia 而来的一词成了亚里士多德心目中实体的名称,因为 ousia 不是别的,它在本义上指的就是在者,它是真正的、严格意义上的在者,亚里士多德使用这样一个完全是哲学自己创造出来的词,就是要强调实体的这种特殊的存在意义,表明它是真正的实在。

如此一来,当我们再来看亚里士多德一开始所给出的那个有关实体的定义,他的意思就更加清楚明白了。他的意思是说,在所有的存在者中,只要我们能够确定"那最主要、第一位、最重要而言者",那"既不谓述一个主词也不在一个主体之中",而是其他一切要么谓述它、要么在它之中者,那么我们就等于是确立了一类特殊的存在者,它在存在者整体当中占有优先地位,构成了存在的核心。它不仅是谓述的终极主词,而且是存在的终极主体,它是存在的基础,是真正的存在,而这换句话说也就是,它是"实在",而这样的存在者就被叫作 ousia,亦即实体。所以,亚里士多德的实体理论实际上是实在理论,它所要首先回答和解决的问题就是,什么是真正的、严格意义上的实在,而这样的实在就是实体。

我们看到,正是从实体的这一实在意义出发,在对 ousia 这个词的英文翻译中,有些研究者才主张将它翻译成为 entity 或 reality,即"实在"。但是,这并不表明 substance 这个传统的翻译是错误的。substance 这个词来自于拉丁文 substantia,它是波埃修在翻译亚里士多德的逻辑学著作时所提出的一个翻译,而在此之前,例如在昆图良和塞涅卡那里,则采用的是一个以拉丁语的系动词的词根 es 所构成的词来翻译,即 essentia。① 显然,如果仅就词根构成来看,那么,essentia 和 ousia 恰相对应,用这个词来翻译 ousia 正表明了 ousia 作为"在者"的意思。而 substantia 从词根构成来看,显然和系动词无关,相反,它在词根构成上的本意是指"站在下面的"、"基础者"。这样,substantia 仿佛就是对 ousia 的一个误译。而假如再考虑到人们通常把"站在下面的"、"基础者"这样的意思理解成为载体,也就是 substrate,而这一理解又进一步同物质性的载体亦即质料关联在一起,那么,这个翻译就似乎不仅没有翻译出 ousia 作为"在者"的内涵,而且显然具有明显的误导性质。例如,洛克以来的许多哲学家就是在这样一个错误的立场上来理解"实体"的。但是,这是对为什么要用 substantia 来翻译 ousia 的不理解。实际上波埃修用这

---

① 参见 Joseph Owens, *The Doctrine of Being in the Aristotelian Metaphysics*, 3rd edition, p.141 以下, Pontifical Institute of Mediaeval Studies, 1978。

个拉丁词来指"实体"不是对 ousia 这个词本身的翻译,而是对亚里士多德在对实体的定义中用来界定实体的终极主词和终极主体地位的那个核心术语 hupokeimenon 的翻译。hupokeimenon 从其词根构成来看,本意是"躺在下面的",而这和 substantia 的"站在下面的"恰相对应(同样也与 subject 恰相对应),从而,它同样是指"基础者"。亚里士多德使用这个词来界定实体,并不是想要表明实体是某种物质性的载体,而是要表明实体是谓述关系中的逻辑最终项,是存在者中的基础存在,而这也就是终极主词和终极主体的意思。从而,hupokeimenon 真正的意思是主词和主体,而波埃修用 substantia 来对应地翻译它,也就是要表明实体的这种主词和主体的内涵。因此显然,在这一意义上,substantia 是对 ousia 的一个更为准确的翻译,因为它揭示出了 ousia 的本质,这就是,它是终极主词和终极主体。至于汉语把它翻译成"实体",显然是从实在性的角度着眼的。有些研究者不满意于这个翻译,认为它既没有反映出 ousia 的系动词词根所具有的"是"的内涵,也没有反映出 ousia 作为主词和主体的内涵,从而主张对它重新进行翻译,例如翻译成为"本是"[①]。但是,假如我们综合地来进行考察,那么实在性确实构成了亚里士多德"实体"概念的一个非常重要的内涵,实体正是由于它的严格意义上的实在性才成为了谓述和存在的中心,构成了谓述的主词和存在的主体。从而,从"如无必要,毋增实体"的这一审慎的原则出发,我个人认为,保持"实体"这个汉语词的翻译是明智的,因为它并没有妨碍我们正确地理解亚里士多德的 ousia。至于有些研究者用"本体"这样一个过于泛泛的词来翻译亚里士多德的 ousia,则显然是不着边际的。

现在,我们就明确了实体在存在者中所具有的特殊重要的地位。这就是,它是存在者整体中的核心存在者,所有其他一切存在者要么谓述它要么依存于它,只有它才是真正的实在,它在存在者整体中占有优先的地位。这样,我们就可以说,在亚里士多德对实体作为终极主词和终极主体的地位的阐明中,所向我们确立的也就是实体在存在者中的核心地位原则,而这也就

---

① 见余纪元:〈亚里士多德论 ON〉,《哲学研究》,1995 年第 4 期。

是实体的主体性原则,它表明实体是主体,而这也就是说实体是首要的存在者。①

三

只是在对实体即主体这一首要的原则做了上述的阐明之后,我们才可以进一步来考察亚里士多德在《范畴篇》第 5 章中其他的论述。而在这里首先进入我们关注的视野的就是 3b10 - 24 的这一段话:

> 所有实体看起来都表示这一个(tode ti)。那么,一方面,对于第一实体,这是无可争辩的和真实的,因为它表示这一个;因为所表示的东西是不可分的并在数量上为一;但另一方面,对于第二实体,它仿佛同样在名称的形式上表示这一个,只要有人说人或动物,但这不是真实的,而是它更多地表示某种性质;因为主词不像第一实体那样是一,而是人和动物都谓述许多东西。但它并不单纯地表示某种性质,像白的那样。因为白的不表示别的什么而只表示性质。但种和属却是在划定有关实体的性质;因为它表示某个实体如何。在属上所做的划定比在种上多;因为说动物的人相比于说人的人他包含得更多。

在这里,撇开有关第二实体类似于第一实体仿佛也是在表示"这一个"但实际上不然的论述,引起我们特别关注的就是,亚里士多德在这里针对第一实体明确而着重地指出了,第一实体的一个本质的特征就是,它表示"这一个",并且在后面做了进一步的更明确的说明,即"所表示的东西是不可分

---

① 我相信,我在上面对《范畴篇》中实体即主体的原则所作的论述直接对立于 G. E. L. Owen 1957 年的那篇文章中的观点。在那篇文章中,欧文否认亚里士多德在整个《工具论》中有明确的核心意义的思想,更不用说《范畴篇》了。他这样说:"显然,《范畴篇》没有、也不可能运用这一想法(按:即一个词的次要意义逻辑地附属于其首要意义的想法)来解释次要的范畴如何依赖于首要的范畴。它也没有为那一目的而运用核心意义(2b4-6)。如果核心意义在《范畴篇》中可以被看到,那么它是在对某个范畴的分析中——足够清楚地是在对性质的界定中(5a38-b10),在对'实体'的两种用法的说明中(2b29-37,3b18-21)则疑问多多——而不是在对不同范畴以及'存在'的不同意义的逻辑排序中,后者是《形而上学》第四卷的根基。"(G. E. L. Owen, "Logic and Metaphysics in Some Earlier Works of Aristotle", in G. E. L. Owen, *Logic, Science and Dialectic: Collected Papers in Greek Philosophy*, ed. by Martha Nussbaum, pp.188-189, Gerald Duckworth & Co. Ltd. ,1986)

的并在数量上为一"。

关于亚里士多德对第一实体的这一论述,我们能够得出什么样的具体的判断呢?一个非常流俗的见解就是,亚里士多德在这里通过这段话向我们所展示的是一个有关个体事物的实体观,它与亚里士多德在《形而上学》核心卷中所向我们展示的有关形式的实体观是恰相对立的。我们认为,说亚里士多德在这里向我们明确传达的意旨是第一实体是个体事物,这是正确的,因为,前面"这一个人"、"这一匹马"的举例已经向我们清楚地表明了这一点;但是,说亚里士多德在这里所展示的实体观与《形而上学》核心卷中所展示的实体观是恰相对立的,这却不免有武断之嫌。因为,无论是在这里还是在上面,亚里士多德都没有明确地告诉我们,个体事物是与形式恰相对立的,这个观点与其说是亚里士多德给予我们的,不如说是我们给予亚里士多德的。因为,亚里士多德在这里丝毫没有提到形式,而我们却最经常地认为个体事物是与形式相对的。但是,对于我们最经常容易产生的这一认识,一个直接反驳的证据就是在《形而上学》核心卷中,亚里士多德不仅明确地告诉我们第一实体是形式①,而且还同样明确地告诉我们形式就是"这一个"②。同时,也正是在《形而上学》Z 6 中,亚里士多德核心论证的一个主题就是,形式亦即"是其所是"和个体事物是同一的,"这一个"所指的当然是个体事物,但却是就其本质而言的"这一个",从而,形式就是具体的这一个,它和个体事物是同一的。很显然,一旦我们考虑到这些,要得出在《范畴篇》这里亚里士多德所向我们展示的实体观与在《形而上学》核心卷中亚里士多德所向我们展示的实体观是恰相对立的,就未免是过于轻率的。实际上,在这里,根据亚里士多德针对第一实体所提出的"这一个"和"不可分的并在数量上为一"的界定,我们所能够得出来的唯一审慎而合理的判断就是,亚里士多德在这里所向我们提出的是有关实体的个体性的标准,他要向我们表明:实体,作为终极主词和终极主体,它的一个内在而必然的规定就是它就是它本身,而不再可以被分析为他物,它是自我同一的,是一个单纯而严格

---

① "形式我指每一个东西的是其所是和第一实体。"(1032b2)
② 参考《形而上学》1029a27-33:"因为可分离者和这一个看起来最属于实体。因此,形式和二者的合成物可能相比于质料更是实体。此外,由二者合成的实体,我是指由质料和样式所合成的,应当放弃,因为它是在后的而且明显的";和 1030a3:"因为那是'这一个'者才是'是其所是'。"

意义上的个体。

这样,主体性原则和个体性原则就是亚里士多德在《范畴篇》第 5 章中所首先阐明的两个原则,这两个原则对于亚里士多德的实体理论的价值有多大,这只要看一看《形而上学》集中论述实体的 Z 卷、尤其是其中讨论能够充当实体的几个候选项的 Z 3 就可以明白了。但是在我看来,在第 5 章中,亚里士多德还向我们阐明了有关实体的另外两个原则,这就是自身性原则和持存性原则。

所谓自身性原则就是,实体是仅仅作为自身而存在的,它就是事物本身,从而它既不相对于一个他者而存在,也不超出自身而存在,它就在其自身当中。有关实体的这个原则,亚里士多德是在 3b25-4a9 的两段中阐明的。在那里,亚里士多德告诉我们:(1)"没有任何东西和实体相对立"(3b25),(2)"实体不接受更多和更少"(3b33-34)。对于前者他解释说,没有任何东西能够和一个实体相对立,任何一个实体就是它自身,它没有它的对立物,因此很显然,它也就不是相关于某个他者而存在。关于后者他解释说:"每一个实体正是它所是的这个,而不能说更多和更少"(3b36-37),并且举例说,一个人并不比另一个人更是人,同时,他也并不比自己过去更是人,他就是他本身。这样很显然,正像实体是一个单纯的个体性的存在一样,实体也是一个作为自身而且仅仅作为自身的存在。

而所谓持存性原则就是,实体是变化中的持存者,在变化中,相关于它的其他一切发生变化,但是它本身却保持不变。有关实体的这个原则,亚里士多德是在第 5 章的最后两段、亦即 4a10 以下阐明的。亚里士多德指出:"实体的最大特征看起来就是,在是同一的和数量上为一的同时能够接受相反的东西。"(4a10-11)在后面他举例说:"例如,这一个人,在是一且同一的同时,却这时变成白的那时变成黑的,这时是热的那时是冷的,这时是坏的那时是好的。"(4a19-22)这几句话,尤其是其中的"在是一且同一的同时",就非常清楚地向我们表明了实体是变化中的持存者。它虽然能够通过变化在其自身接受不同的、甚至相反的属性,但是,其自身在这一过程中却始终保持为一且同一。这样,尽管亚里士多德说的是实体的一个最大特征是能够接受相反的东西,但实际上所表明的却是,实体是变化中的持存者,它持存于整个变化过程始终。这样,持存性就是实体的一个根本特征。而假如我们在这里想到康德在《纯粹理性批判》中在有关先验图型的理论当中针对实体范畴所做的分析,那么,持存性毫无疑问就是实体的一个根本特征,而亚里士多德在这里无疑已经对此作了明白的阐述。而在第 5 章的结尾,我们看到,亚里士多德以更为明确的言词这样说:"所以,实体的特征可能就是,在同一和数量上为一的同时能够就其自身的变化接受相反的东西。"(4b16-18)这正是对实体的持存性特质的最明确的揭示。这样,很显然,亚里士多德在《范畴篇》的第 5 章中,除了阐明了有关实体的主体性原则、个体性原则和自身性原则以外,同样非常重要的是,他还阐明了有关实体的持存性原则。

现在,我们就阐明了亚里士多德在《范畴篇》第 5 章中围绕实体所做的最初的原则的阐明,这就是主体性原则、个体性原则、自身性原则和持存性原则。很显然,假如和亚里士多德以后对实体所做的研究相对比,这四个原则中的任何一个都不是相抵触的,相反,它们构成了亚里士多德对实体问题做更深入研究的基础。从而,针对我们一开始所举出的传统的有关《范畴篇》中的实体理论和《形而上学》Z 卷中的实体理论的差异的观点,我所持有的立场和观点就是,它们在根本上是一致的,《范畴篇》中的实体理论构成了《形而上学》Z 卷中实体理论的基础。

附录:
《范畴篇》(第 5 章)

5

(2a11)实体是那最主要、第一位、最重要而言者,它既不谓述一个主词也不在一个主体之中,例如这一个人或这一匹马。第二实体是指(15)那首要被叫做实体的东西所归属于其中的种和这些种的属,例如,这一个人属于人这个种,而这个种的属是动物;因此,它们便被叫做第二实体,例如人和动物。

由上所说,显然,谓述(20)一个主词的东西,必然其名称和定义都谓述这个主词,例如,人谓述主词这一个人,不仅名称谓述,因为你将以人谓述这一个人,而且这个人的定义(25)也将谓述这一个人,因为这一个人是人也是动物。所以,名称和定义都将谓述这个主词。

在一个主体之中的,绝大多数无论其名称还是定义都不谓述这个主体。但有一些(30)不妨碍其名称有时候谓述这个主体,但其定义却不能。例如,在主体身体之中的白谓述这个主体(因为身体被说是白的),但白的定义任何时候都不谓述一个身体。

其他一切要么(35)谓述主词第一实体,要么在主体第一实体之中。这由现成的具体例子是显然的。例如,动物谓述人,因此动物也将谓述这一个人,因为,如果(2b1)它不谓述任何一个人,它也就完全不谓述人。再如,颜色在身体之中,因此也在一个身体之中,因为如果它不在具体的一个身体之中,它也就完全不在身体之中。所以,其他一切要么谓述主词第一(5)实体要么在主体第一实体之中。因此,第一实体不存在,其他任何一个就不能存在。

在第二实体中,种比属更是实体,因为它是最接近第一实体的。因为,如果有人要说明第一实体它是什么,更明白、更贴切的就是指出种(10)而不是指出属。例如,对这一个人进行说明,如果指出人就比指出动物更为明白;因为前者特殊于这一个人,而后者较为普遍。对这一棵树进行说明,指出树就比指出植物更为明白。

(15)再者,第一实体由于是其他一切的主体,其他一切要么谓述它们,要么在它们之中,因此它就尤其被叫做实体。正如第一实体相对于其他一切所具有的关系那样,种也具有和属同样的关系,因为种也是属的主体。(20)因为属谓述种,而种并不反过来谓述属。由此所以,种比属更是实体。

各个种之中凡不是属的,一者不比另一者更是实体。因为你就这一个人(25)指出人并不比就这一匹马指出马说明得更贴切。同样,第一实体中一者并不比另一者更是实体;因为这一个人并不比这一头牛更是实体。

(30)而按道理,在第一实体之后,其他东西中唯有种和属才被叫做第二实体;因为在谓述者中唯有它们表明了第一实体。因为如果有人要指出这一个人是什么,那么,指出种就比指出属更贴切,指出人就比指出动物更令人明白;而其他之中(35)无论一个人可以指出什么,都将是外在地说明,例如指出白的、跑或这一类的任何一个。所以,按道理其他之中唯有这些才被叫做实体。

(3a1)再者,第一实体由于是其他一切的主体才最主要地被称作实体。正如第一实体相对于其他一切所具有的关系那样,第一实体的种和属相对于剩下的一切具有同样的关系;因为剩下的一切也谓述它们。因为你说这一个人是(5)识字的,那么你也将说人和动物是识字的。对于其他也一样。

就全部实体而言不在一个主体之中是共同的。因为第一实体既不在一个主体之中也不谓述一个主词;对于第二实体同样明显的是,(10)它们不在一个主体之中。因为人一方面就主词这一个人进行谓述,但另一方面却不在一个主体之中;因为人不在这一个人之中。同样,动物也一方面谓述主词这一个人,而另一方面动物也不在这一个(15)人之中。再者,在一个主体之中的存在者,没有什么阻止其名称有时候谓述这个主体,而其定义则不能。而第二实体不仅定义谓述这个主词,而且名称也谓述。因为人的定义谓述这一个人,(20)动物的定义也一样。所以,实体不可能属于在一个主体之中者。

这也不专属于实体,而是就连种差也属于不在一个主体之中者。因为陆生的和两足的谓述主词人,但却不在一个主体之中;因为两足的或陆生的不在人之中。而且(25)种差的定义也谓述种差所谓述者,例如,如果陆生的谓述人,那么,就连陆生的定义也谓述人;因为人是陆生的。

不要让实体的部分就像在主体之中一样在整体之中这一点扰乱我们,任何时候我们都不要(30)被迫说它们不属于实体。因为在主体之中者并不这样指作为部分在一个东西之中者。

实体和种差具有这一特征,即,所有东西都被它们同名同义地谓述。因为所有(35)来自它们的谓词要么谓述不可分的东西,要么谓述种。因为来自第一实体的没有一个是谓词;因为它不谓述一个主词。但第二实体中种谓述不可分的东西,而属既谓述种也谓述(3b1)不可分的东西。同样,就连种差也既谓述种也谓述不可分的东西。而且第一实体也接受种的定义和属的定义;因为凡是就谓述者(5)进行谓述的,全部也谓述这个主词。同样,种和不可分的东西也接受种差的定义。但凡是其名称相同、定义也相同的,就是同名同义,所以,一切来自实体和来自种差的都同名同义地谓述。

（10）所有实体看起来都表示这一个(tode ti)。那么,一方面,对于第一实体,这是无可争辩的和真实的,因为它表示这一个;因为所表示的东西是不可分的并在数量上为一;但另一方面,对于第二实体,它仿佛同样(15)在名称的形式上表示这一个,只要有人说人或动物,但这不是真实的,而是它更多地表示某种性质;因为主词不像第一实体那样是一,而是人和动物都谓述许多东西。但它并不单纯地表示某种性质,像白的那样。因为(20)白的不表示别的什么而只表示性质。但种和属却是在划定有关实体的性质;因为它表示某个实体如何。在属上所做的划定比在种上多;因为说动物的人相比于说人的人他包含得更多。

（25）没有任何东西和实体相对立,这也是实体的特征。因为,什么能够和第一实体相对立呢,例如同这一个人或这一个动物?因为没有一个是对立的。也没有任何东西是同人或动物相对立的。但这不专属于实体,而是也适用于其他很多东西,例如适用于数量;因为没有什么是和两腕尺或三腕尺(30)相对立的,也不与十相对立,也不与这类的任何一个相对立,除非有人说多与少相对立,或者大与小相对立。但确定的数量中没有一个和另一个是相对立的。

看起来实体不接受更多和更少。我不是说一个实体不比一个实体(35)更多是实体和更少是实体(因为这已经讲过就是这样),而是说每一个实体正是它所是的这个,而不能说更多和更少。例如,如果这个实体是人,那么它不会更多和更少是人,无论本人和本人相比还是一个人和别的人相比。因为一个人并不比另一个人更多是(4a1)人,就像说一种白比另一种白更多和更少是白,一种美比另一种美更多和更少是美那样。而且自己和自己相比也说更多和更少,例如,是白的身体被说成现在比过去更多是白(5),是热的被说成更多和更少是热的。但实体绝不被说成更多和更少;因为一个人现在并不比过去更多是人,其他东西中只要是实体的也没有一个是如此。所以,实体不能够接受更多和更少。

（10）实体的最大特征看起来就是,在是同一的和数量上为一的同时能够接受相反的东西,例如,对于其他凡不是实体的东西,一个人并不能把在数量上是一而可以接受相反的东西这一点运用于其上,例如颜色,它在数量上是一且同一,就不(15)会既是白的也是黑的,同一个行为且在数量上为一,也不会既是坏的又是好的;对于其他凡不是实体的亦然。但实体在数量上为一且同一的同时却能够接受相反的东西,例如,这一个人,(20)在是一且同一的同时,却这时变成白的那时变成黑的,这时是热的那时是冷的,这时是坏的那时是好的。在别的任何一件事情上都不会表现出这样,除非有人要举出话语和意见,说它们能够接受相反的东西。因为同一句话看起来既是真的也是假的,(25)例如,如果某人坐着这句话是真的,那么,当他站起来,这同一句话就是假的。对于意见亦然;因为如果一个人以为某人坐着是真的,那么当这个人站起来,他以为的就是假的,如果他对这个人持有同样的意见的话。即使有人连这个也承认,但是,它在方式上却是有区别的。因为对于实体,(30)同一个东西变化后才接受相反的东西;因为它从热变成冷(因为它改变了),从白变成黑,从坏变成好。对于其他亦然,它们每一个通过接受变化才接受相反的东西。但是话语和意见自身(35)在各个方面绝对保持不动,而是当事情变动了,关于它们的相反的东西才产生。因为某人坐着这句话保持同一,(4b1)而随着事情被变动,有时它说得真有时它说得假。对于意见亦然。所以,在方式上实体的特征可能就是,在自身的变化上能够接受相反的东西。

如果有人连这也要承认,即话语和(5)意见能够接受相反的东西,那么,这就不是真的。因为话语和意见不是由于自身接受某个相反的东西被说成能够接受,而是由于有关别的某个东西有所遭受。因为由于事情要么存在要么不存在,由此话语才被说成或者是真的或者是假的,(10)而不是由于本身能够接受相反的东西。因为简言之,无论话语还是意见都绝不会被任何东西所变动,这样,由于在自身没有任何遭受发生,它就不可能接受相反的东西。但实体由于本身接受相反的东西,由此就被说成能够接受相反的东西;因为它接受疾病和健康(15),白色和黑色;这类的每一个由于本身接受相反的东西才被说成能够接受。所以,实体的特征可能就是,在是同一和数量上为一的同时能够就其自身的变化接受相反的东西。因此,关于实体就说这么多。

(译者:聂敏里)

宗教能否使人得救?
——对斯宾诺莎宗教得救学说的一个探讨

黄启祥[*]

提　要：关于斯宾诺莎的宗教得救学说历来众说纷纭，争论不已。在这个问题上有两种大致相反的观点：有的学者认为斯宾诺莎相信宗教能够使人得救，并将这种主张建立在先知的权威之上；有的学者则认为斯宾诺莎主张幸福或得救在于对神的理智的爱，他并不真正主张宗教能够使人得救。本文从〈斯宾诺莎是否对他的房东撒谎?〉一文着手，通过分析斯宾诺莎的著作，得出这样的结论，即：斯宾诺莎提出了宗教能够使人得救的观点，但是他讲的宗教并不是他的批评者们所说的宗教；他也确实主张宗教是得救之路，但是这种得救并不基于先知的权威。

关键词：斯宾诺莎　普遍宗教　得救

引　言

罗素在他的《西方哲学史》中说："斯宾诺莎是伟大哲学家当中人格最高尚、性情最温厚可亲的。按才智讲，有些人超越了他，但是在道德方面，他是至高无上的。"[①]可是，J.托马斯·库克（J. Thomas Cook）在他的〈斯宾诺莎

---

[*] 黄启祥，1968年7月，北京大学博士，山东大学犹太教与跨宗教研究中心副教授。

[①] 罗素：《西方哲学史》下卷，马元德译，北京：商务印书馆，1996年，第92页。

是否对他的房东撒谎?〉①一文中,通过引用和分析约翰尼斯·卡勒卢斯(Johannes Colerus)撰写的斯宾诺莎传记中的一段话,却认为斯宾诺莎对他的房东撒谎。库克所引的那段话如下:

> 一天,他的房东问他,他是否相信她能够在自己信仰的宗教中得救?他回答说:"你的宗教是好宗教,你不需寻找别的宗教,也不用怀疑你可以在这个宗教中得救,只要你心怀虔诚,同时过着和平与安宁的生活。"②

库克认为,斯宾诺莎使他的房东相信她能够得救,但是实际上斯宾诺莎并不认为她能够得救,不仅不能在她所理解的得救的含义上得救,也不能在斯宾诺莎所理解的"得救"的最重要的意义上得救。因此,斯宾诺莎对他的房东撒了谎。库克说斯宾诺莎的话模棱两可:他说的是这回事,但他清楚地知道他的房东会理解成另一回事。库克还说这种模棱两可的表述不仅表现在斯宾诺莎与其房东的谈话中,还体现在《神学政治论》中对于启示宗教的全部论述中。也就是说,在库克看来,在宗教能否使人得救问题上,斯宾诺莎不仅欺骗了房东,而且欺骗了所有的人。"甚至当斯宾诺莎看似破坏《圣经》的根基——传统上认为它们为人们信仰那些宗教提供了主要保证——的时候,也赞扬启示宗教(尤其是基督教)。谨慎地表达肯定与小心地保留否定彼此相随,给一些读者留下矛盾、混乱或者逃避的印象。评论家们指责他天真幼稚、佯作无知和撒谎成癖。"③

可以看出,不仅是库克,还有别的一些学者也对斯宾诺莎的宗教学说持有类似的批评,这些批评不只针对斯宾诺莎的宗教得救学说,而且也针对他关于启示宗教的整个理论。因此,这里的问题就不只是关乎斯宾诺莎的名誉问题,更关系到如何理解斯宾诺莎关于宗教的基本观点。无论从哪一方面看,都有必要作一番认真的考察。

要对斯宾诺莎的整个宗教学说做一个全面的分析,显然是一个大题目,

---

① J. Thomas Cook, "Did Spinoza Lie to His Landlady?", *Piety, Peace, and the Freedom to Philosophize*, ed. by Paul J. Bagley, Boston: Kluwer Academic Publishers, 1999, pp. 209-231.

② Ibid., p.209. 这段话出自 Johannes Colerus, *The Life of Benedict Spinoza*, The Hague: Martinus Nijhoff, 1906, p.41。

③ Ibid., pp.210-211.

不是这篇文章所能容纳的。但是,斯宾诺莎的宗教得救学说与他关于启示宗教的学说是密不可分的,要讨论他的宗教得救学说,必定牵涉到他关于启示宗教的一般理论。本文主要针对 J. 托马斯·库克等学者对斯宾诺莎的批评,探讨斯宾诺莎所说的宗教得救的含义是什么,他的宗教得救观可否接受,以及他给房东允诺的是否宗教意义上的得救。本文希望通过这种探讨,一方面澄清斯宾诺莎的宗教得救学说以及他关于启示宗教的基本观点,另一方面对斯宾诺莎是否对房东撒谎的问题做出判断。

一 宗教得救的含义

库克对于斯宾诺莎说谎的论证大致如下:1)房东心中所想的得救(即宗教仪式的得救),斯宾诺莎不认为是得救,所以,斯宾诺莎答应房东的得救不是这种得救。2)对神的理智的爱是斯宾诺莎所说的得救,并且是唯一的得救。3)房东的智力不足以达到对神的理智的爱,因此,斯宾诺莎答应房东的得救不是这种得救。4)是不是还有通往得救的其他道路呢?斯宾诺莎在《神学政治论》中谈到通过爱邻如己以服从神而得救。这是一种宗教的得救。但是,库克认为这只是先知与使徒的观点。斯宾诺莎没有以理性的方式证明宗教的基础即服从神能使人得救,他并不真的相信通过宗教能使人得救。所以,斯宾诺莎答应房东的得救不是《神学政治论》中所说的宗教的得救。5)那么斯宾诺莎对房东应诺的得救是什么意思呢?库克认为那只是一种暂时的幸福,而不是《神学政治论》中谈到的通过宗教达到的得救。库克最后得出结论,斯宾诺莎所真正主张的得救只是对神的理智的爱,此外再无得救之路,而房东不能获得对神的理智的爱,因此斯宾诺莎对房东说她能在自己的宗教中得救是对房东说谎,尽管是出于善意。

在所有研究斯宾诺莎的学者中,有一点是毫无异议的,那就是:在斯宾诺莎看来,幸福或得救[①]在于对神的知识和爱,也就是说,通过对事物的本质

---

① 斯宾诺莎在其著作的许多地方将幸福和得救在同一个意义上来使用,例如"真正的得救与幸福在于心灵的和平"(Spinoza, Complete Works, p.467),"把天命(神佑)信奉为法或者命令足以使人幸福或得救"(Ibid., p.580)等。

的认识所达到的对神的理智的爱才是幸福或得救。这种观点无论是在《伦理学》还是在《神学政治论》中都很清楚。斯宾诺莎的房东能否达到对神的理智的爱呢？库克说她的智力不足以使她获得这种得救。可到底怎样的智力才能获得这种得救呢？库克并未讲清楚。实际上，斯宾诺莎既未明确肯定也未明确否认房东能获得这种得救。可是另一方面，即使她能够获得谈话中提及的得救，它与我们要讨论的问题似乎也不相干，因为斯宾诺莎和房东之间的对话并未涉及理智的爱。斯宾诺莎这里所说的得救是通过心怀虔诚并过一种和平与安宁的生活来实现的，而不是通过对于事物本质的认识达到的。这里真正的问题在于房东所问的和斯宾诺莎所答的，即她能否通过自己的宗教而得救？房东心中所想的得救，斯宾诺莎在《神学政治论》中所说的得救，以及库克所构想出来的暂时的得救，都系于对于这个问答的理解。这个意思清楚了，相关问题也就迎刃而解了，房东能否得救以及斯宾诺莎是否说谎的疑问也就有了答案。

要弄清在斯宾诺莎看来房东是否能够得救，我们先来看斯宾诺莎是否提出了宗教能使人得救的观点？它的含义是什么？

斯宾诺莎在《神学政治论》第五章最后一段明确地说："如果一个人富有慈爱、喜悦、安宁、耐心、善意、善良、忠诚、亲切、自制……无论他是只为理性所教导还是只为《圣经》所教导，他都是真正为神所教导，都十分地幸福。"在《神学政治论》的另一处他也表达了同样的观点。[①] 很清楚，斯宾诺莎认为每个人都可以通过《圣经》认识并实践神的教导即普遍的道德法则而达到幸福或得救，并且这种得救与通过理性认识并实践普遍的道德法则所达到的得救，都是完全的幸福或得救。如果我们承认通过理性认识并实践神的道德教导能够得救，那么我们就不能否认通过《圣经》认识和实践神的道德教导能够得救。因此，为了确定宗教在他看来能否使人得救，我们只须看通过理性认识并实践神的道德教导对于他来讲是不是得救。

斯宾诺莎在《神学政治论》第一章提到，理性一方面可以让我们获得关于神和事物的本质的知识，另一方面也可以指导我们的生活。"我们的心灵——由于这样一个事实即它客观地包含神的本质于自身之内，并分有神

---

① Spinoza, *Complete Works*, trans. by Samuel Shirley, Hackett Publishing Company, Inc., 2002, p.442.

的本质——有能力形成确定的概念,以解释事物的本质,并教导我们如何指导我们的生活。"①他还引用《圣经》中保罗的话来佐证这一观点:"每一个人都可以通过自然之光清楚地理解神的力量和永恒的神性,由此他能够知道并推论出应该追求什么和规避什么。"②这清楚表明斯宾诺莎认为通过理智可以实现两种幸福或得救,一种是对神的理智的爱,一种是过一种真正的生活。这后一种意义上的得救,与《神学政治论》第五章最后一段所说的得救是一致的。也就是说,它既可以通过理性来获得也可以通过宗教来获得。

从斯宾诺莎对房东的回答中也可以看到他对宗教得救的看法,因为他直截了当地告诉房东她能够在自己的宗教中得救。可见无论是在著作中还是在生活中,斯宾诺莎都明确告诉人们,宗教能够使人得救。

斯宾诺莎说房东能够在自己的宗教中得救。房东所在的教会属于路德教,那么斯宾诺莎这里是否说路德教能使得房东得救呢?

库克认为,房东的宗教就是她所信仰的路德教。路德教很看重传统的圣事,而斯宾诺莎认为这些仪式丝毫无助于幸福,没有任何神圣之处。路德教相信耶稣真的死而复生,斯宾诺莎则不相信。并且,路德教赋予神与人类似的心理状态,把神的律法看成类似于人间帝王的法令,在斯宾诺莎看来,这不仅是错误的,且容易把遵守神的律法的行为变成繁重的负担,而不是主动的自由的自我表达。房东所关心的得救主要是免于诅咒,即免于因罪而在来世受到惩罚,而斯宾诺莎并不相信来世的惩罚,也不相信像法官一样进行审判和施加刑罚的神。斯宾诺莎保证房东的宗教能使其得救,但是这个保证却与路德教的信条和实践并不相符。所以,斯宾诺莎并不真正认为房东所信仰的宗教能使她得救。

库克的解释有一半是正确的。斯宾诺莎确实不认为路德教会的机构和仪式能够使人得救,不仅如此,在他看来,所有的宗教机构和仪式本身都不能使人幸福或得救。但是我们能否由此得出结论说,斯宾诺莎并不真正认为房东可以在其宗教中得救?或者他不认为任何宗教能够使人得救?

这里有一个重要问题,库克应该解释清楚,但是他由于被自己所想得出

---

① Spinoza, *Complete Works*, trans. by Samuel Shirley, Hackett Publishing Company, Inc., 2002, p.395.
② Ibid, p.434.

的结论牵着走而忽视了这个问题。这就是为什么斯宾诺莎一方面断然否认制度化的宗教机构和仪式能够使人得救,另一方面又明确肯定宗教能够使人得救?这里存在着自相矛盾吗?难道只有断定斯宾诺莎撒谎才能解释这个现象吗?不能使人得救的宗教机构和仪式与斯宾诺莎所说的使人得救的宗教究竟是什么关系?解决好这些问题是理解斯宾诺莎的宗教得救观的关键,从而也是理解他与房东对话的关键。

根据库克的解释,房东所信仰的宗教是路德教,路德教注重传统的基督教的仪式,其所关心的得救是来世的幸福和免于诅咒。这就是房东所信仰的宗教的全部。但是,从斯宾诺莎对房东的回答以及他在《神学政治论》中的表述来看,事情显然并非如此。

在斯宾诺莎看来,宗教机构和仪式与宗教本身并不是一回事。宗教机构和仪式不是真正的宗教,而是宗教的异化所产生的外在附属物。对宗教机构和仪式的信仰并不能给人带来任何幸福。因此,斯宾诺莎并不把房东所加入的路德教会及其仪式看成宗教本身,而只是视其为宗教的外在形式,因而他也不会像库克那样把它们看成房东所信仰的宗教的全部。如果能使人得救的不是组织化的宗教即作为宗教机构和宗教仪式的教会,那么,房东能够在其中得救的宗教是什么呢?如何理解斯宾诺莎肯定房东能够在自己的宗教中得救呢?

根据斯宾诺莎,使人得救的是真正宗教即神的道,"神的道,我们可以恰当地将它理解为真正的宗教"①。神的道也就是神的普遍律法或者普遍的道德法则。整个《圣经》的目的是教导人们服从神,强调通过服从而得救,"虔诚和得救只是因为人的服从,因此唯有服从者才能得救"②。而服从神就是服从神的普遍律法,也就是实践正义与慈爱,过一种真正的生活。"真正的生活方式不是宗教仪式,而是慈爱和真正的心灵"③,也就是爱邻如己,"整个律法只在于爱邻如己。因此,没有人否认那根据神的命令爱邻如己的人是真正服从的人,也就是根据神的律法是幸福的人,而那些不尊敬其邻居的人

---

① Spinoza, *Complete Works*, p. 507.
② Ibid.
③ Ibid., p. 506.

是顽固的叛逆"①。

服从神就能得救。斯宾诺莎认为这个命令自身是神学的基础或者基本原则,也是整个信仰的唯一标准。一个人是否拥有真正的宗教就看他是否认识并实践这个命令。一个人是否有信仰或者信仰是否虔诚,就看他的信仰是否符合这个命令。所以,一个拥有真正宗教的人不一定供奉宗教机构和仪式,进入教堂并不等于信仰虔诚。

这并不只是斯宾诺莎独有的观点。霍布斯也有与此类似的看法,但他的表述比较明显地保留了基督教的痕迹。霍布斯认为,"得救所必需的一切都包含在信基督和服从神律这两种美德之中"。服从神律就是爱神和爱邻如己,也就是实践正义和慈爱,"服从有时称为友爱和爱","有时服从也用正义这一名词来表示","我们对上帝的爱和彼此的爱是全部神律的体现"。"不论任何人,只要他……尽心尽意地爱上帝而又爱人如己,便具有被接纳进入天国的一切必要的条件。"②关于斯宾诺莎所说的普遍宗教,谭鑫田教授指出,这"是对犹太教和基督教的伦理道德观念的改造"③。的确如此,但是斯宾诺莎认为这不仅仅是犹太教或基督教的律法或道德法则,而且是普遍的律法或道德法则。他认为即便是在不信仰基督教或犹太教的国家,甚至在没有教会的国家,这个律法或法则也都适用。

从以上的讨论可知,库克把具有某种特殊仪式的路德教理解为房东所信仰的宗教的全部。他所理解的房东的宗教,斯宾诺莎并不认为是真正的宗教,当然也就不是能够使人得救的宗教。斯宾诺莎肯定房东能够在自己的宗教中得救似乎应该这样解释:他了解房东所信仰的路德教的机构与仪式,也了解房东本人。他知道房东除了奉行宗教仪式,还过着一种真正的生活即通过爱邻如己而服从神。也就是说,在斯宾诺莎看来,他的房东的宗教包含着两个部分,除了人们通常所说的传统的宗教,还有真正的宗教。只有在这个真正的宗教中,包括房东在内的所有人才能得救。

至此,我们阐明了斯宾诺莎确实提出宗教能使人得救的观点以及这种

---

① Spinoza, *Complete Works*, p.515.
② 霍布斯:《利维坦》,黎思复、黎廷弼译、杨昌裕校,北京:商务印书馆,1985年,第474、475页。
③ 谭鑫田:《知识·心灵·幸福:斯宾诺莎哲学思想研究》,北京:中国人民大学出版社,2008年,第308页。

观点的含义。不能清晰地区分斯宾诺莎关于宗教的两种表述或者混淆它们的含义,是认为斯宾诺莎启示宗教学说和宗教得救学说前后不一和模糊不清的根源。库克把宗教机构和仪式等同于宗教本身,进而把斯宾诺莎所说的宗教仪式不能使人得救理解成宗教不能使人得救。这是他难以理解斯宾诺莎说房东能够得救的重要原因。

既然斯宾诺莎确实提出了宗教能够使人得救的观点,他的房东是否能够通过宗教得救的问题似乎解决了,但是这样一种观点是否可以接受呢?

二 神学的基础是否可以接受?

斯宾诺莎是否真正相信通过宗教的服从就能得救? 在这个问题上,学者们的分歧很大。有的学者认为知识得救观是斯宾诺莎的真实观点,通过宗教的服从而得救的说法,只是斯宾诺莎为宗教信徒提供的安慰剂。另一种观点认为,斯宾诺莎对后一种观点的表述是真实的,但认为他把这个观点建立在先知见证的基础上。库克基本上同意前一种看法。他认为"斯宾诺莎并不相信通过宗教自身能使人得救"[1]。他说即使我们承认斯宾诺莎提出了宗教得救学说,它也内在地不可靠,因为斯宾诺莎并没有为这个学说提供令人信服的理性证明,先知的见证不能作为这个观点的可靠论证,因而它在斯宾诺莎的思想体系中是不能成立的。

库克进一步认为,斯宾诺莎不能为其宗教得救学说提供合法的证明是他的计划必然要导致的结果。斯宾诺莎说,他的《神学政治论》的主要目的是区分哲学与神学或者理性与宗教,以捍卫哲学思考的自由和言论自由。他把哲学与神学看成两个不同的领域,它们的基础和目的各不相同。哲学的目的是真理,而信仰的目的是服从和虔诚。这种区分的结果是,理性不能在神学的基础上证明宗教的基本原则即人们仅仅通过服从就能得救。另一方面,神学自身也不能证明这个重要真理,因为真理的证明并不属于神学的合法范围。

斯宾诺莎自己非常清楚地意识到了这个问题:"既然理性不能证明神学

---

[1] "Did Spinoza Lie to His Landlady?", p. 212.

的基本原则——人只通过服从就能得救——是真是假,别人会问:为什么我们要相信它呢?"不包含任何知识的服从与盲从和迷信何异吗?对此他回答说:"我无条件地承认自然之光不能发现神学的这个基本信条……但是在接受至少具有道德确定性的启示之前,我们可以运用我们的判断。"①他的这个直接简单的回答一方面肯定了神学对于哲学的独立性,另一方面也肯定了启示的确定性。但是它过于简略,容易使人心生疑惑:一方面说我们不能通过理性证明发现它,同时又说我们能运用理性进行判断,这似乎自相矛盾。对于这不能进行理性证明的启示,我们如何运用理性进行判断和接受呢?它的确定性由何而来?斯宾诺莎没有直接回答这些问题,这使得一些学者认为,斯宾诺莎并不真正主张神学的基本原则可以被合理地接受。提奥·费尔贝克就认为,"斯宾诺莎这里使用'道德确定性'的目的似乎是用来替代权威概念"②,即避免使人以为他主张神学的基本信条建立在权威之上。

在库克看来,由于斯宾诺莎不能以数学式的理性证明来确立神学基本原则的真理性,他只好提出另外两种理由来支持这个原则,这就是实用效果和归纳论证。由于神学基本原则的实际效果与其真理性之间并没有必然联系,因此,第一个理由是无效的。这样,就只剩下归纳论证一条路了。可是,斯宾诺莎本人并未运用归纳方法论证神学基本原则的真理性,于是,库克就为斯宾诺莎构造了这样一个论证。他认为斯宾诺莎把神学基本原则的真理性建立在先知见证的基础上,即人们通过归纳先知的别的道德说教与理性一致而相信先知,确立先知的权威和真诚,进而相信先知所称赞的宗教的基本原则。这样得出的结论,就像库克所说的,当然没有什么必然性,而只有或然性,因此也就不能证明神学基本原则的真理性和可接受性。

如果像库克所说的那样,宗教基础的合理性是通过归纳来得到证明的,那么,最初实践这个原则的先知是没有经验可归纳的,他们关于启示的信念建立在什么之上呢?有什么合理性呢?是偶然的轻信和盲从吗?但是先知对于普遍宗教的服从是以持久和恒常为标志的,并不是随意的偶然行为。因此,这里面必定包含着真正清楚的认识,因为在斯宾诺莎看来,持久与恒

---

① Spinoza, *Complete Works*, p. 524.
② Theo Verbeek, *Spinoza's Theologico-political Treatise*, Hampshire: Ashgate Publishing Limited, 2003, p. 80.

常的虔敬是来自清楚分明的知识的,否则人们的心灵就会在希望与恐惧之间摇摆不定。另一方面,如果人们的理性不是已经认识了先知的道德教导,怎么会知道它们与理性一致呢？因此,即使根据库克的论证,我们对神学基本原则的认识也不可能是建立在先知的见证之上的。况且根据斯宾诺莎,别的道德教导是从这个基本道德原则推出来的,如果不是已经认识了这个基本道德原则,又怎么能认识别的道德教导？

实际上,与库克用先知的权威证明宗教基本原则的真理性——即我们是因为先知的权威才相信宗教的基本原则——相反,斯宾诺莎认为人们是因为先知教导的普遍宗教原则而信任先知,他是用宗教基本原则的确定性来断定先知的虔诚和权威的,即恰恰因为先知教导真正的宗教原则,我们才相信先知。不是因为先知是真诚的,才使得服从和得救成为可信的,而是因为他们教导服从和得救,他们才是真诚的。库克颠倒了斯宾诺莎的论证,在斯宾诺莎那里作为前提起作用的原则在库克这里成了要推出的结论。

如果对神的服从不是盲从,它必定已经包含着对于宗教基础的清楚认识了。如果宗教基本原则是断定先知的标准,那么它的确定性必定是预先为人所领会了。这正是斯宾诺莎所表明的观点,也是他与霍布斯的不同之处,霍布斯认为,"基督徒不是知道、而只是相信《圣经》是上帝的话"①。根据斯宾诺莎,对神的服从是以关于神的一些基本知识为基础的。首先需要认识普遍的信条或者整个《圣经》的基本原则,即"有一个至高的存在,他爱正义与慈爱；任何一个人如果要得救,都必须通过施予邻人正义与慈爱来服从和敬拜神"②。其次是关于神的七条知识。③ 如果没有这些知识,服从则根本不可能。

但是,《圣经》中的这些知识毕竟不是以数学的方式来证明的,而且即使它们能够以这样的方式得到理性证明,大众也既没有能力也没有时间在哲学的基础上对之进行证明,那么对它们的认识如何可能呢？这里的重要问题是,数学式的理性证明是否理性认识的唯一形式？如果不能进行数学式

---

① 霍布斯:《利维坦》,黎思复、黎廷弼译,杨昌裕校,北京:商务印书馆,1985年,第478页。
② Spinoza, *Complete Works*, p. 517.
③ Ibid., pp. 517-518.

的理性证明是否就意味着不可认识？在它之外是否还有另外一种理性认识方式？

关于"可认识的事物"(things comprehensible)，斯宾诺莎说："我把可认识的事物理解为不仅指那些被合理地证明的事物，也指那些虽然不能以任何形式加以证明，但通常具有道德确定性的东西和听闻之后而不疑惑的事物。任何人在证明欧几里得的命题之前都认识它。所以，人类的信仰、法律、制度和习俗所及的将来与过去的事物，即使它们不能以数学的形式被证明，我也称之为可理解的和清晰的。"①就是说，斯宾诺莎并不认为只能以数学方式证明的才是可认识的。从我们前面所引用的一段话中也能推出这一点。他说："我无条件地承认自然之光不能认识神学的这个基本信条……但是在接受至少具有道德确定性的启示之前，我们可以运用我们的判断。"②这里一方面断言我们不能运用数学式的理性方式发现神学的基本信条，但同时也肯定我们能够认识和接受这信条。这就表明我们认识和接受具有道德确定性的启示不需要数学式的理性证明，也就是说，在数学式的理性证明之外还有一种认识具有道德确定性的启示的理性。

根据斯宾诺莎，人们不仅具有认识真正宗教的理性能力，而且真正的宗教已由神刻在人们的心中。"无论理性自身还是先知与使徒的话都清楚地表明，神的永恒的道，他的圣约和真正的宗教，都由神刻在人类的心中即人类的心灵中，这是真正宗教的原本，他将自己的印章即他的观念作为他的神圣的形象盖在了它上面。"③人们以自己的理性能力认识神刻在自己心中的真正的宗教，是很自然的没有什么困难的事情。再者，真正的宗教是普遍的，《圣经》不是只为智慧的人，而是为所有的人，包括各个年龄和种类的人而写的。因此，这些知识必定很简单，它们本质上就是可领会的，"就《圣经》中的道德教导而言，我们能够根据已有的《圣经》的历史，毫不费力地把握住它的意图，并且能够确定它的真正含义。因为真正虔诚的教导是以最为人熟悉的语言来表达的，它们非常平常，非常简单易懂"④。"所有为服从所必需的

---

① Spinoza, *Complete Works*, p.466.
② Ibid., p.524.
③ Ibid., p.504.
④ Ibid., p.467.

东西在任何语言中都能够很容易地为今天的人们所认识,尽管他们不知道其中的原因。"①而且"无论多么迟钝的人都能认识"②。由此可知,每一个人都能认识宗教的基本原则。③

这种并非数学式证明的认识,也是一种理性认识,我们可称之为理性的直观④,它是一种前概念证明的获得清楚知识的方式。斯宾诺莎虽然没有明确地称呼但实际上提出了两种理性认识,即通过定义和概念所进行的数学式的理性证明和建立在天赋知识的基础之上的理性直观。前者将哲学与神学区别开来,而后者是斯宾诺莎的宗教得救学说得以立足的关键。神学的基础虽然并不建立在哲学的共同概念之上,但每个人都可通过自己的理性来认识。人们对于宗教基本原则的真正服从或虔诚并不是盲从和迷信,仍是建立在清楚的认识之上的。

由此我们清楚了,当斯宾诺莎说"人们不需理解任何事物,只通过服从就能得救"⑤时,我们一定要根据他说话的具体语境来理解,他实际上是说不需要数学式的理性证明。根据斯宾诺莎,得救或幸福在于对神的认识和爱,而对神的服从也是拥有神的知识和爱。正像他在一封信中所说:"善良的人服从神,并由于他们持续的服从而愈益圆满和爱神。"⑥

现在我们可以理解斯宾诺莎的这句话了:"即使我们不能以数学的方式

---

① Spinoza, *Complete Works*, p.469.
② Ibid., p.510.
③ 既然《圣经》中的普遍道德教导是与理性一致的,又是所有人都能认识的,那么为什么房东还心怀疑惑,而向斯宾诺莎请教呢? 其实,不仅斯宾诺莎的房东,正如斯宾诺莎在《神学政治论》中所说的,古代的犹太人也没有认识到它。既然《圣经》中的普遍教导是每一个人都能认识的,为什么还有许多人认识不到呢? 斯宾诺莎把这归结为人的懒散。对于这样一种解释,我想会有许多人表示不同意。
④ 我这里所说的"理性的直观"的宗教认识方式,与斯宾诺莎在《伦理学》中讲的直观或第三种认识方式是不同的。《伦理学》中所讲的直观或第三种认识方式是指,"由神的某一属性的形式本质的正确观念出发,进而达到对事物本质的正确认识"(见《伦理学》第二部分命题 40 附释二,第五部分命题二十五证明)。它们之间至少有三个重要区别:其一,第三种知识包含着对神的某一属性的真理性认识,而作为宗教认识方式的理性的直观则不一定包含着对神的属性的真理性认识;其二,"依据第三种知识来理解事物的努力或愿望不能起于第一种知识,而只能起于第二种知识"(《伦理学》第五部分命题二十八)。而作为宗教认识方式的理性的直观则不一定起于第二种知识,而且对大多数人而言,不会是起于第二种知识。其三,从第三种知识产生的是对神的理智的爱,而由作为宗教认识方式的理性的直观所达到的是对神的信仰或服从。——这个说明是因张祥龙教授的建议而做出的。
⑤ Spinoza, *Complete Works*, p.523.
⑥ Ibid., p.823.

证明神学和《圣经》的整个基础,我们仍然能够以健全的判断来接受。"因为人人都有理性,并且能够认识到为服从和得救所必需的知识,从而拥有判断的标准。健全的判断并不意味着数学式的证明这一种方式。

神学的基础虽然不能在《圣经》的基础上以数学的方式进行证明,但是也不与理性相矛盾,而且神学所要教导的普遍律法与理性是一致的。它为大众指出了另一条得救之路,这条已经为实践普遍地证明了的道路是哲学不能提供的。所以,斯宾诺莎说:"即使整个神学和《圣经》的这个基础不能以数学证明的方式来证明,我们仍然能够以健全的判断来接受它。因为如果不愿意接受已为众多先知的见证所证实的、并且是理智较弱者获得安慰的主要源泉的东西、同时也是对国家有许多益处的、并且我们可以绝无危险和绝无危害地加以相信的东西,那确实是无知。"①

三 虔诚与和平的生活是不是得救?

我们已经表明,斯宾诺莎不但提出宗教能够使人得救,而且我们能够以健全的判断来接受这个观点。因此,如果他的房东不能通过对神的理智的爱而得救,她可以通过爱邻如己以服从神而得救。至此,关于斯宾诺莎的房东是否能够在自己的宗教中得救以及斯宾诺莎是否对房东撒谎的问题应该解决了。但是,还有一个问题使我们尚不能就此得出结论,这就是斯宾诺莎虽然告诉房东她能够在自己的宗教中得救,可是他具体允诺的得救似乎并不是宗教的得救,因为斯宾诺莎并没有说"只要你通过爱邻如己来服从神就能得救",而是说"你可以在这个宗教中得救,只要你心怀虔敬,同时过着和平与安宁的生活"。

"通过爱邻如己来服从神"与"心怀虔敬,同时过着和平与安宁的生活"这两种说法是什么关系呢?它们是不是同一个意思?如果它们只是同一个思想的两种不同表述,那么斯宾诺莎肯定房东在宗教中得救就没有任何问题了,否则,会让人感到前后不一。

对于上面斯宾诺莎的两种表述,库克的解释倒有些前后不一致,他一方

---

① Spinoza, *Complete Works*, p.525.

面说,后者不是前者,但可以看成是前者的缩小版。如果是这样的话,那就基本上承认了斯宾诺莎是说房东可以通过宗教而得救。另一方面他又把斯宾诺莎对房东的回答分成三部分:(1)对房东宗教的肯定评价;(2)允诺房东能在其宗教中得救;(3)她的得救所需要的额外的(行为)条件。根据他的这种看法,心怀虔诚并过一种和平的生活不是得救,只是达到得救的一个额外条件,甚至也不是达到真正得救的条件,而只是达到"暂时有限的"(temporally circumscribed)的得救的条件。因为通过这些行为条件所达到的是"避免令人不安的公众争吵和私人冲突,以免引起恐惧和仇恨",从而"避免人生的某些最大的痛苦和不幸"。① 根据这个理解,斯宾诺莎所允诺的房东的得救只是为了规避人生的大恶而采取的生活方式,它只能带来暂时有限的幸福。这当然不是斯宾诺莎所说的宗教的得救即由于认识到神为最高的善而爱神,而更像是斯宾诺莎所说的奴役即由于惧怕恶或惩罚而为善。按照这个理解,斯宾诺莎并没有承认房东可以通过宗教而得救。

我们来看斯宾诺莎对虔诚的表述。"所谓神圣的东西即是以虔诚和宗教的实践为目的的"②,"信仰之为虔诚和得救只是由于人的服从"③,"一个人是否虔诚地相信某个东西只看他的意见使得他服从还是使得他趋向罪与叛逆"④。但是每个人是服从还是趋向罪与叛逆,"必须通过他的善行(works)来判断"⑤。我们只能"通过善行即实践慈爱和正义,来界定虔诚与宗教实践"⑥。"神从来不欺骗虔诚者。"⑦"神把虔诚者作为他的虔诚的工具,把不虔诚者作为他的愤怒的执行者和手段。"⑧他还说不虔诚即"不相信有一个神,他为万物和人提供一切"⑨,由此,虔诚者必定相信:有一个神,他为万物和人提供一切。

---

① "Did Spinoza Lie to His Landlady?", p. 228.
② Spinoza, *Complete Works*, p. 505.
③ Ibid., p. 518.
④ Ibid., p. 514.
⑤ Ibid., p. 525.
⑥ Ibid., p. 555.
⑦ Ibid., p. 406.
⑧ Ibid.
⑨ Ibid., p. 442.

综合斯宾诺莎关于虔诚的各种表述,我们可以将虔诚的含义概括为:虔诚意味着相信有一个神,他为万物和人提供一切;虔诚意味着服从神的基本法则,即爱神并实践正义与慈爱。因此,一个虔诚的人即是一个信奉普遍宗教的人,从而也是一个能够通过宗教而得救的人。

关于和平的生活,《神学政治论》中常将"幸福"和"心灵的和平"在同一个意义上来使用,有时也将它们放在一起使用。例如,"'上帝的山'和'他的帐篷和里面住的人',这些辞句是指幸福和心灵的和平"①,"道德教导不只关涉团体的利益,也关涉每一个人的心灵的和平和真正的幸福"②,"哲学家认为真正的幸福只在于德性与心灵的和平"③,"理智使人幸福并给他以真正的心灵的和平……只有智慧的人能以一颗恒常而和平的心而生活,而不虔诚的人随着对立的情感波心摇荡,以至于他们既无心灵的和平也无安宁"④。"真正说来,圣灵的果实正是由善行产生于心中的心灵的和平"⑤,他在第七章更明确地说:"真正的得救和幸福在于心灵的和平"⑥。很清楚,在斯宾诺莎看来,真正的心灵的和平就是真正的幸福和得救。

从以上的考察可以看出,斯宾诺莎所说的宗教中神的爱并不是空洞的心理学状态,而是来源于神的观念的真正生活方式,即根据神的启示而爱邻如己,也就是心怀虔诚,过一种和平与安宁的生活。这种爱的回报也就是这种生活方式本身。"心怀虔敬,同时过着和平与安宁的生活"是通往得救的道路,也是得救本身,而不只是得救所需的额外条件。

现在我们回过头来看斯宾诺莎与房东的对话。斯宾诺莎清楚地告诉了房东什么是真正的得救以及通往得救的必由之路,这就是"心怀虔敬,同时过着和平与安宁的生活"。房东只要信持和服从真正的宗教就能够得救。斯宾诺莎知道房东正是过着这样一种真正的生活,所以他说:"你的宗教是好宗教,你不需寻找别的宗教,也不用怀疑你可以在这个宗教中得救。"斯宾

---

① Spinoza, *Complete Works*, p.437.
② Ibid., p.436.
③ Ibid., p.449.
④ Ibid., p.433.
⑤ Ibid., p.525.
⑥ Ibid., p.460.

诺莎的回答是肯定的和坦诚的,既无欺骗之意,也无欺骗之处。

至此,我们阐明了斯宾诺莎的宗教得救观,并据此对斯宾诺莎是否对房东撒谎的问题做出了判断。斯宾诺莎的宗教得救学说与他对房东的回答可以说是一致的。但是这里仍然有一个问题:通过服从所获得的救赎与对神的理智的爱是否是同样的幸福或得救?从斯宾诺莎的表述看,虽然他肯定通过爱邻如己以服从神是得救,但是他在《神学政治论》中有时又认为对神的理智的爱相比于大众的服从是一种更大的幸福[1],而在《伦理学》中,他也明确地说对神的理智的爱是"心灵的最高满足"[2]。这似乎表明得救有两种。如果不能达到对神的理智的爱,还可以通过宗教而获得救赎。"即使我们不知道我们的心灵是永恒的,我们也必须特别重视虔诚与宗教,以及一切……德性。"[3]

---

[1] Spinoza, *Complete Works*, p. 442.
[2] Ibid., p. 375.
[3] Ibid., p. 381.

赋义与理解:齐克果论"信念"
——兼论普兰丁格的宗教认识论*

邹晓东**

提 要:齐克果在《哲学片断》"插入章"区分了"直接"与"非直接"两类认识对象,并引入"信念",作为理解"非直接对象"的器官。这一做法在思想史上影响深远。当代,普兰丁格的宗教认识论,可被看作这一思路的新进展。不过,"插入章"的写作略带"符合论"痕迹。而普兰丁格的宗教认识论,则明显因其"符合论"预设,在"知识资格"问题上遭遇难以克服的困境。本文在充分暴露这一困境的基础上,从贝克莱"人类只拥有观念"的观察出发,拿掉了"符合论"预设,将"认识器官"问题转化为"赋义"问题,并进而分析了"相信"情感在赋义与理解过程中的作用。本文希望对齐克果的信念论给出一种新解读。

关键词:理解 符合论 赋义 反思 相信 齐克果 普兰丁格 贝克莱

---

* 鸣谢:2006年春季学期,谢文郁老师为我们开设了"康德道德与宗教哲学"课程,那时我第一次听到"赋义"问题的。一年多以来,谢老师又陆续为我们开设了"基督教哲学(2007年春,主要阅读齐克果《哲学片断》)"、"形而上学(2007年秋,其中一课和贝克莱密切相关)"和"宗教哲学(2007年秋,第一堂课就是'生存分析'与'赋义'问题)"等课程。通过课堂听讲和课后讨论,我逐渐进入了"赋义"问题的语境,并开始有一些思考。本文的写成,首先应当归功于文郁老师:大思路从他那里而来,并且写作过程亦得到他亲自指导。谨在此向谢文郁老师致谢!

** 邹晓东,1982年11月生,山东大学哲学系硕士研究生。

齐克果《哲学片断》的"插入章"以"生成"概念为核心。"生成"极不同于，比如说"眼前的一棵树"这样的"直接"对象。对此，齐克果提出一个问题：我们是如何获得相关（关于生成或历史的）理解的呢？为解决这个问题，他引入了"信念"器官。当代，美国基督徒哲学家普兰丁格提出了一套宗教认识论，延续了齐克果的"信念器官"思路。按照他的处理，"信念"的情感因素——"相信"——有举足轻重的认识论地位：在"适当情况"下，人对一个命题的相信程度越强，这个命题/信念就越有资格成为知识。这是一种带有基督教色彩的认识论。在他的《基督教信念的知识地位》一书中，普兰丁格试图以这种认识论作基础，为他所理解的基督教信念进行辩护。然而，读者却难免要对他的辩护工作提出这样的质疑：这套宗教认识论本身，是否同样存在一个"知识资格问题"？因此，要使基督教信念取得巩固的合法地位，普兰丁格需要首先证明这套宗教认识论的合法性。

普兰丁格本人在很大程度上也意识到了这个问题。在《基督教信念的知识地位》的第六章，他把问题最终归结为：上帝是否存在？只要他所理解的上帝——他设计制造人的认识器官、规定恰当的工作方式和恰当的工作环境等——确实存在，普兰丁格的辩护工作就可以大大获胜。然而，"上帝是否存在"的问题，按照普兰丁格的表述，乃是一个严格的"符合论"问题。由于"符合论"的固有困境，这个问题实际上根本无法解决。我在正文中还将指出，这种"无法解决"的局面会导致生存上的困境。要走出困境，看来只有拿掉"符合论"。然而，我们能做到这一点吗？

需要指出的是，齐克果谈论"信念器官"的"插入章"同样带有"符合论"色彩。不过，细读这篇文字，我们却能从中找到反"符合论"的思路。本文提出"赋义"问题，正是要对这条思路进行清理和发掘。在解读"插入章"的过程中，我使用了贝克莱《人类知识原理》的部分论证。这位素有争议的哲学家所提出的论证，有彻底瓦解"符合论"之功效，它也是本文提出"赋义"问题的基础。"赋义与理解"试图通过对"齐克果论信念"的解读，引入一种不同于"符合论"的语境。希望这一努力能促进学界在认识论方面的相关讨论。

一 齐克果:"信念",作为认识非直接对象的器官

"插入章"是齐克果《哲学片断》中的独特一章,该章首要任务是解构近代哲学的"必然性"概念。这一解构工作是从分析"生成"开始的。①

在人类的认识或理解中有一类对象是简单的,这就是齐克果所谓的"直接的感觉与认知"的对象。它们直接在感觉与认知中呈现,比如"一片红色"作为视觉的对象,"一个如此这般的苹果"作为视觉、嗅觉及触觉的对象,等等。"直接对象"简单说来就是感官经验对象。按照齐克果的说法,它们在感官中直接呈现为各种"如此这般/thus and so",没有任何中介。针对这种"直接性",齐克果说:"直接的感觉与认知不会骗人。"②

然而,在人类认识或理解中还有另一类对象,它们不具有上述的"直接性"。"生成"就属于这一类。按照齐克果的分析,"生成"就是"从无到有",或者"从不存在到存在"。③ "有"或"存在"表现为直接的"如此这般";而"无"或"不存在"则不能在"直接的感觉与认知"中呈现,因此它就不属于直接对象。"生成"既然包含了非直接的"无",所以它也就是非直接的。

如果说"直接的感觉与认知"是直接对象赖以呈现的器官的话,那么生成这种对象是如何被人理解的呢?"插入章"第 4 节"理解过去"正要处理这个问题。在这一节的第 3 自然段中,齐克果设问道:"无论如何,我们假定有关于过去的知识——这种知识是如何被获得的呢?"④根据"插入章"第 1、2、3 节的分析,"过去"与"历史"都是在"生成"概念基础上被定义的,关于"过去"的知识,实际上也就是关于"历史"或"生成"的知识。因而齐克果的问题也可以表述为:我们凭借什么来"感知"生成(历史、过去)?

既然"生成"("从无到有")包含"无"和"有"两方面,当我们说"这一个

---

① 相关讨论可参考谢文郁:《自由与生存》,上海:上海人民出版社,2007,第 189-192,204-215 页。
② Kierkegaard, *Philosophical Fragments*, tr. by Howard V. Hong & Edna H. Hong, Princeton University Press, 1985, p. 81, 82. (齐克果:《哲学片断》英译本,第 81、82 页都有这句话。本文主要使用《哲学片断》的"插入章/interlude",引文均出这个英译本,由笔者自行译成中文。)
③ 《哲学片断》,第 73 页("插入章",1:1;"1:1"是笔者自己加上的,表示《哲学片断》"插入章"第 1 节第 1 自然段。其余类推。)
④ 《哲学片断》,第 81 页("插入章",4:3)。

是生成的"的时候,就不仅仅是在指称"直接的"这一个(它的"如此这般",也即它的"有")。这时,我们还特别指称了它的"无",以及那个"从无到有"的跳跃。那么,"无"以及"从无到有"观念是如何进到我们心中的呢?我们是通过"反思"获得这一观念的吗?

哲学家们往往津津乐道于自己的"反思"能力,以为能通过反思达到一切。"反思"一词的定义亦因哲学家们的这种乐观变得含混不清。齐克果在使用这个词的时候也没有给出准确规定,不过他举了"一颗星星"的例子,并且针对这个例子说了两句很值得玩味的话。他说:

> 例如,观察者看到一颗星星:当他努力要使自己意识到"它是生成的"时,这颗星星就立刻向他变得可疑。就好像是反思把那颗星星从他的感知中拿掉了一样。①

"观察者看到一颗星星。"作为"直接的感觉与认知"的对象,这颗星星"如此这般"地存在着是确定无疑的。但是"反思"却会使这颗星星的存在变得可疑,这是为什么?

我们可以这样分析。"生成"是"从无到有"。"无"不是直接对象,从"直接性"的角度看,它什么也不是,它就是"不存在"。同时,"无"意味着没有任何规定性。从"无"的这个特点出发,"反思"没有任何理由认定"如此这般"的一颗星星一定生成。② 换而言之,一次具体的"生成",其结果可以是多种多样的(齐克果称之为"生成的不确定性"),"反思"无法从"无"中找到"如此这般"的一颗星星的存在根据。所以,"反思"做不到既理解这颗星星的"存在"(它的"如此这般"),同时又承认它的"生成"("从无到有")。

这个分析实际上是展示了"直接性"和"非直接性"之间的差异。"无"不能在"直接的感觉与认知"中呈现自己。故而,包含了"无"的"生成",不可能成为"直接器官"的对象。站在"直接性"的立场上,非直接的"生成"不可理解。而站在"非直接"的"无"的角度,"反思"同样也无法把"有"和"无"连为一体构成一个对象。所以,齐克果在谈到作为理解对象的"历史"

---

① 《哲学片断》,第81页("插入章",4:4)。
② 齐克果说:"生成的第一个标志正是连续性的断裂。"(引自《哲学片断》,第84页,"插入章",4:7)。"从无到有"是一个"跳跃"。基于连续性推理的反思,不可能通过"无"来理解"有"。

时只好说:"历史的东西内在地具有生成的幻性。"①也就是说,历史(或生成)是作为一个整体进到我们理解中的,而非在"有"或"无"的基础上通过"反思"建构出来的。

需要指出的是,"幻性"一词在齐克果的使用中并不包含"不实在"的意思。"幻性"仅仅意味着历史(过去、生成)是不属于"直接性"的另一类对象。既然"反思"无法达到它,而它在理解中的存在又是一个事实,那么它究竟是如何被获得呢? 这个问题可以被分解为两部分:其一是,非直接的"无"如何进入人类理解? 其二就是,直接的"如此这般"与非直接的"无",如何在理解中被连为一体构成一个对象?

问题的第二部分实际上是针对"反思"缺乏"连结"的能力而提出的。这也是齐克果着重处理的部分。在齐克果看来,"直接性"与"非直接性"之所以能在理解中连为一体,这是"信念"的结果。"信念"不同于"反思"。当"直接性"与"非直接性"在"反思"中相遇时,它们是相互冲突的。站在其中任何一方的立场上,"反思"都无法理解另一方。齐克果称这种冲突为"矛盾"或"悖论"。当"矛盾"或"悖论"出现的时候,理解就变得犹疑不定,从而无法连接"有"和"无"构成一个对象。然而,"信念"正好和"怀疑"相反,因为它包含着"确信"。只要"信念"出现,"怀疑"就会被中止。②"直接性"与"非直接性"正是在"信念"中连为一体的。把这一点应用到对"生成"的分析上就是:在"信念"中,直接的"如此这般"与非直接的"无"连成了一体;通过拥有一个关于"生成"的信念,我们获得了"从无到有"这个对象。③

"信念"包含两个方面。首先,每个"信念"都是一个命题,比如,"这颗星星是生成的"。再者,"信念"包含了"相信"或"确信"的情感。齐克果认为,正是因为有了这种情感,"生成"这个对象才没有被"反思"吞噬掉。

非直接对象不只有"生成"或"历史",其他的,比如"基督教信念"也属于这一类。按照"插入章"的分析,正是通过"信念",人类才获得了关于这

---

① 《哲学片断》,第81页("插入章",4:3)。
② "但是,如果信念这样认定的话,怀疑就会被终止。"引自《哲学片断》,第84页("插入章",4:4)。
③ "信念用来感知生成,而怀疑则抗议任何想超出直接感觉与直接知识的结论。"引自《哲学片断》,第84页("插入章",4:4)。

些对象的理解。① 归纳起来,一句话:通过划分两类对象,齐克果引入了一种新的认识器官——信念。②

齐克果引入"信念"这个器官,并在此基础上为"基督信仰"做了一些认识论说明。20世纪的基督徒哲学家们敏锐地发现:沿着齐克果划分对象类型并引入"信念"器官的思路,可以发展出一套基督教认识论;以此为基础,他们可以为"基督教信念"的合法性作辩护。普兰丁格就是这方面的杰出代表。下一节,本文围绕普兰丁格的认识论展开:这是齐克果思路的新进展,然而我们将揭示其中的困境。

二 普兰丁格:"相信",作为知识的资格

普兰丁格的认识论具有深刻的"护教"色彩,为基督教信念的合理性给出一个说明,始终是他的重要关注。③ 在普兰丁格看来,"经典基础主义直到晚近的时候还支配着西方思想"④,绝大多数思想者持"经典基础主义"立场,并以此拒斥基督信仰。为了给出一个有力辩护,普兰丁格在深入分析"经典基础主义"的基础上,针锋相对地提出了自己的认识论。在这种认识论中,"相信"的地位被抬得很高。而且,由于普兰丁格的认识论和他所表述的"基督教信念"具有内在的一致性,我们把它称为一种基督教认识论或宗教认识论。

普兰丁格对"经典基础主义"的直接批评,可被看作齐克果划分对象类型这一思路的新进展。认识或理解的对象,对应着各种各样的命题。按照

---

① 前面已将"生成"的理解问题分解为两部分。到此为止,我们的讨论是围绕第二部分展开的。问题的第一部分(非直接的"无"如何进入人的理解),被留到了文章的第4部分。
② 齐克果在《哲学片断》的"跋"说:"我们假设了一个新器官:信仰。"(《哲学片断》,第111页)而"信仰(faith)",按照"插入章"附录的说法:"首先要在其直接的和通常的意义上来理解,即和历史有关的[信念(belief)]。"(《哲学片断》,第87页,"插入章",附录:2)
③ 普兰丁格在《基督教信念的知识地位》(邢滔滔等译,北京:北京大学出版社,2004年)"中文版作者自序"第3页写道:"我还在大学和研究生院里学哲学的时候,就开始严肃地思考这些问题。……1960年到1967年间,我写了《上帝与他人心灵》一书……"
④ 《基督教信念的知识地位》,"中文版作者自序",第3页。

普兰丁格的分析,经典基础主义者对人类信念①进行了划分。他们认为,有一部分信念是基础性的。其他的信念,如果能还原为这些基础信念,那就是真正有意义的、值得相信的。否则的话,人们坚持这些信念,就是不明智的,在自己的认识义务上就是不负责任的。

"基础信念"对应着基础的生存经验或体验。表述这些经验或体验的命题,普兰丁格归纳起来共有三类:自明的命题(比如:"2 + 1 = 3")、关于一个人的心智活动的命题(比如:"我觉得我正在看一个计算机的显示屏")、洛克加上的其他一些他认为人们在感知的基础上能够了解的命题。② 前两类命题比较单纯。至于第三类命题,由于洛克使用了"感知"这个词,并且考虑到洛克所举的例子(比如,"我看见白与黑"③),我们可以粗略地将其划归为描述"直接对象"(齐克果)的命题。在本文第一节中,我们跟随齐克果思路介绍了两类对象的划分,并进而指出了它们在"反思"中的不相容性。借助这一"不相容性"分析,我们很容易就能理解"经典基础主义"对传统宗教及形而上学命题的拒斥:"经典基础主义"以"直接性"为自己的立场,而宗教或形而上学命题中不可避免地包含了对"非直接"对象的指称。

以"基督教信念"为例。按照齐克果的分析,"基督事件"作为一个历史事件,它同时具有直接性和非直接性。"基督事件"的直接性指耶稣作为一个具体人物的"如此这般"(他的出生、成长、言行等)。它的非直接性则包含两方面:一方面,作为一个"历史的"存在,耶稣是生成的;另一方面,在耶稣具体有限的"直接性"存在中蕴涵了无限(或永恒)的神性。"生成"的"无"不能被还原为任何直接的"如此这般"。依靠"直接器官"无法理解它。单从这个角度看,"基督事件"或"基督教信念"就不是直接对象。④"无限的神性蕴涵在有限的历史存在中",这同样也超出了"反思"的理解。齐克果因此称之为"悖论"。"悖论"只有在"激情"("相信"就是一种"激情")而非直

---

① 本文第一节末已指出,"信念"包括"相信"情感和"命题"两方面。不过,在普兰丁格的用语中,"信念"一词经常侧重指称"信念"的"命题"部分。
② 《基督教信念的知识地位》"中文版作者自序",第 2 页。
③ 洛克:《人类理智论》Ⅳ,ⅱ,14,第 168 页。转引自《基督教信念的知识地位》中文版,第 84 页。
④ 《哲学片断》,第 87 页("插入章",附录:2):"然而它是一个历史事实,并且只对信仰如此。"

接的感觉器官中才能被理解。① 因此,"基督事件"不是直接对象,"经典基础主义"以"直接性"为立场,势必只能排斥"基督教信念"。

齐克果的《哲学片断》并没有为"基督信仰"作辩护的强烈情绪。② 不过,沿着他划分对象类型,并引入"信念器官"思路,基督徒思想家们可以找到一套有力的"护教"策略。我们马上就要看到,普兰丁格大大地推进了这一工作。

普兰丁格视"经典基础主义"为"基督教信念"的最大挑战。《基督教信念的知识地位》这本书的第三章专门用来处理"经典基础主义"。上文已经提及,"经典基础主义"一上来就先选定了"基础的"命题或体验。进而它又认为,只有坚持这些基础命题,以及那些可还原到"基础"的命题才是明智的、理性的。这些"基础",实际上构成了"实在性"的标准。站在这个"标准"的立场上,经典基础主义者挑战并拒斥传统形而上学及宗教命题。

普兰丁格对此采取了"以子之矛攻子之盾"的策略。他反问道:表述这个"标准"的命题,是否能被还原到"基础命题"或"基础经验"?这是一个"循环论证"或"无穷后退"式的指控③,普兰丁格称之为"自我指称问题"。他进而指出:

> 首先它对于基础主义者(或对于我们其余的人)不是自明的。即使有人声称它得到了某些直观的支持,人们无法赤裸裸地宣称它有足够有力的直观支持,从而是自明的。……其次,它不是关系到任何人的精神状态,因此不是对于任何基础主义者(特别对于我们其余的人)不可更改的。第三,显然他对感官不是明显的。④

"自我指称问题"构成了"经典基础主义"的困境。按照普兰丁格的分

---

① 可参考奥古斯丁的说法:"神性是无论何种肉眼都看不见的;要看见神性,得凭一种别样的看的能力……"(奥古斯丁:《论三位一体》,周伟驰译,上海:上海人民出版社,2005年,第36页)
② 这正如该书的"跋"中所说:"苏格拉底式"(主体理性传统)和"真理教师式"(基督教认识论)哪一个更具真理性,不属于本书的主题。(请参考《哲学片断》,第111页)
③ "标准"是划分"基础"与"非基础"的前提,那么,究竟凭什么说表述"标准"的命题是基础的?
④ 普兰丁格:《基督教信念的知识地位》中文版,第105—106页。并请参考"经典基础主义"的三类基础命题。

析,即便是经典基础主义者,也只能"以一种违反它的方式接受它"①。"经典基础主义"无法为自身作辩护。这一困境表明它作为一种知识论至少是不完备的。普兰丁格的指控,使"经典基础主义"在人们心目中的地位,从主导思想界的"真理/实在性标准",降低为一个不过是有些影响力的信念体系。经典基础主义者之所以持守它,只因他们相信它。

如果"直接性"是唯一的对象类型的话,那么对于"经典基础主义"的上述批评,充其量就只有抽象的逻辑力量。因为,对象如果只有一类,那就不可能通过分析对象的类型,来赞成什么或反对什么。然而,齐克果的分析已经表明,人类理解中至少存在着两类对象:直接性的、非直接性的。可是,经典基础主义者把"直接性"当作实在性/真理性的唯一标准,并以此为基础拒斥"非直接"对象。于是,自然就会产生这一问题:凭什么这样做?"插入章"划分了两类对象。与直接感官("直接的感觉与认知")相对应,齐克果提出"信念"作为认识非直接对象的器官。这样,两类对象都有各自相应的认识器官,从形式上看,谁也不在实在性上更占优势。

然而,当我们试图把"直接性"立场拓展为一种认识论的时候,"非直接器官"就已经在起作用了。经典基础主义者要依靠"相信"("信念"的情感方面)的力量来持守他们的主义! 甚至,如果没有类似的"非直接器官",经典基础主义者根本就不能获得他们的"主义"!

看来,经典基础主义者忽视了"相信"("信念"的情感方面)在认识过程中的重要作用。他们仅仅将"相信"看作持守认识结果的意志活动。然而,普兰丁格对于"相信"却有不同的看法:

> 一般来说,我们不是先"做出决定",然后再去坚持或形成某种信念,相反,我们直截了当地发现,我们已经具有这种信念了。②

那么,"信念"的这种"直截了当"性是否建立在"经验/体验"的基础上呢?或者"信念"产生于什么样的"经验/体验"呢?在〈证明与有神论〉中,普兰丁格写道:

---

① 普兰丁格:《基督教信念的知识地位》中文版,第106页。
② 普兰丁格:〈证明与有神论〉,《当代西方宗教哲学》,斯图沃德编,周伟驰等译,北京:北京大学出版社,2001年,第90页。

很显然,"经验"在信念形成的过程中,起着关键性的作用。我认为,重要的是要认识到,这里牵涉到两种完全不同的经验。在某种典型的感性事例中,就包含着感觉经验……但是,形成信念的多数情况是,还有一种经验成分包含其中。……**就某种意义而言,这种感性形象并不重要**……一种难以规定的不同种类的经验:与其说这是一种感性形象,不如说这是**一种倾向于或趋向于某种信念的情感**……(也许这种说法更好:我们所说的这种信念有一种我们能够体验到的魅力,一种吸引力)①(黑体为引者所加)

在这里,普兰丁格区分了两种经验/体验:"感性形象"和"趋向某种信念的情感"。前者可由一个确定的命题描述出来(比如,"这是一棵松树"),后者则纯粹是感受性的东西,即一种情感。我认为,这种情感就是"相信"。"相信"的情感直截了当地出现,它指向哪个命题,这命题就成为了人的"信念"。"相信"的情感不是权衡的结果,而是自发地、一下子出现。就其"一下子出现"(无反思、无中介)这个特点而言,这种情感反应也可以被看作是命题本身的魅力与吸引力。在认定某条命题能否构成"知识"时,这种魅力或吸引力,因而也就是命题被"相信"的程度,似乎应该得到相应的重视。那么,我们应当如何理解"相信"的这种认识论意义呢?在〈证明与有神论〉这篇文章第(一)部分结尾,普兰丁格这样总结道:

> 如我所见,只有当S的认识环境适宜于让他的认识能力适当地发挥作用,只有当这些认识能力在他那里产生这一信念时适当地发挥作用,实证认识的意义对S这个人来说,才能成为B这种信念;在这种条件下,B所包含的实证认识的意义是与B接受这种信念的愿意程度成正比的。②

用一句话来归纳就是:在"适当情况"下,"相信"的情感("接受这种信念的意愿程度")越深,命题就越有资格成为知识。"相信",在普兰丁格那里是否属于"认识能力"?它能否被算作一种认识器官或认识能力的一部分

---

① 普兰丁格:〈证明与有神论〉,第90页。
② 同上书,第95页。

呢？从行文上看,普兰丁格是将它与认识能力独立开来加以讨论的。在认识过程中,命题的出现是一方面,"相信"情感的出现则是另一方面。前者是认识能力工作的结果。这里存在认识能力的"适当的工作环境"与"适当的工作方式"问题。而后者,"相信"的情感则是一个相对独立的知识资格。缺少了这种情感,任何命题都不能被称为"知识"。① 按照普兰丁格的术语,"适当环境"、"适当工作方式",共同构成"保证(warrant)"概念。"保证"和"命题为真"、"相信"情感加在一起,构成了"知识"的资格。"知识"就是"有保证的真信念"。这是一套系统的认识论。

在普兰丁格这里,"命题为真"和"保证"概念是分开的。"保证"概念并不处理命题的真假问题,相反,它乃是知识比单纯真命题多出来的部分之一。② "保证"所要追问的是:认识活动本身是否适当、是否合理合法。由于"保证"概念不处理"事实"问题(即信念的真假问题),当普兰丁格使用这套认识论为基督教信念作辩护的时候,他所针对的也只是那些"规范性的"挑战。这种挑战认为:"基督教信念,且不管其真假,无论如何是不可辩护的(unjustifiable),或是理性上未经辩护的,或是理性上不合理的,或是理智上不值得尊重的,或与健全的道德相抵牾,或没有足够的证据,或出于其他原因在理性上不可接受,在理智的观点看来不值一提等等。"③普兰丁格认识论的出现,终结了这种局面。因为,无论如何,这套前后一贯的认识论乃是一种可能为真的"理性"说法。在不考虑"事实"问题之前,它至少可以和"经典基础主义"并驾齐驱。

普兰丁格已经指出,"经典基础主义"具有"自我指称问题"的困境。那么,他自己的宗教认识论是否也有类似困境呢?《基督教信念的知识地位》

---

① 我们曾说,普兰丁格的认识论和基督教信念具有内在一致性。"相信"在他认识论中的地位就很能说明问题。在〈证明与有神论〉这篇文章的开头,普兰丁格充满激情地说:"根据一种古老而光荣的传统,知识就是'被证明了的正确信念'。可是,这种'证明'究竟是什么呢?新教改革的神学家们(不管他们的当代追随者情况如何)对证明有一个清楚的概念;他们认为证明是从信仰(faith)来的。可悲的是,当代认识论者不可能异口同声地做出这样的回答。"(《当代西方宗教哲学》,第87页。)普兰丁格对基督教"因信称义"的理解,显然直接影响他对"相信"的分析。
② 一个人有可能以纯偶然的方式获得一个真信念。比如,他可能以混乱的逻辑,从错误前提"推出"一个符合事实的结论,并相信之。然而,这个真信念并不因此就成为知识。读者可以借这个例子体会"知识"多于单纯"真信念"的东西。
③ 普兰丁格:《基督教信念的知识地位》,"前言",第3页。

一书的第六章对此问题有所涉及。普兰丁格的"认识能力适当工作"概念和"设计论"有关。这种理论认为,人的认识器官是上帝设计的,有一种被上帝看为"适当"的工作方式。只要这样一个上帝的确存在,这套宗教认识论的胜算就极大。不过,"存在一个设计人类认识器官的上帝"乃是人的一种"认识"。而这一"认识"的可靠性是可以被质疑的。所以,一切问题都归结到了"上帝是否存在"这个事实问题上。在第六章第二节,普兰丁格设问:"上帝存在"的信念是有保证的基础信念吗?对此,他给出了两个平行答案:A.如果为假,大概不是;B.如果为真,大概会是。

可以这样设想:上帝设计创造人的认识器官,为的是要人获得真正的知识。因此,只要这样一位上帝存在,他就极有可能看顾人类(使认识器官处于适当的工作环境并适当地工作),使之如实地得出上述的宗教认识论。但是,人只能在认识或理解中谈论上帝"事实上"的存在。而认识或理解的可靠性,又正是认识论所要解决的一个问题。从这个角度看,问题具有"循环"性。上帝是否存在这一"事实"问题,看来难以得到知识上的解决。因此,沿着普兰丁格的思路,充分证明"基督教信念"合法性是困难的。

实际上,普兰丁格的工作并没有使"基督教信念"从根本上站立得稳。正如他所揭示的"经典基础主义"的"自我指称"困境一样,普兰丁格的宗教认识论亦无法充分证明自己"有保证"。由于这种认识论是普兰丁格辩护工作的前提,故而沿着这条思路,无法充分证明"基督教信念"的合法性。不过,普兰丁格的"护教"工作却显示出巨大力量。这是因为,"经典基础主义"是一套系统的信念体系,而经过普兰丁格,基督教信念也以一种宗教认识论的方式获得了系统而精致的表述。在系统性与精致性上,可以说两者并无优劣之分。此外,基督教信念要获得充分辩护,必须依赖一个在知识上不可解决的"事实"问题,而"经典基础主义"同样不能为自己作充分辩护(甚至,连接受它的人都要违反它)。在这个弱点上,两者至少也是对等的。[①]

这种"对等性"使"基督信仰"重获学术上的发言权。不过,它也导致了对抗性的局面:因为地位对等,所以高下难分。徘徊于"有神论"和"无神

---

① 威廉·奥斯顿与普兰丁格类似。他在〈宗教体验与宗教信仰〉这篇文章中指出:与感觉经验的认识论相比较,宗教经验的认识论有同样的认识论水准。参见《当代西方宗教哲学》,第281—290页。

论"之间的人,将因此更加无所适从。我们称之为生存上的"对等"困境。宗教问题从根本上讲乃是一个生存问题,为自己的信仰作辩护只是这个生存问题的一部分。按照"辩护"的思路,人们更期望对不同信仰体系做出优劣评判,以便在生存上做抉择。在这方面,普兰丁格的宗教认识论就显得不够用了。①

三 其实是"赋义"问题:从贝克莱谈起

普兰丁格的认识论,旨在追问一个问题:"知识"比单纯"真命题"多出来的东西是什么?在他这里,命题的真和知识的其他资格是被分开来讨论的。普兰丁格的思考集中于后者身上。然而,当他试图使用这套认识论为基督教信念做辩护时,却发现必须首先解决这套认识论本身的合法性问题(它是不是知识?)。这个问题将他引向了"上帝是否存在"②的事实问题。

"上帝是否存在"是一个严格的"符合论"问题。我们可以这样表述它。关于这一问题有两个可能答案,用命题表述出来就是:A. 上帝存在;B. 上帝不存在。在命题之外,事实只有一个:上帝或者存在,或者不存在,二者必居其一。只有符合"事实"的那个命题,才是正确答案。这就是所谓的"符合"。

大概从一开始,普兰丁格就体会到了"事实"问题的困难性。所以他才会将知识资格分解为"真"与"其他部分",分别加以讨论。在处理完"其他

---

① 程炼先生在〈成乎败乎改革宗?——评克拉克的《重返理性》〉(《基督教思想评论》第二辑,上海人民出版社,2005年)的结尾,这样表达自己对普兰丁格思路的失望感,他说:"我一直相信(没有理由和证据),合理性并非哲学的首要问题,并非不同信念体系之间所应追逐的肥鹿;哲学的目的或主要目的,不是确立相互竞争的思想体系的合理性地位;或许在不同宗教的信仰者之间、在有神论者和无神论者之间,对普遍真理的追求应该优先于其他考虑。人类思想的分歧,不在于思想世界的多元性,而在于我们所知甚少,无论在宗教方面还是在世俗方面。我们应该和能够期待的是更多真理的发现。"所谓"普遍真理",指的是能指导我们在"多元性"中做出抉择的"标准"。这正是针对普兰丁格的"对等困境"而发。

② 严格说来应当是:普兰丁格所描述的那样一位上帝是否存在?普兰丁格的上帝,"设计人类认知官能,赋予人类认识能力"。参见〈证明与有神论〉,第89—90页。这也是他所理解的"基督教信念"的一部分,明显具有认识论含义。所以,"上帝存在"是否为"真"的事实问题,即"基督教信念"的真理性问题,也即普兰丁格的宗教认识论的真理性问题;这三者是"三位一体"的关系。

部分"之后,他将事实上是否为"真"的问题抛给了对手,要求他们给出"上帝不存在"的有效证据。这样一来,对有神论的攻击和辩护就僵持在了这个困难的"事实"问题面前。普兰丁格获得了部分的成功,因为这种僵持局面有助于基督信仰重拾学术上的尊严。不过,作为一种学术讨论,我们必须进一步追问:普兰丁格的思路究竟能走多远?"事实问题"到底能否被解决?

实际上,以"符合论"为背景,"事实"问题只能是死路一条。要说明这一点,我们得到贝克莱那里去收集相关论证。贝克莱《人类知识原理》一书首要的攻击对象就是"哲学上的物质"观念。这个观念指称那种独立于我们的心灵、独立于我们的理解或认识的东西。心灵或理解中的东西都表现为"观念",外在于心灵或理解的、非观念的东西则被称为"物质"。贝克莱的论证建立在一个观察的基础上:我们只拥有观念——只能在观念中理解、只能在观念中谈论。[①] 通常所谓的"事物"、"事实",严格说来只能被称为"观念的集合"。"对象"一词,严格来讲只能在"观念"的意义上被使用。独立于或外在于理解的对象,比如"物质实体"或"支撑偶性的基质或支柱"等等[②],除了在想象(想象,也是一种观念)中被众说纷纭地谈论之外,并没有任何确定意义。说到底,被理解、被谈论的东西,只有观念。即便我们退一步假设在理解(观念)之外还有"事物本身",那么,由于它们永远无法进入理解(理解,只能是观念性的),因而也是无意义的。即便有"理解之外的事物本身",我们也接触不到它们。

贝克莱的分析是无可置疑的。在认识论上,假设被认识的对象存在于理解或认识之外,并进而认为认识的责任就是要获取符合这些对象的命题,这会将我们推向绝境。因为无论我们如何细致入微地争辩,无论我们如何穷尽自己的想象,我们还是超不出观念的范围。无论怎样谨慎,无论怎么不厌其烦地反复检查,我们也只能以观念来校对观念。因为,认识作为一种观念活动,它只能在观念中进行。"符合论"所要求的"理解符合外在对象"的

---

① 可参看贝克莱:《人类知识原理》第3、6节。在这里,贝克莱提出了"存在就是被感知"的论证,他说:"读者如不信,可以在思想中试试自己能否把可感知事物的存在和其被感知一事分离开。"(参见贝克莱:《人类知识原理》,关文运译,北京:商务印书馆,1973年,第22页)"感知"当然表现为各种"观念";"不可分离",则意味着我们只能在"观念"的范围内理解并谈论"事物"、"对象"、"事实"等。
② 可参看贝克莱:《人类知识原理》第16、17节。《人类知识原理》,第26—27页。

真理标准,是一个根本无法执行的标准,持守它最终只能深深地陷入绝望。①这是"符合论"的固有困境。

以普兰丁格"上帝是否存在"的事实问题为例。如上所述,它是以"符合论"为背景的。由于"符合论"的固有困境,这一问题不可能在人类理解中得到解决。有神论者与无神论者都不可能直接拿理解之外的"事实"作标准,来审查自己的观念。他们只拥有自己的理解或观念。在有神论者的观念系统中,所有生存体验都可以指向上帝存在;而在无神论者的观念里,类似的经验则有着完全不同的解释。如果双方均处在"符合论"语境之下,且对其固有困境体会充分,那么就不得不承认两种理解在认识论上地位对等。而如果大家虽然共处"符合论"背景之下,却对其困境缺乏体会,那就极有可能把一己之理解等同于"客观"事实,从而对立冲突。"对等"或"冲突",均使得对话无法前进。

可见,"符合论"从根本上堵死了认识论的前途。那么,能否发展出一套非"非符合论"的人类理解论呢?

我们回到齐克果的"插入章"。"理解过去"节的第 4、5 两自然段均以"直接感觉与直接认知不可能骗人"这句话开头。齐克果的这句话只能在"符合论"的语境中解读吗?在第 5 自然段中间靠后的部分,齐克果写道:

> 希腊怀疑主义者并不否认感觉与直接认知的正确性,但是,他说,错误有着全然不同的基础——它来自于我下的结论。②

这里使用了"正确性"这个词,似乎暗示了"符合论"的语境。但是这种"正确性"又不是"判断"("下结论")意义上的正确性。它究竟指什么?

隔了一句,齐克果举例说道:

> 比如说,当感觉把远处的物体显示为圆,而在近处看这个物体却是方的时候,或者当它把一根水中的木棒显示为弯,而当拿出水面看它却

---

① 傅有德先生在《巴克莱哲学研究》(北京:人民出版社,1999 年)第 14 页中指出:"在巴克莱(即贝克莱)看来,他以前的绝大多数哲学家犯有一个通病,这就是把世界二重化,主张现象与本体、观念与实在的差别和对立,肯定可感物背后隐藏着实在性,这是怀疑主义的原理,正是它导致了人类知识中无数的错误和纷争。"
② 《哲学片断》,第 82 页("插入章",4:5)。

是直的时候,那么,感觉并没有欺骗我;而只有当我对那根木棒和那个物体下了某种结论的时候,我才会被骗。①

拿木棒为例。"木棒显示为弯"(在水里)、"木棒显示为直"(在空气中),这是在感觉中直接呈现的两个独立经验。如果我们就此老老实实地说"我看到水中的木棒显示为弯的",或者说"我看到空气中的木棒显示为直的",那么这两个说法都一点问题也没有。因为我的感觉中就是呈现出了"如此这般"的样子,而我只不过是尽量准确地描述了一个感觉经验。但是,当我笼统地说"木棒就是弯的"或"木棒就是直的"的时候,我的意思大概是指"木棒在任何环境中都会显示为弯的"或"木棒在任何环境中都会显示为直的"。这时问题就出现了,因为这不再是对于单个经验的简单描述,而是带有普遍性的判断了。普遍性的判断要回到单个的经验中被检验。在"木棒"的例子中,如果我们在各种环境中(无论是水中、空气中还是在其他介质中,无论是完全浸没还是只浸没一半,等等),在每一次遇到这个木棒的时候,它都显示为直的,那么我们就说"木棒是直的"这个判断是正确的。否则,我们就是被自己的判断欺骗了,就犯了"错误"。而直接的经验,它们作为一个个直接呈现的"如此这般",不存在"普遍性问题",因而也就无所谓"错误"了。

不过,上述说法仍旧带有"符合论"痕迹,因为我们假设了能在不同环境中显现自己的木棒本身。因此,在对单个经验的描述之外,依旧存在"观念符合木棒本身"的问题。如果保留这一预设,"感觉并没有欺骗我"的话就说不过去。只要存在"感觉"(如"弯曲的木棒")和"对象本身"(如"木棒本身")的区别,"感觉"就永远是可疑的(只有符合"对象本身"的感觉才是真实可靠的)。所以,要使"直接的感觉和认知不可能骗人"的话完全讲得通,我们就必须彻底拿掉"对象本身"概念。这样一来,我们也就彻底拿掉了"符合论"。这正是贝克莱的思路。

在"符合论"语境下,"对象本身"是经验的外部来源。经验是对象的显现。作为显现,它可能和对象本身相一致,也可能并不一致。因此,分辨并

---

① 《哲学片断》,第82—83页("插入章",4:5)。

寻找符合对象本身的知识,就成为认识的中心任务。在这种语境下,我们注意到,经验不是认识的出发点。相反,它处于被判断的地位上。判断的根据就是"对象本身",它才是真正的认识出发点。拿掉了"对象本身"就等于拿掉了"标准"和"判断",自然就不存在经验的可靠性问题了。在这种情况下,经验(或广而言之"生存中的各种体验"),就成为认识或理解的起点。认识或理解只能从经验(体验)开始,排除了经验(体验)之后,人类的理解或认识将空无一物。

所以,"直接的感觉与认知不可能骗人",这句话只有在"非符合论"的语境下才能完全讲通。在这种语境下,经验(体验)具有"初始性"和"不被判断"的特点。理解或认识就是从接受这样的经验(体验)开始的。换言之,我们只知道经验(体验)如此这般地呈现出来了,而并不知道这"呈现"的背后还有什么"对象本身"等东西。经验(体验)呈现多少,我们就接受多少,呈现为什么,我们就接受什么。我们不再使用"对象本身"这一预设,来划分"实在的经验(体验)"与"虚幻的经验(体验)",因为这只不过是一种想象。

应当承认,《哲学片断》"插入章"的确带有"符合论"痕迹。① 但是,齐克果充分注意到"直接的感觉与认知"的"起点"地位,因此他所谓的"不可能骗人"已经是在贝克莱的思路上了。从贝克莱"我们只拥有观念"的观察出发,"感觉与认知"(广义的)就不再是"符合论"意义上的"认识"活动,它首先是"观念"或"意义"的获得方式。"直接的感觉与认知"(狭义的"感觉与认知")就是意义获得方式的一种。理解在获得第一个意义之前是空空洞洞,那时,甚至根本谈不上有什么理解力。当经验(体验)向理解呈现时,作为意义,它是实实在在的。理解接受这些意义,把它们作为思想的内容。没有意义的呈现与接受,就没有理解和思想。这就是"经验(体验)作为理解起点"的全部内涵。

在此,我们把意义的呈现与获得称为"赋义"。把"直接的感觉与认知"这种赋义方式称为"感官经验赋义"。"赋义"是理解的起点。在认识论上,

---

① "不可能骗人"的说法本身就隐含着"符合论"。只不过,我们在参照了贝克莱的论证之后,就知道齐克果对**不可能**性的洞察,恰是要导向反"符合论"的。另外,齐克果在"跋"中说:"我们假设了一个新器官:信仰。"(《哲学片断》,第111页)"器官"这个说法也带有浓厚的"符合论"色彩,甚至可以说它是"符合论"认识论的专有名词。

所有意义系统(包括"基督教信念",也包括"经典基础主义"),首先并非"是否该被持守"的问题,而是"相关意义的获得",即"赋义"问题。在这里,我们虽然继续使用了"认识论"这个术语,但鉴于"认识"一词通常带有"符合论"的印迹,在以下行文中我将有意识地避开"认识",而尽量只用"理解"。

"理解"也是"插入章"的常用术语。① 在谈到"历史"的理解问题时,齐克果问道:

> 无论如何,我们假定有关于过去的知识——这种知识是如何被获得的呢?②("过去",即"历史"——引者注)

隔了一句,他又指出:

> 关于一个自然现象或关于一个事件的直接印象,并非关于历史的印象——而只是关于现存的印象——因为生成不能被直接感觉到。③

"如何获得关于过去的知识",首先就是"过去"("历史"、"生成")的赋义问题。在本文第一节中,我们用"符合论"色彩的语言介绍说,齐克果引入了"非直接性"的器官——信念——作为认识/理解历史(生成)的器官。换成非"符合论"的语言,我们可以这样说:除直接经验(感官经验)这种赋义方式之外,还有其他种类的赋义方式;"信念"就是人类理解获得"历史"等意义的另类"赋义"方式。

在此我要强调,意义是**主动**呈现出来的。相对于意义的呈现,理解处于接受地位,具有一定的**被动**性。也就是说,作为理解对象的意义是被给予的,而不是理解随自己的意思构造出来的。关于这一点,齐克果写道:"如果被理解的东西在理解中变了样儿,那么,理解就变成了误解。"④所谓"被理解的东西在理解中变了样儿",是指理解随自己的意思对呈现出来的意义增增减减。齐克果认为,一旦理解采取了这种"主动"姿态,它就变成了"误解"。

在赋义过程中,理解只能处在被动的"接受"地位上,接受到的"意义"

---

① 可参考《哲学片断》,第79—80页("插入章"4:1、4:2)。
② 《哲学片断》,第81页("插入章"4:3)。
③ 同上。
④ 《哲学片断》,第79—80页("插入章",4:1)。

就是理解的内容。按照第一节的分析,"反思"不可能在直接对象的基础上为非直接对象赋义。如果"直接经验"是唯一的"赋义"方式,那么"历史"等"非直接"对象就永远也无从获得了,它们也就永远不可能成为理解的内容。然而我们又确实拥有关于这类对象的理解。所以,理论分析引入另类"赋义"方式乃是必要的。

"信念"就是一种另类的赋义方式。齐克果的"信念/信仰器官"应作如是观。"直接器官"与"非直接器官"实际上是两类不同的赋义方式。

"赋义"概念取消了"符合论"意义上的真假问题:理解处于接受地位,不再试图拿理解之外的对象来审查经验(体验、赋义)的实在性。然而,这并不意味着所有意义对于人的生存都是地位均等的。从生存论的角度看,"符合论"所关注的"真假"问题,乃是不可回避的。这也正是我们一再提到的"真理性"、"实在性"或"合法性"问题。只是我们不能再以"符合论"作为语境,来表述这些问题。既然我们已经把"符合论"式的认识器官转化成为"赋义方式",那么能否从"赋义"的角度重提这些问题?

在"赋义"语境下重提并解决"真理性/实在性/合法性问题",是一个系统工程。在此,我只能以"基督教信念"为例,初步给出"赋义"语境下的问题提法。简而言之,问题可表述为三部分:(1)赋义问题:"基督教信念"相关意义的获得问题;(2)融贯性问题:这一信念体系本身的融贯性问题,以及它同其他信念的融贯协调问题;(3)生存分析:这套信念在人理解力中的地位如何,它将导致什么样的现实生存。其他信念体系的合法性问题亦可分为这三部分加以处理。特别地,通过(3)我们可以对不同信念所引导的生存模式有所理解,而这些理解将左右我们的抉择。

本文最后一节将围绕"新意义进驻理解"这个主题展开。从根本上讲,这是新意义同旧有意义系统之间矛盾冲突与融贯协调问题。我们将看到,"相信"情感是将"新意义"引进理解的重要力量。

四 赋义与相信:更多分析

上一节中,我们只是笼统地将"信念"称为一种赋义方式。本节,我们将对"信念"做更多分析。

还是以"历史/生成"的理解为例。我们曾说,历史/生成的理解问题分两部分:"无"的获得问题,以及"无"和"有"的连结问题。问题的第二部分,本文第一节已经有所涉及。现在,我们将注意力放在问题的第一部分,即"无"的获得问题上。

直接的"有"作为一种意义,它们是直接呈现出来的感性形象。"无"不包含任何感性形象,它根本就是"什么都没有"、"什么都不是"。所以,它不可能通过感性经验的方式被赋予。然而,我们拥有关于"无"的理解(在"生成"概念中),这是一个事实。那么,"无"的意义究竟是如何获得呢?按照"插入章"的说法,"历史"、"未来"两观念的核心都是"生成","生成"当中包含着"无"。既然"无"不是任何感性形象,那么,是否可以这样认为:把"历史"或"未来"中的感性形象尽可能地剔除掉,剩下的东西就和"无"很接近了?

剔除了感性形象,剩下来的只有无定形的感受。我们可以恰当地称这些"感受"为"情感"。比如,剔除"历史"观念中的人物、事件、环境等具体形象,剩下来的是沧桑感、变迁感。"沧桑感"中蕴涵着对时间的理解,"变迁感"中包含了"变化"的意思。"时间"和"变化"是相互界定的,其实质就是"生成"或"消灭",内中包含了对"无"的理解。[1] 按照齐克果的分析,这正是"历史"概念的核心。因此,"历史"的情感因素中包含了"无"的意义。同样地,关于"未来",我们拿掉各种具体设想,剩下的是希望感、恐惧感、等待感等。这些情感体验中都蕴涵了"将来会出现什么,不确定"的意思。"出现"即"生成"。而按照齐克果的分析,"不确定性"对应着"生成"之"无"。可见,在对于"历史"和"未来"的情感体验中,我们确实获得了"无"的意义。[2] 谢文郁先生多次指出:除了"经验指称"这种赋义方式之外,"在情感中的指

---

[1] 按照《哲学片断》"插入章"第1节的分析,"必然性"的实质即"永恒的同一性",它排斥任何变化。因此,我们不能在"必然性"的基础上谈论"变化"。通常我们认为,变化在一定的"处所"发生。这个"处所"即"变化的主体"。然而,"变化主体"概念实质上是"同一性"或"必然性"的化身,我们无法在预设"变化主体"的情况下谈论"变化"。拿掉"变化的主体"之后,一切"变化"都只能是"从无到有/生成"或"从有到无/消灭"。所以,只要一提到"变化"就涉及"无","变迁感"或"时间感"中包含着对"无"的理解。

[2] "插入章",4:2:"哪里有生成(实际上是被包含在过去当中),最确定的生成所具有的**不确定性**(生成的不确定性),在那里就只能以**激情**来表达自身。"(黑体是引者加上的,引自《哲学片断》,第80页)

向"也可以作为一类赋义方式。①

上一节,我们沿着齐克果的思路,笼统地将"信念"称为另一类赋义方式。按照第一节的处理,一个信念通常可以划分为两方面:信念的内容(可以表述为命题)、相信的情感。前面的分析已经表明,"无"是通过某些情感体验被赋义的。这些情感体验(变迁感、希望感等)就属于我们关于"无"的信念的内容方面,当使用命题表述相关信念时(比如,"这个东西是生成的"),其中就包含了对这些情感体验的指称。而按照普兰丁格的观察,一切可能成为知识的命题当中都渗透着"相信"的情感。这当然也包括指称感官经验的命题在内。因此,感官经验和情感体验一样,也可以成为信念的内容。

这样,本文对"信念"的分析就稍稍超出了齐克果的界定。齐克果只是将信念当作认识非直接对象的器官。非直接对象不属于任何感官经验,它们对应着各种各样的情感体验。因此在齐克果那里,信念的内容就只能指称人的情感体验。然而,借助普兰丁格的观察我们知道,感官经验和情感体验一样,也可以构成信念的内容。

到此为止,我们尚未对"相信"情感作更多的讨论。"信念内容"分析,涉及的是"意义"的呈现与获得问题。"呈现"当然指"在理解中呈现",而"获得"也使指被理解所获得。"理解"问题似乎该到此结束了。然而,呈现出来的意义,未必就能在人的理解中扎根。常会有这样的情况:我们明明是体会到了意义 Ψ,但常识却逼迫我们将其纠正为 Φ。这意味着,意义 Ψ 在理解中是受到排斥和压制的。这是一个值得注意的现象,需要我们作深入分析。

以"必然性"和"偶然性"这两个意义为例。在近代哲学中,"必然性"是基础,"变化"作为次级概念在"必然性"的基础上被理解。所有"变化"都是"按照必然性的变化"。所谓"偶然变化"的说法,仅仅反映了我们知识上的欠缺。"偶然感"是无知的表现,这种感觉缺乏实在性。正确的做法应当是:

---

① 谢文郁老师尚未开始这方面的写作,不过"经验指称"与"情感指称"(或"情感指向")的说法在他那里已经很成熟。按照他的用词,"经验"专指"感性经验或感性形象",对应本文所谓的"直接对象"。2005 年和 2007 年,谢老师曾两次在他的"宗教哲学"课上对"指称"和"赋义"问题进行过系统讲述。本文的思路从他而来。

以"无知"意识来纠正已有的"偶然感",使之淡化并归于遗忘。可见,"偶然性"这个意义在近代哲学的理解力中是受排斥的。它并没有按其所是在理解中扎根,而是被别的意义("必然性")解释、改造以至消除。"偶然性"这个意义在呈现、获得之后又被遗忘了。我们说:在这种情况下,"偶然性"并没有进驻意义/理解系统。赋义最终失败了。

让我们更深入地思考。为什么理解力会压制、排斥某些意义?它又是怎么做的?

要回答这些问题,我们先得明白理解和生存的关系。人是依靠自己的理解力进行日常生活的。有什么样的理解,就有什么样的生存。理解力表现为一个意义系统,这个系统包含人的所有经验和知识。在日常生活中,每当有意义呈现出来的时候,理解力就会根据这个系统做出判断取舍。举个例子:我们都有关于食物的知识。根据这些知识,我们判断眼前呈现出来的东西可吃还是不可吃,有营养还是有损健康等等。这些判断将进一步左右我们的食物选择与搭配。这样,在食物选择上,人就能做到趋善避害。可想而知,关于食物的意义系统如果存在什么问题(比如,把"有毒的"理解成"有营养的"),人的生存就会蒙受巨大损害。因此,为了对生存负责,理解要小心翼翼地整理自己的意义系统。

整理意义系统的过程,实际上就是贯彻某种真理/善标准的过程。在这方面,善于反思的哲学家做得最彻底。例如,"经典基础主义"提供了一套标准来划分真实与虚幻。作为一个生存者,我们理当趋向"真实",避免受"虚幻"的欺骗。因此,这套标准显然就是一种真理/善标准。经典基础主义者就按照这套标准来规范自己的理解。同样地,"必然性"概念在近代哲学中也起到了真理/善标准的作用。典型的近代哲学家,都是以"必然性"解释"变化",以"对必然性的无知"来改造"偶然感"。这是因为,承认"偶然性"——它是"必然性"的反面——的实在性,会削弱我们追求必然知识的热情,在近代哲学家看来,这无异于是甘心无知、趋向虚空。

从这两个例子可以看出来,理解为要对自己的生存负责,它小心谨慎地按照某种真理/善标准,审查各种被获得的意义。这是一种"反思"状态。在反思过程中,理解尽可能少地承认命题或意义的真理/善性,这也正是"怀疑"的特征。①

　　这里还需对"怀疑"做一点说明。虽然在长过程的反思中,一切都可以成为怀疑的对象,但在每一次具体的反思中(或在生存的每一个阶段),反思与怀疑都是有确定标准的。这些标准正是上面所说的某种真理/善标准。在第一节中我们已经指出,以一定的"标准"为立场,理解会在反思中排斥某些特定的对象。比如,把"直接性"当成实在的标准,"生成"与"历史"就处在了被排斥的地位。

　　实际上,每一个意义都是一个语境。这些语境都是可扩展的。真理/善标准本身也是一种意义,只不过它们的语境充分扩展了,以至于理解中的其他意义都要在"标准"的语境中被重新规范或定义。

　　不合乎"标准"的意义,其语境也是可扩展的。扩展开来之后,理解力就拥有了另一套"标准",置换了自己的立场。然而,"新意义"(不合乎已有"标准"的意义)语境的扩展却是困难的。已有的真理/善标准是一个强势语境,"新意义"在充分扩展自己之前,已经被它压制改造了。之所以会这样,原因只有一个:理解力只能根据已有的标准行事。在这个已有的标准面前,意义固然向理解呈现出来了,但它们却处在被判断位置上。理解借着真理/善标准,取得了主动权,从而对呈现出来的意义增增减减。按照齐克果的说法,这时,理解就变成了误解。

　　看来这里有一个困境。"新意义"在理解力中无法扩展,只好屈从于已有的理解力,接受改造。随着时间的流逝,我们渐渐忘记了它的本来面目,只留下一个被改造过的样子。所以,严格来说,理解力一旦形成,就不可能再有任何"新意义"进驻其中。关于"新意义",我们只能拥有误解,除非有某种力量打破已有标准的压制,使"新意义"语境得以有效扩展。

　　在现实生存中,我们都曾亲身体会过理解力的更新。在我们做学生的时候,尤其经常。看来确实存在一种独特的力量,使"新意义"的扩展成为可能。那么,这种力量是什么呢?按照齐克果的意思,这正是"相信"的力量。他说:

---

① 齐克果认为:怀疑主义者之所以怀疑,是为了避免犯错误(请参考:《哲学片断》,第82—83页,"插入章"4:5)。这是"反思"对生存负责的表现。

如果信念这样认定的话,怀疑就会被终止。①

"信念"认定的究竟是什么,它竟然会有终止怀疑的力量?

我们已经指出:"新意义"格格不入于已有的"标准",理解因而在反思中将其判定为虚幻,这最终阻碍了它的扩展。前面我们一直笼统地说这个"标准"是某种"真理"或"善"标准。然而"真"这个词具有太多"符合论"意味。我们既然已经拿掉了"符合论"预设,"真理标准"显然就不能是"符合论"意义上的"真"。读者一定还记得,理解不遗余力地贯彻某种"真理/善"标准,目的是要在生存上趋善避害。因此,这里的"真理"标准也就是"善"标准。"实在"与"虚幻"也只能在"善恶"意义上理解。

"信念"或"相信"所信的,正是"新意义"的善性。当"相信"情感和"新意义"结合在一起的时,怀疑或虚幻感就被中止了。"新意义"也就获得了扩展自己语境的空间。

不过,需要注意的是,在"相信"中认定的"善性"仅仅是一种肯定性的情感。它能有效抵制理解按照已有标准改造"新意义"的冲动。但是,这种情感中并不包含对"新意义"善性的具体理解。"相信"的特点就在于:它以"冒险"的方式,认定"新意义"具有某种程度的善性,使之获得扩展的空间。它是推动新意义进驻理解的积极力量。有了这种力量,理解就能够以"新意义"为中心重构意义系统。重构的过程,也就是重新整理意义间关系的过程。当重构进行到一定程度之后,新意义就会在意义系统中占据比较确定的位置。这时,我们说它已经进驻理解。② 这也是"赋义"的完成。至于新意义的善性具体如何?它的进驻将如何影响人的生存?这属于"生存分析"的课题,我们留待将来再作讨论。

五 总 结

齐克果《哲学片断》"插入章"将认识对象划分为"直接的"和"非直接

---

① 《哲学片断》,第 84 页("插入章",4:4)。
② 关于"相信"在"新意义"进驻过程中的积极作用,可参考谢文郁:《拯救概念和人类理解困境》,《东岳论丛》,2007 年第 2 期。

的"两类。他认为,"信念"是理解非直接对象的器官。普兰丁格则进一步发现:"相信"不仅伴随着非直接对象的命题,也同样伴随指称直接对象的命题。他把"相信"情感作为知识的资格之一加以讨论。不过,由于"符合论"的固有困境,普兰丁格的认识论无法彻底解决知识资格问题,反而造成生存上的"对等困境"。本文参照贝克莱"人类只拥有观念"的观察,重读"插入章"。在文章中,我们将"认识器官"问题转化为"赋义"问题,并分析了"相信"情感在赋义与理解过程中的积极作用。"赋义问题"摆脱了"符合论"语境,这是对齐克果思路的新发展。

《儒教中国及其现代命运》

〔美〕列文森 著,郑大华、任菁 译

桂林:广西师范大学出版社,2009年5月第1版

该书是列文森最重要的著作,也是美国中国学研究的代表作。在饱含思辨的叙述中,作者从哲学思想、官僚制度、政治文化、社会心理和理想人格等层面,生动分析了儒家文化的精神特质以及儒家社会与政治的本质特征,重点论述了儒家文化在中国走向现代化过程中的角色与命运,洞见迭出。在书中,作者提出了一系列有关传统与现代、历史与价值、保守与激进、东方与西方、民族主义与世界主义等深刻的问题,在之后众多研究中国近代思想史的著作中都得到了或明或暗的回应,成为西方学者研究中国近代思想史之典范。(曹润青)

《戴震集》

[清]戴震 著 汤志钧 点校

上海:上海古籍出版社,2009年7月第1版

该书是中华书局出版的"清代学者文集丛刊"中的一种。全书分为上、下两编,上编收录了经韵楼刊本《戴东原集》,下编则收录了《孟子字义疏证》、《原善》、《绪言》、《孟子私淑录》,另附录了戴震所撰若干序跋,以及段玉裁所撰《戴东原先生年谱》、《戴东原集序》、卢文弨撰《戴氏遗书序》、彭绍升撰《与戴东原书》。该书是系统了解戴震的哲学思想及其考据学成就的重要哲学文本。(曹润青)

《现象学之基本问题》

[德]海德格尔 著 丁耘 译

上海:上海译文出版社,2008年1月第1版

1927年海德格尔在马堡大学开设讲座,《现象学之基本问题》就是由这次讲座的讲义整理而成。本书被认为与《存在与时间》构成了内外篇的关系,它着眼于现象学之基本问题的事实内涵与内在体系,全面深入地研究了《存在与时间》未能写出的第一部第三篇的核心问题,即"时间与存在"。本书第一部分讨论了存在的若干传统的论题,由四个论题构成,即康德的论题,源于亚里士多德的中世纪存在论的论题,近代存在论的论题,以及逻辑论题。未能完成的第二部分试图通过提出作为一切存在领悟之境域的"时间",来回答对基础存在论的追问。通过《现象学之基本问题》,我们不仅能够进一步理解《存在与时间》的核心问题和关怀,而且能够窥见海德格尔向后期哲学的转变。

值得一提的是,本书的译文绝对属于上乘之作。译者所坚持的"信"、"达"、"顺"的翻译原则,对汉语学界的西学翻译具有典范意义。(孙帅)

弗雷格的"真"

蒋运鹏

提 要：本文旨在讨论弗雷格的体系中关于真性（Wahrheit）的理论。真性的符合论（Korrespondenztheorie）或融贯论（Kohärenztheorie）的提倡者一般都认为真性是一种性质（Eigenschaft）。符合论和融贯论的各种版本则为该性质提供了各种不同的逻辑分析。弗雷格对真性的看法和上述观点有本质区别。弗雷格认为，一个不具有断言力量（Behauptungskraft）的、不包含空的专有名称的陈述句表达一个思想（Gedanke），指称两个真值[即真（das Wahre）或者假（das Falsche）]中的一个。没有断言力量的陈述句因此也是专有名称。它指称的物体，即真或者假，分别是两个对象（Gegenstand）[①]。真性就是真这个对象。真性既然是对象，那它就不是概念（Begriff），因此也就不是任何物体[②]的性质[③]。

语言中的一个现象给弗雷格的上述看法造成了一个困难。我们可

蒋运鹏,1981年生,现为海德堡大学博士研究生。

[①] 见 Frege, G., "Über Sinn und Bedeutung"（简称 S&B）. In *Funktion-Begriff-Bedeutung*, ed. by Textor, M. (Hrsg), Göttingen, Vandenhoeck & Ruprecht, 2002, pp. 29-30 和 Frege, G., *Nachgelassene Schriften und Wissenschaftlicher Briefwechsel*. Vol. 1（简称 NS）. Hamburg: Felix Meiner Verlag, 1969, p. 211。

[②] 我是在一种很广泛的意义上使用"物体"这个词的,它大致对应于英语当中的"entity"。根据这种意义,弗雷格的对象和概念都是物体。

[③] 在弗雷格的体系中,性质是概念的一种。参见 Frege, G., Über Begriff und Gegenstand（简称 B&G）, In *Funktion-Begriff-Bedeutung*, ed. Textor, M. (Hrsg), Göttingen: Vandenhoeck & Ruprecht, 2002, p. 56。

以合符语法地使用具有"p这个思想是真的"这种形式的句子(在"p"的位置上应当填入陈述句)。在这里,我们似乎把真性当成一种性质赋予了由"p这个思想"指称的那个思想,这与弗雷格对真性的看法冲突,因为真性在这里看来是一个概念。在弗雷格的本体论中,没有任何物体可以既是概念又是对象。具体来说,本文的主要任务在于澄清弗雷格对这种困难的处理方案。

关键词:弗雷格　真值　思想　概念　谓词　概念文字

一　问题之提出

我们首先来看一段引文:

> 人们也许会倾向于不把思想和真之间的关系看成意义[Sinn]和所指[Bedeutung]之间的关系,而看成是主语和谓语①之间的关系。人们甚至可以说:"5是一个质数这个思想是真的"。但是,在更仔细的考察之后,我们发现,那个句子所说的实际上并不比一个简单的句子'5是一个质数'要多。在上面两种情况当中,对真性的断言[Behaptung der Wahrheit]都包含在陈述句的形式当中。而当它[即陈述句的形式]没有其通常具有的力量的时候,比如说在一个站在舞台上的演员口中,句子'5是一个质数这个思想是真的'也只不过包含了一个思想,一个和简单的句子'5是一个质数'包含的思想相同的思想。由此可见,思想和真之间的关系不能与主语和谓语之间的关系相提并论。②[FZ1]

在讨论这段引文(它是弗雷格著作中比较错综混乱的段落之一)的具体内容之前,我们先来再次明确一下弗雷格的整体思路。弗雷格关于真性的

---

① 需要注意的是,弗雷格在此使用的"主语"和"谓语"这两个词指的不是组成句子的单位,而是组成句子表达的思想的单位。弗雷格自己明确地强调了这一点。参见S&B,p.31。在这种意义上,句子"苏格拉底是聪明的"表达的思想的主语是专有名称"苏格拉底"的意义,而谓语则是"是聪明的"的意义。

② S&B,p.31。这段汉语译文和本文所有汉语译文均由本文作者自己提供。

基本理论是：

> F1. 真性，也就是真，是一个对象。它可以是（没有断言力量的）陈述句的所指。它和思想的关系是（没有断言力量的）陈述句的所指和意义之间的关系。

具有"p 这个思想是真的"这种形式的语句看来与 F1 之间存在矛盾。弗雷格必须在他的哲学体系内部对具有这种形式的语句作适当的处理，消除它们对 F1 的威胁，从而维护 F1。这是蕴涵在引文 FZ1 里的主导思路，也是本文随后的讨论的主导思路。

那么，具有"p 这个思想是真的"这种形式的语句究竟给 F1 造成了什么麻烦？弗雷格自己在 FZ1 里的（没有非常明确地表述，但暗示得足够清楚的）回答是：具有这种形式的语句使思想与真之间的关系看起来是（作为更复杂的思想的组成部分的）主语和谓语之间的关系，这与 F1 不相容。举例来说，句子

(1) 5 是一个质数这个思想是真的。

使得一个思想，即"5 是一个质数这个思想"，和真的关系看来是[(1) 表达的思想的]主语和谓语之间的关系。我认为，我们在这里遇到的第一个问题在于，**弗雷格自己的回答是错误的**。从弗雷格自己的语义学出发，"5 是一个质数这个思想"和真之间的关系根本不可能是 (1) 表达的思想的主语和谓语之间的关系，因为"5 是一个质数这个思想"不可能是 (1) 表达的思想的主语。在 (1) 表达的思想中，我们可以将"5 是一个质数这个思想"这个专有名称的意义看做主语，"是真的"的意义看做谓语。而 5 是一个质数这个思想**是那个专有名称的所指，不是它的意义**。所以，从弗雷格自己的语义学出发，(1) 无论如何也不会让"5 是一个质数这个思想"和真之间的关系**看起来是**[(1) 表达的思想的]主语和谓语之间的关系。弗雷格在 FZ1 里提出的是一个对他自己的体系来说不存在的麻烦。类似 (1) 的句子给 F1 造成的真正困难是另外一种。在 FZ1 成文 14 年之后，弗雷格在另一处文稿里比较清楚地表述了该困难：

> 当我们说"这个思想是真的"的时候，我们好像把真性作为一种性质赋予了一个思想。如果真是这样，那么我们面对的就是一种对象落

在概念之下的情况。一个思想,作为对象,落在了真的概念之下。但这里语言在欺骗我们。我们面对的不是对象和它的性质之间的关系,而是一个符号的意义和它的所指之间的关系。从本质上讲,"2 是一个质数这个思想是真的"所说的并不比"2 是一个质数"要多。如果我们在说第一句话的时候表达了一个判断 [Urteil],那么这也不归功于"真的"这个词汇,而归功于断言力量 [⋯⋯]。① [FZ2]

引文 FZ2 表明,真正的困难在于:(1) 和一个极其普通的句子

(2) 海水是咸的。

看来具有完全相同的句法结构和语义结构。从弗雷格的语义学出发,在 (2) 中,"海水"指称一个对象,"是咸的"指称一个概念。(2) 断言②该对象落在该概念之下。因此,(1) 使得"5 是一个质数这个思想"和真性之间的关系看起来是"5 是一个质数这个思想"所指的对象和"是真的"所指的**概念**之间的关系,③(1) 断言前者落在后者之下。这种对 (1) 的语义阐释在弗雷格的语义学里是完全允许的。换言之,真性是一种性质,它与思想的关系是对象和对象的性质的关系。这与 F1 不相容。

二 解决问题的尝试(一)

弗雷格如何解决该困难?语言的句法结构常常欺骗我们。"飞马不存在"从表面句法看来是一个主谓结构。我们通过谓词"不存在"赋予主语"飞马"指称的物体一种性质。④ 但这种理解造成悖论,所以我们认为表面句法结构在欺骗我们。只要澄清"飞马不存在"真正的逻辑属性,悖论就消失了。类似 (1) 的句子给弗雷格的理论体系中的 F1 造成困难。但这也是语

---

① NS, p. 211.
② 准确地说应当这样表达"当一个人在断言力量存在的前提下说出 (2) 的时候,他断言⋯⋯"。方便起见,我使用了那种严格来讲不正确的表达方式。
③ 如果"是真的"指称什么的话,那么它就指称真性。如果"是真的"指称一个概念,那真性就是一个概念。这是我在整个讨论中预设的前提,也是弗雷格自己预设的前提。该前提自身是可信的。
④ 在这里,我是在句法的意义上使用"主语"和"谓词"这两个词汇。读者不要将这里的用法和 FZ1 里的用法混淆。

言在欺骗我们。这种困难是否也会在类似（1）的句子的真正逻辑属性或其他一些特性被澄清后消失呢？弗雷格似乎的确在尝试这样来解决困难（至少,考察 FZ1 和 FZ2 两段引文,我们很容易得到这样的初步印象）。正如上面所说,弗雷格在 FZ1 中对（1）造成的困难做出了错误的表述。但如果将这个错误的表述替换成 FZ2 里的正确表述,那么 FZ1 和 FZ2 这两段引文似乎都包含了同一个思维模式:类似（1）的句子让人误以为真性是一种性质。但只要澄清 a.（1）和

（3）5 是一个质数。

实际上表达了同一个思想这一事实,并且澄清 b. 句子具有的断言力量并非蕴涵在"是真的"这个词汇中这一事实,人们就会认识到真性不是概念,并且（1）**并未**断言"5 是一个质数这个思想"落在真的概念之下。这样一来,类似（1）的句子对 F1 也就不造成威胁了。可这种初步印象是错误的。弗雷格没有尝试这样来解决困难,因为这样根本不能消除（1）对 F1 的威胁。下面我们来说明原因。

我们首先来谈 a。弗雷格认为,（1）和（3）表达同一个思想。我认为,这个观点可以暂时接受。并且,该观点与弗雷格自己（没有明确提出,但常常使用的）用于判断思想的等同性的标准相吻合。① 现在的问题是:以这个观点为前提,是否可以推导出（1）没有断言一个特定的思想落在真的概念之下（或者对类似（1）的句子的使用并不要求我们承认真性是一个概念）这个结论？首先,我们需要弄清楚（1）和（3）表达同一个思想这一事实是否意味着"是真的"在（1）当中没有意义。弗雷格对此有明确的观点。（在另一处讨论与 FZ1 和 FZ2 里相同的问题时）他写道:

[……]于是人们可能说,"是真的"这个词完全没有意义。但这样一来"是真的"在其中作为谓词②出现的那个句子就也没有意义了。人们只能说:"是真的"这个词有一个意义,但它的意义不为那个它作为谓

---

① 参见 NS, p. 213。请比较 Kemmerling, A., "Gedanken und ihre Teile", In *Grazer Philosophische Studien* 37 (1990), p. 5。
② 在这里,弗雷格指的是句法意义上的谓词,即一个句子的组成部分,不是 FZ1 里的谓语。

词在其中出现的整个句子的意义添加什么。① [FZ3]

如果一个句子包含一个没有意义的组成部分,那么整个句子就没有意义。而(1)明显有意义,所以"是真的"也一定有意义(这个意义以下简称"α")。只不过α不为(1)表达的思想(该思想以下简称"γ")添加任何内容,因为(1)和(3)表达同一个思想γ。可这是很奇怪的。这里的问题是,具体如何理解以下情况:虽然(1)比(3)具有**更多的**意义[(1)除了有"5是一个质数"表达的意义之外,至少还有"是真的"表达的意义,而(3)只有"5是一个质数"表达的意义],它们仍然表达同一个意义(思想)。Kemmerling 提出了一种理解方式:(1)的各个组成部分表达的意义中有两个意义互相抵消,它们分别是α和"这个思想"的意义(该意义以下简称δ)。Kemmerling 的出发点是:(1)的组成部分"5是一个质数"的意义是γ。在这个组成部分后面添加句子名词化算子(Satznominalisationsfunktor)②"这个思想"之后,我们得到一个专有名称"5是一个质数这个思想"。Kemmerling 称该专有名称的意义为"δ(γ)"。显然,δ(γ)不等于γ。因为δ(γ)是一个指称思想的符号的意义③,而γ是一个指称真的符号的意义。意义相等的两个符号在弗雷格的体系中不可能有不同的所指。下一步操作是在专有名称"5是一个质数这个思想"后面添加(句法意义上的)谓词"是真的"。通过这次操作,我们又反过来取消了句子名词化操作的结果,得到一个句子。它的意义是α(δ(γ)),它的所指是真。δ在(1)的意义层面上造成以下变化:它把一个指称真值的符号"5是一个质数"的意义γ转换成了一个指称思想的符号"5是一个质数这个思想"的意义δ(γ)。而α的唯一作用则是在意义的层面上取消这种转换,抵消δ的作用。经过两个互相抵消的操作,最后在意义层面上输出的仍然是最开始的意义γ。而这就是(1)最终表达的思想。当弗雷格说(1)和(3)表达同一个思想的时候,他的意思是α(δ(γ))等于γ。④

---

① NS,pp. 271-272.
② 一个句子名词化算子就是一个把句子转换为专有名称的算子。
③ 请比较 S&B,pp. 33-34。
④ 参见 Kemmerling,A.,"Frege und die Redundanztheorie der Wahrheit",In *Das Wahre und das Falsche: Studien zu Freges Auffassung von Wahrheit*, ed. by Greimann,D. (Hrsg.),Hildesheim/Zürich,New York, 2003,pp. 30-31。

我认为 Kemmerling 的解释可信,可以看做弗雷格没有明确表述的考虑。回到我们最开始的问题:(1) 和 (3) 在此种意义上表达同一个思想是否意味着对类似 (1) 的句子的使用不要求我们承认真性是一个概念?答案是否定的。从上述解释出发,(1) 本质上是一个主谓结构。"是真的"本质上和其他普通的(句法意义上的)谓词具有相同的语义功能。它也有一个有待填充的(ergänzungsbedürftig)意义 α。α 也能和另一个饱和的(gesättigt)意义 δ(γ)一起组成一个思想[它的独特之处在于,它在与一个饱和的意义,比如 δ(γ),组成一个思想的时候,它和 δ(γ)的一部分,即 δ,相互抵消,不为最后输出的思想增添什么。这种**组成方式**是特殊的。普通谓词的意义没有该特性。比如"是咸的"的意义和"海水"的意义的组合方式就十分正常。它们都为它们组成的思想增添内容,不存在任何互相抵消的情况]。既然本质上是一个谓词,它在 (1) 中就应当和其他谓词一样指称一个概念。并且,最关键的是,**它必须指称一个概念**。因为 (1) 指称真这个对象。(1) 的一部分,即"5 是一个质数这个思想",虽然也指称一个对象,但这个对象是 γ,不是真。因此,在 (1) 的所指层面上必须还有一个概念存在,该概念和 γ 一起组成真这个对象。而指称该概念的只能是"是真的"。在这点上,"是真的"从本质上和其他普通的谓词也具有相同的语义功能。简而言之:(1) 和 (3) 表达同一个思想,"是真的"(由于它在句子中扮演的独特语义角色)是个极特殊的谓词。[1] 由于它十分特殊,弗雷格甚至犹豫是否应当把它指称的概念称为一般意义上的性质。[2] 但即使如此,"是真的" 在 (1) 中本质上仍然是一个谓词,它在 (1) 中也必须指称一个概念。由此可知真性是一个概念,并且 (1) 断言 γ 落在真的概念之下。这足以威胁 F1。

现在我们来考虑 b。句子具有的断言力量并非蕴涵在"是真的"这个词汇中这一事实是否意味着对类似 (1) 的句子的使用不要求我们承认真性是概念?答案也是否定的。一个处在特定句子中的(句法意义上的)谓词是否蕴涵断言力量和它是否指称一个概念毫无关系。(2) 中的谓词"是咸的"

---

[1] 弗雷格自己也再三强调这点。参见 Frege, G., "Der Gedanke-eine logische Untersuchung"(简称 DG), In *Logische Untersuchungen*. Göttingen: Vandenhoeck & Ruprecht, ed. By Patzig, G. (Hrsg), 2003, p. 40 和 NS, p. 271。

[2] DG, p. 40。

也不蕴涵断言力量,但这并不妨碍它指称一个概念。a 和 b 这两件事实并不能解除类似(1)的句子对 F1 的威胁。

在弗雷格的体系内部,还有没有别的方法可以解除(1)对 F1 的威胁?人们或许会很自然地想到以下方案:根据(1)的**表面句法结构**(即一个主谓结构),"5 是一个质数这个思想"指称 γ,(1)断言 γ 落在"是真的"指称的概念之下。那么,为了避免承认真性是一个概念,我们是否可以声称(1)的表面结构具有蒙蔽性(我们可以说,这恰恰就是弗雷格在 FZ2 中提到的语言对我们的欺骗)?就像处理"飞马不存在"这个句子一样,我们可以为(1)提供一种与其表面句法结构所决定的语义分析不同的语义分析,并且声称(1)的真正语义结构不要求我们承认真性是一个概念。我认为,无论采用哪种具体的偏离表面句法结构的语义分析,该方案本身都不可行。它至少会面临如下对它不利的因素:第一,虽然(1)有我们已经讲过的特殊性,但没有理由怀疑它不是一个和(2)一样的主谓结构。把它看做一个主谓结构所造成的唯一麻烦在于这样一来会威胁 F1。但是,如果仅仅因为这个原因就对(1)进行脱离表面结构的语义分析,似乎有 *ad hoc*(特设)的嫌疑。第二(也是更重要的一点),弗雷格的语义学在某种程度上是一种十分贴近表面句法的语义学。他总是以表面句法结构为指导,让语义分析服从前者,绝少出现偏离表面句法的语义分析[①]。最典型的例子是对有"马这个概念"这个专有名称出现的句子的语义阐释。这类句子的表面句法和概念的本质特性有冲突。但即使在这种情况下,弗雷格也没有对这类句子作出偏离表面句法结构的语义分析。相反,为了顺从表面结构,弗雷格专门引入了一个特殊的,可以代表概念的对象。[②] 并且,弗雷格的语义学中最核心的两个概念(即对象和概念)本身的解释都与表面语法结构关系密切。[③] 这使得对(1)作出偏离其表面结构的语义分析在弗雷格的体系内不可行。事实上,弗雷

---

① 我的表述或许会引起误会。我当然不认为弗雷格是一个总是按照对表面结构的通俗理解来进行语义分析的哲学家。弗雷格对表面句法结构中那些暗示语义结构的句法成份的把握比通俗看法要敏锐得多。在弗雷格看来,通俗看法由于忽略这些成份所暗示的语义结构,往往会进行错误的语义阐释。但一般来说,弗雷格对任何一个句子的语义分析都可以在句子的表面结构中找到依据。
② 见 B&G, pp. 51-52.
③ 见 B&G, pp. 50, p. 53.

格自己从未采用或暗示过这种解决方案。

这里的结论是:在弗雷格的体系内部,对于具有"p 这个思想是真的"这种形式的句子的语义分析不可避免地会导致一个结果,即真性是一个概念。弗雷格不能反驳这一结论。并且,我认为,他在 FZ1 和 FZ2 中也没有尝试反驳这一结论。

三 解决问题的尝试(二)

下面的讨论分两步进行。首先我将陈述弗雷格解决具有"p 这个思想是真的"这种形式的句子造成的困难的真正方案,然后我将解释该方案为什么在弗雷格的体系内部可以解决困难。我认为,弗雷格的真正方案是:完全放弃使用类似(1)的句子,完全放弃使用"是真的"这个(句法意义上的)谓词。针对该方案有一种很自然的反驳:我们的主要困难是,对于具有"p 这个思想是真的"这种形式的句子的语义分析迫使我们承认有真性这样一个**概念**存在,这与 F1 不相容。这类句子和词汇"是真的"的存在和对它们的语义分析是**我们承认真性是一个概念的原因**,但不是**真性这个概念存在的原因**。仅仅将指称这一概念的词汇和包含这个词汇的句子从语言中清除难道就能让这个造成麻烦的**概念本身**消失吗?要回答这种反驳,必须仔细考察弗雷格的一个基本的本体论观点,即思想本身没有组成部分。

在论文〈概念和对象〉中,弗雷格考察了以下两个句子:①

(4) 至少存在一个 4 的平方根。

(5) 4 的平方根这个概念是被满足的②。

对于(4),弗雷格作出了如下的语义分析:"4 的平方根"指称一个一级概念(即对象可以落在其下的概念),"至少存在一个"指称一个二级概念(即一级概念可以落在其下的概念)。相应地,"4 的平方根"有一个指称一级概念的符号的意义(该意义以下简称 A1),而"至少存在一个"则有一个指称二级概念的符号的意义(该意义以下简称 B1)。(4)断言那个一级概念

---

① 参见 B&G, p.54. 弗雷格考察这两个句子的具体讨论背景我们在本文中无须考虑。
② 所谓一个概念被满足,就是指至少有一个对象落在这个概念下。

落在那个二级概念之下。就(4)的情况而言,弗雷格称那个二级概念为"陈述(Aussage)",该陈述是针对那个一级概念作出的。对于(5),弗雷格则作出了如下的语义分析:"4 的平方根这个概念"指称一个对象,"是被满足的"指称一个一级概念。相应地,"4 的平方根这个概念"有一个指称对象的符号(即专有名称)的意义(该意义以下简称 A2),而"是被满足的"则有一个指称一级概念的符号的意义(该意义以下简称 B2)。(5)断言那个对象落在那个一级概念之下。就(5)的情况而言,弗雷格称那个一级概念为"陈述",该陈述是针对那个对象作出的。① 按照弗雷格的看法,A1 是一个第一级的有待填充的意义,B1 是个第二级的有待填充的意义。与(4)对应的思想的结构是 B1(A1)。A2 是一个饱和的意义,B2 是个第一级的有待填充的意义。与(5)对应的思想的结构是 B2(A2)。虽然 B1(A1)的逻辑结构和B2(A2)有本质差别,但弗雷格却声称,B1(A1)等同于 B2(A2)。② 这如何可能?弗雷格立刻回答了该问题。他写道:

> 只有当一个人没有考虑到思想可以用各种形式进行拆分,并且有时让这个、有时让那个作为主语和谓语③出现的时候,他才会对这种情况感到惊奇。单纯通过思想本身,什么是主语还不能得到确定。如果一个人说:"这个判断的主语"④,那么只有当他同时指明一种特定的拆分的时候,他才[用那个短语]指称了一个特定的东西。人们通常通过语言来做到这一点[即指明一种特定的拆分]。人们永远不可以忘记不同的句子可以表达相同的思想。⑤ [FZ4]

在论文〈概念和对象〉的草稿中(成文大约在论文最后发表的版本前 1 年),在和 FZ4 相对应的位置,弗雷格写道:

---

① 弗雷格对"陈述"一词的使用或许比较独特。不过,有明确的证据证明弗雷格的确是这样使用这个词的。参见 NS, p.231。
② 参见 B&G, p.54. 我在这一段里对弗雷格的表述作了必要的整理,使之更有条理。
③ 再次提醒读者注意:根据在引文中没有出现的上下文,弗雷格在此使用"主语"和"谓语"的时候,他指的明显又是意义层面上的单位。就(4)而言,我们可以说主语是 A1,谓语是 B1。就(5)而言,我们可以说主语是 A2,谓语是 B2。
④ 准确地说,弗雷格指的是被认定为真的思想的主语。关于判断和思想的关系,见 DG, p. 41。
⑤ B&G, p.54。

内容①可以用不同的形式进行拆分[……]诸如"可判断的单称内容[singulärer beurteilbarer Inhalt]","可判断的特称内容[partikulärer beurteilbarer Inhalt]"之类的表达方式也不精确。因为这样一来内容本身就被赋予了一种特性,而该特性本来只属于内容的特定形式,即一种特定的分出主语和谓语的拆分方式。② [FZ5]

由以上两段引文来看,弗雷格的明确回答是:思想可以用不同的方式被拆分成不同的逻辑组成部分,但它**本身**没有先在的逻辑结构(或者说没有先在的逻辑上的组成部分,比如主语和谓语)。就一个思想来说,我们只能**相对于**它的一种特定拆分方式(这种方式由表达思想的句子决定③)来谈论它的逻辑组成部分。因此,B1(A1)和B2(A2)是同一个思想(以下简称Γ1)的不同拆分方式。因拆分方式不同,所以拆分后的逻辑结构不同,但这并不影响思想本身的等同性。我们将该理论称为"思想的无定形理论",简称"无定形理论"。④

在继续讨论之前,让我们来更精确地表述"一个思想本身没有先在的逻辑组成部分"的意义:一个思想Γ本身没有先在的逻辑组成部分,当且仅当不存在满足以下两个条件的 x 和 y:1) x 和 y 组成Γ。2)对于所有的 z 来说,如果 $z \neq x$ 且 $z \neq y$,那么就不存在一个可以和 z 组成Γ的 z^*(x,y,z 和 z^* 都是符号的意义层面上的单位)。⑤ 比如,Γ1 在这种意义上就没有先在的逻辑组成部分。因为 B1 和 A1 组成Γ1,并且 $B2 \neq B1, B2 \neq A1$,但是却存在

---

① 在这里,可以将"内容"和"思想"看做同义词。
② NS,pp. 117-118. "可判断的单称内容"指的是最简单的有主谓结构的思想,比如(2)表达的思想。"可判断的特称内容"指的是带有存在量词的句子[比如(4)]表达的思想。在使用这些表达式的时候,我们实际上是在根据**思想自身的逻辑结构**来对其进行分类。这是弗雷格不赞同的。
③ 严格来说,在弗雷格的体系内,甚至一个句子也不能完全决定它所表达的思想的拆分方式。参见 B&G,pp. 54-55。为了简便起见,这一点我们在本文中就不予考虑了。
④ 需要注意的是,FZ4 和 FZ5 成文的时间相隔近一年,弗雷格的观点一直没有变化。可见,无定形理论是深思熟虑的结果,而不是一时的表述误差。并且,弗雷格还在其他很多地方强调过无定形理论,参见 NS,p. 203 和 p. 218。据我所知,Kemmerling 第一个在弗雷格阐释的领域内正式提出了无定形理论。参见 Kemmerling,op.cit. 在弗雷格的其他阐释者中,也有人认为弗雷格并未提倡无定形理论,见 Mayer,V. E.,"Zerlegung und Struktur von Gedanken",In *Grazer Philosophische Studien* 37(1990),pp. 31-57. 我不拟在此深究。总的来说,我认为这些阐释者错了。
⑤ 这种表述方式的基本思路见 Kemmerling,op. cit.,p. 3. 虽然我们在这里只考虑到了Γ被拆分为两部分这种最简单的情况,但根据我们的基本思路,不难处理更复杂的情况。

一个可以和 B2 组成 Γ1 的 A2。换言之，我们可以说，一个思想 Γ 本身没有先在的逻辑组成部分，当且仅当拆分 Γ 之后出现的任意一种逻辑结构在 Γ 的个体化原则（Individuationsprinzip）里不扮演任何角色。弗雷格的无定形理论可以表述为：对于任意一个思想 Γ 而言，Γ 在上述意义上没有先在的逻辑组成部分。①

弗雷格在另一处写道：

> 人们可以说，判断就是在真值内部区分出不同的组成部分。这种区分通过回到思想来进行。每一个和一个真值对应的意义［即思想］都对应一种特定的拆分方式。② （FZ6）

显而易见，在弗雷格的体系内，真值可以有很多种拆分（它们的拆分方式比任何一个思想的拆分方式要多得多），它本身也没有先在的逻辑组成部分③。FZ6 表明，对真值的拆分，即在一个句子的所指层面上进行的拆分，取决于对该句子表达的思想的拆分。我们按照表达思想的句子决定的方式来拆分思想，然后根据思想的拆分方式来拆分思想对应的真值。具体例子上面已经举过很多。④

既然思想本身没有先在的逻辑组成部分，为什么要拆分思想？弗雷格的文稿为这个问题也提供了一个答案。带有（现代逻辑中称为）全称量词和变项的语句都表达某种普遍性，比如：

---

① 在无定形理论的背景下，理解 $\alpha(\delta(\gamma)) = \gamma$ 不再困难。$\alpha(\delta(\gamma))$ 只是 γ 的一种较复杂的拆分方式，拆分之后的逻辑结构不同不影响思想本身的等同性。只不过，在大多数情况下，要理解在不同方式的拆分后形成的不同逻辑组成部分具体**如何**构成同一个思想很困难［比如在 B1(A1) = B2(A2) 这种情况下就很难］。$\alpha(\delta(\gamma)) = \gamma$ 是一个特例。Kemmerling 解释了 α, δ 和 γ 构成 γ 的具体过程。
② S&B, p. 32. 显然，我们不应当这样理解弗雷格的话：每一个思想**本身**都对应一种特定的拆分真值的方式。思想本身是不规定特定的拆分方式的。弗雷格的意思应当是：每一个思想的每一种拆分方式都对应一种拆分真值的方式。（4）和（5）都指称真值，请比较弗雷格对它们的语义分析。
③ 对此更精确的表述可以借用我们上面针对"一个思想本身没有先在的逻辑组成部分"的精确表述的基本思路。只有几处需要作相应的改动。我在此省略该项工作。
④ 顺便提一句，在本文第二节末尾，我们谈到弗雷格的语义学在某种程度上是一种十分贴近表面句法的语义学。从当前的讨论背景出发，这一特点便十分容易理解。既然思想和真值本身没有先在的逻辑组成部分，那对一个句子来说，当然也不存在所谓真正的或者深层的语义结构。只要一个句子表达一个思想，那这个句子的句法结构就决定了那个思想的一种拆分方式。各种拆分方式的地位是平等的。

(6) 对于任意的 x 来说,如果 x 大于 2,则 x 的平方也大于 2。

弗雷格称(6)为"普遍句子(allgemeiner Satz)"。把(6)中的 x 替换成任意一个数的名称,去掉全称量词,我们就得到一个不带变项的句子,比如"如果 3 大于 2,则 3 的平方也大于 2"。弗雷格称这样的句子为"特殊句子"(besonderer Satz)。① 谈到普遍句子的时候,弗雷格明确说道:

> 只有在这时[即涉及到普遍句子时],我们才有必要将一个句子拆分成一些本身不是句子的部分。② [FZ7]

在谈到同一话题时,弗雷格还写道:

> 只有在这时[即涉及到普遍句子时],我们才有必要将一个思想拆分成一些本身不是思想的部分。③ [FZ8]

举例来说,在面对某个按照上述操作由(6)生成的特殊句子时,我们面对的总是不包含空位的完整句子。在对这样一个完整的句子进行语义分析的时候,我们只需说明它(作为未经拆分的整体)表达某个(未经拆分的)思想,这个思想对应(未经拆分的)真或者伪就够了。而在普遍句子里,出现了不完整的句子。比如在(6)里,"x 大于 2"和"x 的平方也大于 2"就不完整。"大于 2"和"的平方也大于 2"的左边都有一个"x",它代表空位。专有名称可以作为独立的单位轮流填入该空位,构成完整的句子。代表空位的变项使得可以构成完整句子的各部分开始**分开出现**。所以,在对(6)进行语义分析的时候,必须对这些分开出现的(本身不是句子的)单位进行语义分析。这种语义分析于是引出对思想(乃至对真值)的拆分:"大于 2"和"的平方也大于 2"带有空缺,它们表达有待填充的意义,指称有待填充的物体,即概念。可以代替"x"的符号则是专有名称。它们表达饱和的意义,指称对象。④

简而言之:弗雷格认为,句子的拆分和句子意义层面上的拆分(以及随

---

① NS, p. 217.
② Ibid.
③ NS, p. 203.
④ 请比较 NS, p. 217。

之而来的句子所指层面上的拆分)都只有在涉及带有变项的普遍句子和对它们的语义分析时才是**必要**的。在对一个特殊句子进行语义分析的时候,任何一个层面上的拆分都没有必要。那么,下一个问题是:我们为什么需要把普遍句子纳入考察范围?答案是:**为了使语言和思想的联系系统化**。我们可以将对一种语言的考察限制在诸如"如果 3 大于 2,则 3 的平方也大于 2","如果 8 大于 2,则 8 的平方也大于 2"这样的特殊句子的范围内,对这些特殊句子进行上面已经提到过的简单的语义分析。这样,我们在某种程度上也可以建立语言和思想的联系:我们至少可以说出哪些句子(作为未经拆分的整体)表达哪些(未经拆分的)思想,这些思想各自又对应哪个(未经拆分的)真值。但是,这样的联系不够系统。比如,我们只知道一件事实,即有上述两个特殊句子,它们各自都表达一个与真对应的思想,但不知道这件事实是否由某种普遍规则决定,也无法从这样的普遍规则出发,对无限多的特殊句子所表达的思想是对应真还是对应伪作出预测。要做到这点,必须使用普遍句子。句子,句子的意义,句子的所指三个层面上的各种拆分由此出现。①

这里的结论是:思想和真值本身没有先在的逻辑组成部分。拆分它们是使用语言的人类进行的工作。准确来说,使用语言的人类需要用一种经过拆分的方式来把握(fassen)思想,因为人们需要使语言和思想的联系系统化。

经过上面的准备,我们可以讨论我们在这一节开头提出的问题了。我们首先注意到的是,有两类物体,一类是有待填充的意义和与之对应的概念,另一类是思想和真值,这两类物体有本质区别:假如没有人类,没有语言,或者没有系统化的需求,后一类物体仍然会存在,而前一类物体则不然。如果没有人类和语言,就不会有对思想的拆分和随之而来的对真值的拆分,没有这种拆分,也就不会有有待填充的意义和概念存在。弗雷格多次强调②,思想的存在不依靠人。人们把握思想,但思想并非是**通过人们对它们**

---

① 当然,对特殊句子进行各个层面上的拆分不是**不允许**的。弗雷格在他的著作中随处都在对各种各样的特殊句子(即不带有变项的句子)进行各个层面上的拆分。需要记住的只是,如果不是为了追求句子和思想的联系的系统化,不是为了分析普遍句子的语义,拆分是**不必要**的。

② 参见 DG, pp.60-62。

的把握而产生的。但是,从某种程度上讲,有待填充的意义和概念却是人们在(系统地)把握思想的时候**制造**出来的。这里,我们会面临一种反驳:以(2)为例,根据句子的意义层面上的拆分,我们把(2)指称的真值拆分为"海水"指称的对象和"是咸的"指称的概念。海水和那个概念一样都是在真值被拆分之后才作为真值的组成部分出现的。但是,这并不意味着如果没有对真值的拆分,海水本身就不存在。所以,上面的整个讨论只证明了如果没有人类和语言以及随之而来的拆分,概念就不会**作为真值的组成部分**出现,但没有证明如果没有拆分,概念本身就不存在。①

这个反驳不成立。弗雷格在1882年8月29日的一封信中写道:

> 我不认为概念的构建可以先于判断进行,因为这预设概念可以独立存在。我的观点是:概念是通过可判断的内容的拆分形成的。② [FZ9]

判断即对真值的拆分,而这种拆分是由思想的拆分(即可判断的内容的拆分)决定的(见FZ6)。弗雷格的明确观点是:概念是在拆分真值的时候形成的,是拆分的产物。没有先于拆分独立存在的概念。③ 因此,我坚持我的阐释观点:概念是人们系统地把握思想时的产物。④

概念是真值拆分的产物。脱离真值的具体拆分,具有"x这个概念存在吗?"这种形式的问题无意义。一个概念总是相对于真值的某种拆分方式存在的。真值本身没有先在的逻辑组成部分,它的具体拆分方式由指称它的

---

① 在本文中,我是在一种相当日常的意义上使用"存在"这个词的。该词的使用和弗雷格的关于存在的理论无关。
② Frege, G., *Nachgelassene Schriften und Wissenschaftlicher Briefwechsel*. Vol. 2, Hamburg: Felix Meiner Verlag, 1976, p. 164.
③ 这个观点和无定形理论一样,贯穿弗雷格思想的始终。到了1919年,弗雷格仍然认为概念是真值拆分的产物。参见 NS, p. 273。
④ 顺便提一点:弗雷格的无定形理论和他对概念的本体论地位的看法构成了他和罗素在本体论上的重要区别。按照罗素的逻辑原子论中的本体论,无论有没有语言或由系统化的需求造成的各个层面上的拆分,世界上都有个体、个体的性质和个体之间的关系。它们是独立存在的、构成世界的基本元素。这些元素构成各个原子事实。原子事实的存在也不依靠语言和各个层面上的拆分,并且它们自身都有特定的逻辑结构。而在弗雷格的本体论中,如果没有语言或由系统化的需求造成的各个层面上的拆分,世界上只存在以下几种物体:物理意义上的个体、未经拆分的思想和两个未经拆分的真值。各种性质(相当于弗雷格的有一个空位的概念)、各种关系(相当于弗雷格的有两个空位的概念)、其他函项(Funktion)和具有特定逻辑结构的事实在这种情况下都不存在。

句子表达的思想的拆分方式决定,而这个思想的拆分方式则由表达它的句子来决定。一门语言的所有句子加起来可以提供数目庞大的拆分真值的方式,从而在系统化的环境下制造出一系列概念。**对于任意一个门语言 S 来说,哪些概念相对于 S 来说存在(或者说 S 可以制造出哪些概念)最终取决于 S 中包含什么样的句子和什么样的词汇。**只有当弗雷格所使用的语言中存在具有"p 这个思想是真的"这种形式的句子和"是真的"这个词汇的情况下,他才需要在他的体系内承认有一个由"是真的"指称的概念(即真的概念)存在。当然,我们上面谈到过,这些句子本身严格来说并不迫使弗雷格对它们表达的思想和它们指称的真值进行拆分,它们仅仅决定可以进行的拆分的方式[具有"p 这个思想是真的"这种形式的句子规定,如果要对它们进行拆分,那么在句子层面上应当区分出(句法意义上的)主语"p 这个思想"和谓语"是真的"。意义和所指层面上的拆分也由此得到规定]。① 鉴于它们规定的拆分方式,对系统化的追求使得弗雷格必须对"是真的"做出独立的语义分析。这迫使弗雷格承认真的概念的存在。所以,只要弗雷格将类似(1)的句子和"是真的"从他使用的语言中清除出去,他就没有必要在他的体系内承认真性这个**概念**的存在,F1 也就不再受威胁。例如,当弗雷格使用的语言中包含(1)这个句子的时候,鉴于这个句子所规定的对 γ 的拆分方式,弗雷格在系统化的背景下就必须将 γ 拆分为 $\alpha(\delta(\gamma))$,并且承认 α 对应的那个概念(即真的概念)的存在。而同样表达 γ 的(3)这个句子就不会制造出真的概念。就弗雷格的体系而言,类似(1)的句子和"是真的"这个词汇的存在是**真性这个概念存在的原因**,而不仅仅是**人们承认后者存在的原因**。

那么,最后一个问题是:弗雷格能将类似(1)的句子和"是真的"从他使用的语言中清除出去吗? 弗雷格自己的明确回答是:能。② 其原因在 FZ1 和 FZ2 中已经提到过了:第一,使用"p 这个思想是真的"这样的句子并不使语言能够表达的思想的数目增大。所有它们表达的思想都可以用"p"

---

① 我再强调一遍:严格来说,句子还不能决定它表达的思想和它指称的真值的拆分方式,见本书第 149 页注释③。简便起见,我在本文中对这点不予考虑。
② 参见 NS,p. 251 和 DG,p. 41。

来表达。第二,"是真的"在表达对一个思想的判断这件事上也是多余的。在所有使用"是真的"可以表达判断的场合下,不用这个词汇也可以表达判断。在所有不用这个词汇不能表达判断的场合下,使用它也不能表达判断。所以,根据弗雷格的看法,"是真的"完全是多余的,放弃它不会造成任何困难〔因此,以上两点不是类似(1)的句子不会对 F1 造成威胁的直接原因,但却是弗雷格得以消除这种威胁的间接原因〕。概念文字(Begriffsschrift)是弗雷格发明的一种在他自己看来比较完美的表达思想的符号系统。在概念文字里,类似(1)的句子和"是真的"的确没有再出现。

四 结 论

我将讨论的结果总结如下:类似(1)的句子不对 F1 造成威胁。其他人可以按照他们的需求继续使用一种包含"是真的"这一词汇的语言,但弗雷格可以拒绝使用这种语言。弗雷格的观点是:思想和真性的关系是句子的意义和所指之间的关系。包含"是真的"这一词汇的语言通过包含一个没有必要出现的词汇使得真的概念这个没有必要制造出来的概念在系统化的背景下产生,进而对 F1 形成威胁。在这种意义上,弗雷格说语言有欺骗性(见 FZ2),因为类似(1)的句子使 F1 看似遭受了真正意义上的威胁,但这种威胁实际上却是语言在**没有必要的情况下**制造出来的。通过对(不包含"是真的"这个词汇的)概念文字的采用,我们可以在不削弱语言表达思想的能力的同时避免那种语言虚构出来的威胁。弗雷格没有明确表达这点,但我认为,这的确是他为我们在本文提要里提出的困难设想的解决方案。当然,如果我们站在弗雷格的体系之外,用批评的眼光来看待这个解决方案,它的可行性是可以争议的。至少,它的可行性的一个重要依据,即谓词"是真的"的确像弗雷格想的那样**完全**多余,是可以争议的。

《马基雅维利的事业——〈君主论〉疏证》

〔美〕德·阿尔瓦热兹　著，贺志刚　译

上海：华东师范大学出版社，2009年7月第1版

  德·阿尔瓦热兹是马基雅维利研究的资深学者，也是《君主论》的英译者之一。学界一直以来都有议论，说《君主论》没阐发什么论点，只是提出一些散乱的想法。德·阿尔瓦热兹反对这个意见。他认为，虽然在《君主论》中自始至终都有岔开正题的话，但在弄清了此书每一章的意义之时，一个巧妙建构的论点将会显现出来，清楚不过地显现在各章的关系之中。在此书中，作者试图通过对《君主论》各章节的详细疏解，来引导读者自己去发现马基雅维利的真实意图。（林丽娟）

什么样的社会能使人的"个性"得以彰显？
——《德意志意识形态》中"我的交往"部分解读

聂锦芳[*]

提　要：《德意志意识形态》"通行本"的目录和正文中遗失了"我的交往"部分四节内容，本文根据《唯一者及其所有物》中的相关部分对此进行了复原；之后又梳理和分析了施蒂纳的论述与马克思、恩格斯对其极其详尽的批判，指出前者把"我"的个性作为理想的社会形态和真正的交往关系的准则、依据、理由、出发点乃至归宿，与后者所认定的所谓"个性解放"只能是社会变革的产物的观点，与其说是对立的，还不如说是可以互补的。因为人与社会、人与"我"、"我"的个性与共性之间的复杂关系本身就不可能得到一劳永逸的解决，它们既是相互冲突的，又是可以融通和互动的。

关键词：社会　唯一者　暴动　联盟

一　"通行本"[①]目录和正文中遗失了哪些内容？

按照《唯一者及其所有物》的论述顺序，在"所有者"部分"我的权力"之

---

[*]　聂锦芳，1966年生，北京大学哲学系教授、博士生导师。

[①]　这里指的是 Сочинения К. Маркса и Энгельса. том3, Государственное издательство политической литературы, 1955；*Werke Karl Marx / Fridrich Engels*, Band3, Dietz verlag, Berlin, 1958；以及以它们为母本翻译的中文本《马克思恩格斯全集》第3卷，北京：人民出版社，1960年。

后讨论的是"我的交往",而基本上是按照该书逐章逐节展开批判的《德意志意识形态》的通行本目录中却没有出现"我的交往"字样①。编者在正文中标明"这里缺少十二页手稿"②,而从前面的论述看,"我的权力"部分实际上已经接近尾声,因此,遗失掉的手稿中只有很少部分是属于这一节的,绝大部分则属于"我的交往"部分的内容。据此,我认为,在通行本《德意志意识形态》的《目录》中"Ⅲ.犯罪"的第三部分"C.通常理解的和非通常理解的犯罪"之后就应该是"我的交往"部分。遗留下的手稿中这部分最先出现的题目是"5.作为资产阶级社会的社会",这说明前面有四节遗失了。那么这四节的内容是什么呢?这只能回到《唯一者及其所有物》中相关部分去探究了。

施蒂纳在其书中的这一部分没有再细列标题,但根据其内容,他一开始就用很大的篇幅论述"社会"问题,而且层次很清楚,即按照对"社会"的一般解释、"监狱"、"家庭"、"国家"、"资产阶级社会"的顺序次第展开分析,因此我们大致可以判明,这就是细列了标题的《德意志意识形态》原始手稿中"社会"部分的5节内容。这样,现有的《目录》就需要在"C.通常理解的和非通常理解的犯罪"和"5.作为资产阶级社会的社会"之间插入下列内容:

B.我的交往③

　Ⅰ.社会④

　1.施蒂纳的社会⑤

　2.作为监狱社会的社会

　3.作为家庭的社会

　4.作为国家的社会

以下我们讨论这四节的思想内容。

---

① Сочинения К. Маркса и Энгельса. том3, C.627;*Werke Karl Marx/Fridrich Engels*,Band3, S.294;《马克思恩格斯全集》,第3卷,"目录"第Ⅲ页。
② 马克思、恩格斯:《德意志意识形态》,《马克思恩格斯全集》,第3卷,第400页,北京:人民出版社,1960年。
③ 这一行与上面"A.我的权力"对齐,参看《马克思恩格斯全集》,第3卷,《目录》第Ⅲ页。
④ 这一行与下面"Ⅱ.暴动"对齐。
⑤ 这一行及以下三行与"5.作为资产阶级社会的社会"对齐。

我们先来看施蒂纳在"我的交往"部分为什么要讨论"社会"问题。

按照通常的理解,施蒂纳关于"唯一者"的主张极易被定性为极端的个人主义,而个人主义又常被用来指那些不与他人交往、喜欢离群索居、极端自私的人的品性。然而,仔细甄别一下,就可以知道,施蒂纳的"唯一者"与此并不相同,其内涵要远为复杂。我们阅读《唯一者及其所有物》全书,绝对不能得出结论说,施蒂纳是一个无视现实、社会、历史乃至他人的人;不过,他的异人之处在于,他经常思考的是,现实、社会和历史会塑造出怎样的人,它们对于"我"来说有什么样的意义、会产生出什么样的后果;他所阐发的"唯一者"不是要离开现实、社会和历史,在其之外坚持独自性,而是要在其之中甄别"人"与"我"的分野,寻求对现实、社会、历史乃至他人的超越。他指出,社会是现代需要"特别注意"的问题,因为"除了社会问题外,没有任何其他问题对每个人来说会表现出一种如此活生生的兴趣"①。如果对社会问题缺少激情和困惑,那么在观察它时就不会注意到,正是在社会中个体是如何从我们的眼中丧失的;也就不会认识到,只要组成社会的人依然是旧人,社会就不能变成新的社会,是社会成员的性质决定了社会的性质。在施蒂纳看来,在社会中人们自然要进行交往,但这里只有"人"的交往,而没有"我的交往",就是说,在交往中"我"丧失了,没有了。这样,对"我的交往"的讨论自然就要从分析"社会"的症结开始。

为此,施蒂纳首先就要对"社会"这一概念的含义做一番考察了。

1. 社会一词的自然意义

施蒂纳说:社会(Gesellschaft)这个词的根源是大厅(Sal)。如果说一个大厅容纳了许多人,那么这个大厅就是他们生活的社会。在这之中,又会形成一个"沙龙"社会,他们会以"沙龙"的传统谈话方式进行交谈,哪怕仅仅是在空洞的客套中互相应付(当然也会有沉默不言的人)。交往是活动着的个人之间的交易,是双方相互的关系;而在大厅中,人们是"被组合起来的"。人们大概会习惯地说:"人们共同掌握这个大厅",然而情况倒是这样:大厅掌握人们或在自身中拥有人们。

---

① 施蒂纳:《唯一者及其所有物》,金海民译,北京:商务印书馆,1997年,第227页,译文根据 Max Stirner, *Der Einzige und Sein Eigentum*, Stuttgart: Philipp Reclam, 1972 做了改动。

这就是社会一词的自然意义。它表明,社会并非是通过"我"和"你"创造出来的,而是一个把人们组合在一起使其成为社会成员的第三个要素;同时还意味着,只有这第三个因素才是创造者。这样说来,社会提供了人们交往的条件,但却因此剥夺了人的个性。而"真正的交往"就是要把这种交往看作是与社会"无关"的事情,即不受社会的影响和牵制的事情;或者说,如果不改变通常称之为"社会"的异己性质,"真正的交往"就不能进行。

2. 作为"监狱"的社会

施蒂纳认为,离开自然意义(大厅)的第一个社会样态是监狱社会或监狱集体。这是比仅仅作为地点的大厅内容更丰富的"第三个因素"。"监狱"不再仅仅意味着一个一般的空间、一个普通的建筑物,而是与在它之内的居民有着明确的特定的关系,即它仅仅是为监禁者而准备的。人仅仅是由于住在监狱中而成为囚犯的,监狱决定了他们的生活方式,也规定了他们的交往方式,即他们只能作为囚犯而互相交往,也就是说只能在监狱法规所允许的范围内交往。

然而,"囚犯"只是监狱中的某个人一个方面的特征,这是他与自己有相同经历和命运的人的共同性,而排除了这一方面才能体现出他在这一群体中的独特性,这才是他自己个性的表征,以此来与他人交往,才是"利己主义者"之间的交往、纯粹个人的交往。在施蒂纳看来,只有后一种交往才真正是"你"和"我"之间的交往。然而,这就要给监狱带来危险,因此它从不允许这样的事发生。① 监狱制度作为现存的而且被认为是神圣的制度,绝不容许破坏它的规则的任何尝试,对其最轻微的攻击都被看作是应予惩罚的。这种分析使施蒂纳意识到,如同大厅一样,"监狱看来就形成了一个社会,一个集体,一个共同体(如劳动的共同体),然而没有交往、相互关系、团结";相反,在监狱中的每一个体的任何交往都可能孕育一种被视为"阴谋"的最危险的种子,因为通常人们并非是自愿进入监狱的,也极少自愿留在那里,所以人们之间的交往往往会是"敌意地对待监狱社会的而且旨在寻求恰恰是这种社会、共同拘禁的消灭",而"这种子在最有利的条件下就能够发芽成长

---

① 施蒂纳举例说,基于这一理由,法国议会曾决定对囚犯实行"单独监禁",以便铲除"败坏道德的交往"。

和结果"①。

因此,为了实现真正的交往,我们就需要离开监狱寻求新的共同体,那里不仅是"我们愿意和自愿"留下来的,而且利己主义者不断提升的自我欲求也不会危及这一共同体。

3. 作为家庭的社会

作为"我们自愿"留下来的共同体首先出现在家庭中。双亲、夫妇、子女、兄弟、姊妹,还可能包括注重远亲关系、愿意为家族而效劳的旁系亲族,他们共同形成一个整体,构成了一个家族。如果家庭的法规、孝道、悌爱等为其成员所遵守,那么家庭就会成为一个真正的共同体。有一件事情对于每一位家庭成员来说必须是确定和神圣的,即家庭自身的要旨在于孝道。个人只有把家庭的存在作为他们的使命,他们才在完全的意义上是家庭的成员;对于一种持续的关系来说只有通过持续的孝道,这一家庭的精神方能产生和延续。如果一个儿子后来意识到有比其早就过去了的通过脐带表明的母子关系更大的意义的自我追求,或者把双亲和兄弟姊妹看得无关紧要,甚至看出家庭实际上是与利己主义为敌的,进而怀疑起维系这一共同体成员命脉的基础的话,那么他就会成为家庭的"罪人"。这样,他必然面临着一个矛盾:一方面,他曾经在这一血缘的、肉体的联系中生活过,这一既成的事实是取消不了的,他无可否认地仍然是、永远是这一母亲的儿子和她的其他孩子的兄弟,为此他必须顺从家庭,缔结一个与家庭的要求相适应的婚姻,获得一个与家庭地位相协调的职衔等等,简言之要"使家庭体面";然而,另一方面,"他的血管里,利己主义的血液火热地沸腾",自我的独立与追求要求他宁愿成为家庭的"罪人",回避家庭的法规。

那么进一步追问:两者之中什么更扣动"我"的心弦呢?是家庭的幸福还是"我"的幸福?施蒂纳也知道,在很多情形下,两者彼此可以和平相处,家庭的利益同时也是"我"的利益,反之亦然。因此很难判定,"我"究竟是为自己还是为家庭利益②作出考虑和选择,甚至"我"也许很乐意用大公无私和对家庭的付出来安慰自己。但是,他指出,总有那么一天,一个非此即

---

① 施蒂纳:《唯一者及其所有物》,第237页。
② 施蒂纳将其称为"为公共利益"。

彼的抉择会不可避免地出现,乃至使人心灵颤抖不已,那时"我"正着手玷污族谱、双亲和兄弟姊妹;因为,"我"在"我的良心"的基础上必须考虑:对于"我"来说,是否在任何时候孝道都要高于利己主义?经过思索和权衡,最终"自私者"将不会在大公无私的外表之前躲藏起来,因为在其心灵中会升起一个愿望,它每时每刻都在发展、成长为激情。就像《罗密欧与朱丽叶》中的朱丽叶,不受拘束的激情无法驯服并且最终击垮了孝道的大厦。当然这种情况也可以看作是家庭抛弃了执著于自己意志而把自我的激情看得重于孝道的人;但对于"不孝者"自身来说,他们并不是被逐出的,而是自我放逐——他们确实明白,为了成就自我、达到"唯一者"之境,必须把自己的激情、自己的意志看得比家庭的维系还要重要,必须从中超脱、超越出来。

4. 作为国家的社会

于是,利己主义者就"摧毁了家族的羁绊",在国家中寻找真正交往的可能性。家国一体,不仅是中国的传统观念[①],施蒂纳也把国家看作是"已遭到很大污辱的家族精神的保护者"。那么,在国家之中情况又会怎样呢?他的分析表明,这次恰恰又"陷入一个新的社会之中,在那里等着他的利己主义恰恰是他刚刚摆脱的、同样的陷阱和罗网。因为国家同样是一个社会,而不是一个联盟,它是一个扩大了的家庭('国父——国母——国家的儿女')"。[②]

施蒂纳认为,就实质而言,人们称之为国家的东西是一个依附和依恋交织而成的网状物,是一个复合物,一个结合物。在那里共同的附属物互相适应,彼此互相依赖:国家就是这一依附性的秩序。国家是由有秩序意识的人在维持秩序、反对无秩序;如果无秩序胜利了,那么国家就消灭了。问题是,这样一种互相适应、互相依附、互相依赖的爱的思想靠什么支撑呢?真有能力使我们自己凸显出来吗?施蒂纳看到,当我们注意秩序、维护秩序的时候,实际上自己的意志就消失了;特别是当秩序是由强权所维护的,表面看来没有人受到"伤害",但所有人,亦即芸芸众生,都被按照某种方式予以分

---

① 施蒂纳说:"中华民族的国家是深深地渗入到家庭事务中的。如果谁不首先是他的父母的好孩子,那么他就一无是处。"施蒂纳:《唯一者及其所有物》,第244页。
② 同上书,第241页。

配和安置的时候,难道还会有自我吗?这时人们会满意吗?

就国家与个人的关系看,国家并非由我们所制造出来的,而是不经我们而形成的,是一种固有的、独立的存在。"我"在国家之中诞生、受教育,对国家负有义务并必须"服从"国家。国家将"我"置于它的"宠爱"之下,而"我"则生活在国家的"恩惠"之下。这样,国家的独立存在就奠定了我的非独立性。国家要求"我"的天性不要自由发展,为了与其相适应就要加以修剪。为了国家能够自然成长发展,它还将"文明"的剪刀放在"我"身上。它给予"我"的是与它相适应而不是与"我"相适应的教育与修养,还教训"我"要尊重法律、不损害国家财产、尊敬神与地上的贵人等等,简言之,国家教导"我"这样才能不受惩罚:我要为"神圣性"而"牺牲"我的独自性。国家所能给予"我"的文明和教养的形式就在于:它把我教育成一种"有用的工具"、"社会的一个有用的成员"。

这样的后果是什么呢?即"我"从不相信我自己,从不相信"我"的现在,而只在将来才看到"我自己"。孩子相信,如果他变成了成人,他才变为一个真正的自我,一个真正的汉子;成人考虑到,只有在彼岸他才变为某种真正的东西;最优秀者则游说,人们务须把国家、人民、人类以及我所知道的一切置入自身之中,以便成为一个"真正的自我"、一个"自由的市民"、一个"国家的公民"、一个"自由的或真正的人"。施蒂纳说,这是"在假设的外来的自我"中寻找"我的真理"以及呼唤为其"献身"。然而,这是什么样的"自我"呢?既不是"我",也不是"你",而是一个幻想的自我,一个幽灵!

施蒂纳特别指出,现存制度的"文明化"没有改变国家的上述实质。如果说在中世纪,教会尚且能够容忍众多类型的国家在它那里生存;那么在宗教改革之后,特别是三十年战争之后,国家好像更加大度包容,让各种教会(各宗派)聚集在一个皇冠之下,然而这是表面现象!"一切国家均是带宗教性质的",它强制人们遵守法律,通过学校强制进行精神教养,通过婚姻的缔结对家庭加以束缚;通过书刊检查、监视、警察来阻止任何自由行动。现在看来,人们谈论宽容和对反对派采取自由放任的态度等似乎表明国家的文明进展,一些国家甚至连最放肆的集会也听之任之,但这不过是一种假象和偶性,国家从来不会将其意旨定位在使个人自由行动上,而是必须把这种行动与国家的目标联系起来,因此,不管多么进步的国家都会昭示人们,不可以无所限制地与人打交道,不能没有"更高的监督和中介",不可以去做一切"我"有能力做的事,而只能做国家所允许的事。这表明,在任何国家中我都是不自由的;美名远扬的国家的宽容恰恰只是对"无害的东西"、"无危险的东西"的一种宽容;在国家之中,只生活着造出的人,任何"想成为自己"的人都是国家的敌人,在这样的国家里,"他是无",即意味着,国家不任用他,不给予他任何地位、官职、职业等。

由此看来,哪个时代的国家都是一样的,人民国家、专制国家和立宪国家其性质均无不如此。因此,必须改变一种习惯性误解,即当今世界的斗争,与其如人们所说的那样是针对"现存制度的",就仿佛现存的制度应当为其他更好的制度所替换,是在向某个特定的国家宣战、向国家的当前状况宣战,倒不如说向现存制度本身宣战,亦即向国家(status,状况)宣战。

现存《德意志意识形态》"我的交往"部分手稿中,只有马克思、恩格斯对这一话题的两页半的评论[1]。他们指出,施蒂纳在国家问题上的看法"真是一个乡下佬(Quel bonhomme)"的见识:一是他根本不懂得现代国家结构的复杂关系,在诸如教育观念、教育机构、法律、书报检查机关、政府、人权、个人担保等问题上胡乱联系;二是他对君主专制、共和政体和立宪制度等各种国家形式之间转换的历史过程、同一国家形式在不同地域和国度中的特殊状况"一无所知";三是他有关国家与个体关系的讨论,把国家看作是凌驾于这些个人之上的权力,这种看法表明,在他的眼里,国家仅仅是一个观念,并且他相信这一观念的独立权力。在马克思、恩格斯看来,这完全是一种意识形态观念化的抽象和妄言。

二 作为"资产阶级社会的社会"症结何在?

按照施蒂纳的叙述顺序,接下来该讨论的是"作为资产阶级社会的社会"。马克思、恩格斯认为,这一部分是《唯一者及其所有物》全书"所有的混乱章节中故意弄得最混乱的一章"[2],为此,他们花比较大的篇幅分析了它

---

[1] 马克思、恩格斯:《德意志意识形态》,第400—402页。
[2] 同上书,第403页。

所涉及的重要问题：

1. 地产的析分

施蒂纳认为，"资产阶级意义上的财产就是在我必须尊重你的财产这种意义上的神圣的财产。'尊重财产！'因此政治家们希望每个人都拥有一小块地产，并且这种愿望多少引起了地产的大量析分"①。这就是说，土地析分的整个过程是由于"政治家们"的缘故，是他们要人们"尊重财产"，从而"引起了地产的大量析分"。

与这种解释不同，马克思、恩格斯看到的是，土地析分中地产变成现代意义上的产业、成为可以买卖对象的以及被独占甚至垄断的财产，并且这个过程在各地都是通过"对别人财产的不尊重"而进行的！虽然说，在不同的地方，"时而在这里和时而在那里"，都有大量的土地析分现象，但是他们认为，是一个国家的工业、商业、航运等的发展水平决定了这种变迁的过程和特点，因此在不同的国度其情形千差万别。比如，在法国，远在大革命前早就有过这种土地析分现象（因为那时因资本和其他条件不够而不能进行大规模耕种），而差不多过了半个世纪之后，所有法国资产者从政治上考虑都对其表示不满（因为它会削弱工人之间的相互竞争），但在爱尔兰和威尔士这时却又开始了这一进程。施蒂纳倒果为因地按照先验的设想和原则对此提出一种解释，并且认为这种解释可以适用于一切历史时刻和所有国家，在马克思、恩格斯看来，这不过是一种宏观、抽象的说明和论证，"个别说来却一无用处"。

2. 地役权的赎买

施蒂纳进一步论证说，一切土地使用权能够被赎买时，土地拥有者就可以成为自己土地的自由的主人，"不管这块土地多么小，只要人有自有的、被尊重的财产就行！一个国家中这种所有者愈多，自由人和优秀的爱国者也就愈多"②。这里施蒂纳同样把地役权的赎买看作是一种必然的和普遍的现象，是"政治自由主义者"所要实行的理想，目的是造就新社会的"自由人和

---

① 施蒂纳：《唯一者及其所有物》，第 270 页，译文有改动。
② 同上书，第 270—271 页，译文有改动。

善良的市民"。

对此,马克思、恩格斯指出,地役权的赎买是一种只在德国才有的"可怜"现象,是德国各邦政府因为邻近各国的先进状况与自己的财政困难对比强烈而被迫实行的独特的措施。① 而且德国的这种地役权的赎买从未引起什么政治的或经济的后果,"它是不彻底的办法,因而根本没有起作用"。除此而外,在14、15世纪由于商业、工业开始发展起来以及地主需要用钱还发生过"有历史意义的地役权的赎买"。施蒂纳的上述说明表明,对于现实和历史而言,他"自然又是一无所知"了。

3. 大地产对小地产的吞并

实际上,施蒂纳的情况并不完全如此,他也看到人们"生活在无休止的苦恼中。因为在实践中人们对什么都不尊重,而天天都有小占有被大所有者收购,'自由人'变成短工的事"②。这里他把竞争看作是对在进行着经营活动中的财产的侵犯,特别注意到地产的集中行为。怎么解决这一问题呢?他说,"假使'小所有者'想到,大财产也属于他们,那么他们就不会让自己如此毕恭毕敬地被排斥于这些大财产之外,而且也就不会被别人排斥了"③。这说明,他没有看到小所有者变成短工后最重要的变化是其不再是所有者,也没有注意到在历史上存在的现象是,有时大地产吞并小地产,有时小地产也吞并大地产。而在马克思、恩格斯看来,所有这些现象是不能根据"人们在实践中对什么都不尊重"这个理由解释清楚的。

对此,马克思、恩格斯质问说:你所要谈的是哪些"小所有者"呢?是那些由于大地产被分割才变成"小所有者"的农民呢,还是那些由于地产集中

---

① 中文版《德意志意识形态》对这一段文字的翻译将意思弄反了,"我们的圣者认为地役权的赎买是一种只是在德国才有的可怜现象……"(见马克思、恩格斯:《德意志意识形态》,第407页),从字面来看,这好像成了施蒂纳的观点,实际上施蒂纳谈到这一问题时压根就没有涉及具体国家和历史时期,他仍是宏观、抽象地说明和论证的,而这种方式正是马克思、恩格斯所反对的;而且,这里的译文也无法与下面一句"我们的圣者却认为这种赎买是……"意思上相衔接和连贯,所以我认为,上述"地役权的赎买是一种只在德国才有的可怜现象"的看法恰是马克思、恩格斯的,这段译文应改为:"我们的圣者所认为的地役权的赎买是一种只是在德国才有的可怜现象……",即在"我们的圣者"后加一个"所……的"使"地役权的赎买"成为主语。
② 施蒂纳:《唯一者及其所有物》,第271页,译文有改动。
③ 同上。

而被迫破产的农民呢？在施蒂纳看来，这两种情况正如两个鸡蛋一般地相似，而马克思、恩格斯对此却做了严格区分：在前一种情况下，小所有者根本没有把自己从"大财产"里排斥出去，而是每个人都在别人无法排斥他和他的能力所及的范围之内力图占有财产。当然这种能力却不是施蒂纳所标榜的先验的"我"的能力，而是由实践的关系所决定的，例如决定于人们的发展以及迄今为止资产阶级社会的全部状况，决定于地方性以及他们和邻区的或大或小的联系、所占取的地段之大小以及占有地段的人数，决定于工业条件、交往关系、运输工具、生产工具等等。他们之中有很多人自己就变成了大土地所有者，由此可见，他们并没有把自己从大地产中排斥出去。马克思、恩格斯还指出，农民根本不可能按共产主义的方式组织起来，因为他们没有实现共产主义联合的第一个条件即集体经营所必需的一切手段，而土地析分至多不过是引起后来对这种联合的需要的条件之一。总之，共产主义运动决不会起源于农村，而总是起源于城市。在后一种情况下，那些破产的小所有者，无论在对完全没有财产的阶级还是对工业资产阶级的关系方面他们总和大土地所有者具有共同的利益。即使没有这种共同利益，这种小所有者也还是无力占有大地产，因为他们居住分散，其全部活动和生活状况使他们不可能联合起来，而联合却是要占有大地产的第一个条件；同时，这种运动还须以一种更普通得多而又完全不以他们为转移的运动为前提。

4. 私有财产、国家与法的关系

施蒂纳认为，"财产问题只决定于政权，既然只有国家是掌权者，不管这是市民的国家还是游民的国家或者只是人的国家，那么只有国家才是所有者"①。"国家使财产的占有与某些条件联系起来，正如它使一切——例如婚姻——与某些条件联系起来一样。"②在这种情况下，任何私有财产都是国家财产，"我的私有财产(Privateigentum)不过是国家从它自己的财富中拨给我的，同时国家却因此掠夺(Priviert)了国家的其他成员：我的私有财产就是国家财产"③。

---

① 施蒂纳：《唯一者及其所有物》，第 275 页，译文有改动。
② 同上书，第 276—277 页，译文有改动。
③ 施蒂纳：《唯一者及其所有物》，第 279 页，译文有改动。

至于私有财产与法之间的关系问题,施蒂纳把法律上对私有财产的政治承认看成是私有财产的基础,即"私有财产靠法的恩惠而存在。只有在法中它才有保证,要知道占有物还并不是财产;只有通过法的同意才算是我的;这不是事实,而是一个虚构、一个思想。这是法的财产,是合法的财产,是有保障的财产;它之所以是我的,不是由于我,而是由于法"①。

对此,马克思、恩格斯的解释是,私有财产是生产力发展到一定阶段上必然的交往形式,这种交往形式在私有财产成为新出现的生产力的桎梏以前是不会消灭的,并且是直接的物质生活的生产所必不可少的条件。他们这样看待私有财产向国家财产的转变:因为在资产阶级统治下和在其他一切时代一样,财产是与一定的条件,首先是同以生产力相交往的发展程度为转移的经济条件有联系的,而这种经济条件必然会在政治上和法律上表现出来。实际上资产者也不允许国家干预他们的私人利益,他们赋予国家的权力的多少只限于为保证他们自身的安全和维持竞争所必需的范围之内。以竞争为基础的资产阶级社会由于其整个物质基础不容许公民间除了竞争以外还有任何其他的斗争,而且一旦人们要"互相扼住脖子"般地进行斗争,资产阶级社会和国家就不会以"精神"安抚来对待,而是用"刺刀"武装起来进行镇压。随着资产阶级财产的发展与积累,即商业和工业的发展,个人越来越富,而国家则弄得到处负债!

5. 通常理解的和非通常理解的竞争

在资本主义社会,最显著的"交往"方式无疑就是竞争了。如何理解它呢?施蒂纳突出的感受是,在资产阶级社会中,竞争的过程及结果与竞争者本人的情形无关,而是由其他因素决定的。"竞争苦于这样一种不利的情况:并非任何人都有竞争的手段,因为这些手段不是得自个性,而是得自偶然性。大多数人没有手段,因此是没有财产的人。"②比如,一个知识者与富有的工厂主之间进行竞争就是件很困难的事情,他必须有场地和资金,但财政官员因倾向于工厂主而不会向他提供,而司法官员又不允许他通过夺取别的工厂主的工厂来竞争。这一切显然都不行的情况下,施蒂纳又设想了

---

① 施蒂纳:《唯一者及其所有物》,第274页,译文有改动。
② 同上书,第288页,译文有改动。

这个知识者与同行,比如与法学教授之间进行竞争。假如这位法学教授很笨,而知识者的知识比他强百倍,如果让知识者与他同时开设同一门课,也即要两人展开竞争,按常理他是会赢的,会使得法学教授的"讲堂空无一人"。但实际上,在资产阶级社会中结果并不如此。为此,施蒂纳设置了一组法学教授与知识者之间的对话:

"可是,我的朋友,你上过大学没有,得过学位没有?"法学教授问。

"没有,但这有什么关系呢?关于这门学科所必需的一切知识我懂得很多。"知识者说。

"我觉得很遗憾,然而在这方面没有竞争自由。我不想反对你个人,可是你缺少一个最重要的东西:博士证书。而我,也就是国家,却要求这个。"法学教授说。

"竞争自由原来如此,只有国家,我的主人,才给予我竞争的可能!"知识者只好叹息地说道,然后他不得不颓唐地回家去了。①

诸如此类的事情经常发生,使施蒂纳明白了在这样的社会竞争到底意味着什么。他总结说:"和竞争结合着的与其说是想尽可能把事情做好,不如说是想尽可能把事情做得合算,做得有利可图。所以人们才为了将来的得到一官半职而钻研,钻研俯首帖耳和阿谀奉承的艺术,学习循规蹈矩和办事的技巧,工作只是为了摆摆样子。因此,尽管表面看来人们关心的似乎是良好的成绩,但实际上他们注意的只是生意兴隆和发财致富。当然,谁也不愿当检查官,可是任何人都愿被提升……任何人都怕调动,更怕被裁撤。"②投机和功利主宰着竞争,这能谈得上是真正的"交往"吗?

对于施蒂纳这种摈弃了惯常的抽象推导而诉诸感性考量的对竞争的解释,马克思、恩格斯同样不能认同,认为它仍然是"乡下佬"的水准。这里他们反而要求施蒂纳去看一看任何一本政治经济学教科书,看其中有哪一位理论家曾断言,竞争的全部实质就在于要做出"良好的合算"或者"尽可能把事情做好",而不是在于"尽可能把事情做得合算"。他们还提醒施蒂纳,竞

---

① 施蒂纳:《唯一者及其所有物》,第 286 页,译文有改动。
② 同上书,第 292—293 页,译文有改动。

争有各种各样的形式和分野,在不同的国度会呈现出完全不同的状况和情形:在私有财产制度下,最发达的竞争,例如在英国,竞争就是"尽可能把事情做好";而小工商业者的骗术只是在浅陋的竞争条件下,在中国人、德国人和犹太人中以及一般地走街串巷的小商贩中才盛行;而施蒂纳对于这类小商贩根本没有提到,他只知道有当时普鲁士王国出现的额外冗员和超编制议员的竞争;其实,历代为争夺国王的恩宠而发生的近臣之间的争斗不也是一种竞争吗?这些都没有进入过施蒂纳的视界。

那么怎么来透视竞争、又如何评价竞争呢?马克思、恩格斯的叙述分散而凌乱,我们罗列和概括如下:不能用官僚体制去解释竞争的结果(比如,误认为国家可以决定工资),而必须用竞争的过程和环节去看待竞争的结果(实际上工资处于不断的波动之中);必须仔细地研究工业关系,看一般的竞争规律是否会决定一个工厂主也可能成为被他的工人们"豪夺"和"克扣"的人;竞争与分工、与供求关系的联系甚为复杂;必须从竞争中考察"需求",需求每天都是不同的,你有没有需求、有什么样的需求,或者别人是否认为你的需求是一件重要的事情,这都完全不取决于你;在存在竞争的领域中,商品(比如面包)的价格是由生产成本决定的,而不是由生产者(比如面包师)任意决定的;竞争确实与资产者的利益密切相关,受利益驱动,他们随时随地都可以在竞争和私有财产所容许的范围之内达成"协议"[①];竞争打破了中世纪的小市民生活,表面看来纯粹是一种"敌对、较量和比赛",然而更体现出一系列正面意义,如地方局限性的消失、交通的拓展、分工的发展、世界贸易、机器的大规模运用等等;人的手段变成物的手段和物的手段变成人的手段,都只是竞争的一个方面,它与竞争是完全不可分的;要求用人的手段而不用物的手段来进行竞争,这就导致一种道德公设,这种公设是说,竞争和决定竞争的关系应当得到的不是那些它们必然产生的结果。

马克思、恩格斯特别指出,现代资产阶级社会中,竞争最重要的后果是现代无产者的产生及其成长壮大。他们不仅与资产者之间是敌对的,而且由于分工本身使他们自己之间也产生了利益上的对立。他们已经不止一次

---

① 股份公司就证明了这一点,它是随着海外贸易和手工工场的出现而产生的,并席卷了它力所能及的一切工商业部门。

地进行过抗争,然而每一次都失败了。对于无产者来说,除了旨在反对整个现存制度的政治"协议"以外,不可能同敌对的阶级有任何其他的"协议"。竞争所引起的伟大的社会变革把资产者之间的相互关系以及他们对无产者的关系变为纯粹的金钱关系,而把上述一切"神圣化的财富"变成买卖对象,并把无产者的一切自然形成的和传统的关系,例如家庭关系和政治关系,都和它们的整个思想上层建筑一起摧毁了。

至于施蒂纳所担心的竞争中将使偶然性起支配作用并造成人的个性的丧失,马克思、恩格斯指出,在竞争中个性本身就是偶然性,而偶然性就是个性。不取决于个性的竞争"手段"是人本身的生产条件和交往条件,这些条件在竞争的范围内对人表现为独立的力量,表现为对人说来是偶然性的手段。

前文指出过,施蒂纳曾经有一种抱怨,就是说在现代资产阶级社会里,正是由于国家的缘故,"我"不能实现自己的价值,也就是说,不能表现自己的"才能";现在他又说由于国家没有为"我"提供竞争的手段,"他的实力"全然不是实力,他依然是"没有财产的人":这与他在前面煞费苦心地论证每个物体"是他的对象,因而也就是他的财产"的观点明显是矛盾的。所以马克思、恩格斯说他还"坚持做他的思想生意",最终"难于认识世俗面貌的事物"。①

三 独特的超越方式和途径——"暴动"

对交往关系的探究、对旧世界的批判以对"社会"(特别是资产阶级社会)的批判而告终,那么,如何锻造出"真正的交往"的主体呢？施蒂纳说,必须通过暴动(Empörung)的方式而跃进到新的"利己主义者的世界"。

1. 暴动意味着什么？

随着近代社会各种矛盾的凸显,革命风起云涌、此起彼伏。但在施蒂纳看来,这些革命还只是人的外在的社会行为,还不是人内在的"心灵"的变

---

① 马克思、恩格斯:《德意志意识形态》,第403页。

革。他把后者称为"暴动",并将其与革命做了严格区分,我们通过下表将二者进行对比:

革命(Revolution)	暴动(Empörung)
神圣的暴动	利己主义的革命
现存条件的变革	我的变革
政治的或社会的行为	我的利己主义的行为
现存东西的推翻	推翻的存在
围绕国家制度的选择来进行	不受国家制度的约束
通过建立机构、组织的方式来进行	自我安排自己、自我起来进行反抗

这就是说,在施蒂纳看来,革命"是现存条件、现存情况或 status[状况]的变革,是国家或社会的变革,是一种政治的或社会的行为",因为革命者从事于国家制度的选择,始终是围绕着国家制度和与此有关的问题而进行斗争的,为此必然要建立机构、通过组织的方式进行。很显然,这是一场群体行动、社会变革。

而与此不同,暴动是从人们对本身的不满出发的,它是单个的人的反抗,自身的变革,自身"起来反抗"。它不受国家制度约束,不再受别人的安排,而是由自己安排自己。"由于我的目的不是推翻存在的东西,而是我奋起凌驾于它之上,所以我的目的和我的行为丝毫没有政治的或社会的性质:它们只是针对着我和我的独自性的,所以它们是利己的。"①

显然,施蒂纳的上述区分旨在表明,较之于革命,暴动是一种真正的人的超越。可以说,这是一种非常独特的暴动观。

而在马克思、恩格斯看来,施蒂纳提出的上述对立"完全是胡说"。他们认为,革命与施蒂纳式的暴动之间的区别不在于前者是政治的或社会的行为,后者是利己主义的行为,而在于前者是行为,后者不是行为!施蒂纳把"革命"说成是一个法人,认为这个法人要和"现存的东西"——即另一个法

---

① 施蒂纳:《唯一者及其所有物》,第349页,译文有改动。

人进行斗争,实际上,在现实的任何革命中都存在个人与个人之间的关系,而且每一种革命和革命的结果都是由这些关系决定的,是由需要决定的。因此,"政治的或社会的行为"决不是"利己主义的行为"的对立面,革命的过程也就是自我变革的过程。

施蒂纳的暴动理论还涉及到一个问题,即他认为人可以随意"走出现存东西的范围"。支撑他这一判断的依据是:他把国家看成与其成员完全是可以分离的关系,认为一旦国家的全体成员退出国家,国家就会自行崩溃;而改变现存的关系仅仅取决于人们的善良意志,现存的关系就是一些观念。马克思、恩格斯指出,在这些命题的假设形式中,暴露出施蒂纳的愿望的空想和无力,"这种在观念上的超出世界而奋起的情形就是哲学家们面对世界的无能为力在思想上的表现。他们的思想上的吹牛每天都被实践所揭穿"①。

而如果认真考察过迄今为止的革命,就可以看出,过去在分工条件下进行的一切革命,都不能不导致新的政治机构的产生;从那里也可以得出结论说,旨在消灭分工的共产主义革命,最终也会消除政治机构;最后,从这里也可以看出,共产主义革命并不是和"社会天才的发明才干所创造的那些社会机构"相适应,而是和生产力相适应的。施蒂纳的暴动理论不面对特殊的现实,也不考虑一般的关系,而总企图凌驾于它们之上,或者绕过它们,幻想不再受别人的安排和国家的牵制,而是自己安排自己,表达单个人的"反抗意志"。马克思、恩格斯总结说:"到现在我们就知道了,暴动什么都是,但只不是行为。"②

2. 暴动如何进行?

按照自己的思路,施蒂纳进一步思考了实施"暴动"的方式。他认为,既不需要行动,更不需要搏斗乃至流血,只要进行对话、说理,最多是争辩,就可以完成。为此,他设置了一个场景来进行描述:

首先是庶民对资产者说:"你们这些有特权的人啊,究竟是靠什么

---

① 马克思、恩格斯:《德意志意识形态》,第440页。
② 同上书,第444页。

东西来保证你们的财产呢?是靠我们放弃进攻,也就是靠我们的保卫!而为此你们给予我们什么?你们给予'平民'以践踏和轻蔑。"

他还特别诉诸感性生活质问道:"要我们啃着土豆,冷静地看着你们大嚼牡蛎,你们用什么对此作出补偿呢?……我们满头大汗地劳动十二小时,而你们只给我们几文钱……"

为此,庶民提出和解的条件是:"如果你们想受到我们的尊敬,那么你们就要用我们认为合适的价格来买它……我们同意给你们留下你们的财产,只要你们适当地抵偿这种留下的东西。"不仅如此,这种方式还可以推广,"只要我们对今后谁也用不着赠送给谁什么这一点取得一致的话,我们就会相安无事。那时我们也许甚至能做到给残废的人、老人和病人适当的补助,使他们不致死于饥饿和穷困,因为如果我们希望他们活下去,那末我们为实现我们这个愿望而付钱也是合情合理的"。①

最初"暴动者"——庶民想用赢得"他们认为合适的"价格改变其被践踏和轻蔑的处境,然后他们把"价钱公道"作为价格的标准。这里的价格是由什么决定的?不取决于任何商业规律、不是由生产成本和供求关系决定的价格,而是一种主观"任意的价格"。他们审慎地思考了暴动的方式和后果,一方面意识到,"一旦我们伸出手去,你们就叫喊暴力";另一方面也知道,"如果没有暴力,我们就不会得到它们"。面对这种复杂的情形,最后"暴动者"处理的方式是,"宁可从你们那里什么也不拿",而呼吁"你们自己放弃"。这样,最初对劳动报酬太少的抱怨,就通过许下了诺言——"只有付给更高的日工资",他们可以去完成"值得付给比通常的日工资还多的钱"的工作——和对资本家的期望——资本家把自己的"工资"也降低——而获得了解决。

施蒂纳认为,劳资双方都相信它们之间的关系一旦变成了买卖的关系,其各自的尊严和利益就得到了保证。

为了将这些观点说得更具体些,施蒂纳接着又用地主与雇农对话的形式进行了表述:

---

① 施蒂纳:《唯一者及其所有物》,第295—296页,译文有改动。

这次雇农向一个有一千摩尔根①的庄园的地主讲条件说:"我是你的雇农,从今以后要日工资一个塔勒才去为你耕地。"

地主:"那么我就去雇别人好了。"

雇农:"你谁也雇不到,因为我们雇农今后不是这个条件就不干了,如果谁同意少拿一些而被雇佣,那么就让他提防我们吧!现在女仆也是要求这样多,如果价钱再少,你就谁也雇不到了。"

地主:"那么我就完啦!"

雇农齐声说:"不要着急!我们有多少,你大概就会有多少。如果不是这样,那么我们可以让一些出来,使你能够像我们那样生活。——没有任何平等!"

地主:"但是我习惯于生活得更好些呀!"

雇农:"我们丝毫不反对这一点,但这不是我们的事;如果你能余存得更多一些,那就请吧!难道我们应当为较低的工资被雇佣,而让你养尊处优吗?"

地主:"但是你们这些没有受过教育的人们不需要这样多呀!"

雇农:"正因为这样,我们才要拿得多一些,以便能够受到或许对我们也有好处的教育。"

地主:"但是如果你们使富人破了产,那么将来谁去支持艺术和科学呢?"

雇农:"呃,大众必须做到这一点。我们成长起来,就是一大批的人。你们富人现在总是只买一些最庸俗的书、哭哭啼啼的圣母像或者是芭蕾舞演员的一双灵巧的小腿。"

地主:"啊,该死的平等!"

雇农:"不,敬爱的老爷,没有任何平等!我们只是要求值多少就得多少,如果你们值得多一些,那么你们也就得多一些吧。我们只是要求价钱公道,只是想表明我们对你们所给的价钱是受之无愧的。"②

通过这段对话,施蒂纳再次表明,雇农无意对现存的生产关系和交往关

---

① 摩尔根(Morgen)是旧时德国计算田亩面积的单位,约合 1/4 公顷。
② 施蒂纳:《唯一者及其所有物》,第 296—297 页,译文有改动。

系作任何改变,只希望地主把其多于雇农花费的那笔钱交给他们。

问题的关键在于:这是可能的吗?

马克思、恩格斯说,由于无产者甚众,如果将这一点点钱分配给他们,"每一个人所得到的真是微不足道的一点,因而丝毫不会改善他们的情况"①。更为重要的是,在这里,必须使雇农们之间都有一致的想法和要求,"需要雇农的一致",同时地主又认同他们的主张。很显然,在施蒂纳的论述中,雇农们是怎样达到这种一致的,不得而知;地主为什么要认同他们的主张,更没有说清。

在马克思、恩格斯看来,主奴关系、主雇关系、劳资关系不是一种状态,而是体现了阶级社会历史发展进程的不同阶段,因而也就有不同的表现。他们质问:这段对话里的"雇农"属于农业发展的哪一个阶段呢?从对话结尾处,即他们变成了"家奴"可以看出来,他们是生活在父权制下,当时分工还很不发达,地主只消把雇农带到库房去,给他几顿毒打,他们的全部密谋就"达到它的最终目的"了;而在文明国家里,资本家处理这种事情的办法却是:把自己的企业关门一个时期,让工人去"闲逛",使其不能维持自己及家人的生活。而无论是哪种情形,奴隶主、地主、资本家都不会认同使自己的利益受损的所谓"暴动"!施蒂纳关于暴动者向地主保证他们是安分守己的,并且说:指导他们行动的不是卑鄙的利益,不是破坏性的意图,而是最纯洁的道德的动机,他们要求的只是价钱公道,并用自己的人格和良心保证要做到对较高的工资是受之无愧的;这在马克思、恩格斯看来,是多么天真、幼稚的想法!此外,施蒂纳还奢谈教育、艺术和科学,让雇农对于新的文学、最近的艺术展览和漂亮的芭蕾舞演员喝彩,又是多么"惊人的离题"!他们讽刺说,施蒂纳"暴动的浪头现在把我们抛到天国的岸上了,那里是流奶与蜜之地!"②

马克思、恩格斯在这里彻底排斥了对阶级社会矛盾进行"协商"解决的可能性,因为不同地位的人们之间不可能"完全融洽无间"。施蒂纳设想,"全部事情的目的只是要保证每个人得到自己的东西、自己真正的和应得的

---

① 马克思、恩格斯:《德意志意识形态》,第 450 页。
② 同上书,第 452 页。

工资、'真正挣来的享受'"①,在马克思、恩格斯看来,历史和经验没有提供这样的界说。

四 作为社会的超越形态的"联盟"

施蒂纳认为,通过"暴动",资产阶级社会就进入了一个新的阶段——"联盟"。在施蒂纳的论述中,联盟与社会的关系处于一种很复杂的状况,有时他认为联盟是对社会的超越,即在社会不能进行真正的交往、自我丧失的情况下,通过"暴动"的方式,人们进入到联盟之中;有时他又把联盟归为社会中的一个环节,一个组成部分。

1. 从土地的再分配方式中看联盟的形成

联盟是怎样形成的呢?在资产阶级社会土地为一小部分人所占有的情况下,如果绝大多数没有土地的人不想让土地所有者(propriétaire)再占有土地,而想把土地据为人们共同所有,那么,为此目的他们就需要团结在一起,结成联盟、社会(société)。如果其计划得以实现,那些土地所有者就不再是土地所有者了。不仅如此,如同把这些所有者从土地上逐出一样,人们也能将其从其他财产中逐出,使得这些财产成为大众的财产,成为"新的占领者"的财产。这样的占领者组成了一个社会,"可以往大里设想这个社会:这个社会就包括整个人类"。在这种情况下,财产仍被保存着,甚至还是以"独占性"的形式被保存着,但"此时人类这个伟大的社会不让单独的个人占有他的财产,或许只把财产的一部分租贷或奖赏给他","大家都希望占有一份的那种东西,将从企图独自占有的个人手中被夺取过来,并被变成公共的财产。在这种公共财产中,每人都有自己的一份,而这一份也就是他的财产"。②

施蒂纳的这一番描绘,被马克思、恩格斯说成是"引导我们通过迂回的历史道路"一路倒退,逐步回归到他所质疑和鄙视过的共产主义、资产阶级社会乃至小资产阶级的世袭租佃制和德意志帝国城市的家庭所有制。

---

① 马克思、恩格斯:《德意志意识形态》,第451页。
② 施蒂纳:《唯一者及其所有物》,第271—272页,译文有改动。

"让社会占有财产",这不就是施蒂纳曾经责难过的共产主义者的理想吗?他曾经是那样地特别不能容忍"共产主义者想把社会变成最高所有者",而现在他却让暴动者组成一个联盟,即一个社会,并在按照上述的方式争得了土地之后,这个société、这个法人,"宣布自己是所有者",并且还补充了一句:"这个社会不让单独的个人占有他的财产,或许只把财产的一部分租贷或奖赏给他。"很显然,这里的"联盟"完全同共产主义者心目中的"社会"具有同样的性质和功能。质疑者的诉求竟然转换为施蒂纳的主张,在马克思、恩格斯看来,这不是自相矛盾了吗?

施蒂纳对资产阶级社会的不满,有一个很重要的理由,是个别人"独占"社会财产或者说其所有制的"独占性"。他曾经为那些可怜的被压迫的徭役农民抱怨说,终日在土地上劳作,但其"脚下的那块小得可怜的土地也不归他所有",他只有含辛茹苦的权利和可能,但在上述对联盟的论述中我们又遇到了"独占性"了,这样的联盟是对社会的超越吗?

施蒂纳关于在联盟中社会占有财产、成为所有者之后,又想把其"财产"作为采邑分给单独的个人的说法,也不禁令马克思、恩格斯想起公元6世纪日耳曼人侵占了罗马的省区,在那里实行的一种带有强烈的古代部落生活色彩的、粗陋的采邑制度。施蒂纳式的由"社会""奖赏"给每一个人一块土地的做法确实与"半野蛮的日耳曼人"的采邑制度在许多方面是一致的,这样说来,"联盟"不仅带有共产主义、资产阶级社会的成分,甚至是对部落所有制的恢复,绝对没有"超出我们的旧有关系"。

上述问题的症结在于,施蒂纳不懂得,从属于分工的一定阶段的一定的活动方式是与一定的生产方式紧密联系的;在现实世界中,各个人之间的交往也取决于他们的生产方式。施蒂纳的论证暴露了他对联盟内的交往形式的真实看法:利己主义者的交往是以观念为其基础的,当观念不能作为观照社会、历史的依据时,最终他的整个"联盟"也就完全被断送了。

2. 联盟中具体的活动单位——劳动组织内的分工现象

施蒂纳认为,联盟中具体的活动单位是劳动组织。在这种组织内存在的各种各样的工作,可以根据它们的性质区分为"人的工作"与"唯一者的工作"。这里区分的依据不是工种,而是该项工作与人的"唯一性"的关联程度。所谓"人的工作"指的是人人都能做的工作,自己能做,别人也能替自己做,"自有的东西在这里的作用微不足道,几乎每一个人都能学会做这个工作",例如屠宰牲畜、耕种土地等等;而"唯一者的工作"是"利己主义者"的工作,是只有"唯一者"才能完成的工作,即只有自己能做而别人是无法替代的,"譬如说,没有一个人能替你作你的曲子,没有一个人能完成你画的草图等等。没有一个人能代替拉斐尔从事他的创作"①。总之,"人的工作"与"唯一者的工作"是完全不同的,这是劳动组织中最基本的分工。

更有深意的是,施蒂纳还注意到另外一种情形,即一项工作可能是"人的工作",也可能是"唯一者的工作"。他举的例子是总统、大臣等等的职务。一方面,执行这些职务所需要的只是一般的教育,也就是人人都能受到的教育,这就意味着只要有条件和可能人人都可以担任这些职务,处理公共事务;但是,另一方面,他又认为,"虽然每一个人都能担任这些职务,但是只有个别人所特有的唯一的能力才会给予这些职务以所谓的生气和意义。如果某一个人不是以一个普通的人来执行他的职务,而是把他的唯一性的能力贯彻于这些职务中",那么这一职务就又成为"唯一者的工作"了。②

施蒂纳认为,从事不同的工作就会得到不同的回报(报酬),所以要尽量使人们从事"人的工作"的时间缩短,从而使人们能有更多的时间从事"唯一者的工作";或者使"人的工作"向"唯一者的工作"转换。他说:"为了使人的工作不至于像在竞争中那样占去我们全部时间,耗尽我们全部精力,就人的工作进行协商,对我们说来总是有益的……但是,应当为谁赢得时间呢?人需要比恢复已经消耗的劳动力所需的时间还要多的时间来干什么呢?……为的是在作为一个人做完了自己的工作之后,再作为一个唯一者享受欢乐。"③针对一项工作的性质未定的状况,施蒂纳仍举了上段中的例子,说:如果"得到的报酬却仅仅是一个官员或大臣的报酬,那么我们就不能认为他已得到报酬。如果他值得受到你们的感谢,如果你们想为自己保留住这种值得感谢的唯一者的力量,那么你们就不应当仅仅把他当作只做了

---

① 施蒂纳:《唯一者及其所有物》,第293页,译文有改动。
② 同上书,第299页,译文有改动。
③ 同上书,第293—294页,译文有改动。

某种人的工作的人付给报酬,应当把他当作完成了某种唯一者的工作的人付给报酬。"①结论是:"如果你能够给千百万人快乐,那么千百万人就将为此给你报酬;可是,做不做这工作,取决于你,因此他们要你做这工作,就得付给你报酬。"②

马克思、恩格斯后来在〈费尔巴哈〉章中集中论述过分工问题,我们将在另文中详细梳理和分析。在这里他们只是从实证的角度指出,施蒂纳把作曲、绘画作为"唯一者的工作"来看待并举拉斐尔等为例子,是不符合历史真实情况,"莫扎特的《安魂曲》大部分不是莫扎特自己作的,而是其他作曲家作的和完成的;而拉斐尔本人'完成'的壁画却只占他的壁画中的一小部分"③。马克思、恩格斯把分工看作是一个与现实发展状况密切关联的社会现象,把精神产品的创作也完全看作是一个时代的产物,换句话说,在他们看来,分工问题只有回到现实之中才能透视清楚,而艺术创作的内容、形式和特征等等只有在艺术之外才能得到说明,因为它们都不是独立存在的。针对施蒂纳所举的例子,他们指出,如果把拉斐尔同列奥纳多·达·芬奇和提戚安诺比较一下,就会发现,拉斐尔的艺术作品在很大程度上同当时在佛罗伦萨影响下形成的罗马社会的繁荣状况有关,而列奥纳多的作品则受到佛罗伦萨的环境的影响,提戚安诺的作品则受到全然不同的威尼斯的发展状况的制约。和其他任何一个艺术家一样,拉斐尔也受到他以前的艺术所达到的技术成就、社会组织、当地的分工以及与当地有交往的世界各国的分工等条件的制约。"像拉斐尔这样的个人是否能顺利地发展他的天才,这就完全取决于需要,而这种需要又取决于分工以及由分工产生的人们所受教育的条件。"④

针对施蒂纳把科学研究和艺术创作看作是"唯一者的工作",马克思、恩格斯则提出相反的说明,认为在资产阶级社会必须把"唯一者""组织"起来,才能进行研究和创作。如果奥拉斯·韦尔内把他的画看作"只有这种唯一者才能完成"的工作,那么他连创作他的画的十分之一的时间也都没有;

---

① 施蒂纳:《唯一者及其所有物》,第299页,译文有改动。
② 同上书,第289页,译文有改动。
③ 马克思、恩格斯:《德意志意识形态》,第458页。
④ 同上书,第459页。

而巴黎对通俗喜剧和小说的极大喜好,也促使从事这些创作的劳动组织不断出现,而这种组织贡献出来的作品比德国崇尚"唯一"并与这些组织竞争的人所写的作品无论如何要好一些;在天文学方面,阿拉戈、赫舍尔、恩克和贝塞耳都认为必须组织起来共同观测,并且也只是从组织起来之后才获得了一些较好的成绩;在历史编纂学方面,个体的"唯一者"是绝对不可能做出什么成绩的,在这方面,法国人也由于有了劳动组织,早就超过了其他国家。当然,"所有这些以现代分工为基础的劳动组织所获得的成果还是极其有限的,它们只是同迄今尚存的狭隘的单干比较起来,才算是前进了一步"①。

基于此,马克思、恩格斯在这里把艺术创作作为一种工种来看待,认为尽管它有特殊性,但这种特殊性的产生是由社会决定的,它以个体为主体来进行不过是一种表象,背后有深刻的时代缘由。"由于分工,艺术天才完全集中在个别人身上,因而广大群众的艺术天才受到压抑。"即使在一定的社会关系里每一个人都能成为出色的画家,但是这决不排斥每一个人也成为独创的画家的可能性,因此,施蒂纳所谓"人的"和"唯一者的"劳动的区别在这里是毫无意义的。他们还预见到,在共产主义的社会组织中,完全由分工造成的艺术家屈从于地方局限性和民族局限性的现象无论如何会消失掉,个人局限于某一艺术领域,仅仅当一个画家、雕刻家等等,因而只用他的活动的一种称呼就足以表明他的职业发展的局限性和他对分工的依赖这一现象,也会消失掉。"在共产主义社会里,没有单纯的画家,只有把绘画作为自己多种活动中的一项活动的人们。"②

马克思、恩格斯的分析正好构成了与施蒂纳完全不同的另一个极端的看法,用文艺理论的术语来说,前者是"文学社会学"的方法,强调的是文艺的社会学基础和价值;后者是"艺术本体论"的观点,注重的是文艺的纯粹形式和独立发展。

3. 货币的特性、货币危机的发生和货币功能的变迁

显而易见的是,在"联盟"里,人们的日常生活或交往中要使用货币这种特殊的东西。那么,怎么看待它的性质呢?它反映或表征着人们之间一种

---

① 马克思、恩格斯:《德意志意识形态》,第459页。
② 同上书,第460页。

什么样的关系呢？施蒂纳的看法是，"货币是商品，而且是一种重要的手段或财富，因为货币防止财富僵化，使它保持着流动状态，促进它的流通。如果你知道有更好的交换手段，那就更好了，不过这种手段仍将是货币的一个变种"①。他在另外一处还给货币下过定义，说它是"通用或流通的财产"②。

在马克思、恩格斯看来，施蒂纳追问有无更好的交换手段，恰恰表明的是他认同"资产阶级通常的观点"，即在资产阶级社会中交换手段是必需的，而且除货币外没有其他交换手段。施蒂纳根本没有想到，其实供运载货物用的轮船和铁路也是交换手段，这表明对货币本身的追问要"牵涉到整个现状、阶级的经济、资产阶级的统治等等"，而施蒂纳既不知道这些状况，也不知道经济学上对货币的其他定义，只是根据自己的"唯一者"意旨在"联盟"中杜撰货币的特点和定义。这种方式根本就是虚妄的。

施蒂纳不仅对货币下了定义，而且还考察了联盟中货币危机的发生。为此，他再次追问一个问题："货币是从哪里来的呢？"他发现，在实际生活中，人们用以支付的不是货币——因为随时可能会发生货币不足的现象——而是自己的资产、能力（Vermögen），"我们只是靠Vermögen，才有能力的"，使人们受害的不是货币，而是自己没有能力，是自己没有能力取得货币。这样，在他看来，拯救这种危机的方式和途径也就清楚了：如果处处能够"显示"人们的能力，而且"聚精会神，这样你们就不会感到货币不足，感到你们的货币、你们造的货币不足了……要知道你有多少权力，你就有多少货币，因为你为你争到多大的权势，你就有多大的价值"③。

马克思、恩格斯的看法与此完全不同，他们认为，是资本主义社会生产和交换的特殊性，使货币作为特殊商品而产生了强大的权力，在这一权力的支配下，普遍的交换手段日益独立化而成为一种对社会或个人来说的独立力量，在这种情况下，生产和交往的各种关系的独立现象表现得也就最明显了。此外，在货币危机中明显地暴露出来的是货币的物质力量，即有钱就可以购买商品，有多少钱就可以购买多少商品，而没钱就不能购买商品，这表

---

① 施蒂纳：《唯一者及其所有物》，第300页，译文有改动。
② 同上书，第291页；金海民教授在这里将"货币"译为"金钱"了。
③ 同上书，第300、291页，译文有改动。

明,个人对货币权力的关系绝不是一种由个人随心所欲地决定的东西,它反映着不同社会阶层、不同的财富占有者之间冷冰冰的物质利益和物质关系,绝对不是"能够用同义语、同源词和变音向惊慌失措的和本来就由于无钱而垂头丧气的小资产者进行道德说教"①就能解决的。由此看来,施蒂纳对货币关系同整个生产和交往之间的真实联系根本是一无所知的。

马克思、恩格斯分析说,货币危机首先在于:一切资产(Vermögen)同交换手段相比,突然贬值而丧失了胜过货币的能力(Vermögen)。危机的发生,正是在人们已不能再用自己的"资产"而必须用货币支付的时候。这种危机又不是像那些根据自身的个人需要来判断危机的小资产者所想象的那样,是由于货币不足而发生的,而是由于作为普遍商品和"通用的流通的财产"的货币同一下子不能成为通用财产的所有其他特种商品之间的特殊差别表面化了。危机时期所发生的困难在于:"一切资产"都不再是"货币"了。但是,所有这一切都归结于资产者的活动,只要"一切资产"还是货币的时候,资产者就接受具有支付手段这种形式的"一切资产",而只是在难以把这种"资产"变为货币时,才制造种种困难,因此资产者就不再把资产当作"资产"了。其次,危机时期所发生的困难还在于:小资产者已经不能使其铸造的货币、票据流通了,因为人们向其所要的货币,不是其铸造的货币,而是没有一个人猜到是通过他们的手铸造的那种货币。最后,施蒂纳把"你有多少钱,你就值多少钱"这一资产阶级的格言改成"你值多少钱,你就有多少钱",这实质上并没有改变问题的本质,而只是造成了个人权力的假象并且反映出一般的资产阶级的幻想。在他看来,每一个人都是他能够成为的那个人,每一个人所做的都是他能够做的事;而在现实社会中,这是可能的吗?

走出货币危机,无疑要实行货币功能的转换。施蒂纳对这一问题的思考,被马克思、恩格斯讥为"为货币编制绿色的处女花环"。他的推论是,由于货币是非常"重要的手段",那么"按照逻辑的连贯性的要求",它应该成为人人追求的对象,"本质上就像是一个女儿"、"一个姑娘"。② 他说:"祸

---

① 马克思、恩格斯:《德意志意识形态》,第462页。
② 在《神圣家族》中马克思曾经讽刺施里加有关"一个孩子如果不也成为父亲或母亲,而是保持着童贞进入坟墓……那么他本质上……是一个女儿"的说法的可笑,见马克思、恩格斯:《神圣家族》,《马克思恩格斯全集》,第2卷,北京:人民出版社,1957年,第214页。

福是由货币决定的。在资产阶级时代,货币之所以是一种力量,只是因为大家追求它,好像追求姑娘一样,但是,没有一个人能同它结成不解的姻缘。在竞争中,追求心爱的对象的一切浪漫作风和骑士精神复活了。货币是热恋的对象,这个对象被追逐暴利的勇敢的骑士们窃走了。"①在做过这番比喻后,他又说,在所有货币中金属货币是最重要的交换手段。

对于施蒂纳的比喻马克思、恩格斯嗤之以鼻;至于其后一段论述,他们提醒说,如果他更多地关心货币的经济关系的话,那么就会知道,交换手段中的大部分都是票据(至于国家的证券、股票等等更不用说了),而纸币在交换手段中占的比重并不太大,而金属货币的比重则更小了。例如,在英国,票据和银行钞票形式的货币就比金属货币多十四倍。至于金属货币,则完全是由生产成本即劳动所决定的。因此,施蒂纳精心臆造的货币增殖过程,在这里完全是多余的。他关于这种货币交换手段的"郑重思考",只是再一次地证明了他的"天真幼稚"!

由此,马克思、恩格斯定性说,"施蒂纳联盟内的货币制度,就是用德国小资产者的粉饰的和纯粹幻想的语言表达的现存货币制度"②。

4. 作为"合法的财产的保证形式"的国家

施蒂纳在"联盟"中要使他所探讨过的地产的现代形式、分工和货币等及其相互关系按照其特有的理解贯彻下去,不借助国家的力量是不行的;新获得的财产必须有其合法的保障形式和方式。由于在"联盟"中"大家都希望占有一份的那种东西,将从企图独自占有的个人手中被夺取过来",那么这里大家的意志同分散的单独的个人的意志必然要产生对立;而且每一个自我一致的利己主义者与其他的利己主义者都不一致,也就是说可能会发生冲突。所以,与这些分散的单独的个人相对立,大家的普遍的意志必须有自己特殊的依托和表达,这就是国家,或者叫做国家意志。这样,普遍意志的规定就成为合法的规定了。为了执行这种普遍意志,又需要强制手段和公众权力。"联盟将在这件事情上③使单独的个人的资财增多,并且保障他

---

① 施蒂纳:《唯一者及其所有物》,第300—301页,译文有改动。
② 马克思、恩格斯:《德意志意识形态》,第464页。
③ 即在财产占有上。

的已有争议的财产。"①一切公民权自然也随同这些财产关系而得到恢复。

施蒂纳还将国家与自由联系起来考虑。他说:"在对待自由的问题上,国家和联盟之间没有本质的差别。正如国家和无限自由不能相容一样,如果对自由不加任何限制,联盟就不能产生和存在。对自由的限制,到处都不可免,因为人们不可能摆脱一切,不可能做鸟儿那样想飞就能展翅高翔,等等……在联盟内还会有许多不自由和不自愿的事,因为自由不是联盟的目的,相反地,联盟会为了独自性,而且只是为了独自性而牺牲自由。"②

好一个"为了独自性而牺牲自由"!那么,"没有自由的独自性"是一种什么情形呢?马克思、恩格斯说,在分工以及由于分工使人所从事的特定的工作条件下,"不可避免地强加"给人的生活状况就是其仅有的"独自性"。例如,如果他是一名威伦霍尔的钳工,那么强加给他的"独自性"一定是"大腿脱臼",结果就要"曳足而行";如果是她一名纺织女工,那么她的"独自性"一定是两膝麻木;甚至如果是早先作为旧职业而从事耕作的徭役农民,那么由于分工和城乡分裂,他的"独自性"一定是"他被隔绝在整个的世界交往系统之外,因而得不到任何教育,结果就成了一个目光短浅的、孤陋寡闻的动物"③。在上述场合下,人的独自性就是其"无法摆脱的命运"!

由此看来,施蒂纳"热衷于在自己的联盟内确立现代秩序",而真实存在的现代秩序与其勾画的"联盟"之间、真实存在的自由状态与其"唯一者"学说所看重的"独自性"之间却存在着多么"本质的差别呵"!

5. 反对联盟的"暴动"

施蒂纳非常明了国家与联盟、圣物与非圣物、"人"的东西与"唯一者"的东西、独自性与自由等等之间的差别④,但他认为这些差别最后到"自我一致的利己主义者"那里可以通过极端手段(ultima ratio)即"暴动"来得到解决,找到"出路"。但是,这里暴动的含义与他从前说过的已经不一样了,"不

---

① 施蒂纳:《唯一者及其所有物》,第282页,译文有改动。
② 同上书,第339页,译文有改动。
③ 马克思、恩格斯:《德意志意识形态》,第468页。
④ 马克思、恩格斯说他"很少相信(而且有充分理由很少相信)"这些差别(马克思、恩格斯:《德意志意识形态》,第470页),这是反讽的说法,联系到下一句话就可以明白他们指的是,尽管施蒂纳认为存在差别,但通过"暴动"完全可以弥补、解决这些差别。

是反对自己本身的暴动,而是反对联盟的暴动"。从前联盟是他理想的社会,所以他习惯在联盟里寻找解决一切问题的答案;现在他看出联盟的不理想,于是就要在一种新的暴动中寻找解决问题的答案。

那么,"反对联盟的暴动"是一种什么情形呢?施蒂纳说:"如果公社破坏我的权利,那我就掀起暴动来反对它,捍卫我的财产。"①但是与"反对自己本身的暴动"不同,选择"反对联盟"就有风险和代价,如果这样的暴动没有"成功",那么联盟"就必须开除他(关进监牢,驱逐出境等等)"②。

马克思、恩格斯考证说,施蒂纳的这一看法实际上是来自法国雅各宾派专政时期由马·罗伯斯庇尔起草的、国民公会于1793年通过的《人权和公民权宣言》(Declaration des droits de l'homme et du citoyen),特别是该宣言的最后一条,即第35条:"如果政府侵犯了人民的权利,起义则是全体人民和每个人的神圣权利和必要义务。"但是他不知道,在现实社会的残酷斗争中,如果只是单纯根据"自己的"看法来运用人权或起义权,那么这种权利就会给他带来不幸的后果。

由此,我们从施蒂纳对联盟问题及其发展的论述中可以看出其路径:在对社会进行批判时,他是从一种理想的状态来考察和对照现存关系的;而现在谈到联盟时,他又试图从这些关系的现实内容方面来寻求联盟的出路。就后者来说,马克思、恩格斯认为他是例外地做了一次"尝试",即力图通过现实去掌握"事物的本性"和"关系概念",但是他没有做到使对象或关系"摆脱异己的精神",所以在他们看来,在这种尝试中,施蒂纳"当然会遭到可耻的失败"。③

6. 联盟中现实存在及其关系的"宗教化"和"哲学化"

在了解了施蒂纳对联盟的现存状况的看法之后,马克思、恩格斯还考察了他对改变现状的理想蓝图的想象和描摹。他们对这一部分用了一个特殊的标题"联盟的宗教和哲学",这同样是一种讽喻,因为这里探讨的并不是宗教和哲学等意识形式和精神现象,仍是诸如"财产"、"资产"、"功利关系"之

---

① 施蒂纳:《唯一者及其所有物》,第282页,译文有改动。
② 同上书,第211页,译文有改动。
③ 马克思、恩格斯:《德意志意识形态》,第471页。

类的问题;施蒂纳是把它们与"唯一者"、"人"、主体联系起来考察的,而在马克思、恩格斯看来,它们实际上都是现实的物质存在和物质关系,所以施蒂纳的解释无疑就是把现实存在及其关系"宗教化"和"哲学化"了。

(1) 财产关系

施蒂纳仍然是以 Eigentum(财产)和 Vermögen(资产、能力)这两个范畴为中心展开自己的论证的:前者主要与关于地产的实证材料相对应的,后者则与有关"联盟"中的劳动组织和货币制度的材料相关联。

施蒂纳设想,在联盟中,"我是我所需要的一切东西的所有者"①,"世界属于我"②,是我的财产。较之于过去,特别是"封建制度"时期的"无财产状态",可以说,"在联盟里,而且仅仅是在联盟里,财产才得到承认";财产之所以得到承认,有一个充足理由,即"在联盟里再没有使人能够得到采邑财产的那个实体了"③,"现在一切都属于我"④。

"他的需要就是他的所有!"在马克思、恩格斯看来,这不过是施蒂纳在吹"一曲悦耳的喇叭"罢了,实际上是在"粉饰他(所代表的阶层)的工资等级、小块土地和他的经常无钱,粉饰他得不到'社会'不让他独占的一切东西"⑤。尤其需要指出的是,施蒂纳在这里的说明与他关于"社会"部分的论述完全是一样的:在那里也是先让 société(社会)宣布"自己是所有者",而后又说它"不让单独的个人占有他们的财产";而在他的期许中,联盟不是要超越 société(社会)的吗?由此,至少可以得出这样的结论:施蒂纳认为在以往历史的基础上可以拥有的"独占的"财产,绝不是现实中"有保证的"财产。

现实与设想间的相互矛盾,使联盟中充满疑团,这一点施蒂纳也意识到了,他认为解开这些疑团的钥匙就是依赖法律协调或者变换看法。在联盟里,资产阶级的特别是小资产阶级和小农的所有制仍然保留着,就是说可以状况不变,但对这种状况的解释、"看法"却是可以变通的,"每种关系,无论它是由经济条件还是由直接的强制所引起的,都可以被看成是'协商'的关

---

① 施蒂纳:《唯一者及其所有物》,第 282 页,译文有改动。
② 同上书,第 273 页,译文有改动。
③ 同上书,第 344 页,译文有改动。
④ 同上书,第 283 页,译文有改动。
⑤ 马克思、恩格斯:《德意志意识形态》,第 471 页。

系";"别人的一切财产可以说都是我们给予的,只是在我们没有力量把这些财产从他们手里夺取过来以前,这些财产才是属于他们的";有了这样的沟通,人们之间进行协商、达成协议也就容易了。而马克思、恩格斯指出,这种施蒂纳式的想法完全是一种"虚构"——因为"根据这种虚构,凡是在桑乔得不到别人的财产的地方,他只有同别人进行协商"。[①] 可在唯利是图的现实中,你与谁协商?谁又愿与你协商呢?退一步说,即使在实践中"达成协议",一般依靠的也不是法律协商,而是"木棍"——暴力!而且任何人都知道,别人只是抱着一有机会就抛开协议这一暗中打算来接受协议的。"我把你的财产并不看成你的东西,而是我的东西;因为每一个我都是这样做的,所以他们把这看成普遍的东西。"[②] 这就使马克思、恩格斯更加明确地意识到,施蒂纳所代表的"现代德国哲学"对普通的、特殊的和独占的私有财产的理解是多么不得要领、不着边际!

(2) 资产与能力

至于资产,施蒂纳提出一个特别重要的命题:

Also was du vermagt, ist dein Vermögen![③]

这个命题的前半句中的 vermagt 和后半句中的 Vermögen 是同出一源的词;它们在德文中有两个含义,即"能力"或"资产",施蒂纳这里是利用其双重含义来表达他的观点。金海民教授的译文是:你能够做什么,什么就是你的资产[④];中文《全集》第 1 版第 3 卷译为:你力所能及的一切,都是你的能力、资产[⑤]。而对比施蒂纳原文前后的论述,他这时是由"财产"问题而转入对"资产"的讨论的,较之前者他更把后者与人的能力、价值紧密联系起来看待,提出诸如"但愿你们每个人都成为万能的我!""想办法扩大你的资产!""要记住你们的才能的价值","不要贬损它们的价格","不要向那些想迫使你们降低价格的人让步","不要听信那些说你们的商品不值价的人的话","不要廉价出售而使你们成为笑柄","实现你们的财产的价值!""实现自己

---

① 马克思、恩格斯:《德意志意识形态》,第 473—474 页。
② 同上书,第 474—475 页。
③ Max Stirner, Der Einzige und Sein Eigentum, S. 294.
④ 施蒂纳:《唯一者及其所有物》,第 289 页。
⑤ 马克思、恩格斯:《德意志意识形态》,第 476 页。

的价值!"等等劝诫、忠告。因此,我认为,将这一句做这样的翻译似更符合其原意:你的能力,就是你的资产!

马克思、恩格斯显然并没有从这层意义上理解施蒂纳,他们辨析说,如果这句话的意思是:你有能力做你有能力做的,那么是同语反复;如果后半句话所说的 Vermögen 表示的是"通常理解"的资产即商业资产,即你的能力,就是你的资产,那么这个命题就是胡说。马克思、恩格斯看到的现实是:在资本主义社会中,由于金钱的力量充斥于一切领域和行为之中,对人的能力所要求的都不是其能力所能做的;例如,"对我的写诗的能力所要求的是:我能够把这些诗变成金钱。人们向我的能力要求的完全不是这个特殊能力的特有的产物,而是依赖于异己的、不在我的能力支配下的那些关系的产物"①。这样,施蒂纳把人的资产与人的能力、价值紧密联系的良苦用心就被他们解释成"一条资产阶级的普通的道德格言:从任何东西中都可以榨出金钱(Anything is good to make money of)"②。

(3) 功利理论

施蒂纳责备"资产阶级社会"的一个理由是,在这样的社会中,"某人不是按照我原来的样子看我,而仅仅注意我的财产、我的特性,并且只为了我的财产而和我结婚,似乎某人是和我所拥有的东西结婚,而不是和我本人结婚"③。"某人所注意的只是我对于别人如何,只是我的用处,某人把我当作有用的主体来看待。"④这就意味着,功利关系已经成为是现代社会人们交往的准则,从而左右人们的行为。与此不同,他认为,在联盟中,这种功利关系将发生重大变化,人们"彼此既不看成占有者也不看成游民或工人",而是看成他们的资产的一部分,看成对他们有用的主体,到那时他们"不会把什么东西给占有者,即他的产业的所有者,也不会给进行劳动的那些人,而只是给你们所需要的那些人"⑤,人们"彼此之间,只有一种关系,即相互有利、相

---

① 马克思、恩格斯:《德意志意识形态》,第 477 页。
② 同上。
③ 施蒂纳:《唯一者及其所有物》,第 187 页,译文有改动。
④ 马克思、恩格斯:《德意志意识形态》,第 477—478 页。
⑤ 施蒂纳:《唯一者及其所有物》,第 290 页,译文有改动。

互有用、相互有益的关系"①。

施蒂纳认为,这是他借助对"联盟"这一人们交往的理想社会的描摹而对以往的"功利论"的发展和超越。

为了对此做出评价,马克思、恩格斯用很长的篇幅回顾了功利论的演进和变迁,指出:"功利和剥削的理论的成就以及这种理论的不同阶段,是和资产阶级发展的不同时期有密切联系的。"②在现代社会中,使一切关系仅仅服从于一种抽象的金钱盘剥关系,发生在第一次和第二次英国革命时期,即在资产阶级取得政权的最初的两次斗争中,于是在霍布斯和洛克那里就出现了功利论。后来,爱尔维修和霍尔巴赫已经把这种学说理想化了,这种做法又是和法国资产阶级在革命前的反封建的作用完全一致的。同当时正在进行斗争但尚不发达的资产阶级相适应,他们的理论带有独特的无所不包的色彩,但同时使它失去了实证的经济内容。而为他们所忽略的剥削理论的内容,被霍尔巴赫的同时代人——重农学派发展和系统化了,这一学派所根据的是法国尚不发达的经济关系。之后,霍布斯和洛克亲眼看到了荷兰资产阶级的较早的发展(他们两人都曾经有一段时期住在荷兰),而且也看到了英国资产阶级最初的政治运动(他们曾经通过这些运动冲破了地方局限性的圈子),还看到了工场手工业、海外贸易和开拓殖民地的已经比较发展的阶段;特别是洛克,他的著作是属于英国政治经济学的第一个时期的,即属于出现股份公司、英国银行和英国海上霸权的那个时期的。随着资产阶级在英国和法国日益得势,边沁把法国人所撇开的经济内容逐渐地拣起来了,在英国则通过葛德文剥削理论获得了更进一步的发展。最后,我们在穆勒的学说里可以看到,功利论和政治经济学是完全结合在一起了。

马克思、恩格斯指出,功利论一开始就带有公益论的性质,但是只有在开始研究经济关系,特别是研究分工和交换的时候,它才在这方面有充实的内容。在分工的情况下,单个人的私人活动变成了公益的活动;边沁的公益归根到底就是一般地表现在竞争中的公益。由于考察了地税、利润、工资等的经济关系,各阶级的一定的剥削关系也就得到了关注,因为剥削方式是取

---

① 施蒂纳:《唯一者及其所有物》,第 327 页,译文有改动。
② 马克思、恩格斯:《德意志意识形态》,第 481 页。

决于剥削者的生活状况的。在这以前,功利论能够以一定的社会事实为依据;但在进一步谈论剥削方式时,它只能采用空洞的说教。功利论对现存世界的全部批判也有局限性。它局限于资产阶级的条件,因此它所能批判的仅仅是那些从以往的时代遗留下来的、阻碍资产阶级发展的关系。这样说来,虽然功利论也发现了现存社会关系和经济之间的联系,但这种发现是有限度的、不完全的。

以此来观照施蒂纳的理论,如果他所说的同爱尔维修和霍尔巴赫在上一个世纪的看法完全一样,那么"是可笑的不符合时代的东西";如果他旨在超越"积极活动的资产阶级利己主义",但却"抽掉了一切现实关系","根本不了解市民的现实生活",那么其学说不过是一种"空洞幻想"。"功利论至少有一个优点,即表明了社会的一切现存关系和经济基础之间的联系",但在施蒂纳那里,"它失去了任何积极内容"①,这样一种"联盟"中人们的关系,既无历史传承更无现实根据,不过是施蒂纳主观的设想和推断罢了。

(4) 联盟的作用

施蒂纳对联盟中交往关系所体现出的"我"的个性寄予厚望,他说:"在这种共同性中,我所看出的只是我的力量的增强,只要这种共同性还是我的增强了的力量时,我就保持它。"②"在任何力量面前,我都不会卑躬屈膝,并且认识到,一切力量都仅仅是我的力量,如果它们有变成反对我或支配我的力量的危险,我就马上要制服它们;每一种力量都只能是我为自己开辟道路所必需的我的手段之一。"③

他还指出:"联盟、联合——这是一切成员经常变动的联合……当然,从联盟中也能产生出社会,但这只是像从思想中产生出固定观念一样……如果一个联盟固定化,变成了社会,那么它就不再是联合,因为联合是一种不断的自我联合;那个时候,联盟变成了联合体,变成了联盟或联合的尸体。——它变成了社会……联盟既不受自然羁绊的束缚,也不受精神羁绊的束缚。"④"总而言之,社会是神圣的,而联盟是你的自己的财产;社会利用

---

① 马克思、恩格斯:《德意志意识形态》,第484页。
② 施蒂纳:《唯一者及其所有物》,第344页,译文有改动。
③ 同上书,第352页,译文有改动。
④ 同上书,第337、338、344页,译文有改动。

你,而联盟却受你利用。"①

征引到此,马克思、恩格斯已经懒得再指出其虚妄性了,于是他们增加了一点"补充",质疑起其实现方式和途径。但他们感到同样的失望——"到目前为止,除了暴动以外,我们找不到任何别的方法走向'联盟'"②。于是他们离开《唯一者及其所有物》去施蒂纳的短文〈施蒂纳的评论者〉中寻找。其中有几段话引起了他们的注意:

"生活中的这样的联盟。当浮士德在喊叫'这里我是人,这里我敢于做人'的时候,——这在歌德那里甚至是用黑字写在白纸上的——浮士德就处在这种联盟中。"据此他还批评赫斯说:"如果赫斯仔细地考察一下现实生活,他就会看到千千万万个这样的利己主义者的联盟,有的是瞬间即逝的,有的是生命长久的。……赫斯没有看出,这些平淡无奇的例子的内容多么丰富,它们和神圣的社会,甚至和神圣的社会主义者所组成的亲密的人类社会之间的差别多么无穷无尽。"施蒂纳做了一些设想:"如果在联盟中大多数人都容许自己在最自然和最明显的利益上受到欺骗,那么这是利己主义者的联盟吗?如果一个人是别人的奴隶和农奴,那么利己主义者能在这里联合在一起吗?……如果在社会里,一些人的要求靠牺牲别人来满足,譬如,一些人能够靠别人必须工作到精疲力尽来满足自己对休息的要求……那么这种社会是赫斯自己的'利己主义者联盟'……赫斯把这些联盟……和施蒂纳的利己主义者联盟混为一谈了。"③

这究竟是什么样的联盟呢?是资产者的"联合和股份公司"还是"市民消遣、游玩的各种小组"?马克思、恩格斯提醒施蒂纳注意,历史上实际早就存在过各种各样的联盟,譬如封建时代的"联盟",或者存在于其他民族如意大利人、英国人那里的"联盟",一直到儿童的"联盟",这些联盟之间完全不搭界,其差别何止有十万八千里!施蒂纳对其联盟学说所做的说明,是把整个资产阶级社会④纳入到他那个似乎是"新的机构"——联盟中,并且他想

---

① 施蒂纳:《唯一者及其所有物》,第346页,译文有改动。
② 马克思、恩格斯:《德意志意识形态》,第486页。
③ Max Stirner, "Recensenten Stirner", Wigand's Vierteljahrsschrift, Bd. 3., 1845. 感谢柏林—勃兰登堡科学院莱布尼茨手稿整理、编辑者李文潮教授寄赠此文的复印件。
④ 因为资产阶级社会对施蒂纳来说是最亲近的。

使我们相信,人们在这里将会实现真正的"消遣",而且是按照"最合乎传统的方式的"消遣,即为传统社会中人们一直向往而那时始终不可能实现的自由状态和境界。

　　细究起来,"把整个社会变成各个自愿的组合"这一思想,并不是施蒂纳的创造,它原是属于傅立叶的。但是在傅立叶的学说里,这种思想是以彻底改造现代社会为前提的,是以批判那些形形色色的"联盟"和"联盟"中人的无所作为、充满无聊为基础的。傅立叶在描述后者的状况时,还指出了这些思想的产生与当时的生产关系和交往关系的联系;而施蒂纳却"远远没有想批判它们(这些关系),他准备把它们全部搬到他那种给人们带来幸福的'相互协议'的新制度(新联盟)中去"①。施蒂纳要求在联盟中每个人都应当成为"万能的人",人人具有同等的力量,这同小资产者对人人都在追逐利益但又能和谐相处的愿望是符合的。"这只是再一次证明了他是多么坚决地充当现存资产阶级社会的俘虏。"②

　　施蒂纳在"联盟"中把人与世界的交往变成个人与自身的交往,他需要从这种"间接的自我享乐过渡到直接的自我享乐",这样"所有者"就走完了"我的交往"阶段而过渡到其最后一个环节——"我的自我享乐"阶段。对这一部分的详细解读和分析我将在另外一篇文章中进行。

　　我们看到,在施蒂纳的"唯一者"学说中,"我"的个性并不是无所依托的、独立自在的东西,不是现实社会之外的存在,但他确实又感到它在现实社会之中遭逢了被湮没、遮蔽、异化乃至丧失的命运;他的考虑是通过社会中人的观念的提升和心理的变革(即所谓"暴动"),引起社会状况和交往关系的改善,进而创建一个新的社会形态——"联盟",使被湮没、遮蔽、异化乃至丧失的"个性"彰显出来;质言之,"我"的个性是这种理想的社会形态和真正的交往关系的准则、依据、理由、出发点乃至归宿。而马克思、恩格斯的看法恰恰相反,在他们看来,不存在抽象的、一成不变的所谓"我"的个性,不同的时代、不同的国度、不同的现实社会就会产生与之相应的人的个性;也

---

① 马克思、恩格斯:《德意志意识形态》,第487页。
② 同上。

只有通过实实在在的社会革命,特别是物质生产的变革,人的精神世界以及人与人的关系才能得以调整,所谓"个性解放"也只能是社会变革的产物,而不是反过来由它引起社会革命,据此他们认为施蒂纳的论证和说明是纯思辨的,因而是虚妄的。而在我们看来,二者执于一端的言说,与其说是对立的,还不如说是可以互补的;因为人与社会、"人"与"我"、我的个性与共性之间的复杂关系本身就不可能得到一劳永逸的解决,它们既是相互冲突的,又是可以融通和互动的。

奥斯维辛之后欧洲思想家关于"禁止表象"的思考

刘文瑾[*]

提　要：本文试图通过当代欧洲思想家列维纳斯和阿多诺对表象的反思来分析艺术与伦理的关系。通过列维纳斯关于他人的绝对"他者性"的思考，本文试图说明，《圣经》对表象的禁令提醒人们：文学和艺术不应当成为一种自恋的偶像，而遗忘了与他人的相遇这一伦理维度。同时本文也试图表明，在经历过奥斯维辛的历史悲剧之后，欧洲美学理论的自我批判与重构正是在很大程度上有赖于人们对"禁止表象"以及"他者"的意义的重新发现。禁止表象就是禁止自我同一性。

关键词："禁止表象"　现代艺术　列维纳斯　阿多诺

西方文艺理论和宗教精神历来有着十分密切的关系。这种关系除了透过文学和艺术作品的思想以及它们的题材、内容和形式发生之外，还透过对文学和艺术的存在论本身的反思来发生，这种反思的焦点之一是围绕着上帝对于"表象/再现（representation）"的禁令展开的。本文试图借助当代欧洲重要的哲学家列维纳斯和阿多诺的思想来理解，在经过上半个世纪的历史悲剧，尤其是奥斯维辛的历史暴力之后，"禁止表象"这一古老命令为当代欧洲知识分子对表象、尤其是艺术表象的反思所提供的精神资源。

---

[*]　刘文瑾，1975年生，华东师范大学思勉高等人文研究院讲师。

一 "禁止表象"与给予面容

生活在一个影像语言日益发达、日常生活的各个领域越来越为视觉效果所控制的现代社会里,人们已经越来越难以理解圣经中关于表象的那个古老禁令:"不可为自己雕刻偶像,也不可做甚么形象仿佛上天、下地,和地底下、水中的百物。"(《出埃及记》20:4,《申命记》5:8)虽说现代人面对的,是一个更为五光十色、诡谲多变的虚拟世界,然而自古以来,面对图像时人们所感受到的那种惊讶与痴迷或许都是一样的,这就是为什么在西方有皮格马力翁的神话,在东方有神笔马良的传说。人们用自己的手所赋予的形象产生了一种意想不到的、奇妙的生命力。这种生命力有一种超现实的魔法,可以比艺术家自身那转瞬即逝的、脆弱的生命更加接近不可朽坏的永恒和美好。

虽然只是表现那来自于生活的短短一瞬,蒙娜丽莎的微笑却能令时光停止。形象的魔法在于令时光凝固,从而抽身世外,相忘于江湖。为此,在《追忆似水年华》中,普鲁斯特说出了无数文艺爱好者心底的声音:惟有文学和艺术才能给人提供一个真正的生活!"真正的艺术,……其伟大便在于重新找到、重新把握现实,在于使我们认识这个离我们的所见所闻远远的现实,……真正的生活,最终得以揭露和见天日的生活,从而是唯一真正经历的生活,这也就是文学。"①

从此,与艺术相比,我们的日常生活仿佛只是为了作品的生长积聚素材和各种养料。虽然并没有就此彻底否认以往生活的意思,但当"我"意识到"艺术作品是找回似水年华的唯一手段"时,对于这个"灿烂辉煌"的"真实","我心中升起又一股光焰"。"我"领悟到:"我就象那种子,一旦植物发育成长,我便会死去,而且我觉得自己无意中就是为它而生存的。"②

通过艺术而体会到的这种形而上学冲动是一种具有普遍性的冲动。

---

① 普鲁斯特:《追忆似水年华》(下册),周克希等译,南京:译林出版社,1994年,第517页。
② 同上书,第519页。

现实生命中的死亡恐惧和欠缺感可以成为人们渴望和热爱艺术的充分理由,因此普鲁斯特以一种冷静、忧郁而又富有诱惑力的语调说到:"忧伤协助我们写下的作品"既是"我们未来的痛苦的凶象",也是"慰藉的喜兆"。在第一种情况下,作品是对于命运的预言:"作品应被视作一次不幸的爱情,它必然是其他几次爱情的预兆,它将使生活与作品相仿,使诗人几乎用不着再写作,在他已经写下的东西里他完全能找到未来事件的先期形象。"然而,"从另一角度来看,作品是幸福的朕兆,因为它告诉我们,在任何一次爱情中,即在特殊旁边存在着一般,并且通过把忧伤的起因略过不管、为深化其本质加强对忧伤的抵抗力的锻炼,完成从特殊到一般的过渡"。①

然而,正是针对艺术对于命运的这种无力乃至重复,针对艺术所实现的这种"幸福"——通过抽象化而实现的对具体不幸的摆脱,列维纳斯在继承犹太教传统的基础上,借助于现象学的理解方法,来解读上帝在十诫的第二条中颁布的对于偶像和形象的古老禁令。② 在这种严格而有创造性的解读中,列维纳斯既是在尊重希伯来传统的基础上为这个传统注入新的活力,也是从这个传统中揭示了一种至今仍在进行着的启示。③

虽然出于这条命令,基督教和犹太教在某些历史时期都发生过摧毁圣像运动④,然而艺术史表明,在长达几千年的岁月中,这两种宗教传统都并没有从字面上来对这条禁令进行简单化地理解,更没有因此认为艺术和宗教水火不容。事实上,基督教的发展不但没有取消艺术,反而极大地促进了西方文艺的

---

① 普鲁斯特:《追忆似水年华》(下册),周克希等译,南京:译林出版社,1994 年,第 522 页。
② 列维纳斯对这条禁令的解读隐含在他发表于 1948 年的短文《现实及其阴影》中。参见 Levinas, *Les Imprévus de l'histoire*, Fata Morgana, 1994, p. 138.
③ 参见列维纳斯的一篇短文〈禁止表象与"人的权力"〉,该文收于 Levinas, *Altérité et Transcendance*, Fata Morgana, 1995。
④ 在基督教历史上,最大规模的一次摧毁圣像运动发生在公元 726—787 年间的东罗马拜占庭教会。犹太教历史上与基督教拜占庭教会的摧毁圣像运动同时发生过同类暴力行为,此外在中世纪德国南部的犹太禁欲主义流派那里也产生过类似的运动。参见 C. Chalier, *La Trace de l'infini: Emmanuel Levinas et la source hébraïque*, Cerf, 2002, p. 251.

发展。① 同样,在犹太教经典《塔木德》中,智者们对于这条命令的诠释相当宽松:②他们允许艺术家们再现一切活物的形象,唯独再现人的面容才是不被接受的。至于说在现实中,对于这一命令的执行就更为宽松了,历代的拉比们所严格禁止的,仅仅只是对于人的面容的完整雕刻。③

为何这个命令在犹太传统中的释义与其字面意义之间有如此差异?这种差异显然令现代人费解。然而,正是这差异之处,体现出了犹太注经法的基本特点:其一,对经文的理解从来都不能与拉比们为了教育弟子而发展的口头解经传统相分离。对于这个以教导为目的的传统而言,经文中的禁止和命令常常是出于积极的动机,即出于劝诫和教导,告诉人们什么是应当做的;而非出于消极动机,即为了束缚和压制本身而禁止。其二,经文不应被当作独立的格言来对待,而是要与上下文本、与别处的经文相关联来理解。在此,对"禁止表象"的释义充分体现了这些特点,对经文的创造性诠释是非常灵活而精当的。

那么,为什么恰恰是对人的面容的再现是被拉比们所认真反对的呢?列维纳斯关于"人的面容"的理解是对于这一问题的回答。

在列维纳斯看来,《圣经》向我们揭示,人的面容是上帝的存在在此世的踪迹,因此不应当像一般的形象和偶像一样,对于他人和世界的不幸保持着一种置身于事外的漠然,变得"有口却不能言,有眼却不能看,有耳却不能听,有鼻却不能闻……"(《诗篇》115:4—6)正如 Chalier 指出的那样,面对偶像时,上帝的子民"应当怀着厌恶之心掉转脸去,似乎被'同他人面对面'所塑造和激发的人的面容,在注视着那既哑又盲且聋的偶像之时,经历着最大

---

① 按照黑格尔的说法,基督教精神对于浪漫型艺术的影响是决定性的。浪漫型艺术的对象是个人的内心生活,正是经由基督教精神所带来的绝对主体对它的直接的有限存在的否定态度,古典型艺术逐渐被浪漫型艺术取代。古典型艺术表现的是理念的具体的整体,其旨趣是内在美与外在美、内容与形式的统一,由此自然会产生对外在形式的注重,产生像希腊雕塑这一类型的作品。而浪漫型艺术"不再涉及对客观形象的理想化,而只涉及灵魂本身的内在形象";"不是站在艺术的地位把这种内容制造出来"。因为在浪漫型艺术中,宗教已成为了比艺术更高级的对真理的普遍认识,作品所要表达的美的理念被理解为绝对精神,内容溢出形式,由此形象就成了一种不甚重要的外在因素。(黑格尔:《美学》第二卷,朱光潜译,北京:商务印书馆,1996 年,第 290、285 页)
② Levinas, *Altérité et Transcendance*, p.127; C. Chalier, op. cit., p.254.
③ C. Chalier, op. cit., p.262.

的危险"①。这就是《圣经》上所说的:"论到耶和华妆饰华美的殿,他建立得威严,他们却在其中制造可憎可厌的偶像,所以这殿我使他们看如污秽之物。……我必转脸不顾以色列人;他们亵渎我隐秘之所,强盗也必进去亵渎。"(《以西结书》7:20—22)

C. Chalier 认为,唯有这样理解了人面容的光芒来自于"同他人面对面",上帝对于以色列人造金牛犊而发的烈怒以及先知们对于拜偶像行为表示的愤慨才是可以理解的:

> 为此,当摩西在得到了那作为见证的法版之后重下西奈山时,托拉上说:"(他的)面皮因耶和华和他说话就发了光"(《出埃及记》34:29)这光芒乃是由于他能够在自身中接纳上帝的话语,并因此把他独一的肉身和面容给予这一话语。相反,同样是在这段叙述中,百姓们则由于刚刚品尝了偶像的禁果而不敢挨近摩西。羞耻感还在继续压迫他们,并使他们在面对摩西脸上的光时低下双眼。这羞耻缘于他们因为不耐烦而受到的诱惑,即企图通过一个人手所造的雕像(金牛犊)来捕获神圣,去膜拜这雕像而不去承受那不可见的事物。如此,这段文字让人领悟到:虽然面容自身并不清楚这一点,它在裸露和暴露于世界的侵袭时,等待着上帝的话语并且是仅仅等候上帝的话语来使它对一种光变得敏感,这种光不同于那种划分日夜的光。然而,那浇灌皮肤纤维的上帝的话语以及面容从此获得的荣光并不构成壁垒,无法抵挡控诉变化之不可逆性的皱纹,更加无法抵挡那些试图损毁或败坏面容、必定要将其置于恐慌之中并熄灭其光芒的人的侵犯,于是一些人相信可以在偶像中获得更高的保护,因而就投奔那偶像而去,对于上帝的话语充耳不闻。②

由此,我们看到,上帝对于拜偶像的厌恶是因为在人对于自己所造的偶像的崇拜里面,人们不再能够去面对他人,从而也遗失了自己的面容。人似乎在自己亲手所造的、可以亲眼看见的作品中更能感到一种确定性,因为它

---

① C. Chalier, op. cit., p. 254.
② Ibid., pp. 254-255.

比上帝的许诺更为直接。这种确定性甚至具有某种与上帝相似的力量,它或者能够像普鲁斯特所说的那样,给人带来某种"幸福的朕兆";或者是像尼采所说的那样,让人在审美中实现了生命的强力意志肯定悲剧人生的最高艺术。① 而列维纳斯却指出,偶像或者说作品,即便是对于那不可见事物的模仿,对其身边人而言终究只是"一幅生命的漫画"②。它既无力承担当下、承担与他人面对面的责任,因此也就失去了对于未来的担当和对于命运的救赎。

偶像因于自身的命运当中,对此普鲁斯特前面所说的话已经体现出敏锐的直觉:作品将"使生活与作品相仿,使诗人几乎用不着再写作","忧伤协助我们写下的作品"将成为"我们未来的痛苦的凶象"。而至于像尼采那样,将对悲剧的理解仅仅停留于审美,也许是不足以理解悲剧的。③ 让人在审美中去回避现实中的不义和苦难,这不是一种超脱,而是不负责任。在这种意义上,我们可以说,艺术喜爱沉默甚于喜爱言语,喜爱暧昧甚于喜爱善恶分明,喜爱死亡和幽暗甚于喜爱战斗和曙光。"美学要求隐匿,奖励隐匿"④,克尔凯郭尔说。"希腊悲剧里,隐匿(因而也有认知)就是依靠命运而存活下来的史诗,戏剧动作在其中不为所见,因而也显得朦胧神秘了。因此,希腊悲剧的效果就很接近那种只雕出眼球、并不雕出瞳孔的大理石雕像产生的印象,它缺少目力。"⑤

在我们并不陌生的人类历史中,这样的偶像不仅是人手所造的雕像,也是人各样的作品;不仅是人所推举的独裁者,也是抽象的意识形态——那统治乃至剥夺人的感性生命的社会"软件系统"。在一个一面极其高扬自由和理性,一面又极其极权化和意识形态化的时代,上帝对于偶像崇拜的厌恶,难道不是出于这样的忧虑:当人面对这种种"偶像"而感到兴奋不已、欢喜雀跃之时,人的面容的本真性,那种由于与他人面对面,也是由于上帝话语的

---

① 参见本节前文引用的普鲁斯特《追忆似水年华》的引言。
② 参见 Levinas, *Les Imprévus de l'histoire*, pp. 135, 137, 138, 139。
③ 参见本雅明对于尼采的批评,参 Walter Benjamin, *Origine du Drame Baroque Allemand*, Paris:Flammarion, 1985, p. 110.
④ 克尔凯郭尔:《恐惧与颤栗》,一谌等译,北京:华夏出版社,1999 年,第 81 页。
⑤ 同上书,第 78 页。

浇灌而焕发的荣光，难道不会被彻底遗忘？在一个一面高举科学与无神论，另一面又极其容易为种种非理性宗教狂热所奴役的时代，上帝的一神论难道不是应当从"面容"对于"主义"的超越来得到理解？为此，列维纳斯说："对于影像的禁止实在是一神论的最高命令，是一种克服命运的学说的最高命令，而命运正是创世和启示的反面。"①在这里，"命运"意味着受自然的盲目力量所支配的生存状态，它有自身的"学说"，这"学说"不乏逻辑和雄辩，甚至可能成为某种"主义"，然而却是一种奴役人的非正义力量。"主义"的可怕之处在于用一种类似于偶像崇拜的"真理"来占据和操纵人们的情感和意志，使之成为一种机械反应而不再能够理解别的事物。上帝的"忌邪"②正是出于对种种控制人的非人力量的厌恶。在列维纳斯看来，"命运"的本质就是这些非人力量的繁衍与重复，没有出路，唯有上帝的创世和启示才有可能使人的灵魂苏醒，改变这种混沌黑暗的力量。

当然，上帝对于表象的忧虑并不意味着一切人类的作品就其自身而言都是可恶的，更不是要否认在艺术和人类的创造中可能有一种对于上帝不可见之神性的回应。在列维纳斯看来，这条禁令所真正追究的，是那种将人的认知、人的"看"和人的创造置于上帝的话语、上帝的"看"和上帝的创造之先的欲望。在这种欲望里面，一切只有能够被还原为知识，还原为可描述、可量化的价值，才最终是有意义的。在这种欲望里面，精神需要成为范畴、成为历史逻辑，这并非仅仅只是哲学家的臆想和狂妄，而是这精神本身从人的"看"出发所导致的必然结果。失去了对他者之神圣性的敬畏，人的"看"不再只有静观，而是包含着"意象性"、"朝向"，包含着潜在的占有欲——一种使对象成为其作品的欲望。

将对不可见上帝的期待逐出视野的现代人尤其受制于人的看和被看的欲望。存在仿佛只是当被看见时才存在，所以人们总是为了能够"露一露脸"而兴奋不已，为了"出人头地"而雄心勃勃。即便是那些似乎本应更为超

---

① Levinas, "La réalité et son ombre", *Les Imprévus de l'histoire*, pp. 133-134.
② 参见《圣经·出埃及记》20:4—5，《申命记》4:23—24, 5:8—9。《圣经》中英文对照 NRSV 版本，中国基督教协会 1995 年，本文所有引用经文均出自这一版本。在这里，神通过摩西嘱咐以色列人说："不可为自己雕刻偶像……不可跪拜那些像，也不可侍奉它，因为我耶和华你的神，是忌邪的神……"

脱的人,也难以幸免于这种被昆德拉称为"媚俗"的欲望①;而即便意识到了这是一种"媚俗",也很难拒绝其诱惑。就像 C. Chalier 所说的:"在一个时时为虚无主义困扰的世界里,反抗视觉暴政是一件困难的事情,以至于那些本以反思为职业的人,自己也想要越界,想要挤入别人的视线。他们很难抵挡这样的臆想,即能够被多种多样的视线所注意和恭维,这样的生活是更为成功的。"②这些执著于让自己的表象得到他人承认的人已经没有能力去过一种真实的生活,在这种意义上,尼采对现代社会的批判是一针见血的。他揭露现代人生存上的"奴隶人格",即他们的价值感实际上完全建立在他人的价值感之上,他们已经丧失了"主人"的意志。C. Chalier 则点出了这种"奴隶人格"背后的亏空:"似乎他人的承认能够给他一副'面容',尽管由于不断地蔑视那他以之为生的、不可见的事物,他已忘记了面容的意义。"③在此,Chalier 的诊断与尼采对超人意志的推崇不同。她承认人类生存的相互需要,然而这种相互需要不是被理解为一种"承认的政治",因为"承认的政治"仍然受制于人的看和被看。她指出人的生活需要一种超越可见性的意义,这就是他人被上帝赋予的"面容"向我提示的不可见的召唤。在现代人的喧嚣表象背后,列维纳斯不遗余力地呈现那往往沉默无语的面容,他提醒人们,透过这"媚俗",透过"媚俗"背后那看不见的深渊,我们不也可能从上帝为我们的耳朵所保留的空旷那里,倾听到另一个隐秘的、饥渴的声音,这声音表达着对那被人遗忘了的"面容"的渴望?

二 "禁止表象"与禁止死亡

为什么一方面拉比们格外强调,不能再现人的面容的完整雕刻,另一方面,在《圣经》中却又记载着,在圣殿中要用金子雕刻两个小天使(基路伯),让他们脸对脸安放,并让上帝的话语经过他们之间来让人听见?④ 也许我们

---

① 这正是昆德拉于 1996 年用法语完成的小说 *L'Identité* 的主题。参见中文译本昆德拉:《认》,孟湄译,沈阳:辽宁教育出版社,2000 年。
② Chalier, op. cit., pp. 257-258.
③ Ibid.
④ 参见《出埃及记》25:18—22。

可以由此感到,拉比们所真正担忧的,不是雕像本身,而是人们在观看中所产生的与它们之间的关系。

"面容"不同于脸,面容只有在"面对面"中才存在。伟大的艺术家渴望在作品中表现那无法言喻、无法被看见的那一部分内容,这种追求推动着艺术家们观察和表现的渴望,所以古往今来,艺术的境界常常是追求"神似"胜过"形肖",追求"栩栩如生"胜于"纤毫毕现",正是这种追求赋予作品那不可复制、独一无二的神秘光晕。在万物之中,那最难以表现其"神似"的,就是人的形象;但真正令艺术家既感到无能为力却又充满诱惑的,是表现那让人的形象一览无遗的死亡。之所以无能为力是因为死亡不同于一般形象,它超越了可表现的范畴,就像布朗肖所指出的那样:"被称之为遗体的那东西脱离了通常的范畴:某种东西在那里,在我们面前,它既不是有生命的人,也不是某种实在,也不是那个曾经活着的同一个人,不是另一个人,也不是它物。"①死亡没有形象。然而,去表现"不可能"的事物却富有诱惑力。布朗肖以艺术家的直觉发现,只有在死亡中,死者才开始同他自己相像,并且这种"相像"拥有一种折射着真理之光的美:"必须等到遗体出现,这一通过死亡来实现的理想化和终结的永恒,一个存在才能获得他自己的相似性这种巨大的美,获得这个在反照中呈现的他自己的真理。"②

布朗肖揭示的,是这样一种令人惊骇的事情:有时候,在求真意志的支配下,人类对于美的理想主义,"说到底,不是别的保证,只是一具尸体"③。从柏拉图《会饮篇》中哲学家对于美的惊讶到本世纪初里尔克以诗人的直觉所预言的"美是恐怖的",这之间所发生的不正印证了布朗肖的箴语?我们难道不是可能从中领会到拉比们禁止完整雕刻人脸的良苦用心?

如果说在这里,完整地再现人的面容暗示了这种欲望,即想要在一个人的脸上看到那不可穷尽的事物:他的未来、他的死亡、他的为死亡之阴影所笼罩下的生命,那么,禁止完整再现人的面容,其实是禁止人们在对于理想的完美追求中,把死亡当成作品;是提醒人们,想要用一种方式来完整地概

---

① 莫里斯·布朗肖:《文学空间》,顾嘉琛译,北京:商务印书馆,2003 年,第 263 页。
② Blanchot, *L'amitié*, Gallimard, 1971, p.43.
③ 莫里斯·布朗肖:《文学空间》,第 265—266 页。

括一个人的生命——一个人的生和死,这种欲望是不合适的。死亡是远离人们的观看和控制的欲望的事物,如果人们执意要去"看"死亡这种"远离"的时候,人们将看见尸体,"这光彩夺目的存在"①:

> 尸体是那个成为被反映的生命的主宰的映像,尸体把生命吸收,在实体上与生命化为一体,同时使生命从它的使用和真实价值变为某种难以相信的东西——不可使用的和中性的。尸体如此相似,这是因为在某时刻它是最佳的相似,完全的相似,再也不是别的什么。它是类似,绝对程度上的类似,激动人心,美妙无比。但是,它同什么相似?什么也没有。②

虽然并非故意,但布朗肖这段精彩的观察向我们揭示了,在观看死亡的极端欲望中潜伏着暴力。这是现代人在虚无中一直体会到的死亡那平静优雅却极其冷漠的力量。似乎死亡才是生命的主宰,因它能吸收生命,并最终将生命彻底变成它的相似物。而实际上赋予了死亡这种能力的,不是死亡本身,乃是人的将生命表象化的欲望。死者只有在被人像艺术品一样,作为对象来考量时,才会成为"光彩夺目的存在"。在阿多诺看来,这正是现代理性在奥斯维辛集中营留下的"作品":

> 我们的形而上学的能力瘫痪了,因为实际的事件破坏了思辨的形而上学思想与经验相协调的基础。从量到质的突变的辩证动机再一次获得了说不出的胜利。通过管理手段对数百万人的谋杀使得死亡成了一件在样子上并不可怕的事情。个人经验生命的死亡再也不可能像是与生命过程相符合的事情。留给个人的最后的、最可怜的财产也被剥夺了。在集中营中,死掉的不再是个人而是样品……
>
> ……奥斯威(维)辛集中营证实纯粹同一性的哲学原理就是死亡。……集中营里的施虐狂们对他们的牺牲品预言:"明天你们将化为烟雾从这个烟囱里升上天空。"这种预言表明了历史所趋向的对每一个人的生命的冷漠。个人即使在他的形式上的自由中也像在清算者的脚

---

① 莫里斯·布朗肖:《文学空间》,第 266 页。
② 同上。

下一样,是可互换的和可替代的。①

列维纳斯指出,没有人能看见或者是知道死亡本身,对于活着的人,死亡只是一种二手经验,一种经验的不可能性。② 然而现代哲学不是将死亡作为绝对他者,而是作为"我的"有限性,一种具有确定性的先天知识来理解。③ 同样,他人的死亡也被视作认识的问题,例如,将之视为进步史观所需要的牺牲品,视为某种"精神"和"意义"的"作品"。

因此阿多诺认为,只有禁止思想的同一性,哲学才能够从焚尸炉的阴霾中走出。在哲学面对现实的失败之后,在奥斯维辛之后,阿多诺指出,通过奥斯维辛集中营这个经验、这个绝对不可能经验的"经验",现代形而上学应当提出"最初形而上学的经验是可能的吗"这一"历史哲学的问题"。观察到现代社会的抽象性使得辩证法越来越成为一种泛逻辑主义,阿多诺试图通过否定辩证法,依靠逻辑一致性手段,用那种不被同一性所控制的事物的观念来代替同一性原则,代替居最上位概念的至上性,以确保概念中的非概念物,亦即真理所出发的原初经验。

"毫无疑问,服从辩证戒律的人不得不为经验的质的多样性而付出高昂的代价。辩证法造成的经验的贫穷激怒了健康的见解,但在这个被管理的世界里,经验的贫穷却证明是与其抽象的单调相匹配的。辩证法的极度痛苦是上升为概念世界的极度痛苦。"④ 为了避免体系化的辩证法的暴力,就必须在那热爱追求确定性的哲学中,为经验的具体性和非确定性保留地盘。

---

① 阿多诺:《否定的辩证法》,张峰译,重庆:重庆出版社,1993年,第362—363页。
② 列维纳斯说,我们对于死亡的了解只可能是通过言语,或者是从对他人之垂死的观察来理解:
"对死亡,对死去,对它那不可避免的大限,我们所能够说的一切和所能够想的一切,乍一看来似乎都来自第二手的经验。我们是通过道听途说,或者通过经验论而得知的。我们所知道的有关这方面的一切都来自命名它们、陈述命题的言语:共同的、通俗的、诗意的或宗教的话语。
"我们的这一知识来自其他人的经验和观察,来自垂死者和致命者的行为,来自他们对他们死亡的了解,以及对他们死亡的忘却(在此,这么说并不是在寻开心:确实有一种对死亡的忘却,它不是寻开心)。……"(勒维纳斯:《上帝·死亡和时间》,余中先译,北京:三联书店,2003年,第3页。)
③ 现代哲学把死亡设想成彻底的确切,并把它的意义限定在毁灭上。于是,我们是通过畏惧来先行领会了死亡所意味的虚无,死亡从此成为对于"我的"死亡之畏。由于在"我"的存在之外不再有超越性的他者,生命之有限性在成为"向死而生"的"绽出"之时,也随时可能颠倒过来,成为生之虚无。"畏惧是依附于自我保护的个体化原则的,这一原则因其自身的一致性而废除了自身。"阿多诺:《否定的辩证法》,第363页。
④ 阿多诺:《否定的辩证法》,第4页。

为此,可以说,在否定辩证法中包含着禁止表象这一古老禁令的回声。在这里,禁止表象就是对于思维的同一化冲动的禁止。这种思维的同一性试图回避经验的异质性,从而取消思想作为面对特殊内容而行动的意义,然而,"对真正的哲学来说,和异质东西的联系实际上是它的主旋律"①。阿多诺对传统哲学的批判在很大程度上同列维纳斯的思想相呼应。

三 "禁止表象"与现代艺术的自我否定

"禁止表象"既不意味着宗教和艺术的根本冲突,也没有在事实上取消艺术的表现力;相反,可以说,西方现代艺术理论在很大程度上同这一禁令有一种密切的、形而上的关联。康德的崇高美学即在一定程度上为理解这种关联提供了可供参考的线索。

基于在道德素质上对纯粹理性的信任和对于一切感性内容的怀疑,在康德看来,"禁止表象"不仅不会取消想象力的热情,反而能更好地唤醒人们内心对德行的热忱:那种纯粹的、高扬心灵的、单纯否定性的激情,乃是一种由于无限对于想象力在感性界限上的超出而带来的崇高感。

> 我们不必担忧崇高的情感会由于在感性的东西上完全是否定性的这样一类抽象的表现方式而丧失掉;因为想象力虽然超出感性之外找不到它可以依凭的任何东西,它却恰好也正是通过对它的界限的这种取消而发现自己是无限制的;所以那种抽象就是无限东西的一种表现,这种表现虽然正因此而永远只能是一种否定性的表现,但它毕竟扩展了心灵。也许在犹太法典中没有哪个地方比这条诫命更崇高的了:"不可为自己雕刻偶像,也不可作什么形象,仿佛上天、下地和地底下、水中的百物"等等。只有这条诫命才能解释犹太民族在其教化时期当与其他各民族相比较时对自己的宗教所感到的热忱,或者解释伊斯兰教所引发的那样一种骄傲。②

---

① 阿多诺:《否定的辩证法》,第 14 页。
② 康德:《判断力批判》,邓晓芒译,北京:人民出版社,2002 年,第 114—115 页。

这种崇高感、这种想象力被撕裂的惊异与痛感,以及其否定性的表现,虽然被康德归之为自然界的禀赋或者是人的内心被激发出来的道德感受①,但也为艺术保留了可能性。因为一方面,崇高与其说是客体的特性,不如说是某种精神情调和思想境界。"崇高是那种哪怕只能思维地、表明内心有一种超出任何感官尺度的能力的东西。"②"崇高……也能在对象的无形式中发见,只要它身上的无限性或由于它(无形式的对象)的机缘——无限性被表象出来,而同时又设想它是一个完整体的话。"③另一方面,"启蒙运动所持的自然概念,对崇高侵入艺术负有部分责任。由于绝对主义的形式世界(视自然为鲁莽、粗糙和卑俗的东西)已开始受到批判,艺术的实践在18世纪末期经历了极大的变化;它开始受到被康德视为自然独有的性相——崇高的侵袭"④。

阿多诺认为,当现代艺术在"真理性内容"的压力下超越了形式美和虚幻特质之后,就从"工艺品"的类别中被彻底划分出来,摆脱了康德的艺术概念所包含着的对人性的从属性和服务性地位。对于此"真理性内容",阿多诺定义为"精神与基本力量的辩证关系"⑤。现代艺术之所以发生这样的转变,乃是因为在启蒙运动时代之后,艺术的精神成为一种对精神之自然性的反思。作为自然的意识将艺术精神化了,这使得艺术与其过去的职能逐渐

---

① 在康德看来,市民化的艺术和宗教激情由于其虚幻性质,在崇高性上是完全不能与真实的道德激情相提并论的。为此他说道:"每种具有英勇性质的激情(也就是激发我们意识到自己克服一切阻力的力量的激情),都是在审美上崇高的,例如愤怒,甚至绝望(即愤然绝望,而不是沮丧的绝望)。但具有软化性质的激情(它使反抗的努力本身成了不愉快的对象)本身不具有任何高贵性,但却可能被划入情致的美里面去。因此能够强烈到激情程度的那些感动也是很不相同的。有人具有昂扬的感动,有人具有柔弱的感动。后者当其上升到激情程度时根本是毫无用处的;这样一种偏向就叫作多愁善感。一种不愿让自己得到安慰的同情的痛苦,或者一种我们在涉及到一些虚构的祸害时有意地参与其中、直到通过幻想而陷入它们似乎是真的这种错觉的同情的痛苦,证明着和造就着一个温柔的但却是虚弱的灵魂,它显示出美的一面,但虽然可以被称为幻想性的,却甚至不能称为热忱的。长篇小说,哭哭啼啼的戏剧,干瘪的伦理规范,都在卖弄着所谓的(尽管是虚假的)高贵意向,实际上却在使人心变得干枯,对于严格的义务规范没有感觉,使任何对我们人格中的人类尊严的敬重、使人的权利(它是完全不同于人的幸福的)以及一般地使一切坚定的原理都不可能;甚至一篇鼓吹卑躬屈膝、低三下四地邀宠谄媚的宗教演说也是如此,它放弃对我们自己心中抵抗恶的能力的一切信任,而不是毅然决然地去尝试用我们尽管脆弱不堪却仍然还留存着的力量以克服我们的爱好……"康德:《判断力批判》,第113页。
② 康德《判断力批判》,第89页。
③ 转引自阿多诺:《美学理论》,王柯平译,成都:四川人民出版社,1998年,第561页。
④ 阿多诺:《美学理论》,第337页。
⑤ 同上书,第338页。

区别开来,以至现代艺术尤其朝向一种"非艺术"的否定性特征发展。

而启蒙运动之所以使得艺术的精神发生变化,是由于启蒙运动之后,理性对于自然的过度压迫促使艺术逐渐承担起自然的意识,成为表现自然之苦难的语言。

启蒙运动后,文明与自然的关系并没有像人们开始所期待的那样,向着从野蛮到进步的方向发展。理性并没有像人们过去所期待的那样,将人们从自然的蒙昧中拯救出来,使人们摆脱自然和命运的暴力;相反,启蒙成为一个与自然的灾难性相互纠缠的过程。启蒙倒退成为了神话,人们曾有的对于理性的信心逐渐遭遇了严重危机。这正是霍克海默和阿多诺在《启蒙辩证法》中所指出的:神话包含着形成主体意识的启蒙色彩,而启蒙在征服自然的过程中,又一再暴露出了自然和命运这种原始力量的至高无上,暴露出启蒙的局限性。

在阿多诺看来,沉思的语言虽然可以把苦难归于概念之下,却没有对付苦难和命运的能力,而只有艺术成为表现苦难的语言时,这才能够使自然原始力量的释放与主体的解放实现一定程度上的和解。而在理性变得极端和恐怖的时代,主体则只有凭借艺术的自律性对理性的拒绝来获得解放。此时这种自律性即是"禁止雕刻偶像"的同义语,亦即禁止艺术成为思想和意义的图像,禁止艺术被理性歪曲为对那没有生命、只有表象的理念的模仿。因为在这种模仿当中并没有对痛苦、死亡等异质性经验的倾听和纪念。

因此,现代艺术的意义是:通过模仿那些无法言表的东西,来承担对自然之苦难的见证。"通过宣泄被压抑的东西,艺术将压制性原则——即尚未挽救的世界状况——予以内在化,而不只是摆出徒劳的抗议架势。艺术识别和表现这种状况,从而预想克服这种状况。正是这一点,而非对这种未挽救状态的照相机般的复现或那种虚假的幸福感,奠定了真实的现代艺术趋向阴暗的客观性的地位。"①

为了对抗苦难,此种对抗需要说着与苦难的缔造者不同的另一种语言,以避免重新陷入与缔造了苦难的逻辑相同的逻辑之中,因此,现代艺术采取了一种非形式、非人性,乃至非艺术的晦涩语言。由于不能容忍任何带有乏

---

① 阿多诺:《美学理论》,第34页。

味妥协色彩的东西,现代艺术以无法交流来进行交流,这种断裂构成现代艺术的崇高感。阿多诺强调现代艺术必须奠基于悖论之上,这是现代性的苦难使然:"今日艺术的主要矛盾之一,便是它想成为并且务必成为乌托邦似的东西,正如社会现实日益阻止乌托邦一样道理。但与此同时,艺术为了避免担负那种提供慰藉与幻象的罪责,而又不能成为乌托邦似的东西。艺术乌托邦若果成为现实,那么艺术将会终结。黑格尔首先认识到艺术的概念就意味着这一点。他的预言之所以落空,是因为(在自相矛盾的意义上)其乐观主义的历史观所致。"①

经过20世纪遍布头盖骨的欧洲历史舞台,艺术非但没有像黑格尔所预言的那样,成为过去的事情,反而更像阿多诺所说的,成为现代思想的飞地:一个否定性的乌托邦。它以其"谜"的特征来打破了思想的同一性。需要借助这片"飞地",思想才能走出那同一化的死荫之地。而对于表象的禁令在阿多诺的美学理论中,如同在其否定辩证法中一样,是一个隐秘的轴心。"从一开始,审美抽象便有一些过去遭到禁止的偶像的成分。……遭到禁止的偶像给诸如'真实的信息'或思想内容之类的概念设置了一条戒律……现代艺术是同真实性(authenticity)这一行话相对立的。"②

这样,阿多诺认为,艺术和哲学就在相反的方向上,围绕着"禁止表象"这一禁令,既互不冒犯、相互区分,又互为支持,各自得以保存其活力。"艺术和哲学共有的东西不是形式或构造的过程,而是一种禁止假象的行为方式。艺术和哲学都通过它们的对立面而忠实于它们自己的实质:艺术靠抵制它的意义;哲学靠不去捕捉任何直接的事物。哲学将不放弃的东西是那种使艺术的非概念方面充满生气的渴望,哲学的实现将避开作为纯现象的艺术的直接方面(即避开普遍化的审美思维中那种将特殊给一般化了的抽象性——笔者注)。"③

---

① 阿多诺:《美学理论》,第57—58页。
② 同上书,第39页。
③ 阿多诺:《否定的辩证法》,第14页。

四　迫害的不可表象与奥斯维辛之后的诗学问题

"在奥斯维辛之后,写诗是野蛮的。"① 阿多诺的这一著名的抗议反对给予迫害和被迫害一种语言和意义。对于迫害和受迫害这种独特的经历,这种不可经验化的个体生命体验,使之被赋予一种语言和逻辑是不公义的。在这种赋予中,经历被纳入社会语言和社会文化之中,而迫害本身所具有的那种尖锐的野蛮性被钝化,正义和责任对每一参与者和目击者的呼求被掩盖乃至窒息于意识形态的编织物中。

这种对于受迫害经历的特殊性和不可传递性的理解也保留在列维纳斯对语言的理解中。在〈希伯来圣经的翻译〉② 一文中,列维纳斯讨论为何在《塔木德》中,有一种观点认为在希伯来圣经的所有书卷里,唯独《以斯帖记》是一本不可以被翻译的书。根据这种观点,这部书需要严格地、原封不动地保留它最初的文字、格式、成书的形式乃至所使用的墨水。对于这种看似不合情理的苛求,列维纳斯是从禁止再现迫害的角度来理解的:

> 《以斯帖记》,一本关于迫害的书,一本关于反犹主义的书,只有使用他们的语言和文字,对于犹太人才是可理解的!遭受反犹迫害的痛苦只能以受害者的语言来讲述。这种痛苦通过一些不可替换的符号来传递。无论社会学家说什么,这种痛苦都不是某种普遍现象中的一个案例,即便所有其他与圣经关涉的问题都可在人类之间共享并且可以被翻译成其他一切语言。这个关于哈曼和亚甲族的反犹主义文本只有在犹太的"身体"及其原初语言里面才是有意谓的。……它(迫害)不可被译成其他语言!"大屠杀/献祭(holocauste)"这个词难道不是太过于希腊化以至于不能表达受难(la Passion)吗?③ 上帝之名没有在《以斯帖记》中被提到过。但正是如此,上帝的在场通过缺席得以在一切命名

---

① "Cultural Criticism and Society", in *The Adorno Reader*, ed. by Brian O'Connor, Blackwell Publishers, 2000, p. 210.
② 参见 Levinas, *A l'heure des Nations*, Les Éditions de Minuit, 1988。
③ "Holocauste"本是一个希腊词,意指宗教中的献祭,后来人们用这个词来指"la Shoah"。而"la Shoah"是犹太人用来专指纳粹屠犹这一事件的词汇,对于犹太人"la Shoah"不能被泛化为"holocauste"。

之外表达。①

列维纳斯认为,受迫害的痛苦是一个独一身体的不可重复的肉身体验,其唯一性和不可重复性异质于语言的公共性和可重复性;痛苦的情感性和肉身性也抗议智性的语言对它的概念化规约。痛苦并不只是一堆暗昧混沌的质料,唯有从理性这里才能获得形式和意义;相反,在肉身和情感当中可能隐藏着一种比理性的确定性更为在先的东西,能够在理性盲目的地方感知。为此,阿多诺说:"在奥斯维辛集中营之后,我们的感情反对任何关于实存具有闲谈、不公地对待受害者的肯定性说法,我们的感情反对从受害者的命运中榨出任何一种完全被耗尽的意义。在这些事件判定关于内在性意义(由肯定地确定的先验性所散发的意义)的构想是一种嘲弄之后,我们的感情的确具有它的客观因素。"②

任何将痛苦透明化和理性化的企图都是对这独一身体的背叛。对《以斯帖记》的原初语言"身体"作为"不可替换的符号"的强调,就是为了暗示受害者身体和生命经验的不可替换性。在此,列维纳斯通过指出"holocauste"这个词过于希腊化来强调:尽管希伯来智慧也包含着可以并且应当被普世化和理性化理解的部分,犹太化的身体和经验是不应当被希腊文明所同化和消解掉的。③ 希腊化的对圣经的理解常常强调通过新约来理解希伯来圣经,仿佛希伯来圣经代表一个已经陈腐褪色的过去时,正是在这个意义上,希伯来圣经被称为"旧"约。然而不正是在希伯来圣经中保留着那个无法被翻译为希腊语言的特殊部分——那个犹太的"身体"吗?上帝的拣选不正是从那一个个特殊的身体和名字开始的吗?上帝借着亚伯拉罕一人来

---

① Levinas, *A l'heure des Nations*, pp. 56-57.
② 阿多诺:《否定的辩证法》,第 362 页,译文参照法文译本略有改动。Adorno, *Dialectique Négative*, Traduit de l'allemand par le groupe de traduction du Collège de philosophie, Postface de Hans-Günter Holl, Éditions Payot & Rivages, 2001, p. 347.
③ 对于身体的发现并非犹太教的专利,耶稣也是通过以身作则的教导,通过其身体的受难与复活,为基督教成就了拯救之途。此外,我们也看到自尼采之后的现当代西方哲学对于身体的强调和重视:强力意志的身体、会死亡的身体、力比多的身体、欲望的身体,等等。看来问题的关键不仅仅在于是否发现了身体的重要性,也在于对"身体"和"经验"的叙事是怎样的。

祝福万国①；上帝自称为"亚伯拉罕的上帝，以撒的上帝，雅各的上帝"；他呼召摩西带领以色列百姓出埃及，去往上帝给他们的应许之地。

由此，在《以斯帖记》这卷受难之书中，缺席的上帝不也正是通过那不可替换的"身体"而在场？如果这"身体"在受难，那么上帝也不是在上帝之名，而是在同这"身体"一道经历的受难中存在。并且上帝之"在"正是通过这种方式而得以"在一切命名之外表达"。

如果说在奥斯维辛之后，写诗和谈论上帝之名一样是艰难的，那么上帝在《以斯帖记》中以缺席的方式来见证和一同承受苦难的道路，是否也能够在人类的诗歌中被听取？

在《创世记》中，上帝禁止人类雕刻偶像，却并不禁止人类使用语言来命名万物乃至彼此命名。② 相反，当亚当和夏娃获罪受罚被逐出伊甸园之后，紧接着上帝的咒诅而开始的，却是亚当对"夏娃"的命名和呼唤。③ 仿佛离开伊甸园的人类，虽然从此背负着生存的咒诅，却有可能依靠上帝所赐给的语言与命名的能力，以及包含在这能力中的彼此呼唤和回应，来开始新的有希望的生活。

在奥斯维辛之后，写诗是困难的，然而不写诗，或许会更加困难。由于体会到这一点，在发出"在奥斯维辛之后写诗是野蛮的"这一宣告若干年之后，阿多诺纠正了自己："日复一日的痛苦有权利表达出来，就像一个遭受酷

---

① "耶和华对亚伯兰说：'你要离开本地、本族、父家，往我所要指示你的地去。我必叫你成为大国。我必赐福给你，叫你的名为大；你也要叫别人得福。为你祝福的，我必赐福与他；那咒诅你的，我必咒诅他。地上的万族都要因你得福。'"（《创世记》12：1—3）
② 在《创世记》（2：19—23）中，上帝不但自己使用语言来创世，也将为万物命名的能力赐给人。并且亚当通过命名他的配偶为"女人"才发现了"男人"这一名称。在最初，命名的能力乃是人与世界万物，人与人之间关系的建立：
"耶和华上帝用土所造成的野地各样走兽和空中各样飞鸟都带到那人面前，看他叫什么。那人怎样叫各样的活物，那就是它的名字。那人就给一切牲畜和空中飞鸟、野地走兽都起了名；只是那人没有遇见配偶帮助他。耶和华上帝使他沉睡，他就睡了；于是取下他的一条肋骨，又把肉合起来。耶和华上帝就用那人身上所取的肋骨造成一个女人，领她到那人跟前。那人说：
　　这是我骨中的骨，
　　肉中的肉，
　　可以称她为'女人'，
　　因为她是从'男人'身上取出来的。"
③ "亚当给他妻子起名叫夏娃，因为她是众生之母。"（《创世记》3：20）

刑的人有权利尖叫一样。因此,说在奥斯威辛集中营之后你不能再写诗了,这也许是错误的。"①在奥斯维辛之后,幸存者和受害者的苦难都需要得到哀悼和慰藉,为此需要人们寻找另一种语言。如果没有这种别样的语言的庇护,那幸存者的生活仍然是在恐惧的梦魇之中。对这种生存的描述出现在《否定的辩证法》中,不是作为纯哲学,却是纯哲学应当面对的原初生命经验:

> 在奥斯威辛集中营之后你能否继续生活,特别是那种偶然地幸免于难的人、那种依法应被处死的人能否继续生活?他的继续存在需要冷漠,需要这种资产阶级主观性的基本原则,没有这一基本原则就不会有奥斯威辛集中营。这就是那种被赦免的人的莫大罪过。通过赎罪,他将受到梦的折磨,梦到他不再生存了,在1944年就被送进毒气炉里了,他的整个存在是想象中的,是一个20年前就被杀掉的人的不正常愿望的散射物。②

人们无法彼此分享这样的经验,然而,沉默却不能让人走出梦魇。而一旦言说和表达,人们又陷于语言的泥潭和文化批评的两难状态。阿多诺尖锐地指出了奥斯维辛之后语言和文化面临的困境:"在奥斯威辛集中营之后,任何漂亮的空话、甚至神学的空话都失去了权利,除非它经历一场变化。"③"奥斯威辛集中营之后的一切文化、包括对它的迫切的批判都是垃圾。由于文化在它的乡村中不加抵抗地发生的事情之后恢复了自身,文化已完全变成了它曾潜在地所是的意识形态——之所以曾是潜在地,乃因为它同物质存在相对立,自以为给物质存在带来了光明,而这种光明是精神同体力劳动的分离对它隐瞒的。任何为维持这种应彻底谴责的和破旧的文化而辩护的人都成了它的同犯,而那种否定文化的人则直接推进了人们的文化所表现出的那种野蛮状态。"④

对文化的严厉批判促使阿多诺寻找一种别样的经验。在一种拒绝受

---

① 阿多诺:《否定的辩证法》,第363页。
② 同上。
③ 同上书,第368页。
④ 同上书,第367页。

到文化玷污的"密教式"艺术中,如莫扎特的一些音乐、保罗·克利的绘画、马拉美和瓦雷里的诗歌以及卡夫卡、贝克特等人的文学作品中,他似乎看到了某种契机,能够成为对历史文化的批评和救赎。在这类艺术中,作为模仿的艺术作品保留了它与其模仿的对象之间的歧义。在他看来,那种没有任何理由和目的性的歧义,那种笨拙和愚蠢,构成了现代艺术的神秘性,这与追求形式感的古典主义完全不同。如果说古典主义中包含着一种很强的目的性,讲究结构的和谐与完整,那么现代主义作品的笨拙则是非目的、非意象性的,因而也十分近似于谜语,但却是没有谜底的谜语。它在否定了思想的同时也否定艺术自身,似乎希望只是存在于这种否定之中。

但否定不是虚无,它只是为了一种近乎于虚无的希望,就像《等待戈多》中,对于那个似乎永远不会来,又似乎永远在到来中的"戈多"的等待;而这个可能是什么,又可能什么也不是的"戈多(Godot)",偏偏又模仿上帝(God)的谐音。阿多诺从这种否定的希望里面认为贝克特式的美学风格是对集中营状况的"唯一合适的反应":

> 他从不直接称呼这种状况,仿佛对这种状况有一种想象的禁令。他说,现实的东西就像是一个集中营。有一次,他谈到了终生的死亡惩罚。唯一的希望的曙光是不再有虚无。他也反对这一点。从由此造成的不一致的裂隙中,虚无的形象世界产生出来并支配着他的诗歌。在其中的行动的遗产中继续存在着一种似乎是禁欲主义的东西,但又充满着无声的呼唤:事物应是别的样子。这种虚无主义蕴含着与虚无的同一化的对立面。对贝克特来说,如同对诺斯替教派一样,这个被创造的世界是彻底邪恶的,对它的否定包含着另一个尚未到来的世界的可能性。只要世界还是现在这种样子,一切和解、和平和宁静的画面都类似于死亡的画面。虚无和达到宁静之间的微不足道的差别将是希望的港口,是存在和虚无的界标之间的无主地。意识不是征服这一地带,而是从中把没有选择权力的东西解救出来。真正的虚无主义者是那些把虚无主义同他们越来越枯萎的肯定性相对立的人,是那些因此和现存的恶意、而且最终和破坏性原则本身共密谋的人。思想维护被诅咒为

虚无主义的东西,从而给它自身带来了荣誉。①

在阿多诺所给出的这幅"否定美学"的图景中,希望只逗留于存在与虚无之间的间隙,它是一种不确定的可能性。显然,这是因为阿多诺认为,在经历了两次世界大战和集中营这样的人类文明的灾难之后,艺术作品应当表现人们所习以为常的世界观的瘫痪和理性的破产,以及现代主体在沉默中的痛苦;而且这种表达还不能受制于另一种同一性,即虚无的同一化。唯有"是与不是之间"这种差异的缝隙才可能成为希望的诞生之地。从阿多诺的否定辩证法这里我们可以看到后来的解构主义萌芽。

然而这样一种在存在与虚无之间的脆弱得近乎渺茫的希望,一种"黑色的理想"②和"死亡的意象"③,能够医治奥斯维辛集中营所带来的比死亡更深的绝望感?事实上,诗人和诗歌都没有满足于此。奥斯维辛之后一些诗人有着更为迫切的诗歌努力,例如策兰和萨克斯(Nelly Sachs)的诗。这种"迫切"固然有来自于受迫害记忆的焦虑,但更有一种"别样的言说"的需要。事实上,诗歌本身所内含的"声音"质地不就已经包含了一种"向着远方

---

① 阿多诺:《否定的辩证法》,第382页。
② 在阿多诺看来,现代艺术是对于社会的模仿式控诉。黑色作为富于欺骗性色彩的文化的对立物,具有一种感性的精神魅力。"如果艺术作品要想在极端与黑暗的条件下求得生存,也就是在社会现实中求得生存,如果艺术作品要想避免被当作纯粹的安慰品予以出售,那就得将自身同化到那现实之中。今日的激进艺术如同黑暗艺术:其背景颜色是黑色的。当代艺术中的许多东西之所以离题,是因为它无视这一事实,而是继续像孩子似的喜爱明亮的色彩。质而论之,黑色的理想是最深刻的抽象艺术冲动之一。"阿多诺:《美学理论》,第70页。
③ 阿多诺认为,艺术通过模仿灾难来避免灾祸,这是艺术缘起于古代巫术的剩余效应。在模仿中,主体反应的主动性和客体的异质性得以同时保存。在现代社会,由于外在现实强加给主体及其行为模式的控制变得绝对化,艺术作品唯有将自身同化于其中才能抵制那种支配。"像理论一样,艺术甚至在否定意义上也不能使乌托邦具体化。新事物作为一种密码电文,是死亡的意象。……艺术是一个时代的真正自觉,其间,乌托邦(相信这个地球会因为生产力的现有潜能而很快或即刻成为天堂)既是一种可能的东西,也是一种完全灾难性的毁灭结果。在这种灾难的意象中,古代艺术的巫术母题再次出现,而且被移植到完全受到奴役的现代世界之中。现代艺术似乎也想凭魔法召唤出自身意象以便避灾免祸。"阿多诺:《美学理论》,第58页。

的他者而说"的需要①,这种需要总在推动着一个活生生的现在时间,要求远离"死亡的意向"?难道不正是出于将诗歌作为"声带振动的语言",作为"相遇"来理解②,策兰离开了自己早年写作《死亡赋格曲》时的立场?

诗歌的时间既是一个摆脱了社会语言的孤独的时间③,更是一个远离死亡的沉默的时间。死亡的意向太宁静也太单一了,既没有时间,也没有距离,更容不下一只聆听的耳朵。而诗歌需要朝向倾听,诗人需要找到这只耳朵才能找准自己的音调。诗歌不是,或者说,不仅仅是独白,不是被囚禁于沉默的文字中的语言,而是在生命时间过程中的交谈。而在奥斯维辛之后,作为从死亡中幸存的诗歌,尤其要求有一种言说的方式,来承担死亡的延迟。

死亡的延迟既是在死亡的逼近之中的,但也意味着还有时间。还有时间来"说",还能够"说",意味着生存不只是被必死性或者是迫害的记忆所笼罩,而是还可能有另外一个无限的维度。时间来自于这里,而非从死亡开始;相反,死亡则是需要通过这个无限来得到新的理解。这个无限不是别的,乃是从他人的面容那里获得的领会,所以列维纳斯说:"语言,这一所有意义的源泉,诞生于对无限的眩晕。这一对于无限的眩晕在面容的直接性(la droiture du visage)面前得到领会,正是面容的直接性使得谋杀既是可能的又是不不可能的。"④因为谋杀可以毁灭他人,却不能毁灭他人的"面容"。

---

① 在此,我们将诗歌的声音质地区别于象征主义和俄罗斯形式主义对于诗歌的声音的理解。以马拉美、兰波和瓦雷里为代表的象征主义诗派强调诗歌的音乐性,认为在和谐的音响和节奏感中,诗歌自身形成一个独立于现实世界的具有象征性的宇宙。诗歌通过音乐性构成一个有机整体,自我封闭在语言材料的编织物中,具有一种超越性和仿佛是与宇宙精神相关联的美感。俄罗斯形式主义也同样从声音结构出发,强调诗的语言与日常语言的区别。"声音结构既不限于表现性,不限于模仿的和谐,亦不限于声音与思想的情感联系。"然而,语音意向的重复却形成了构诗的基本原则。(参见让-伊夫·塔迪埃:《二十世纪的文学批评》(第一章 俄罗斯的形式主义),史忠义译,天津:百花文艺出版社,1998年,第33页。)虽然象征主义和俄罗斯形式主义都强调诗歌的声音,但这声音不是作为一种与他人的相遇,而是作为某种抽象的语词的音响结构。
② 《保罗·策兰诗文选》,王家新、芮虎译,石家庄:河北教育出版社,2002年,第198页。
③ 这种"孤独"是就诗歌作为一个独立的个体内在生命的表达而言的。这一个体内在生命是从对于社会这一"母腹"的超越和独立性开始的。在此,借用克里斯蒂娃在《过程中的主体》(参见汪民安等编:《后现代性的哲学话语:从福柯到赛义德》,杭州:浙江人民出版社,2000年)、《多元语言》中的说法,即进入语法,开始学说话构成了对于母体依赖的第一次胜利,此后主体的确立是在一次次对于社会"母语"的分离过程中实现的。
④ Levinas, *Totalité et Infini*, La Haye, Martinus Nijhoff, 1961; rééd. Biblio Essais, 1990, pp.293-294.

在奥斯维辛之后,唯有将"无限"作为对"面容"的赠予,而非作为主宰历史的"全知全能的观念"来期待,曾经遭受迫害的人才有可能从中获得慰藉。这也差不多是汉斯·约纳斯在《奥斯威辛之后的上帝观念》中发出的"一个犹太人的声音"。①

在苦难上帝庇护之下同世界对话的犹太人的声音,成为了犹太裔流亡诗人内莉·萨克斯的主题:

> 世界啊,不要询问那些死里逃生的人
> 他们将前往何处,
> 他们始终向坟墓迈进。
> 外邦城市的街道
> 并不是为逃亡脚步的音乐铺设的——
> 那些反映着无数叠满自画册般天堂送来的礼物的
> 桌子之一生的房子的窗户
> 并不是为那些自源头处啜饮恐惧的
> 眼睛所裁切的。
> 世界啊,强硬的铁已烧灼了他们微笑的皱纹;
> 他们想要走近你
> 因为你的美丽,
> 但对于无家可归者,所有道路却
> 枯萎如剪下的花——
>
> 但我们已经在流亡途中
> 找到一个朋友:傍晚的落日。
> 在它苦难的光庇佑下
> 我们被嘱咐走近它
> 带着与我们同行的忧伤:

---

① 参见汉斯·约纳斯:《奥斯威辛之后的上帝观念——一个犹太人的声音》,张荣译,北京:华夏出版社,2002年。汉斯·约纳斯在此文中质疑了希腊化传统的哲学和神学的做法,批评这一传统将上帝视为一个全知全能的权威者。与此相反,他从犹太教思想资源出发,提出了一个不一样的上帝形象:这位上帝同人类一起受难,为人类担忧,处于生成当中并且也时时受到威胁。

夜的赞美诗。

——"世界啊,不要询问那些死里逃生的人"[1]

这首诗无疑表达了比成为艺术和捍卫艺术的自律性更为迫切的需要,即成为"声音"的需要。这痛苦因着一只倾听的耳朵而能够向着世界说话了。这只耳朵是我们看不见、摸不着、无法感知的。但由于其代替了死亡的沉默,诗行才能够舒展开来。恐惧和绝望被说出来了,也说出了安慰和祈祷,并在祈祷中获得了新的方向,犹如升上夜空的灰烬,化作赞美的声音,来庇护幸存者忧伤的灵魂。当然,这一切并没有说起来时那么简单,此中发生的,是一场灵魂深处的"肉搏"——从一种身体向着另一种身体的脱胎换骨。这正是人们在策兰和萨克斯的诗歌中感受到的,一个德语"身体"的创伤与蜕变。

出于这同样的"说"的需要,列维纳斯在《异于存在》一书的题献中使用了两种语言。在书页的上方,他用法语"说"道:"纪念被民族社会主义党屠杀的600万人中的亲人,以及在各种信仰和各个民族中,那无数由于同样的对他人的仇恨、同样的反闪族主义而遇难的人。"在同一页的右下方,他则用希伯来文写道:"纪念我的父亲×××,我的母亲×××,我的兄弟×××,我的另一位兄弟×××,我的岳父×××,我的岳母×××,愿他们的在天之灵得到安息。"[2]

这两种语言的差别表达了列维纳斯对于迫害和纪念的理解:一方面是迫害经历的不可翻译性,对它的记忆只能使用受害者自己的语言和名字,它不可以被今人为了自己的利益而滥用或者矫情地使用;另一方面,是在迫害的不幸和暴行发生之后,今天活着的人纪念那些受害者的必要。这纪念使用我们的语言,意味着在这一事件之后,我们如何去反思,如何从我们自己开始,去过为他人负责任的生活。

在这本书中,列维纳斯试图让读者们重新发现一条古老的道路。这条道路告诉人们,一种受他人迫害的被动性是如何可能被铭写到一种为他人

---

[1] 参见王家新、汪剑钊编选:《子夜的哀歌》,陈黎、张芬龄译,贵阳:贵州人民出版社,1999年,第60页。

[2] Levinas, *Autrement qu'être ou au-delà de l'essence*, La Haye: Martinus Nijhoff, 1974; rééd, Biblio Essais, 1990.

负责任的被动性中。不是通过翻译,不是通过语言的可理解性,而是通过语言面向他人而诞生的被动性。这种被动性,这个无意识的黑夜,是徘徊在意识的幽暗之外的"另一个夜",它只能为他人面容所照亮。这条道路大概也同样适合人们借以反思奥斯维辛之后的诗学。

结 语

借助列维纳斯和阿多诺的思考,本文从现代人的问题语境出发,分三个方面探讨了圣经十诫中的第二条命令"禁止制作和膜拜偶像"的隐喻含义:(1)禁止表象人的面容;(2)禁止思维的绝对同一化冲动;(3)禁止再现迫害;但却鼓励遭受迫害之后的人们通过将"受他人迫害的被动性"铭写到"为他人负责任的被动性"中,来寻求对悲剧的救赎。这三个方面的禁止实际上都是出于对他者的他异性的无限尊重,折射了"他者在我之先"的这一希伯来的古老智慧。这些对圣经命令的诠释性理解实际上渗透着欧洲知识分子们对现代精神的忧患意识,以及他们对如何走出现代悲剧命运的反思。

《宗教与哲学的相遇——奥古斯丁与托马斯·阿奎那的基督教哲学研究》

黄裕生 著

南京:江苏人民出版社,2008年4月第1版

黄裕生先生一直比较关注近现代哲学,特别是海德格尔和康德思想中的自由问题,这次之所以回到基督教哲学,是为了向前追溯近现代哲学的根源。在希腊化时期,宗教与哲学的相遇为哲学开辟了"新的问题与新的维度",形成了所谓的基督教哲学或中世纪哲学。作者选取宗教与哲学相遇过程中的两个关键人物,即奥古斯丁和托马斯,详细剖析了基督教哲学中的几个核心论题。全书由两篇组成,上篇集中讨论了奥古斯丁思想中的时间、自由意志、历史哲学和三位一体问题;下篇则讨论了托马斯思想中的存在与本质、真理以及上帝证明问题。与一般的基督教研究不同,作者侧重对基督教思想进行深入的哲学分析,而且带有强烈的问题意识。本书的出版不仅推动了汉语学界的基督教研究,更提醒我们不能仅仅局限于基督教内部来研究基督教,而要着眼于宏大的思想史视野。(孙帅)

基础认知词模态逻辑*

裘江杰　黄华新**

提　要：自然语言处理涉及推理，出于可实现性的考虑，为之建立逻辑系统需顾及表达力与复杂性之间的平衡。本文给出了一类简单的模态逻辑，它们刻画了认知词一个基本的性质——有限性，统一得到了它们的完全性，并且证明它们都是可判定的。

关键词：像有限框架　模态逻辑　认知词

一　引　言

逻辑在语言的研究中有两个主要的应用领域，理论语言学以及自然语言处理。尽管存在着交叉，国内当前逻辑在语言研究中的应用侧重在理论语言学[①]，我们的讨论则着眼于自然语言处理。

自然语言处理研究的一个目标是人与机器能够以自然的方式进行交互，机器在某种程度上能"理解"自然语言。

---

*　本文得到国家社会科学基金项目（编号 08CZX020）以及博士后基金项目（编号 20080431331）的资助。

**　裘江杰，1978 年生，浙江大学人文学院博士后；黄华新，1959 年生，浙江大学语言与认知研究中心教授。

①　如蒋严、潘海华：《形式语义学引论》，北京：中国社会科学出版社，1998 年；邹崇理：《自然语言逻辑研究》，北京：北京大学出版社，2000 年。

在我们阅读或作言语交流时,对一段文本或者一段言语的理解往往不能限于它在句面上的意思,很多时候还需要进行各种推理,而且有时候仅在进行了恰当的推理之后才可能获得该文本或该言语的语义。同理,自然语言处理中也需要涉及推理。

自然语言中有许多认知词:知道、相信、认为、断定等。本文将讨论涉及这些认知词的推理。

在20世纪50年代左右,冯·赖特(von Wright)等人开始从现代逻辑的角度研究认识论概念的逻辑性质和认知命题的推理问题,认知逻辑作为一个研究领域开始出现并且发展至今[1],尽管存在着各种问题[2],目前这一研究领域还颇为活跃。[3]

大多数已有的认知逻辑是广义的模态逻辑,即把认知词处理成各种模态算子,这种处理基于这样的事实:认知词具有所谓的模态性。一般从语用学、哲学以及逻辑学三个角度来理解模态[4]。大致而言,从语用的角度看,模态意味着对命题的理解需要一些额外的信息,这些信息往往涉及主观、时态等维度,而在逻辑学上则导致非真值函项性。模态的这种特点至少在逻辑学上使得经典逻辑方法不再适用,而模态逻辑视角则为之打开了一条进路,尤其是,与之联系的关系语义学提供了直观的理解。

本文也将认知词处理为模态算子,只是另外需要作一些新的考量。

首先,因为我们的讨论着眼于自然语言处理,由于自然语言的复杂性,对自然语言的处理需要从多个角度,借助于不同的学科方法,这要求自然语言处理研究是个系统工程,而逻辑的处理应该是其中的子系统。

其次,由于最终需要落实到机器实现,因此使用的逻辑方法需要顾及可实现性,在表达力与复杂性之间寻求平衡。这意味着需要对自然语言的不同片段建立有恰当表达力的逻辑系统,它们可以嵌入到大的自然语言处理

---

[1] 参见弓肇祥:《认知逻辑新发展》,北京:北京大学出版社,2004年。其中第二章有较为详细的历史综述。

[2] 比如逻辑全知问题,见杨鲲等:〈认知逻辑中逻辑全知问题及其解决方法〉,《吉林大学自然科学学报》1999(3),第40—43页对它的讨论。

[3] J. 范·本特姆:〈认知逻辑与认识论之研究现状〉,《世界哲学》,2006(6),第71—80页,介绍了新近动态化的发展。

[4] 参见《认知逻辑新发展》,第32页。

工程中去。这样,由于每个逻辑系统只处理自然语言的有限部分,从而不至导致高的复杂度,进而使得各个逻辑系统的机器实现成为可能。

再次,我们可以设想,在机器作自然语言处理时,可以不管一段言语是由哪个主体发出的,它只要把不同的认知词处理成不同的模态词,然后进行相应的推理、计算,因此可以省去对主体的表示。一方面,这个假设也与实际相接近,事实上这样的情况是很平常的:同一个人在不同的时候用到同一个词语的不同意思;不同的人用到同一个词语的同一个意思。另一方面,如果要增加自然语言处理系统的主体识别能力,那可能将使系统变得非常复杂。

最后,本文中将把各种认知词统一处理成为不同程度的相信:相信$_1$、相信$_2$……。这种处理有它的问题,特别是,把知道处理成相信避免不了哲学上的指责。一般认为,一个主体知道一个命题,比如 a 知道 φ,不仅仅意味着 a 相信 φ,而且还需要 φ 为真[①]但是,这可以通过增加诸如 φ 相信 n$\varphi\varphi$ 这样的公理在一定程度上进行弥补。另一方面,需要说明的是,本文的讨论没有哲学上的抱负,如前所言,本文出于颇为实际的考虑。[②]

综上,我们从模态逻辑角度把认知词抽象成相信模态算子:B_1、B_2、……。我们希望,这种抽象能够反映它们某种程度上的逻辑性质,比如,如果相信$_1$在程度上高于相信$_2$,那么对于任意一个命题 φ,我们总认为有

$$\text{相信}_{1\varphi} \to \text{相信}_{2\varphi}(B_{1\varphi} \to B_{2\varphi}).$$

在后面的讨论中,根据不同的需要,我们可以引入不同个数,表示不同程度的模态词。

[①] 在哲学上有更多的争论,许多哲学家认为,a 相信 φ,以及 φ 为真,不能保证 a 知道 φ,还需要增加其他的条件,但是增加什么,颇有争论,相关讨论见周北海:《模态逻辑》,北京:中国社会科学出版社,1996 年。另外 Sartwell, C. , "Why Knowledge is Merely True Belief", in *The Journal of Philosophy*, 1992 (4), pp.167-180,则为"a 知道 φ 就是 a 相信 φ 并且 φ 为真"这一命题作了辩护。

[②] 这个态度自然可商榷,正如在更广的关于机器智能的研究中,有两个相对的观点,其一认为如果机器的行为类似于智能行为,就可以认为机器具有智能;另一则对之不以为然,认为只有我们弄清智能的原理,据此构造的机器(如果可实现的话)才可以算有智能。作者接受后者的观点,但是同时认为,这不妨碍我们出于实际需要,去构造在后一观点下非智能的但是有类似智能行为的机器。同样,作者也不认为本文的讨论能够对认知本质的认识有多大的帮助,但是认为这种讨论仍有实际的意义,这也是作者使用"自然语言处理",而非"自然语言理解"的原因。

二 语形与语义

记模态语言为 $\mathcal{L}$，它有可数无穷多个命题变元，初始联结词为 $\neg, \to, \lor, \land$，有有穷个相信模态词 $B_1、B_2、\cdots B_n, n \geq 1$。

$\mathcal{L}$ 的公式归纳定义如下：

$$\varphi ::= p \mid \neg \varphi \mid \varphi \to \psi \mid \varphi \lor \psi \mid \varphi \land \psi \mid B_{i\varphi}, i \in \{1, 2, \cdots n\}。$$

后面为了讨论的方便，将 $B_{i\varphi}$ 换记为 $[i]_\varphi$，另记 $<i>_\varphi = \neg [i] \neg \varphi$。记 $\mathcal{L}$ 的公式集为 WF。

建立了上面的形式语言后，还需要有相应的语义。仍采用关系语义，当然它应该是多关系的，不同的关系对应于不同的模态词。

定义1（框架） 一个框架 F 应该形如

$$<W, \{R_1, R_2, \cdots R_n\}>$$

这里，W 为非空集，各 R_i 为 W 到 P(W) 的映射，其中 P(W) 表示 W 的幂集。

对 $u, v \in W$，我们也记 $v \in R_i(u)$ 为 uR_iv。实际上 W 上的二元关系与 W 到 P(W) 的映射是等价的概念。

给出了语言与框架的定义后，模型、真与有效等概念很容易就能得到了。

定义2（模型） $F = <W, \{R_1, R_2, \cdots R_n\}>$ 为一个框架，V' 为 $\mathcal{L}$ 的命题字符集到 P(W) 的映射，称为 F 上赋值。V' 如下扩张为 WF 到 P(W) 的映射 V：

(1) 对 p 为命题变元，$V(p) = V'(p)$；

(2) $V(\neg \varphi) = W - V(\varphi)$；$V(\varphi \land \psi) = V(\varphi) \cap V(\psi)$；
$V(\varphi \lor \psi) = V(\varphi) \cup V(\psi)$；$V(\varphi \to \psi) = (W - V(\varphi)) \cup V(\psi)$；

(3) $V([i]\varphi) = \{w \mid w \in W, R_i(w) \subseteq V(\varphi)\}$。

V 由 V' 唯一确定，因此也以同一记号表示它们。对 $\varphi \in WF$，称 $V(\varphi)$ 为 φ 在 V 下的值。$M = <F, V>$ 称为 F 上的模型。

定义3（真与有效）

(1) $M = <F, V>$ 为一个模型，$w \in W, \varphi \in WF$ 为公式，称 φ 在 w 上真，

记为 $M,w \Vdash \varphi$ 若 $w \in V(\varphi)$；称 φ 在 M 上全局真，记为 $M \Vdash \varphi$，若 $V(\varphi) = W$。

（2）F 为一个框架，$\varphi \in WF$ 为公式，称 φ 在 F 上有效，记为 $F \Vdash \varphi$，若对任 F 上的模型 M，φ 在 M 上全局真。这时也称 F 为 φ 的框架。

上面的定义可以推广到公式集。

对每个非空框架类 Σ，我们记 $\text{Log}(\Sigma) = \{\varphi \in WF \mid$ 对每个 $F \in \Sigma$ （$F \Vdash \varphi$）$\}$，根据后面的定义将会看到，$\text{Log}(\Sigma)$ 是一个逻辑，称它为由 Σ 导得的逻辑。

在下面讨论认知词逻辑时，对相应的框架作一个限制。

定义 4（像有限框架）在一个框架 F 中，若对每个 $w \in W$，对每个 R_i，有 $R_i(w)$ 是个有穷集，则称 F 为像有限框架。

记所有这样的框架组成的类为 $\mathcal{F}$。

这种限制，一方面是出于技术方便的考虑——研究一样事物，我们总是先建立该事物相对简单的模型，这有助于我们看清所研究的性质；另一方面，这种限制也有它实际的含义。某种意义上，它反映了人在考虑问题时的有限性——我们不会也不能考虑无穷种不同的可能，我们设想的可能情况总是有限的。一个明显的例子是，下过象棋的人都会有这样的经验，当我们在估算走某一步棋时，我们只考虑有限种可能的走法。

三　极小逻辑

在本节中，我们先给出认知词模态逻辑的一般定义，并且在此基础上讨论极小逻辑。

定义 5（认知词模态逻辑）

称公式集 $\Lambda \subseteq WF$ 为一个认知词模态逻辑（下面简称逻辑），若它包含所有重言式（代入）、对每个 $[i]$，$[i](p \to q) \to ([i]p \to [i]q)$，并且在下面的推理规则下封闭：

（MP）从 $\varphi \to \psi, \varphi$ 得到 ψ；

（N）从 φ 得到 $[i]\varphi$，对每个 $[i]$；

（SUB）从 φ 得到 $(\varphi)^\sigma$，对每个 $()^\sigma$，这里 $()^\sigma$ 是代入，即满足 $(\varphi \# \psi)^\sigma =$

$(\varphi)^\sigma \# (\psi)^\sigma, \# \in \{\rightarrow, \vee, \wedge\}; ([i]\varphi)^\sigma = [i](\varphi)^\sigma; (\neg \varphi)^\sigma = \neg (\varphi)^\sigma$ 的从 For $\mathcal{L}$ 到 For $\mathcal{L}$ 的映射。

在这个定义下, 会有一个极小的逻辑, 记为 B_{min}, 它是极小单模态逻辑 K 的多模态版本。但它也不仅仅是 K 的平凡的推广, 因为使用了受限的语义。在下面将看到它不是紧致的, 而 K 以及 K 的多模态版本都有紧致性。

定义 6

(1) 一个公理系统 S 由两部分组成:(可判定的)公理集与(可计算)推理规则集。

(2) 一个公式 φ 称为系统 S 的定理, 记为 $\vdash_S \varphi$, 若有有穷的公式序列 $\varphi_1, \cdots, \varphi_n$, 使得 $\varphi_n = \varphi$ 并且 φ_i 为 S 的公理或由在其前的公式经推理规则得到。

对于一个系统 S, 我们记它的定理集为 Th(S)。定义中对公理集以及推理规则的限定使得定理集总是递归可枚举的。

显然, 对于一个系统 S, 如果它的公理集包含了所有的重言式, 以及 $[i](p\rightarrow q)\rightarrow([i]p\rightarrow[i]q)$, 对每个 $[i]$; 它的推理规则集包含了 (MP)、(N) 与 (SUB), 那么 Th(S) 将是一个逻辑。这时我们反过来称 S 是 Th(S) 的一个公理系统。

下面涉及的系统都将是其定理集为逻辑的系统。

定义 7 (B_{min} 的一个公理系统)

(1) 公理为所有重言式, 以及 $[i](p\rightarrow q)\rightarrow([i]p\rightarrow[i]q)$, 对每个 $[i]$;

(2) 推理规则为 (MP)、(N) 与 (SUB)。

也将它记为 B_{min}。

定义 8 设 Λ 为一个逻辑。

(1) 若有非空框架类 $\Sigma \subseteq \mathcal{F}$ 使得 $Th(\Lambda) \subseteq Log(\Sigma)$, 则称 Λ 相对于 Σ 可靠。

(2) 若有非空框架类 $\Sigma \subseteq \mathcal{F}$ 使得 $\Lambda = Log(\Sigma)$, 则称 Λ 相对于 Σ 完全, 并称 Σ 刻画 Λ。

命题 9 设 $F \in \mathcal{F}$ 为框架。

(1) $F \Vdash \varphi$, 若 φ 为重言式。

(2) $F \Vdash [i](p\rightarrow q)\rightarrow([i]p\rightarrow[i]q)$.

(3) 若 F⊩φ 并且 F⊩φ→ψ,那么 F⊩ψ。

(4) 若 F⊩φ,那么对任意的代入( )$^\sigma$,F⊩(φ)$^\sigma$。

上面的命题表明 B_{min} ⊆ Log($\mathcal{F}$),因此 B_{min} 相对于 $\mathcal{F}$ 是可靠的。我们还希望 B_{min} 相对于 $\mathcal{F}$ 是完全的。但是,虽然 B_{min} 是单模态逻辑 K 的多模态版本。它的完全性并不能像 K 那样可以轻易获得,因为我们的框架类 $\mathcal{F}$ 是受限的。

在进入完全性证明之前,还需要一些概念以及相应的命题。

定义 10 设 Λ 为一个逻辑。

(1) Γ⊆WF,φ∈WF,称 φ 从 ΓΛ – 可推演,记为 Γ⊢$_\Lambda$φ,若有有穷的公式序列 $φ_1,…φ_n$,使得 $φ_n$ = φ 并且 $φ_i$ 在 Γ∪Λ 中或由在其前的公式经推演规则得到。

若 ∅⊢$_\Lambda$φ,则称 φΛ – 可证,简记为 ⊢$_\Lambda$φ;以 ⊬$_\Lambda$φ 表示 φΛ – 不可证

(2) Γ⊆WF,称 Γ 是 Λ 一致的,若有公式不可从 ΓΛ – 推演得到;称 Γ 是 Λ 极大一致的,若 Γ 是 Λ 一致的,并且无一致的公式集真包含它。

特别地,当单公式集{φ}Λ 一致时,我们也称 φΛ 一致。

上面的概念可以推广到公理系统。

以 W_Λ 表示由所有 Λ 极大一致集组成的集合;对 φ∈WF,记 $|φ|_\Lambda$ = {x ∈ W_Λ |φ∈x};对公式集 Σ⊆WF,记 $|Σ|_\Lambda$ = ∩{$|φ|_\Lambda$|φ∈Σ},记 [i]$^-$Σ = {φ | [i]φ∈Σ},记 <i>Σ = { <i>φ|φ∈Σ }。

自然,如果 Λ 本身不一致,即 Λ = WF,那么每个公式集都将是 Λ 不一致的。

命题 11 设 Λ 为一个一致的逻辑。

(1) 公式 φΛ 一致 当且仅当 ⊬$_\Lambda$¬φ。

(2) 每个 Λ 一致集都可扩张成一个 Λ 极大一致集。

(3) Γ⊢$_\Lambda$φ ⇔ $|Γ|_\Lambda$⊆$|φ|_\Lambda$。

(4) Σ、Γ 为 Λ 极大一致集,则下面①、②等价。

① <i>Γ⊆Σ;

② [i]$^-$Σ⊆Γ。

(5) Σ 为 Λ 极大一致集,若¬[i]φ∈Σ,那么有 Λ 极大一致集 Γ,使得 [i]$^-$Σ⊆Γ 并且¬φ∈Γ。

定义 12(典范框架与典范模型)

(1) 设 Λ 为逻辑,Λ 的典范框架为 $CanF(\Lambda) = <W^\Lambda, \{R_1^\Lambda, R_2^\Lambda, \cdots R_n^\Lambda\}>$,其中关系 R_i^Λ 定义为

$$\Gamma_1 R_i^\Lambda \Gamma_2 \text{ 当且仅当 } [i]^-\Gamma_1 \subseteq \Gamma_2。$$

(2) Λ 的典范模型记为 $CanM(\Lambda)$,为在 $CanF(\Lambda)$ 上取定特别的赋值 $V_\Lambda: p \to |p|_\Lambda$ 得到。

命题 13 设 Λ 为一致逻辑,那么对任意的公式 φ,对任意的 $\Gamma \in W^\Lambda$,

$$CanM(\Lambda), \Gamma \Vdash \varphi \text{ 当且仅当 } \varphi \in \Gamma。$$

推论 14 设 Λ 为一致逻辑。

(1) 对任意的公式 φ,$CanM(\Lambda) \Vdash \varphi$ 当且仅当 $\varphi \in \Lambda$。

(2) 对任意的公式 φ,若 $\{\varphi\}$ Λ-一致,那么 $\{\varphi\}$ 在 $CanM(\Lambda)$ 可满足。

自然,这个结论对 B_{min} 也成立,但是由于 $CanF(B_{min})$ 未必在 $\mathcal{F}$ 中,因为有可能 $CanF(B_{min})$ 中有某个点,对于某个关系 R_i^Λ,它有无穷多个 R_i^Λ 后继。因此,我们不能像在一般情况下那样,由此得到 B_{min} 相对于 $\mathcal{F}$ 的完全性。

需要再引入一个工具。首先是两个辅助的概念。

定义 15

(1) (子公式集) 公式 φ 的子公式集 $sub(\varphi)$ 如下归纳定义。

① $\varphi = p$,$sub(\varphi) = \{p\}$;

② $\varphi = \neg \psi$,$sub(\varphi) = \{\varphi\} \cup sub(\psi)$;

③ $\varphi = \psi_1 \# \psi_2$,$sub(\varphi) = \{\varphi\} \cup sub(\psi_1) \cup sub(\psi_2)$,对 $\# \in \{\to, \vee, \wedge\}$;

④ $\varphi = [i]\psi$,$sub(\varphi) = \{\varphi\} \cup sub(\psi)$。

(2) 称一个公式集 Σ 是对子公式封闭的,若对每个 $\varphi \in \Sigma$,有 $sub(\varphi) \subseteq \Sigma$。

特别地,对每个公式 φ,$sub(\varphi)$ 是对子公式封闭的公式集。

定义 16 (滤模型) $M = <W, \{R_1, R_2, \cdots R_n\}, V>$ 为一个模型,Σ 为一个对子公式封闭的公式集。我们如下定义 W 上的关系 $\backsim_\Sigma$:

$w \backsim_\Sigma v$ 当且仅当 对任意 $\varphi \in \Sigma$ ($M, w \Vdash \varphi$ 当且仅当 $M, v \Vdash \varphi$)。

易见 $\backsim_\Sigma$ 为 W 上的等价关系。按常,记 w 关于 $\backsim_\Sigma$ 的等价类为 $|w|\Sigma$;记 $W_\Sigma = \{|w|\Sigma | w \in W\}$,显然,如果 Σ 是有穷集,那么 W_Σ 也是。更确切的,如果 Σ 有 n 个元素,那么 W_Σ 的元素个数不会超过 2^n。

若模型 $\mathbf{M}^f = <\mathbf{W}^f, \{\mathbf{R}_1^f, \mathbf{R}_2^f, \cdots \mathbf{R}_n^f\}, \mathbf{V}^f>$ 使得

①$\mathbf{W}^f = \mathbf{W}_\Sigma$；

②若 $w\mathbf{R}_i v$，那么 $|w|\Sigma \mathbf{R}_i^f |v|\Sigma$；

③若 $|w|\Sigma \mathbf{R}_i^f |v|\Sigma$，那么对任意的 $<i>\varphi \in \Sigma$（$\mathbf{M}, v \Vdash \varphi \Rightarrow \mathbf{M}, w \Vdash <i>\varphi$）；

④对每个命题变元 $p \in \Sigma$，$\mathbf{V}^f(p) = \{|w|\Sigma \mid \mathbf{M}, w \Vdash p\}$。

那么称 $\mathbf{M}^f$ 为 $\mathbf{M}$ 经由 Σ 得到的滤模型。

命题 17（滤模型定理）若 $\mathbf{M}^f$ 为 $\mathbf{M}$ 经由对子公式封闭的公式集 Σ 得到的滤模型，那么对任意 $\varphi \in \Sigma$，对任意 $w \in \mathbf{W}$，$\mathbf{M}, w \Vdash \varphi$ 当且仅当 $\mathbf{M}^f, |w|\Sigma \Vdash \varphi$。

现在就可以完成 B_{min} 相对于 $\mathscr{F}$ 完全性的证明了。

命题 18 极小逻辑 B_{min} 相对于 $\mathscr{F}$ 完全。

证：由 B_{min} 相对于 $\mathscr{F}$ 可靠，我们得 $B_{min} \subseteq \text{Log}(\mathscr{F})$，因此只需要证 $\text{Log}(\mathscr{F}) \subseteq B_{min}$，用反证法证。

设 φ 不在 B_{min} 中，即 φ 在 B_{min} 不可证，那么 $\neg \varphi B_{min}$ 一致，进而有 B_{min} 极大一致集 Γ 包含 $\neg \varphi$，因此 $\text{CanM}(B_{min}), \Gamma \Vdash \neg \varphi$。

令 $\Sigma = \text{sub}(\neg \varphi)$，那么它对子公式封闭，并且有穷。如下构造新模型 $\mathbf{M}^s$：

①$\mathbf{W}^s = \mathbf{W}_\Sigma^\Lambda$；

②$|w|\Sigma \mathbf{R}_i^s |v|\Sigma$ 当且仅当 有 $w' \in |w|\Sigma$，$v' \in |v|\Sigma (w'\mathbf{R}_i^\Lambda v')$；

③对每个命题变元 $p \in \Sigma$，$\mathbf{V}^f(p) = \{|w|\Sigma \mid \text{CanM}(B_{min}), w \Vdash p\}$。

不难验证 $\mathbf{M}^s$ 是一个 $\mathbf{M}$ 经由 Σ 得到的滤模型，因此 $\mathbf{M}^s, |\Gamma|_\Sigma \Vdash \neg \varphi$。

但是这时由于 Σ 有穷，因此 $\mathbf{W}^s$ 也有穷，这意味着 $\mathbf{M}^s$ 的框架 $<\mathbf{W}^s, \{\mathbf{R}_1^s, \mathbf{R}_2^s, \cdots \mathbf{R}_n^s\}>$ 在 $\mathscr{F}$ 中，因此 φ 不在 $\text{Log}(\mathscr{F})$ 中。

这个命题得到的是通常所说的弱完全性。B_{min} 有相对于 $\mathscr{F}$ 的强完全性吗？答案是否定的，因为相对于 $\mathscr{F}$，B_{min} 不紧致。

命题 19 B_{min} 相对于 $\mathscr{F}$ 不紧致。

证：记 $\varphi_n := <1>p_{1\wedge}<1>p_{2\wedge}\cdots\wedge<1>p_{n\wedge}\wedge i\neq j, 1\leq i,j\leq n\neg<1>(p_i \wedge p_j), n\geq 2$。这类公式的直观意思是，如果一个点满足 φ_n，那么它至少

有 n 个 R_1 后继。

记 $\Sigma = \{\varphi_n | n \geq 2\}$。

(1) Σ 的每个有穷子集，都被基于 $\mathcal{F}$ 中框架的模型满足。

设 Γ 为 Σ 的一个有穷子集，不失一般，令 Γ 中公式的最大下标为 m。我们如下构造模型

$$M = \langle \{w, v_1, \cdots v_m\}, R_1 = \{(w, v_i) | 1 \leq i \leq m\}, R_j = \emptyset,$$
$$\text{对 } j \text{ 大于 } 1, V: p_i \to \{v_i\} \rangle$$

不难验证 M 在点 w 上满足 Γ。

(2) Σ 不被任何基于 $\mathcal{F}$ 中框架的模型满足。

如果有某个模型中的点满足 Σ，那么由于该模型基于 $\mathcal{F}$ 中的框架，因此该点只有有穷个 R_1 后继，不妨设为 k 个，但是这样的话，对所有 $\varphi_n, n > k$，都不会在该点上被满足，矛盾。

这表明 Σ 有穷可满足，但是它本身不被满足，因此相对于 $\mathcal{F}$，B_{min} 不是紧致的。

四 基础逻辑

在上一节中讨论了限于框架类 $\mathcal{F}$ 下的极小逻辑，我们证明，虽然在形式上它是单模态逻辑 K 的多模态推广，但是这个推广是非平凡的，它本身在一定程度上反映了所要讨论的认知词与认知推理的逻辑性质。不过，我们也要看到这种反映是非常薄弱的，因此，把它作为研究认知词逻辑性质的基础逻辑未必适合。

在这一节里，我们给出一类逻辑，它们进一步体现了认知推理的特性，那就是有限性。

定义 20（基础逻辑）对于每个长度为 n 的正整数序列 $\tau \in (N - \{0, 1\})^n$，对应有一个基础逻辑 B_τ，它是满足如下条件的 WF 的最小子集。

(1) 包含所有重言式（代入）；

(2) 包含 $[i](p \to q) \to ([i]p \to [i]q)$，对每个 $[i]$；

(3) 对序列 τ，包含每个公式 $\varphi(\tau(i)), i = 1, \cdots, n$，这里 $\varphi(\tau(i))$ 是这样的公式：

$$\varphi(\tau(i)) = (<i>p_{1}\wedge <i>p_{2}\wedge \cdots \wedge <i>p_{\tau(i)}) \rightarrow \bigvee_{k\neq j, 1\leq k,j\leq \tau(i)} <i>(p_k \wedge p_j);$$

(4) 在下面的推理规则下封闭：

(MP) 从 $\varphi \rightarrow \psi, \varphi$ 得到 ψ；

(N) 从 φ 得到 $[i]\varphi$，对每个 $[i]$；

(SUB) 从 φ 得到 $(\varphi)^{\sigma}$，对每个代入 $(\ )^{\sigma}$。

命题 21 B_{τ} 为一个基础逻辑，$F = <W, \{R_1, R_2, \cdots R_n\}>$ 为一个框架，若 F 为 B_{τ} 的框架，那么 F 是像有限的。

证：设 F 为 B_{τ} 的框架并且它不是像有限框架，那么有 $w \in W$，有某个 i 使得 $R_i(w)$ 不是有穷集，因此 $R_i(w)$ 中有多于 $\tau(i)$ 个元素，我们从中取出 $\tau(i)$ 个，设为 $w_1, \cdots w_{\tau(i)}$，我们在 F 作赋值 V，使 $V(p_j) = \{w_j\}$，对 $1 \leq j \leq \tau(i)$。不难验证 F 上的这一模型 $<F,V>$ 在点 w 上反驳 B_{τ} 的定理 $\varphi(\tau(i))$，矛盾。

这一命题也保证，如果一个认知词逻辑是某个基础逻辑的扩张，那么它的框架也限在 $\mathscr{F}$ 中，这正是我们所要的。

显然有可数无穷多个基础逻辑，不过从抽象的角度看，其中某些逻辑是"等价的"，它们反映的是同一套性质。

定义 22（n 元置换） 一个 n 元置换 σ 是集合 $\{1, 2, \cdots n\}$ 到自身的双射。

显然集合 $\{1, 2, \cdots n\}$ 上的共有 $n!$ 个 n 元置换。

定义 23（置换在语言上的作用） 设 σ 是一个 n 元置换，它在语言 $\mathscr{L}$ 上的作用是一个公式集 WF 到自身的映射，我们也记之为 σ，它满足：

$\sigma(p) = p$ 对 p 为变元；$\sigma(\neg \varphi) = \neg \sigma(\varphi)$；

$\sigma(\varphi \wedge \psi) = \sigma(\varphi) \wedge \sigma(\psi)$；$\sigma([i]\varphi) = [\sigma(i)]\varphi$。

实质上 σ 在语言 $\mathscr{L}$ 上的作用只将公式中出现的符号 $[i]$ 改变为 $[\sigma(i)]$。

对 $\mathscr{L}$ 上公式集 Σ，我们记 $\sigma(\Sigma) = \{\sigma(\varphi) | \varphi \in \Sigma\}$。

命题 24 设 σ 是一个 n 元置换，对每个基础逻辑 B_{τ}，$\sigma(B_{\tau})$ 也是基础逻辑。

定义（逻辑的强弱） Λ_1、Λ_2 是两个认知词逻辑，若有语言 $\mathscr{L}$ 上的作用 σ 使得对每个公式 φ，如果 φ 为 Λ_1 定理，则 $\sigma(\varphi)$ 为 Λ_2 定理，那么称 Λ_1 弱于 Λ_2，记为 $\Lambda_1 \leq \Lambda_2$；若 $\Lambda_1 \leq \Lambda_2$ 并且 $\Lambda_2 \leq \Lambda_1$，则称 Λ_1 与 Λ_2 等价，记为 $\Lambda_1 \approx \Lambda_2$。

命题 25 认知词逻辑之间的弱于关系 ≤ 具有下面的性质。

(1) 对每个认知词逻辑 Λ，$\Lambda \leq \Lambda$；

(2) 对认知词逻辑 Λ_1、Λ_2、Λ_3，若 $\Lambda_1 \leq \Lambda_2$ 并且 $\Lambda_2 \leq \Lambda_3$，那么 $\Lambda_1 \leq \Lambda_3$。

进而可验证 ≈ 是认知词逻辑类上的等价关系。

命题 26 设 σ 是一个 n 元置换，那么对每个基础逻辑 B_τ，$\sigma(B_\tau) \approx B_\tau$。

证：由题设，立即可得 $B_\tau \leq \sigma(B_\tau)$。反过来，取 σ 的逆 σ^{-1}，它也是一个 n 元置换，不难验证 $\sigma^{-1}(\sigma(B_\tau)) = B_\tau$。

定义 27（置换在整数序列上的作用） 设 σ 是一个 n 元置换，$\tau \in (N - \{0,1\})^n$ 是一个长度为 n 的正整数序列，σ 作用于 τ 将得到一个新的 n 长正整数序列 $\sigma(\tau):\sigma(\tau)(i) = \tau(\sigma(i))$，对 $1 \leq i \leq n$。

命题 28 设 σ 是一个 n 元置换，那么对每个基础逻辑 B_τ，$B_{\sigma(\tau)} = \sigma(B_\tau)$。

证：只需要说明它们包含相同的 $\varphi(\tau(i))$ 类型的公式。

$$\varphi(\sigma(\tau)(i)) = (\varphi(\tau(\sigma(i)))$$
$$= (<\sigma(i)>p_1 \wedge <\sigma(i)>p_2 \wedge \cdots \wedge <\sigma(i)>p_{\tau(i)}) \rightarrow \bigvee_{k \neq j, 1 \leq k, j \leq \tau(i)} <\sigma(i)>(p_k \wedge p_j)$$
$$= \sigma((<i>p_{1\wedge} <i>p_{2\wedge} \cdots \wedge <i>p_{\tau(i)}) \rightarrow \bigvee_{k \neq j, 1 \leq k, j \leq \tau(i)} <i>(p_k \wedge p_j))$$
$$= \sigma(\varphi(\tau(i)))$$

推论 29 设 B_τ 为基础逻辑，那么对任意的 n 元置换 σ，$B_{\sigma(\tau)} \approx B_\tau$。

这一命题反映了这样的事实，对两个 n 长正整数序列 τ_1、τ_2，如果它们是相同正整数组的不同排列，那么与它们对应的基础逻辑 B_{τ_1} 与 B_{τ_2} 是等价的，从抽象 WF 的角度看，它们反映的是同一套性质。

根据上面的事实，可以引入所谓标准的基础逻辑这一概念。

定义 30（标准的基础逻辑） 称基础逻辑 B_τ 是标准的，若 τ 是非降序列，即对任意的 $1 \leq i < j \leq n$，有 $\tau(i) \leq \tau(j)$。

标准的基础逻辑是一类等价的基础逻辑的代表元。

命题 31 对每个基础逻辑，都有与它等价的标准基础逻辑存在。

证：设 B_τ 是一个基础逻辑，由 τ 出发构造一个新的正整数序列 τ'：

$$\tau'(1) = \min\{\tau(1),\cdots,\tau(n)\};$$

对 $1 < j \leq n$,设 $\tau'(1) = \tau(k_1),\cdots,\tau'(j-1) = \tau(k_{j-1})$ 已得,那么令

$$\tau'(j) = \min(\{\tau(1),\cdots,\tau(n)\} - \{\tau(k_1),\cdots,\tau(k_{j-1})\})$$

根据我们的构造方法,τ' 是非降的,由于它又是我们只对 $\{\tau(1),\cdots,\tau(n)\}$ 重排列而得到的,因此 $B_{\tau'}$ 与 B_τ 是等价的。

有了这个命题,我们就可以认为每个基础逻辑都是标准的。

命题 32 对每个基础逻辑 B_τ,都有 $\mathcal{F}$ 的子类 Γ,使得 B_τ 相对于它是完全的。

证:任取基础逻辑 B_τ。易验证它的典范框架 $CanF(B_\tau)$ 是 B_τ 的框架,即 $CanF(B_\tau) \Vdash B_\tau$。因此只需要证明,$CanF(B_\tau)$ 还是像有限框架。而这只需证对 $CanF(B_\tau)$ 中的任意点 w,对任意的关系 $R_i^{B_\tau}$,w 只有有穷个 $R_i^{B_\tau}$ 后继。

设有 $x \in CanF(B_\tau)$,它有无穷个 $R_i^{B_\tau}$ 后继,取其中 $\tau(i)$ 个,设为 $y_1,\cdots,y_{\tau(i)}$,由于 $CanF(B_\tau)$ 中的世界都为极大一致集,因此对任两不同的世界,每一个世界中必定有不在另一世界的公式。因此,对 $j \leq \tau(i)$ 可以取到 φ_j 只在 y_j 中。令

$$\psi_j := (\wedge_{k \neq j} \neg \varphi_k) \wedge \varphi_j \quad 对 j \leq \tau(i),$$

由于各 y_j 是极大一致集,因此 $\psi_j \in y_j$,这样我们得 $\Diamond \psi_1 \wedge \cdots \wedge \Diamond \psi_{\tau(i)}$ 在 x 中,$\varphi(\tau(i))$ 是 B_τ 的公理,因此在 x 中,进而我们得 $\vee_{1 \leq j < k \leq \tau(i)} \Diamond(\psi_j \wedge \psi_k)$ 也在 x 中,这样就有 x 的某 $R_i^{B_\tau}$ 后继 z 及 $j \neq k$,使得 $\psi_j \wedge \psi_k$ 在 z 中,但是,由于 ψ_j 中有合取支 $\neg \varphi_k$,ψ_k 中有合取支 φ_k,这样就与 z 为一致集矛盾。

命题 33 每个基础逻辑 B_τ 都有有穷模型性。

证:任取基础逻辑 B_τ,任取 $\varphi \notin B_\tau$。根据推论 14,有 $w \in CanM(B_\tau)$ 使得 $CanM(B_\tau), w \not\Vdash \varphi$。设 φ 的模态度为 m,如下构造一个新模型。

$W_0 = \{w\}$;$W_i = \{v | \exists u \in W_{i-1} \exists j (uR_j^{B_\tau}v)\}$,对 $0 < i \leq m$;$W = \bigcup_{i=0}^{m} W_i$

$R_j = R_j^{B_\tau} \upharpoonright W$,$R_j$ 为 $R_j^{B_\tau}$ 在 W 上的限制

$V = V_\Lambda \upharpoonright W$,$V$ 为 V_Λ 在 W 上的限制

根据命题 32,对点 w,对任意的关系 $R_j^{B_\tau}$,w 只有有穷个 $R_j^{B_\tau}$ 后继。因此各 W_i 都是有穷的,这保证 $<W, \{R_j\}, V>$ 为有穷模型。各 W_i 及 R_j 的构造方法也保证了 $<W, \{R_j\}, V> \Vdash B_\tau$。

最后可以归纳证明对任的 $u \in W$，对任意的 φ 子公式 ψ 有
$$\text{CanM}(B_\tau), u \Vdash \psi \Leftrightarrow <W, \{R_j\}, V>, u \Vdash \psi$$
由此即得
$$<W, \{R_j\}, V>, \nVdash \varphi。$$

对每个 B_τ，以 $\mathcal{M}_{\tau(\text{fin})}$ 表示所有 B_τ 的有穷框架生成的模型所组成的类，把同构的框架当作同一的，那么 $\mathcal{M}_{\tau(\text{fin})}$ 将是可数的，因此它是集合。命题 33 中构造的模型都会落在 $\mathcal{M}_{\tau(\text{fin})}$ 中，这样 B_τ 相对于 $\mathcal{M}_{\tau(\text{fin})}$ 有有穷模型性。

命题 34 每个 $\mathcal{M}_{\tau(\text{fin})}$ 都是递归可枚举的。

证：对于任意的模型 $\mathbf{M}$，如果它在 $\mathcal{M}_{\tau(\text{fin})}$ 中，则其基底框架为 B_τ 的框架且有穷，基底框架之有穷可在有穷步内判定，而其是否为 B_τ 框架通过检查各点的后继的个数也可判定。

命题 35 每个基础逻辑 B_τ 都是可判定的。

证：由 B_τ 相对于 $\mathcal{M}_{\tau(\text{fin})}$ 有有穷模型性，B_τ 是公理化的，命题 34 以及（[8]）的定理 6.13 得到。

命题 35 表明各基础逻辑在理论上都是机器可实现的。

道之隐显(上)
——《老子》第一章阐微

李若晖[*]

提　要:《老子》首章被认为是全书之总纲,但其解释也是最为错综复杂的。本文认为此章的主旨即人如何回归道。人现实地生存在万物之中,并且不可能抛弃万物而生存。与物的关系必然产生欲。老子希望以其教导开启道之门,但这教导本身又使人进入名言的世界。于是如何对待"名"与"欲",便成为我们必须面对的首要问题。在老子看来,只有放弃循名责实的为学之途,才能由道言而体道;只有通过绝学而弃知,才能经无我达无欲。但是人心莫测,此道又何其难哉!

关键词:老子　道　名　欲

《老子》首章"居一书之首,一书之大旨皆具于此"[①]。然而此章句读释义,却是古今纷纭,迄无定论。[②]本文即试为折衷诸说,重解此章。

本文关于文字句读释义的论证将严格依据外部证据,亦即文献语言方面的证据,而非思想性的证据。正如沈有鼎指出:"西方学者在考辨上对于

---

[*] 李若晖,1972年生,复旦大学哲学学院研究员。
[①] [宋]林希逸:《老子鬳斋口义》,载严灵峰编:《无求备斋老列庄三子集成补编》,台北:成文出版社有限公司,1982年,第9册,第7页。[宋]范应元《道德真经古本集注》亦以此章"乃入道之门,立德之基,实一经之总也,宜深味之"。载张元济编:《续古逸丛书》,南京:江苏古籍出版社,2001年第2版,第3册,第3页。
[②] 张荣明《〈老子〉首章七解》归纳众说为政治学、军事学、道教、佛教、理学、养生学、房中术七种解释。载张荣明:《从老庄哲学至晚清方术》,上海:华东师范大学出版社,2006年,第1—23页。

思想性的论据一般已趋向于不重视,这类论据就考辨说已经退居次要地位,他们特别重视非思想性的证据,这是由经验得来的教训。过去考辨家曾运用大量思想性的论据来证明他们的论点,但是这些论据,正因为是思想性的,就很难得到所有学者的公认。结果所从出发的那些思想性的前提,总是一家一说,而争取不到共同的承认,因此也得不出共同承认的结论。而凭非思想性的证据,却比较容易取得共同承认的结论。"①同样,本文也不采信诸如"如此更好"之类的论证,因为早期文本和理解比起后世的修饰之作来往往未必"更好"。

一

《老子》开篇即言"道可道,非常道",河上公注:"道,谓经术政教之道也。非常道,非自然长生之道也。常道当以无为养神,无事安民,含光藏辉,灭迹匿端,不可称道。"②以"可道"之"道"为"称道",亦即言说。③ 检先秦两汉旧说,莫不如是。杨树达《老子古义》历稽旧籍,明引老氏此语加以阐发者,如《韩非·解老》:"强字之曰道,然而可论。"《淮南子·氾论》:"诵先王之诗书,不若闻得其言;闻得其言,不若得其所以言。得其所以言者,言弗能言也。故'道可道,非常道'也。"《淮南》之《道应》、《本经》,《文子》之《道原》、《精诚》、《上礼》、《上义》皆然④。此外,《列子·天瑞篇》张湛《注》引何晏《道论》曰:"道之而无语,名之而无名",显系化用《老子》此语⑤。

然此解亦不乏异议。或疑"若道老君是知者,缘何自著五千文?"⑥或谓

---

① 沈有鼎:〈评庞朴公孙龙子研究的考辨部分〉,载刘培育、张清宇、诸葛殷同编:《沈有鼎文集》,北京:中国社会科学出版社,1992年,第402页。
② 本文河上公本《老子》原文及其注用王卡点校《老子道德经河上公章句》,北京:中华书局,1993年。
③ 赵汀阳〈《老子》本文的一个解释问题〉认为"把'可道'解为'可说'是相当晚近的理解,很可能是以某些近代思想兴趣为潜在背景而产生的说法。"载《社会科学战线》,1993年第6期,第103页。盖未深考。
④ 参见杨树达:《老子古义》,上海:上海古籍出版社,2006年,第1—3页。
⑤ 参见〔德〕瓦格纳:《王弼〈老子注〉研究》,杨立华译,南京:江苏人民出版社,2008年,上册,第408页。
⑥ 〔唐〕白居易:《白居易集》卷32《读老子》,北京:中华书局,1979年,第716页。

《老子》此章本于庄生之道与言辨并称。① 进而正如张祥龙所感慨的:"不少学者否认或不晓得'道'在先秦老庄之时已具备了'说'或'道出'的意义。"② 如南怀瑾认为"道"在先秦无言说义,"因为把说话用'道'字来代表,那是唐宋之间的口头语"③,赵汀阳对此略有论证④,沈善增则详细辩驳了大量先秦文例⑤。实则沈氏举证多不可信。今以《诗·鄘风·墙有茨》之例略加辨析。其首章曰:"墙有茨,不可埽也;中冓之言,不可道也。所可道也,言之丑也。"其二章为"不可详也"、"言之长也",三章为"不可读也"、"言之辱也"。沈文谓:"'不可道也',即'不可治也',意为不要去禁止压制'中冓之言'。这样理解,方与后面两节中'中冓之言,不可详也(《毛传》:详,审也)','中冓之言,不可读也(《毛传》:读,抽也。郑玄笺注:抽,犹出也)'之意相通。'所可道也,言之丑也',意思是说,可以治理的,是中冓所言之丑事。历来的解说,都因袭孔颖达之疏,变得'中冓之言'不可说,把这首诗解得支离破碎,不知所云。"考《广雅·释诂》:"扬、读、晓、谓、道、说也。"王念孙《疏证》:"扬、读、道者,《皋陶谟》云:'工以纳言,时而飏之',《顾命》云:'道扬末命'扬与飏通。《大戴礼·保傅篇》云:'失度,则史书之,工诵之,三公进而读之',谓道之也。《庄子·则阳篇》云:'今计物之数,不止于万,而期曰万者,以数之多者号而读之也。'《鄘风·墙有茨》首章云'不可道也',二章云'不可详也',三章云'不可读也',《释文》:'详,《韩诗》作扬。'《广雅》扬、读、道并训为说,义本《韩诗》也。"⑥至于《毛传》"详,审也",陈奂曰:"详者审悉之也。"⑦"读,抽也",《说文》三上《言部》:"读,籀书也。"段玉裁《注》:"'籀'各本作'诵',此浅人改也,今正。《竹部》曰:'籀,读书也。'读与籀叠韵而互训。

---

① 钱穆:〈关于老子成书年代之一种考察〉,载钱穆:《老子辨》,北京:中国书店,1988 年,第 34 页。钱氏〈再论老子成书年代〉又谓"兼采公孙龙",载《老子辨》,第 74—75 页。
② 张祥龙:〈海德格尔的语言观与老庄的道言观〉,载《德国哲学论丛》,1995 年卷,北京:中国人民大学出版社,1996 年,第 8 页。
③ 南怀瑾:《老子他说》,上海:复旦大学出版社,2002 年,第 48 页。
④ 赵汀阳:《〈老子〉本文的一个解释问题》,载《社会科学战线》,1993 年第 6 期,第 104 页。
⑤ 沈善增:〈先秦时"道"无"言说"义项〉,载沈善增:《还吾老子》,上海:上海人民出版社,2004 年,第 65—71 页。
⑥ [清]王念孙:《广雅疏证》,北京:中华书局,2004 年,第 59 页。引文据王氏《补正》有所改易,见第 421 页。
⑦ [清]陈奂:《诗毛氏传疏》,台北:学生书局,1967 年,第 1 册,第 130 页。

《庸风传》曰:'读,抽也。'《方言》曰:'抽,读也。'盖籀抽古通用,《史记》:'抽史记石室金匮之书',字亦作绉。抽绎其义蕴至于无穷,是之谓读。故卜筮之辞曰籀,谓抽绎《易》义而为之也。尉律,学僮十七以上始试,讽籀书九千字,乃得为吏。讽谓背其文,籀谓能绎其义。太史公作《史记》,曰'余读高祖侯功臣',曰'太史公读列封至便侯',曰'太史公读秦楚之际',曰'余读谍记',曰'太史公读春秋历谱谍',曰'太史公读秦记',皆谓抽绎其事以作表也。"①实则古书传注多为随文释义,不可等同于辞书释义。黄侃即云:"小学家之训诂与经学家之训诂不同。小学家之说字,往往将一切义包括无遗。而经学家之解文,则只能取字义中之一部分。"②宋金兰将训诂学的对象区分为"语言义训释"和"语用义训释":"语用义训释,传统训诂学称之为'随文释义',即结合文本的语境对词语、句子的意义所作的解释。语用义训释是依托文本的语境进行的,它具有较大的灵活性和很强的针对性。"③在《墙有茨》中,"道"、"详"、"读"都是言说之义,所以传注便不再就言说义进行解释,而是着重辨析三者分别是何种言说。"道"不注,即为普通言说;"详"训审,是详审之言,注重细节描述,故而下接"言之长也";"读"是抽绎其事,即添油加醋,加以改编,所以是"言之辱也"。可见"道"在春秋之时即有"言说"义④。

关于"常道"、"常名"之"常",陈黼宸扬之曰:"《老子》五千言,其大旨不外一常字。"⑤王庆节发现《老子》中"'恒'字出现的次数多达30次。如果加上'常'字,'恒'/'常'的出现次数更高达近40次。除去一些古汉语语法

---

① [清]段玉裁:《说文解字注》,上海:上海古籍出版社,1981年,第90页。
② 黄侃述,黄焯编:《文字声韵训诂笔记》,上海:上海古籍出版社,1983年,第192页。
③ 宋金兰:《训诂学新论》,北京:首都师范大学出版社,2001年,第86页。
④ 汪维辉〈汉语"说类词"的历时演变与共时分布〉一文经过统计研究得出:"'道'在上古有时作'说'讲,词义偏于'谈论''称道',而且出现频率很低。"如《左传》1次、《论语》2次、《孟子》5次、《吕氏春秋》1次、《韩非子》16次。载汪维辉:《汉语词汇史新探》,上海:上海人民出版社,2007年,第5—6页。又汉魏多有"道"与其他"说"词构成同义并列复词,如《史记》卷63《老子韩非列传》:"非为人口吃,不能道说,而善著书。"《三国志·魏书》卷1《武帝纪》裴《注》引《魏武故事》录曹操《己亥令》:"欲令传道我心,使他人皆知之。"同书卷4《三少帝纪》:"其所言道,不可忍听,非天地所覆载。"《先秦汉魏晋南北朝诗·魏诗》卷四曹丕《秋胡行》:"灵若道言,贻尔明珠。"参见汪维辉:《东汉—隋常用词演变研究》,南京:南京大学出版社,2000年,第165—172页。可证"道"有言说义当远早于西汉。
⑤ 陈黼宸:《老子发微》,载陈德溥编:《陈黼宸集》,北京:中华书局,1995年,上册,第334页。

虚词外,这一出现频率仅次于诸如'道'(67次)、'无'(85次)、'德'(41次)等老子思想中的关键性概念和范畴。"①刘殿爵从语法角度区分了帛书《老子》中的"恒"和"常":"从文例看,似乎'恒'字只作修饰语用,如'恒道'、'恒德'、'恒名'、'恒善救人',而'常'字则作名词性词用,如'知常'、'袭常'。"②王庆节进一步观察到,"常"在帛书《老子》中也有出现,但频率明显小于"恒"。如按通行本81章来看,"恒"见于17章,30处;"常"仅3章,7处,并且"往往可能是因为《老子》的著述者或编撰者考虑到韵文合辙押韵的结果"。于是王氏推论:第一,"'恒'本是老子思想中,乃至整个先秦中国思想中的一个关键性的哲学范畴"。第二,"在先秦古代汉语的日常使用中,'常'字和'恒'字也许是可以互换使用的同义词。但就这两个字的词源古义以及哲学意义的诠释和理解来说,可能大相径庭。《老子》书的原作者最初也许就意识到了这一区别并更倾向于用'恒'而非'常'来言说'道'"。③王说注意到"常""恒"异义,是其特出之处④。李零认为:"文中的两个'恒'字,今本改为'常',是避汉文帝讳。常与恒不完全一样,常是经常,恒是不变,《老子》的说法是'独立而不改'(第二十五章)。恒很重要,在道论类的作品中,是表示终极性的概念,如上博楚简《恒先》,'恒先',就是指道,帛书本,恒字很多,常字很少(只见于第十六、五十二、五十五章),今本把恒字几乎全都改成常,是避讳改字。"⑤但"恒"却并非绝对不变,"盖'道'者,变化之总名。与时迁移,应物变化,虽有变易,而有不易者在,此之谓常"⑥。"常"是万物变化中同一事物出现频率较高,"恒"是贯穿于万物变化中的不变者,于是"恒道"乃不变之变者。王庆节认为"恒道"既非单一的、持续不断的、量的空间延展意义上的"常道",也非那在具体时空之外的虚无缥缈、变幻莫测、根本无从把握的"玄道"。"恒道"是万物在其自然生灭过程中周而复始

---

① 王庆节:〈"恒"与道的时间性〉,载王庆节:《解释学、海德格尔与儒道今释》,北京:中国人民大学出版社,2004年,第208页。
② 刘殿爵:〈马王堆汉墓帛书《老子》初探〉(上),载《明报月刊》,1982年8月号,第15页。
③ 王庆节:〈"恒"与道的时间性〉,载王庆节:《解释学、海德格尔与儒道今释》,第208—209页。
④ 李全华也认为"恒"、"常"异义,但以"恒"为正常、普通,"常"为规律,非。李全华:《老子哲学考察》,广州:暨南大学出版社,2001年,第4—5页。
⑤ 李零:《人往低处走》,北京:三联书店,2008年,第24—25页。
⑥ 朱谦之:《老子校释》,北京:中华书局,1984年,第4页。

的生长、生成、繁衍、衰亡和再生,是其在具体时空中所展现的自然之道而已。① 赵岩区分了"道"与"常"(实当为"恒"):道并非"万物的尺度和秩序本身。因为尺度和秩序也还是有规定的万物之一物,是道的派生物。所以,除了'道'这一绝对的否定与绝对的无限这一层面之外,还存在着'常'这一具有统摄意义的道的显观的层面"②。因此,"常(恒)"即自然。故老子谓道不可知不可言,但却数言"知常"(第十六章、第五十五章)。若然,则"恒"并不构成"道"自身的区分。詹剑峰指出:"老子提出的道,有常道,有天之道,有圣人之道,常道以自然为宗,所谓'道法自然'者是也……什么是'天之道'呢?'天之道,利而不害';'天之道,不争而善胜';'天之道,损有余而补不足'。什么是'圣人之道'呢?圣人之道,则有道者掌握天之道,并把这些规律作为人事的准则,故老子说:'圣人之道,为而不争';'治人事天莫若啬';'功成身退,天之道';'圣人常善救人,故无弃人,常善救物,故无弃物'……所以老子之道,虽说有常道,有天之道,有圣人之道,然而是一贯的、有机联系的、不可分割的。因为圣人之道是从天之道引申出来(人法天),而天之道又从常道引申出来(天法道)。也可说,圣人之道是把常道和天之道引用到实践,应用来解决人生和政治问题。例如,'大道氾兮其可左右。万物恃之以生而不辞,功成而不居'。'是以圣人为而不恃,功成而不居。'这是最充分的证据。"③ 此外,第十四章还有"执古之道以御今之有,以知古始,是谓道纪。"蒋锡昌《老子校诂》:"'古'者,指泰初时期天地未辟以前而言,与后人通常所谓'古时'不同。"④ 凡此"恒道"、"天道"、"圣人之道"、"大道"、"古道"皆非对于"道"的区分,而是对于整体性之"道",亦即"道"自身的描状。但也有个别特例需要具体分析。第四十七章:"不窥牖,知天道",此处的"天道"当保留了西周、春秋时期的意义,不同于老子的"道",而近于"常(恒)",有规律意。⑤ 从这个角度来看,老子并非绝对的不可知论者,他的最

---

① 王庆节:〈"恒"与道的时间性〉,载王庆节:《解释学、海德格尔与儒道今释》,第 215 页。
② 赵岩:《〈老子〉读书笔记》,为复旦大学哲学学院 2008 年下学期"老庄研究"课程作业。
③ 詹剑峰:《老子其人其书及其道论》,武汉:华中师范大学出版社,2006 年,第 121—122 页。
④ 蒋锡昌:《老子校诂》,上海:商务印书馆,1937 年,第 84 页。
⑤ 《国语·周语》:"吾非瞽史,焉知天道。"韦《注》:"瞽,乐大师,掌知音乐风气执同律以听军声而诏吉凶。太史掌抱天时,与大师同车。皆知天道也。"

大贡献是将道置于"常(恒)"之上。

但《老子》中也有区分性的"道"。第七十七章:"天之道损有余而补不足,人之道则不然,损不足以奉有余。"虽然"人之道"仍自称为"道",但它作为对于"道"的区分也就是对于"道"的背离,第十八章:"大道废,有仁义。"第三十八章:"失道而后德。"于是成为"非道",第四十六章:"天下无道,戎马生于郊。"第五十三章:"是谓盗夸,非道也哉!"第五十五章:"物壮则老,谓之不道,不道早已。"

二

"无名天地之始,有名万物之母"二句争论最烈者,是以"无名"、"有名"为读,抑或以"无"、"有"为读。历稽汉唐旧说,皆用前读,如河上公、严遵①、王弼、成玄英②、李约③等。《史记》卷127 褚先生补《日者列传》引作"无名者万物之始也",亦以"无名"为读。宋人始立新说。④ 如司马光曰:"天地,有形之大者也。其始必因于无,故名天地之始曰无。万物以形相生,其生必因于有,故名万物之母曰有。"⑤ 王安石曰:"无所以名天地之始,有所以名其终,

---

① 宋陈景元《道德真经藏室纂微篇》引"无名无朕",又引"有名者之为化也",故知。见王德有:《老子指归辑佚》,载[汉]严遵:《老子指归》,王德有点校,北京:中华书局,1994年,第123页。
② [唐]成玄英:《道德经义疏》,载高明选编:《四部要籍注疏丛刊·老子》,北京:中华书局,1998年,上册,第142页。
③ [唐]李约:《道德真经新注》,载《道藏》,北京:文物出版社、上海:上海书店出版社、天津:天津古籍出版社,1988年,第12册,第323页。
④ 魏源《老子本义》曰:"'无名'、'无欲'四句,司马温公、王安石、苏辙皆以'有'、'无'为读。"(载《诸子集成》,上海:上海书店,1986年,第3册,第1页)考苏辙注上句乃"无名"、"有名"读,下句方"常无"、"常有"断。[宋]苏辙:《道德真经注》,载《道藏》,第12册,第291—292页。实则这一读法也颇有影响,如明李贽《老子解》(载张建业主编:《李贽文集》,北京:社会科学文献出版社,2000年,第七卷,第1页)、丁福保《老子道德经笺注》(台北:广文书局有限公司,1975年,第2—3页)、胡适《中国古代哲学史》(载欧阳哲生编:《胡适文集》,北京:北京大学出版社,1998年,第6卷,第202页)、陈荣捷《中国哲学文献选编》(南京:江苏教育出版社,2006年,第140—141页)等都如此断句。劳健《老子古本考》:"河上、王弼旧注皆以欲字绝句,义未安。司马光始以常有常无五为句,得其旨矣。……惟上文无名有名二句,司马氏亦以无字有字绝句则不然。……今从苏辙注义,无名有名为句,常无常有为句。"卷上,载严灵峰:《无求备斋老子集成续编》,台北:艺文印书馆,1972年,第160册,第1页。明王樵《老子解》可谓中其肯綮:"若如旧注,有名无名犹无关文义,无欲有欲恐有碍宗旨。"为《方麓居士集》卷十,载严灵峰编:《无求备斋老子集成初编》,台北:艺文印书馆,1965年,第89册,第2页。
⑤ [宋]司马光:《道德真经论》,载《道藏》,第12册,第262页。

故曰万物之母。"① 牟宗三归纳其文本分歧为:"'无名'读,则下略'是'字或'为'字。而'无'读,则'名'属下,作动词。"②

但新说却并非无懈可击。许抗生指出:"《老子》书中有把宇宙本原的道称之为'无'的文句,但很难找到把道称之为'有'的根据。'有'在《老子》书中,一般指有形有象之物,而不是指无形无象之道。"③而更为致命的是,如此断句,只能以"名"为动词,"按照一般文法而论,容易引起误解,而易令人误为'以无名天地之始,以有名万物之母。'果如此,则成为'天地之始名叫无,万物之母名叫有'。"④新说的当代代表人物严灵峰也自承:"高亨引梁启超曰:'以"无"名彼天地之始;以"有"名彼万物之母。'⑤并自谓:'四十章:"天下万物生于有,有生于无。"即其明证。'⑥梁氏以'有、无'为读固当,但其解则未尽然。梁以'名'字作外动词,以'天地之始'与'万物之母'为宾语;作'命物'、'命事'之'名';犹云:名'天地之始'为'无';名'万物之母'为'有'。夫'万物之母'为'道','道常无名','道不当名';今乃用'有'以名之;说可通乎?"⑦为了避免这一尴尬,严氏提出"这两句话,可以用更明白的说法,改作:'天地之始名(本是)"无",万物之母名(本是)"有"。'犹云:'"无",天地之始也;"有",万物之母也。'"⑧但是"名"并无"本是"之义。实则依照新说,终究无法解释"名"字,只有删去。然而"名"字又无法一删了之,于是严氏又出新招:"刘熙《释名·释言语》云:'名,明也;名实使分明也。'此'名'字与十七章:'不见而名'之'名'字相通作'明',汉冀州从事

---

① [宋]王安石:《老子注》,引自[元]刘惟永:《道德真经集义》,载《道藏》,第14册,第90页。
② 牟宗三:《才性与玄理》,桂林:广西师范大学出版社,2006年,第111页。
③ 许抗生:〈再解《老子》第一章〉,载陈鼓应主编:《道家文化研究》,第15辑,北京:三联书店,1999年,第73页。参见朱伯崑:〈老庄哲学中有无范畴的再检讨〉,载陈鼓应主编:《道家文化研究》,第14辑,北京:三联书店,1998年,第134页。
④ 张扬明:〈关于老子第一章句读的探讨〉,载《大陆杂志语文丛书》,第3辑《经学解诂·诸子》,台北:大陆杂志社,1970年,第187页。
⑤ 若晖按,高引梁说见梁著《老子哲学》,文字略有不同,见《饮冰室专集》之三十五,载《饮冰室合集》,北京:中华书局,1989年,第8册,第9页。
⑥ 若晖按,高说见氏著《老子正诂》,北京:中国书店,1988年,第2页。
⑦ 严灵峰:《马王堆帛书老子试探》,载严灵峰:《经子丛著》,第1册,台北:"国立"编译馆中华丛书编审委员会,1983年,第122页。
⑧ 严灵峰:〈老子的重要用语之新解释〉,载严灵峰:《老庄研究》,台北:台湾中华书局,1979年第2版,第67页。

《郭君碑》:'丧子夫名',义亦作'明'。为内动词,相当于英文之 Mean 字,乃说明客观事实之情况。谓:'无',本是'天地之始'之情况;'有',本是'万物之母'之情况。"①按《释名》之声训乃求语源,而非释词义,王力曾言:"声训的用处乃是求事物命名的'所以之意',并不是对于那'名'的本身,做一种确当不易的定义。"②因此《释名》之训只能说刘熙以为"名"之语源为"明",却非"名"之词义为"明"。再就《释名》本身而言,其"声训之作,在一般情况下,均是穿凿附会、不合于语源学的事实。它可以将不相干的字词同置于一个语根之下,也可以为语根再寻求语根,……可以说《释名》的声训以不可信者居大多数。"③至于严氏所举文例,"不见而名"实见于《老子》第四十七章,严氏彼处以"名""当作形容词。"④此"名(明)"为形容词的使动用法,易与内动词相混。⑤至若《郭君碑》之文为"丧子失名",乃谓子夏丧子后双目失明⑥,其义与此文之"名"无关。即退言之,从严说以"名"通"明","乃说明客观事实之情况",是固可逃于"道不可名"之疑,然又何免于"道不可言"之讥呢?

再看旧说。对旧说的不满,主要在于如何解释"有名"。"无名""有名"既同为天地万物之始,自然可以推断二者"皆谓道"⑦。但正如陈鼓应所说:"'名'是跟着'形'而来的,如《管子》说:'物固有形,形固有名。''有形'不当成为万物之母。所以似不宜以'有名'为读。"⑧卢育三道:"'无名'为读问题不大,因为'无名'即指道,'道常无名'(三十二章)。但'有名'为读就有问题了,因为只有有形的具体事物才有名。按照老子的逻辑,有形的具体事物如牛马、草木、金石等有限之物是不可能成为'万物之母'的。高亨说,'有

---

① 严灵峰:《马王堆帛书老子试探》,载严灵峰:《经子丛著》,第 1 册,第 122 页。
② 王力:〈理想的字典〉,载王力:《龙虫并雕斋文集》,第 1 册,北京:中华书局,1980 年,第 353 页。
③ 徐芳敏:《释名研究》,台北:"国立"台湾大学出版委员会,1989 年,第 156 页。
④ 严灵峰:《老子达解》,载严灵峰:《经子丛著》,第 1 册,第 255 页。
⑤ 参见蒋绍愚:〈内动、外动和使动〉,载蒋绍愚:《汉语词汇语法史论文集》,北京:商务印书馆,2000 年,第 198 页。
⑥ [宋]赵明诚:《金石录》,载王德毅编:《丛书集成续编》,台北:新文丰出版公司,1988 年,第 91 册,第 322 页。
⑦ 奚侗:《老子集解》,上海:上海古籍出版社,2007 年,第 2 页。
⑧ 陈鼓应:《老子注译及评介》,北京:中华书局,1984 年,第 56 页。按所引《管子》见《心术》上。

名'指天地"①。这种说法也不通。……还是"'无'、'有'为读较好"②。王邦雄亦曰:"此中无以自解的困难,当在'有名'既有形,是则与万物几无以异,又如何能成为万物之母?"③但学者于此不能无惑,何泽恒可谓道出心声:"诚如诸家所论,如果'有名''无名'确是这样的含义,那么我们自该承认,这是决说不通的。可是汉魏人的句读又如此清楚明确,他们何以都不知此义呢?"④

如何解决这一矛盾?旧注有两条思路。

其一为河上公注:"无名者谓道,道无形,故不可名也。始者道本也,吐气布化,出于虚无,为天地本始也。有名谓天地,天地有形位、[有]阴阳、有柔刚,是其有名也。万物母者,天地含气生万物,长大成熟,如母之养子也。"在此,河上公构建了一个道生天地,天地生万物的宇宙生成论。《老子》第四十章:"天下万物生于有,有生于无",河上公注:"[天下]万物皆从天地生,天地有形位,故言生于有也。天地神明,蜎飞蠕动,皆从道生,道无形,故言生于无也。"与此同。⑤但此二句自古有异文,马叙伦云:"《史记·日者传》引作'无名者万物之始也'……王本两句皆作'万物',与《史记》所引合,当是古本如此。"⑥马王堆帛书二本"天地"皆作"万物",高明据以认为今本"天地""乃后人所改"⑦。虽有学者提出反证⑧,但仍无可否认"天地"与"万物"

---

① 按,高亨未以"'有名'指天地"。卢氏盖误读高氏《老子注译》,原其文实作"有,指天地,天地有形体"。载《高亨著作集林》,北京:清华大学出版社,2004 年,第 5 卷,第 255 页。高氏乃以"无"、"有"为读。
② 卢育三:《老子释义》,天津:天津古籍出版社,1987 年,第 42 页。
③ 王邦雄:《老子的哲学》,台北:东大图书股份有限公司,1983 年第 3 版,第 76 页。
④ 何泽恒:〈老子首章旧义新解〉,载何泽恒:《先秦儒道旧义新知录》,台北:大安出版社,2004 年,第 302 页。
⑤ 河上公注另有道生阴、阳、和三气,三气生天、地、人,天地人生万物的模式。参见王清祥:《〈老子河上公注〉之研究》,台北:新文丰出版公司,1994 年,第 45—48 页。
⑥ 马叙伦:《老子校诂》,北京:中华书局,1974 年,第 88 页。钱穆〈再论老子成书年代〉说同,载钱穆《老子辨》,第 75 页。蒋锡昌《老子校诂》有所补充,第 3—4 页。波多野太郎《老子王注校正》第 1 卷从之,载《横滨市立大学纪要》,1952 年,第 38 页。
⑦ 高明:《帛书老子校注》,北京:中华书局,1996 年,第 223 页。郑良树《老子新校》从之,台北:学生书局,1997 年,第 1—2 页。
⑧ 如武内义雄《老子的研究》以为王注乃以"万物"释"天地",其经文仍当为"天地",载《武内义雄全集》第 5 卷《老子篇》,东京:角川书店,1978 年,第 262 页。参见蒙文通:〈老子王弼本校记〉,载《蒙文通文集》第 6 卷《道书辑校十种》,成都:巴蜀书社,2001 年,第 264 页;朱谦之:《老子校释》,第 5 页。岛邦男《老子校正》为之弥缝,曰"《老子》古文作'万物之始',刘向校雠时,改之为'天地之始'与?"东京:汲古书院,1973 年,第 55 页。

同义①。重野葆光曰:"天地、万物互言已。"②牟宗三曰:"'天地'是万物之总称,'万物'是天地之散说。'天地'与'万物',其义一也,只随文异其词耳。"③徐仁甫曰:"此两句,一言'天地',一言'万物',两词互文。如《庄子·齐物论》'天地与我并生,万物与我为一'之比。言'天地'则'万物'在其中,言'万物'则'天地'在其内。故《史记·日者传》及王弼《注》,均作'无名万物之始'。即只言'万物',而'天地'亦在其内。非《老子》古本两句皆作'万物'也。三十二章'天下莫能臣',与'万物将自宾'亦互文。故'万物'一本作'天下',亦可为互文义同之旁证。"④因此,"始"与"母"在本文中的哲学意义也相同,都是天地万物存在之可能性。胡远浚即以"始"、"母""固一义,易字以协韵耳。"⑤第五十二章:"天下有始,以为天下母。"蒋锡昌《校诂》:"'始'即'道'也。道先天地生,故为天下万物之母也。"⑥古棣、周英《老子通》:"'始'与'母'同义,其意是说天下的开始,是产生天下万物的母亲,这母亲即是道。"⑦若然,则河上公所释缺乏文本依据。

其二为王弼注:"凡有皆始于无,故未形无名之时,则为万物之始。及其有形有名之时,则长之育之,亭之毒之,为其母也。言道以无形无名始成万物,[万物]以始以成而不知其所以[然],玄之又玄也。"牟宗三指出:"此注语即有简略。详言之,当该是:'言道以无形无名始万物,以有形有名成万物。'"⑧方颖娴申其义曰:"'未形无名之时','及其有形有名之时'乃指天地万物,非指道,道则无所谓'未形无名,有形有名'之时也。而'则为万物之始',与'则长之……为其母也'皆指'道'言。故若加二主词——'万物'与'道'于注中,注意乃显明。即是'万物于未形无名之时,道则为万物之始;及

---

① 当然,并非《老子》中每一处"天地"都与"万物"同义,河上公说仍有所本。参见〔日〕大滨晧:《老子の哲学》,东京:劲草书房,1962年,第14—15页;朱伯崑:〈老庄哲学中有无范畴的再检讨〉,载陈鼓应主编:《道家文化研究》,第14辑,第133页。
② 〔日〕重野葆光:《老子解》,卷上,载严灵峰编:《无求备斋老子集成续编》,第231册,第1页。
③ 牟宗三:《才性与玄理》,第111页。
④ 徐仁甫:《诸子辨正》,成都:成都出版社,1993年,第47页。古棣、周英《老子通》言"或为避免文字与下句'万物之母'重复而作'天地之始'?"长春:吉林人民出版社,1991年,上部,第5页。
⑤ 胡远浚:《老子述义》,南京:钟山书局,1933年,上篇,第1页。
⑥ 蒋锡昌:《老子校诂》,第320页。
⑦ 古棣、周英:《老子通》,上部,第261页。
⑧ 牟宗三:《才性与玄理》,第111—112页。

万物有形有名之时,道则长之、育之、亭之、毒之,为其母也'。"①何泽恒亦谓王弼"并没有直接以'无名'为'万物之始',更没有以'有名'为'万物之母'。《注》中在'无名''有名'之下,都明有'之时'两字,是别有一'物',在'无名之时'如何,在'有名之时'又如何。此'物'为何?即'道'之谓"②。这一解释实则是将"无名""有名"由施事主语理解为话题。③ 但如此则须另觅施事主语。而添加施事主语"道",甚至于再添加"之时"、"万物"等语以弥缝之,恐难脱"增字解经"④之诮。

然则"无名"、"有名"究作何解?

诸家皆执著于古名学"名""实"合一来理解《老子》之"名"。如河上公注:"道无形,故不可名也","有名谓天地,天地有形位"。王弼注也一再说到"未形无名之时"、"有形有名之时"。上文曾引陈鼓应云:"'名'是跟着'形'而来的,如《管子》说:'物固有形,形固有名。'"⑤李零亦曰:"古人讲'名',往往与'形'有关。……银雀山汉简《奇正》说,'故有形之徒,莫不可名。有名之徒,莫不可胜。故圣人以万物之胜胜万物,故其胜不屈',这是形名之学的讲法。"⑥名实或形名合一确为古名学的核心观念。如《庄子·逍遥游》:"名者实之宾也。"《管子·九守》:"名生于实。"《墨子·经说》上:"所以谓,名也;所谓,实也。"《墨子·经说》下:"有之实也,而后谓之;无之实也,则无谓也。"《墨子·经》下:"离吾谓,非名也,则不可。说在反。"《墨子·经说》下:"离:谓是霍可,而谓之非霍也,谓彼是也,不可。谓者毋离乎其谓。彼谓离乎其谓,则吾谓不行。彼若不离乎其谓,则无不行也。"《公孙龙子·名实论》:"天地与其所产焉,物也;物以物其所物而不过焉,实也;实以实其所实而不旷焉,位也。出其所位,非位。位其所位焉,正也。以其所

---

① 方颖娴:《先秦道家与玄学佛学》,台北:台湾学生书局,1986年,第70—71页。
② 何泽恒:〈老子首章旧义新解〉,载何泽恒:《先秦儒道旧义知新录》,第302—303页。
③ 汉语中话题与主语难以区分而形成歧义句,参见徐烈炯、刘丹青:《话题的结构与功能》,上海:上海教育出版社,1998年,第58—60页。
④ [清]王引之:《经义述闻》卷32《通说》下"增字解经"条:"失其本训而强为之说,则阢陧不安。乃于文句之间增字以足之,多方迁就而后得申其说。此强经以就我,而究非经之本义也。"南京:江苏古籍出版社,1985年,第781页。
⑤ 陈鼓应:《老子注译及评介》,第56页。
⑥ 李零:《人往低处走》,第25页。

正,正其所不正,疑其所正。其正者,正其所实也。正其所实者,正其名也。其名正,则唯乎其彼此焉。"《管子·心术》上:"以其形因为之名。"《尹文子·大道》上:"名以检形,形以定名。名以定事,事以检名。察其所以然,则形名之与事物,无所隐其理矣。"《韩非子·扬权》:"上以名举之,不知其名,复修其形。形名参同,用其所生。"由是,则有正名,循名责实。《墨子·经》上:"举,拟实也。"《墨子·经说》上:"举,告之以名,举彼实也。"又曰:"是名也,止于是实也。"又曰:"名实耦,合也。"《管子·九守》:"修名而督实,按实以定名,名实相生,反相为情。名实当则治,不当则乱。"《荀子·正名》:"故知者为之分别制名以指实,上以明贵贱,下以别同异。"《韩非子·二柄》:"人主将欲禁奸,则审合形名;形名者,言与事也。为人臣者陈而言,君以其言授之事,专以其事责其功。功当其事,事当其言,则赏;功不当其事,事不当其言,则罚。"《史记》卷130《太史公自序》载司马谈《论六家要旨》言名家"控名责实,参五不失,此不可不察也"。甚至古人有所谓"名字巫术","知道了神、鬼或人的名字,便可以把这个名字的主人置在他的势力内,便可以给这个名字以危害。……这个信仰的发生,乃由于原始社会的原始人,对于物与主,名与物,象征与实在的分辨不清"①。

但正如魏元珪所言:"我国先秦名家诸子及别墨诸派言名实之辨甚详,但对老子言名与恒名,似难以名家或墨辩诸子之主张加以诠释。"②《老子》强调道实无名,第四十一章:"道隐无名。"第三十二章:"道常无名。"《庄子·知北游》:"道不当名。"《老子》第二十五章也明确讲到:"吾不知其名,字之曰道,强为之名曰大。"在《老子》中,道无形无象,不可感知。第十四章:"视之不见名曰夷,听之不闻名曰希,搏之不得名曰微。此三者不可致诘,故混而为一。其上不皦,其下不昧,绳绳兮不可名,复归于无物。是谓无状之状,无物之象,是谓惚恍。迎之不见其首,随之不见其后。"彭富春论曰:"这种对感觉的拒绝正是对于将道视为万物的整体或者万物之一的否定,反之,

---

① 郑振铎:《汤祷篇·释讳篇》,载《郑振铎全集》,石家庄:花山文艺出版社,1998年,第3卷,第637页。参见詹鄞鑫:《心智的误区——巫术与中国巫术文化》,上海:上海教育出版社,2001年,第223—227页。
② 魏元珪:《老子思想体系探索》,台北:新文丰出版股份有限公司,1997年,下册,第439页。

它要求将道理解为无自身。"①陈鼓应、白奚释其义曰:"'道'之不可名,乃是由于它的无形,那么为什么老子要设定'道'是无形的呢?因为如果'道'是有形的,那它必定就是存在于特殊时空中的具体之物了,而存在于特殊时空中的具体事物是会生灭变化的。而在老子看来,'道'却是永久存在的东西,所以他要肯定'道'是无形的。为什么老子又要反复声明'道'是'不可名'的呢?因为有了名,就有了规定性,就会被限定住了,就成了具体的存在物,而道是无限性的,是没有任何规定性的。……真常的'道'是不可言说的,无法用概念来表达的,只是为了方便起见,为了论述、描述的需要,才不得已'强字之曰道'。"②也就是说,虽然我们可以言说"道"之一名,但"道"之名却与"道"自身无关,更不可能由"道"之名去认识、把握"道"自身。"道"是一个无实之名,一个没有对象的虚壳语词,一个没有所指的空洞能指。从这个意义上说,"道"是"无名"。另一方面,正如熊十力所云:"真常之道本非言说所及。言说所以表诠物事,而道不可说是一件物事,使道而可言说,则必非常道矣,故曰'道可道,非常道'。下句首'名'字,谓依道而立道之名也,可名之'名',诠召之谓也。道之一名,原是假立,非名可应其实也,故道毕竟不可名。缘名之起,必由知与物接,用斥指事物,造作形象,遂从而制之名,故名之所可诠召者,唯物象耳,必非真常之名也。此真常道,无物无象,何可执名以求之乎?故曰'名可名,非常名'。上言道之得名,亦是假立,不可缘名而起执也。"③冯友兰亦曰:"'道常无名,朴。'所以,常道就是无名之道。常道既是无名,所以不可道。然而,既称之曰'道',道就是个无名之名。'自古及今,其名不去,以阅众甫。'(二十一章)道是任何事物所由以生成者,所以,其名不去。不去之名,就是常名。常名实在是无名之名,实则是不可名底。所以说,'名可名,非常名'。"④"道"也好,甚至"无名"也好,毕竟其本身还是一个词语,一个"名",可以言说。从这个意义上说,"道"也是"有名"。譬如一本不知作者的书在作者栏中写上"无名氏",也就是我们可以把这个

---

① 彭富春:〈道的悖论〉,载彭富春:《哲学与美学问题》,武汉:武汉大学出版社,2005 年,第 105 页。
② 陈鼓应、白奚:《老子评传》,南京:南京大学出版社,2001 年,第 109—110 页。杨国荣说略同,见杨国荣:〈道与人——《老子》札记〉,载《江西社会科学》,2006 年第 3 期,第 21—22 页。
③ 熊十力:《十力语要》,上海:上海书店出版社,2007 年,第 130—131 页。
④ 冯友兰:《新原道》,载《三松堂全集》,郑州:河南人民出版社,2001 年,第 5 卷,第 45 页。

"无名氏"姑且当作作者名来对待,但同时要切记这个"有名"就是"无名",它并没有指称任何真实存在的作者①。于是,"道"既是"无名"也是"有名",亦即"有名"就是"无名",也就是"道"②。

三

与前二句相似,"故常无欲以观其妙,常有欲以观其徼"争论的也是在"无欲"、"有欲"下断句还是在"无"、"有"下断句。前一句读是古本旧注相承的读法,马王堆帛书本、河上公、严遵③、王弼、孙盛④、成玄英⑤、李约⑥等莫不皆然;后者也是宋儒新说,始于司马光、王安石、苏辙等人。司马光说:"万物既有,则彼无者宜若无所用矣。然圣人常存无不去,欲以穷神化之微妙也。无既可贵,则彼有者宜若无所用矣。然圣人常存有不去,欲以立万事之边际也。苟专用无而弃有,则荡然流散,所谓有之以为利,无之以为用也。"⑦王安石曰:"盖有无者,若东西之相反而不可以相无也。故非有则无以见无,而非无则无以出有。有无之变,更出迭入,而未离乎道,此则圣人之所谓神者矣。"⑧苏辙云:"圣人体道以为天下用,入于众有而常无,将以观其妙也。

---

① 金岳霖《论道》曰"道是式—能",这里的"能"字是命名的名字,不是形容事物的名词。名字叫"能"的那×不是普通所谓东西,也不是所谓事体。×只能有名字,而不能有摹状词去摹它底状,或形容词去形它底容。名字的"名"与普通所谓名词的名大不相同。普通所谓名词的名是可以按名而得实的名,名字的名不是可以按名而得实的名。"能"字在本文里不过是为行文底方便所引用的名字而已。"能"既是×底名字,我们不能按"能"底名,而得×底实。×不能以言语直接地传达。(北京:商务印书馆,1987年,第18—21页)
② 刘福增《老子哲学新论》认为老子"以为道或万物的名称一定要能够适当描述道或万物,否则它就不会是道或万物的好名称"。非。台北:东大图书股份有限公司,1999年,第91页。
③ [唐]强思齐《道德真经玄德纂疏》引"无欲者,望无望",[元]刘惟永《道德真经集义》引"且有欲之人,贪逐境物",可知严氏以"无欲"、"有欲"为读。见王德有:〈老子指归辑佚〉,载《老子指归》,第123—124页。
④ [晋]孙盛《老子疑问反讯》:"何以复须有欲得其终乎……何独贵于无欲乎",明以"有欲"、"无欲"为读。载[唐]道宣编:《广弘明集》,上海:上海古籍出版社,1991年,第125页。
⑤ [唐]成玄英《道德义疏》,载高明选编:《四部要籍注疏丛刊·老子》,上册,第142—143页。
⑥ [唐]李约:《道德真经新注》,载《道藏》,第12册,第323页。
⑦ [宋]司马光:《道德真经论》,载《道藏》,第12册,第262页。
⑧ [宋]王安石:《老子注》,引自[宋]彭耜:《道德真经集注》,载《道藏》,第13册,第111页。

体其至无而常有,将以观其徼也。"①此外,叶梦得亦言:"惟圣人为能超乎有无之外,而游乎有无之间。我欲求之于无,故观之于空,而妙者在焉。……我欲求之于有,故观之于有而徼者在焉。"②

矛盾的焦点是"有欲"如何与道相关。新说本为解决这一问题而提出,但最终却无法逃脱这一问题。早在宋代朱熹就认为新派断句"不妥帖","不若只作常有欲无欲点"③。宋董思靖《道德真经集解》卷一:"今若必欲以常无常有为绝句,则是常无未免沦于断灭之顽空,而常有乃堕于执滞之常情,岂足以观妙道之体用哉?况以常无为句,而下文云欲以观其妙,则于常无之时而亦谓之欲,可乎?"④许抗生指出:"如果两个'欲'字的主体皆指'道',然而道是无欲的是无意志的自然存在物,不应有'所欲',所以主体不能是'道'。王安石用道'自观其妙'、'自观其徼'来解释,而干脆不提两'欲'字,以避免讨论道有无欲望的问题。这就与《老子》本来的文义有了出入。但道是自然物,显然也不存在'自观'(自己观察自己)的问题,所以'自观'之说也是不符合老子思想的。"⑤新派中最直接者为张纯一,他径自删去两"欲"字:"两欲字属上读或属下读,均嫌赘,直是衍文,删去,则义畅适,文亦整炼。"⑥严灵峰则先是谓此二句"犹云:'以"无"观之,以"有"观之。'或'自"无"观之,自"有"观之'"。也不提"欲"字。⑦但又自觉不妥,于是又说"《老子》书中,'欲'字连下文做助动词之例甚夥。……若以'无欲'、'有欲'为读,则与上下文均不相附矣。"可是接下来严氏又历举《老子》第三章、第三十四章、第三十七章、第五十七章均有"无欲"一词⑧,可证《老子》书中"欲"字并非仅为助动词,既可为"无"之宾语而言"无欲",语法上自亦可为"有"之宾语而言"有欲"。其后,严氏又尝试由其他途径解决这一问题:"两

---

① [宋]苏辙:《道德真经注》,载《道藏》,第12册,第291—292页。
② [宋]叶梦得:《老子解》,引自[宋]彭耜:《道德真经集注》,载《道藏》,第13册,第111页。
③ [宋]黎靖德编:《朱子语类》,卷125。
④ [宋]董思靖:《道德真经集解》,《道藏》,第12册,第824页。
⑤ 许抗生:〈再解《老子》第一章〉,载陈鼓应主编:《道家文化研究》,第15辑,第74—75页。
⑥ 张纯一:《老子通释》,上海:商务印书馆,1946年,第17页。徐绍桢《道德经述义》亦谓二"欲"字为后人加入。载严灵峰编:《无求备斋老子集成续编》,第105册,第2—3页。
⑦ 罗光《中国哲学思想史·先秦篇》评曰:"这种断句,若是没有那个'欲'字,当然很适顺,也好解释;现在有个'欲'字,便使'欲'字成了累赘。"台北:学生书局,1982年,第191页。
⑧ 严灵峰:《无求备斋诸子读记》,台北:成文出版社,1977年,第5—7页。

'欲'字,似当作外动词'愿'字解,如《史记·太史公自序》引孔子曰:'我欲载之空言'句中之'欲'字;或作时间副词'将'字解,如《后汉书·华佗传》:'府君胃中有虫,欲成内疽'。非贪欲、情欲之'欲'。"[1]不过作外动词(实则当为助动词)解仍是主观上"想要"的意思[2]。旧注如宋林希逸《老子鬳斋口义》、宋范应元《老子道德经古本集注》、明释德清《道德经解》、明龚修默《老子或问》、日释敬雄《老子玄览》亦皆训"欲"为"要"[3]。明洪应绍《道德经测》谓:"欲,意欲也,欲如此也。"[4]明徐学谟《老子解》评曰,二"欲"字诸注"言为愿欲之欲,而以'常无'、'常有'作读,似于文义不顺。且上文既说万物之生,若不于人身言道,则道字终无着落。有欲无欲即人心道心之指也。"[5]最后,严氏索性直接宣布:"'欲'字作'将'字解;为下'观'字之副词。"[6]问题似乎得到了圆满解决,只可惜前门驱狼后门却纳虎,才避开哲学陷阱,就掉进了语法泥淖。从语法上看,严说并不成立。第一,严氏似乎并不能清晰区分外动词、助动词、副词,如将"我欲载之空言"的助动词"欲"视为"外动词'愿'",而不知"愿"亦为助动词[7]。其所著《老子达解》又释本章"欲"字为"副词。期愿也。《礼记·大学》:'欲明明德于天下。'按:亦犹将也"[8]。又以为副词。实则"'欲'作助动词表示主观上的打算或愿望;作副词,表示某种客观情况将临。"[9]刘利通过对《诗经》、《尚书》等先秦典籍中920个助动词"欲"的统计分析,得出结论:"'欲'用作助动词时,它的核心意义是'想要/打算'。这个意义代表的是意志方面的'要求',带有明显的外

---

[1] 严灵峰:〈老子第一章的句读问题〉,载《大陆杂志语文丛书》,第3辑《经学解诂·诸子》,第191页。
[2] 何泽恒〈老子首章旧义新解〉指出:"如将此两'欲'字作动词,训释为思或想,则于文义并不甚通。"载何泽恒:《先秦儒道旧义知新录》,第314页注①。
[3] [宋]林希逸:《老子鬳斋口义》,载严灵峰编:《无求备斋老列庄三子集成补编》,第9册,第10页;[宋]范应元《道德真经古本集注》,载张元济编:《续古逸丛书》,第3册,第2页;[明]德清:《道德经解》,上海:华东师范大学出版社,2009年,第33页;[明]龚修默:《老子或问》,卷上,载严灵峰编:《无求备斋老子集成初编》,第127册,第1页。[日]敬雄:《老子玄览》,卷上,载严灵峰编:《无求备斋老子集成续编》,第201册,第1页。
[4] [明]洪应绍:《道德经测》,卷上,载严灵峰编:《无求备斋老子集成初编》,第102册,第1页。
[5] [明]徐学谟:《老子解》,上篇,载严灵峰编:《无求备斋老子集成初编》,第105册,第4页。
[6] 严灵峰:《马王堆帛书老子试探》,载严灵峰:《经子丛著》,第1册,第123页。
[7] 刘利:《先秦汉语助动词研究》,北京:北京师范大学出版社,2000年,第201—203页。
[8] 严灵峰:《老子达解》,载严灵峰:《经子丛著》,第1册,第6页。
[9] 杨伯峻、何乐士:《古汉语语法及其发展》,北京:语文出版社,1992年,第236页。

向性,外向性的表现是,这种意义总是伴随着'积极/主动'附加色彩。"①如《诗·小雅·昊天罔极》:"欲报之德,昊天罔极。"《左传·僖公十年》:"欲加之罪,其无辞乎!"《史记·货殖列传》:"虽欲学吾术,终不告之矣。"助动词"欲"后的动词"报"、"加"、"学",以及严氏所举《史记》的"载"、《大学》的"明",都是表示主观动作行为的动词。② 反之,如《玉台新咏·古诗为焦仲卿妻作》"鸡鸣外欲曙"、"奄奄日欲暝",《世说新语·政事》"日小欲晚",副词"欲"后的动词"曙"、"暝"、"晚",以及严氏所举《后汉书》的"成",都是表示客观状态趋势的动词。无疑,"观"是一个表示主观动作行为的动词。本章之外,《老子》第十六章的"吾以观其复",第五十四章的"以身观身,以家观家,以乡观乡,以邦观邦,以天下观天下",莫不如此。第二,"欲"在先秦并无副词用法。正如何泽恒所说:"此类句型,经传中亦有其例。但就文意的实质含义论,如从'常无''常有'为读,则作'故常无,以观其妙;常有,以观其徼',于义已足,何必多加此将然之词的'欲'字?况且'欲以'连文,而'欲'字作'将'义副词的用法,在《老子》的其他篇章中找不到任何例证。……如要这种用法,在《老子》书中,乃径用'将'字,如:涣兮若冰之将释。(十五章)……其与'以'字连文者,亦是如此。如:强梁者不得其死,吾将以为教父。(四十二章)……这都直接用本字,作'将以',而不作'欲以'。"③何氏论其意则是,然于语法终有所隔。柳士镇对副词"欲"的来源、发展及使用作过深入探讨,他认为:"'欲'字本是动词,后汉开始,部分'欲'字在口语中即有转化为时间副词的迹象。魏晋六朝时,'欲'字的时间副词用法趋于成熟……'欲'字由动词转化为副词一般要经历两个过程。第一,当事态的变化由人们的主观意愿转变为客观发展时,'欲'字开始转用为副词。这一转化后汉即已完成,中古因之。……第二,当句子的主语由有生命之人转而为无生命之物时,'欲'字成为一个成熟的时间副词。这一转变魏晋六朝时完成……这时,'欲'字已从词义上斫断了与主观意愿的联系……为表示客观发展的副词用法进一步提供了逻辑事理上

---

① 刘利:《先秦汉语助动词研究》,第179、200页。
② 有学者还提出先秦时期"欲"没有助动词用法,它"只能是只带非名词性宾语的他动词"。见徐适端:《〈韩非子〉单音动词语法研究》,成都:巴蜀书社,2002年,第64—66页。
③ 何泽恒:〈老子首章旧义新解〉,载何泽恒:《先秦儒道旧义知新录》,第314—316页。

的根据。"①由此可见,严说虽辩,然似是而实非。

汉唐旧说也同样面临"有欲"与"道"的问题。历代对旧说的批评也集中在这一点上。如危大有曰:"或曰:诸家皆以'常无欲'、'常有欲'句解之,今独取'常无'、'常有'句解者,何也?曰:诸家皆以'常无欲'、'常有欲'句解者,理非不通也,但与下文'同谓之玄'意不相属。若常有欲,岂可谓玄?又曰'有欲者亡身',亡身为玄,可乎?又有以'常有欲'为运用工夫,此说非不妙,亦未免牵强耳。不若'常无'、'常有'句绝者平易而理长也。今故取之。"②关锋、林聿时也说:"老子主张无欲,反对有欲。当然,在他看来,'常有欲'是坏事,是要不得的。那末,'常有欲'怎么能'以观其徼'呢?老子认为'有欲'妨碍认识,怎么'常有欲'反而能看到万物的边际呢?这是说不通的。"③如此批驳可谓言之成理,持之有故,可是问题在于,"有趣的是,'无欲'是老子所极力提倡的,'有欲'自然与其主张大相径庭,此略知道家思想者无不知,何以古注如河上、王弼仍主此句读?"④

马王堆帛书《老子》在"无欲"、"有欲"之后各有一"也"字,表明古本确以"无欲"、"有欲"为读。于是有学者据以结案,许抗生说:"'欲'字之后有了'也'字,也就只能作'恒无欲也'、'恒有欲也'读句。因此,有人依据这一章原来错误的句读,把'道'当作'常无'、'常有'统一的观点,是不符合老子原意的。"⑤徐复观言:"则此二句皆宜在'无欲'、'有欲'字下加一逗点,更无可疑,岂非永断纠葛。"⑥张舜徽曰:"帛书两句之中,各有'也'字稍逗,可证汉以上人,均读无欲、有欲为句。"⑦尹振环谓:"帛书《老

---

① 柳士镇:《〈世说新语〉词法特点初探》,载柳士镇:《语文丛稿》,南京:南京大学出版社,1998年,第108—109页。参见段业辉:《中古汉语助动词研究》,南京:南京师范大学出版社,2002年,第42—44页。
② [明]危大有:《道德真经集义》,《道藏》,第13册,第541页。
③ 关锋、林聿时:〈论老子哲学体系的唯心主义本质〉,载关锋、林聿时:《春秋哲学史论集》,北京:人民出版社,1963年,第280页。
④ 何泽恒:〈老子首章旧义新解〉,载何泽恒:《先秦儒道义知新录》,第307页。
⑤ 许抗生:《帛书老子注译与研究》,杭州:浙江人民出版社,1982年,第126页。
⑥ 徐复观:〈帛书《老子》所反映出的若干问题〉,载徐复观:《中国思想史论集续篇》,上海:上海书店出版社,2004年,第203页。
⑦ 张舜徽:〈老子疏证〉,载张舜徽:《周秦道论发微》,北京:中华书局,1982年,第163页。

子》此处之'也',为决断这一纷争作了最终判决。"① 李零则批评任继愈的《老子绎读》"明明已看到帛书本,还引用之,却不改旧读,有点奇怪。"② 古本的确可以给我们重要提示,但却并不能等同于真理。因为真理只能在论证中呈现,并且必须接受理性的检验。真理不是直接给定的,不是任何强力所能给予的,无论这强力是顶着王冠还是穿着长袍。退而言之,即便承认当依古本旧注以"无欲"、"有欲"为读,也并不能等同于这就证明历来关于"无欲"、"有欲"的解释是正确的。答案正确并不能证明论证正确。不能就"有欲"与道的关系提出令人信服的论证,仅仅以帛书本的"也"字为据断定新说为误,只能激起更强烈的反弹。于是严灵峰断然道:"常常有欲之人,自难虚静;何能'观妙'、'观徼'?是知帛书虽属古本,'也'字应不当有;而此句亦当从'有'字断句。"③ 古棣也提出抗辩:"许抗生仅仅以此为据就断定以'常无'、'常有'为读是错误的。……这种既不管对方论据,又不从全书全章的分析着眼,而唯帛书是从的态度,不能认为是科学的。如果我们上边的分析和以后有关各章的分析不误,证明以'常无'、'常有'为读符合本章的逻辑结构,符合老子哲学的基本精神,那么帛书多了两个'也'字就是衍文了。帛书有若干地方是明显的抄错、抄漏了,明显衍'也'字的也不少。这一句多了两个'也'字,没有什么奇怪。就是说单纯以版本为据吧:主要根据项羽妾墓出土的《老子》校订的傅奕古本,就没有'也'字,有什么理由断定傅奕本一定为非、帛书本一定为是呢?"④ 卢育三也说:"虽然帛书《老子》为目前最古的抄本,有很大的校勘价值,但不能视为定本;而且其它诸本二'欲'字后均无'也'字,似不当从。"⑤ 伍晓明则说得十分中肯:"既然迄今为止'常有欲(也),以观其徼'仍然因为得不到确切的解释而构成对一切认真的阅读的挑战,所以我们不取这一读法。"⑥

---

① 尹振环:《帛书老子再疏义》,北京:商务印书馆,2007 年,第 223 页。
② 李零:《人往低处走》,第 26 页注①。
③ 严灵峰:《马王堆帛书老子试探》,载严灵峰:《经子丛著》,第 1 册,第 123 页。
④ 古棣、周英:《老子通》,上部,第 11 页。
⑤ 卢育三:《老子释义》,第 43 页。赵清慎甚至认为"这两'也'的错误绝句"说明《老子》"远在两千年前就遭曲解了"。见赵清慎:《野狐集——古书新读》,上海:学林出版社,2003 年,第 110 页。
⑥ 伍晓明:《有(与)存在》,北京:北京大学出版社,2005 年,第 185 页。

那么，旧注是怎样解决这一矛盾的呢？河上公注："妙，要也。人常能无欲，则可以观道之要，要谓一也。一出布道名，赞叙明是非也。徼，归也。常有欲之人，可以观世俗之所归趣也。"何泽恒评论道："可知河上公亦非不知'有欲'有违老子之旨，但把两句的'其'字，上面说成道，下面却说成世俗；又牵连及于下文'异名'为'无欲''有欲'其名各异；这般解释，自然很难获得后人的赞同。"①既要遵从传统的句读，又不能违背老子的思想，弥缝之法，则是直接将"有欲""世俗化"，视为"不道"，于是"无欲"的"观道之要"与"有欲"的"观世俗之所归趣"适相反而相成。但正如何泽恒所说，并列两句中的"其"字分指"道"和"世俗"，的确令人别扭。古棣也驳道："这是曲为解说。上文根本未出现'世俗'字眼，'其'字明明是指代上文的'万物'的，怎么能成了'世俗'呢？"②类似的还有蒋锡昌认为"上'其'为'无名'之代名词……下'其'为'有名'之代名词"③。金景芳亦曰："'观妙'是观'无名'……'观徼'是观'有名'"④，黄钊袭其说曰："两'其'字，前者指'无名'，后者指'有名'。"并释句义为："经常保持无欲的精神状态，就可以静观无名之'道'的微妙；经常为欲念所纠缠，则只能粗察有名之物的显露之处。"⑤虽在《老子》文本中落实"其"字所指，但实为河上说的复制。何泽恒论曰："这一说，似乎稍近河上之义，'常有欲'还是要不得的。只是对于道的了解，'有欲'可以粗知，'无欲'才能精察，这一意思，通《老子》书别无痕迹可寻，找不到其他支持的论据。"⑥我们再看王弼注："妙者，微之极也。万物始于微而后

---

① 何泽恒：〈老子首章旧义新解〉，载何泽恒：《先秦儒道旧义新知录》，第307—308页。金春峰〈老子的道论〉也说："在第一章上下文句如此严格的限定下，两个'其'字只能作统一的解释，或指道体，或指万物。认为一指道，一指万物，就依违失据了。"载胡军、孙尚扬主编：《诠释与建构》，北京：北京大学出版社，2001年，第53页。
② 古棣、周英：《老子通》，上部，第9页。
③ 蒋锡昌：《老子校诂》，第8—9页。谭正璧《老子读本》同，上海：中华书局，1949年，第1页。
④ 金景芳：〈也谈关于老子哲学的两个问题〉载《金景芳晚年自选集》，长春：吉林大学出版社，2000年，第396页。
⑤ 黄钊：《帛书老子校注析》，台北：学生书局，1991年，第5页。
⑥ 何泽恒：〈老子首章旧义新解〉，载何泽恒：《先秦儒道旧义新知录》，第311页。

成,始于无而后生,故常无欲空虚①,可以观其始物之妙。徼,归终也。凡有之为利,必以无为用。欲之所本,适道而后济,故常有欲,可以观其终物之徼也。"何泽恒据此推论:"两句中上下两'其'字,依然是'道'的代词。所以王弼分别用'可以观其始物之妙''可以观其终物之徼'来作解。"②但以两"其"字指"道",在文本释读上仍显突兀。冯友兰〈《老子》二十一章解〉引第一章此句,释曰:"从道的'无'的这一面,可以看出来天地③的开始;'妙'是指开始时候的细微状态。从道的'有'的这一面,可以看出来万物的边际。"④《中国哲学史新编》第二册亦引此句云:"天地、万物,互文见义。……用常无这个范畴观察天地万物的苗头。用常有这个范畴观察天地万物的边沿、极限、归宿。"⑤以"其"指"天地万物"。上引古棣说亦然。伍晓明则有更进一步的论证:"通观老子全书,我们知道老子之'观'必有可观者,而可观者为物。是以第五十四章说:'以身观身,以家观家,以乡观乡,以国观国,以天下观天下':这里不仅有可观者,亦即具体的身、家、乡、国,亦有所以观或有以观者,亦即某种'观点'。然而,对于老子来说,道乃不可'观'者。"⑥其说是。

刘笑敢认为,古本《老子》"重复'万物'则更突出了'有名'与'无名'的主体同是万物,因而'有名'与'无名'二者的关系就更加明显是一事之相续,一体之两面……本章不是从宇宙生成论的角度讲万物之'始'与'母',而是从认知的角度强调万物之本根乃有'无名'与'有名'之一体两面"⑦。

---

① "空虚"下,《道藏》《集注》本及《道藏》《集义》本多"其怀"二字,严灵峰〈"陶鸿庆老子王弼注勘误"补正〉谓"当据以补正"(载严灵峰:《无求备斋诸子读记》,第 2 页),牟宗三《才性与玄理》从之(第 114 页)。波多野太郎《老子王注校正》第 1 卷据下文注"常有欲,可以观其终物之徼也"文例,疑"空虚"为衍文(载《横滨市立大学纪要》,1952 年,第 40 页),楼宇烈《王弼集校释》(北京:中华书局,1980 年,上册,第 3 页)从之。李春《老子王弼注校订补正》亦谓"王弼注《老子》,每于末端云'故'或'故曰',其下引经文作结;而所引经文,虽未必与经文全同,亦仅在不害文义处增损一二字而已,鲜有过大之出入"(台北:台湾师范大学中国文学研究所硕士学位论文,1979 年,第 5 页)。后说为长。
② 何泽恒:〈老子首章旧义新解〉,载何泽恒:《先秦儒道旧义新录》,第 327 页。董京泉《老子道德经新编》说同,北京:中国社会科学出版社,2008 年,第 11 页。
③ 若晖按:"天地"原作"天物",据单行本改。冯友兰:《中国哲学史论文二集》,上海:上海人民出版社,1962 年,第 252 页。
④ 冯友兰:〈《老子》二十一章解〉,载《三松堂全集》,第 12 卷,第 426 页。
⑤ 冯友兰:《中国哲学史新编》第 2 册,载《三松堂全集》,第 8 卷,第 286 页。
⑥ 伍晓明:《有(与)存在》,第 184 页。
⑦ 刘笑敢:《老子古今》,北京:中国社会科学出版社,2006 年,上册,第 94 页。

上文已论，"无名"、"有名"均指道。"无名万物之始，有名万物之母"意为道生万物，亦即万物为道之显现。《老子》第四十二章："道生一"，王弼注："万物万形，其归一也。何由致一？由于无也。由无乃一，一可谓无。"詹剑峰释曰："这个'一'就是'有物混成，强字之曰道'。庄子所谓'有一而未形'，列子所谓'一者，形变之始也'，均是此'一'。"①陈鼓应、白奚亦云："这里的'道生一'，不应理解为'道'首先生出个'一'，事实上，这个'一'乃是对道体本身的描述。'道'是一个绝对的、独立的存在……按照老子的描述，'道'是一个'混而为一'（十四章）的、混沌未分的'混成'之物，其中蕴涵着一切的可能。"②汤一介更为直截地指出："这说明'万物'（多）是由'一'分化出来的。"③于是"道／一"即统一性。冯友兰举《庄子·则阳》："今计物之数不止于万，而期曰万物者，以数之多者号而读之也。是故天地者形之大者也，阴阳者气之大者也，道者为之公。"论曰："道是一个包括天地万物的'全'。《老子》所说的道，照我的了解，就有些像'全'。"④由此道与万物相区分，并成为万物存在的可能性。魏元珪曰："'道'是'个体'世界的和协和统一，个体世界是'多'，'道'是太初之'一'，一在多中，多在一中，宇宙是个有规律有秩序的统一体，……宇宙个体虽繁，但个体与个体间相互依傍，不能孤立存在，彼此间相摄相涵，不容分离。"各个体皆统摄于"道"，故"道"兼赅万物。⑤ 万物纷繁复杂，只有道才能使之成为一个整体，才能使万物之间构成各种关系，于是万物皆得以在这种关系中生存。否则将会是一单纯之杂多，一盘散沙，万物之间无法形成相关性，狼吃不到羊，羊也吃不到草。进而，"'道'的绝对性使得'万物'之间各种差异均失去了绝对性，可以说在绝对的'道'的关照下万物在本质上完全齐平、一律平等"⑥。于是，"一并不是指道的全体，而只是指其无的方面而言"⑦。亦即"道／一"不是任何有形之物。

---

① 詹剑峰：《老子其人其书及其道论》，第 159 页。
② 陈鼓应、白奚：《老子评传》，2001 年，第 117 页。
③ 汤一介：《魏晋玄学讲义》，厦门：鹭江出版社，2006 年，第 62 页。
④ 冯友兰：〈先秦道家哲学主要名词通释〉，载冯友兰：《三松堂全集》，第 12 卷，第 383 页。
⑤ 魏元珪：《老子思想体系探索》，上册，第 252、270 页。
⑥ 乔健：〈试论老子之"道"的绝对性与自我实现〉，载乔健：《中国古代思想研究》，北京：民族出版社，2008 年，第 110 页。
⑦ 王博：《老子思想的史官特色》，台北：文津出版社，1993 年，第 232 页。

另一方面,万物作为有形之物,并非道自身,于是万物同时便也是对于道的悖反。张岱年曾论第五十一章"道生之,德畜之"之"德"曰:"此德字不是指人的德行,而是指万物成长的内在基础。《庄子·天地》云:'故形非道不生,生非德不明。'又云:'物得以生谓之德。'正是《老子》'德畜之'之德的诠释。《管子·心术上》云:'虚而无形谓之道,化育万物谓之德。'又云:'德者道之舍,物得以生。……故德者得也。得也者谓其所得以然也。'所谓'物得以生'、'所得以然',都是指物所以生存的内在根据。这种内在根据,儒家谓之性,道家谓之德。可以这样理解:道指天地万物共同具有的普遍性,德指每一物所具有的与众不同的特殊性。"①因此,第三十八章:"失道而后德",就是使万物从道的混沌同一之中分离出来,获得自身的属性。无疑,这同时也宣告了道的沦丧。第三十章:"物壮则老,是谓不道,不道早已。"物壮,即事物自我特性的充分显示,这无疑是对道的违背。"我执"愈强,离道愈远,结果必然是"其兴也勃焉,其亡也忽焉"!于是,当"万物"处于"道"与"我"之间,它究竟是通道,还是阻碍?

朱伯崑说:"道指世界的本原,万物的老根;德指万物的本性。如五十一章说:'道生之,德畜之,物形之,势成之。是以万物莫不尊道而贵德。''道生之',是说万物由道生出来的。'德畜之',是说万物生出来后,又靠自己的本性畜而生长。万物的存在主要靠道和德,所以说'万物莫不尊道而贵德'。"②而每一物在具有自身属性之后,都要竭力保全、成就自身。"德"为物之内核,使一物与他物相区分而成其为自身,一物在具有此内核之后,仍须具备与他物相区分的物质外形,即"物形之"。不宁唯是,一物在具有内核与相应外形后,仍须努力成就自身。一般来说,"一切事物运动所蕴含的力量趋向"即为"势"③,五十一章之"势"可以理解为一物内在蕴涵的自我肯定("德畜之")、自我成就("物形之")的力量趋向。此一趋向的外物化即为"欲"。《荀子·正名》:"生之所以然者谓之性。性之和所生,精合感应,不事而自然谓之性。性之好恶喜怒哀乐谓之情。……性者,天之就也;情者,

---

① 张岱年:《中国古典哲学概念范畴要论》,北京:中国社会科学出版社,1987年,第157页。
② 朱伯崑:《先秦伦理学概论》,北京:北京大学出版社,1984年,第185页。
③ 桂胜:《周秦势论研究》,武汉:武汉大学出版社,2000年,第2页。

性之质也;欲者,情之应也。以所欲以为可得而求之,情之所必不免也;以为可而道之,知所必出也。故虽为守门,欲不可去,性之具也。"此"性"即物性("德"),情为"性之质",《荀子·正名》:"质请而喻",杨注:"质,物之形质。"《荀子·臣道》:"是仁人之质也",杨注:"质,体也。"则情为"性/德"在人的身体言行中的具体显现。人的喜怒哀乐等各种情感无疑都是对于自我"性/德"的实现或受损等际遇的反应。欲则是以外物回应情。但"欲"的阶段并未直接进入真实的物质世界,而只是对于外物的想象。"欲"并非直接就是行动,而是导致行动的动机。于是随之而来的便是"求"——对于外物的真实获取,"求"之者多了便会"争"。五十一章严遵《指归》曰:"所禀于道,而成形体,万方殊类,人物男女,圣智勇怯,小大脩短,仁廉贪酷,强弱轻重,声色状貌,精粗高下,谓之性。……顺性命,适情意,牵于殊类,系于万事,结而难解,谓之欲。""性/德"决定了一物与他物的区分,"欲"决定了一物与他物的关系。

说"欲"基于"性/德",便内在地包含着对于"我"的感知与认同。"欲"也就是对于"我"的肯定、保全与成就。第十九章:"少私寡欲",一己之"私",亦即"我"与外物的区分,正是"欲"的根源。另一方面,"欲"既是对于外物的想象,也就是对于手头之物,即现已拥有之物的否定。于是"欲"直接成为对于外物的区分。子曰:"士志于道,而耻恶衣恶食者,未足与议也。"(《论语·里仁》)正是对于"美衣美食"的"欲",导致"衣食"被区分为美恶,并使手头的"衣食"成为"恶衣恶食"而遭否弃。对于物的区分,包括"我"与外物的区分,以及万物之间的区分,便构成所谓"知"。冯友兰曰:"为寡欲故,《老子》亦反对知识,盖(一)知识本身即一欲之对象。(二)知识能使吾人多知欲之对象,因而能使吾人'不知足'。(三)知识能助吾人努力以得欲之对象,因而能使吾人'不知止'。所谓'为学日益'(四十八章)也。"[1]第五十五章:"未知牝牡之合而朘作,精之至也。"我与他之分、男与女之分是性欲的基础,没有这方面的"知",也就无所谓"欲",因此婴儿生殖器的勃起仅仅是自身精气充溢的表现,而非对外物有何欲求。第三章:"常使民无知无欲,使夫智者不敢为也。"这一区分的可操作化,例如从材质、做工等方面来区分

---

[1] 冯友兰:〈老子哲学〉,载《三松堂全集》,第11卷,第178页。

衣食之美恶,便是"技",五十七章:"人多技巧,奇物滋起。"河上公注:"多技巧,谓刻画宫观,彫琢章服。奇物滋起,下则化上,饰金镂玉,文秀彩色,日以滋甚。"当人掌握了技术,便不再满足于仅仅在现有世间万物中区分与选择,而是要创造,第十六章:"不知常,妄作,凶!"河上公注:"不知道之所常行,妄作巧诈,则失神明,故凶也。"万物皆为"道生之",但人肆意妄为,造作新物,使"道"丧失了作为万物统一性的地位,导致人与"道"的决裂,大凶!

于是,"欲"成为对于"道"的背离。《老子》第十二章:"五色令人目盲,五音令人耳聋,五味令人口爽,驰骋田猎令人心发狂,难得之货令人行妨。是以圣人为腹不为目,故去彼取此。""欲"的放纵使人陷溺于外物之中,耽迷于外物对于感官的刺激。"五色"、"五音"、"五味"等正是纷纭外物对人的各种感官刺激所产生的繁复感受。"目"、"耳"、"口"等感官既感受外物,也区分外物;既被欲望驱遣,也使欲望扩张。人被感官化,也就是被器具化,成为欲望自我满足的工具;最终被物化,成为外物的奴隶。欲望以及随之而来的知识与技术,不单导致人的沉沦,也进一步加剧了物的区分。更为可怕的是人的知识不是依照万物自身的物类来区分物,而是依照人的欲求来区分物。动物被分为"益虫"与"害虫",植物被当作"食品"同"毒品",甚至人也被割裂为"奴仆"和"敌人"而自相残杀。对物的区分,最终演为对人的区分,从而使人自身也被工具化。于是人不仅背离了"道",更泯灭了自身生存于世的意义。真是其知弥多,去道弥远。"是以圣人为腹不为目",在感官中被区分的荤素酸辣红绿,到了腹中只是一饱。蔚为大观的知识积累、林林总总的技术结晶、纷至沓来的感官体验、永无厌足的欲望块垒,在腹中都被同一了。第三十七章:"化而欲作,吾将镇之以无名之朴。无名之朴,夫将不欲。不欲以静,天下将自正。"人只有弃绝对于外物的区分,"无知无欲",才能使自身复归于道的本源性。

然而"无欲"之路,却并非坦途。"大道甚夷,而民好径。"(第五十三章)"无欲"之鹄既立,伪道之行随起。河上公于一章"道可道"下注:"谓经术政教之道也。"被宣讲的"道"只不过是政治的工具。汉之经术政教,即所谓仁义礼智。以仁义教化人,以礼仪节制人,虽可达到对于欲望的外在限制,但仁义礼智之政教却是"以智治国国之贼"(第六十五章)。第十八章:"大道废,有仁义。"仁义本身即为道的废弃。于是有人出来,破毁仁义,鄙薄礼智,标榜自然,自诩大道,此即所谓"人之道"。如此抛弃一切价值规范和伦理束缚的结果,则是任情放诞,纵欲无度。第七十七章:"天之道损有余而补不足,人之道则不然,损不足以奉有余。"河上公注:"人道则与天道反,世俗之人损贫以奉富,夺弱以益强也。"多者愈多,少者愈少,实则多少虽异,计较多少则一耳,人之陷溺物欲则一耳。《列子·杨朱篇》记卫端木叔为子贡后人,"放意所好。其生民之所欲为,人意之所欲玩者,无不为也,无不玩也。……至其情所欲好,耳所欲听,目所欲视,口所欲尝,虽殊方偏国,非齐土之所产育者,无不必致之,犹藩墙之物也。……禽骨厘闻之曰:'端木叔,狂人也,辱其祖矣。'段干木闻之曰:'端木叔,达人也,德过其祖矣。其所行也,其所为也,众意所惊,而诚理所取。卫之君子多以礼教自持,故未足以得此人之心也。'"试看郭象对"落马首、穿牛鼻"合乎自然的论证:"人之生也,可不服牛乘马乎?服牛乘马,可不穿落之乎?牛马不辞穿落者,天命之固当也。苟当乎天命,则虽寄之人事,而本在乎天也。"(《庄子·秋水》郭《注》)嵇康《难自然好学论》则明确提出"从欲"为"自然":"六经以抑引为主,人性以从欲为欢。抑引则违其愿,从欲则得自然。然则自然之得,不由抑引之六经;全性之本,不须犯情之礼律。故仁义务于礼伪,非养真之要术;廉让生于争夺,非自然之所出也。"(《嵇中散集》卷七)如此之"道",直是以"欲"为"道",其实非"道",而盗"道"之名以欺世,"正复为奇,善复为妖,人之迷,其日固久。"(第五十八章)王弼注:"言人之迷惑失道固久矣。"纵欲乃以一己之私恣意离析万物,与之相反的另一极,则是混一万物,通于自然。嵇康《答难养生论》:"故世之难得者,非财也,非荣也,患意之不足耳。意足者,虽耦耕畎亩,被褐啜菽,莫不自得。不足者,虽养以天下,委以万物,犹未惬然。则足者不须外,不足者无外之不须也。无不须,故无往而不乏。无所须,故无适而不足。不以荣华肆志,不以隐约趋俗,混乎与万物并行,不可宠辱,此真有富贵也。"嵇康觉得,世俗之人"上以周孔为关键,毕志一诚;下以嗜欲为鞭策,欲罢不能"。仁义与纵欲皆非自然。尤其纵欲,"然则子之所以为欢者,必结驷连骑,食方丈于前也。夫俟此而后为足,谓之天理、自然者,皆役身以物,丧志于欲。原性命之情,有累于所论矣。"(《嵇中散集》卷四)阮咸等人与猪共饮(《世说新语·任诞》),冯友兰以为"这就有'混乎与万物并行'的意思。

这个意思,就是把自己放在万物之间,作为万物中之一物"①。而更为趋于"自然"的,则是袒裸。《楚辞·九章·涉江》:"桑扈裸行",王逸《章句》:"去衣裸裎,效夷狄也。"《说苑·修文》:"孔子见子桑伯子,子桑伯子不衣冠而处。弟子曰:'夫子何为见此人乎?'曰:'其质美而无文,吾欲说而文之。'孔子去,子桑伯子门人不说,曰:'何为见孔子乎?'曰:'其质美而文繁,吾欲说而去其文。'故曰,文质修者谓之君子,有质而无文谓之易野。子桑伯子易野,欲同人道于牛马。"《晋书》卷三十五《裴𬱟传》载𬱟《崇有论》:"……放者因斯,或悖吉凶之礼,而忽容止之表,渎弃长幼之序,混漫贵贱之级。其甚者至于裸裎,言笑忘宜,以不惜为弘,士行又亏矣。"《世说新语·德行》:"王平子、胡毋彦国诸人,皆以任放为达,或有裸体者。"刘孝标注引王隐《晋书》曰:"魏末,阮籍嗜酒荒放,露头散发,裸袒箕踞。其后贵游子弟阮瞻、王澄、谢鲲、胡毋辅之之徒,皆祖述于籍,谓得大道之本。故去巾帻,脱衣服,露丑恶,同禽兽。"在执礼之士看来,说裸裎同于禽兽,乃是至为严厉的批评。但在这些放达之士看来,却毋宁视之为赞赏——他们本就是要以此来混一物我,复归自然。问题是,取消人与动物的区分,就真的能使人复归于自然吗?王博正确地指出,万物复归于道并不是消极地后退,而是积极地回到生命的根源处,去寻求生命的持续存在。这作为生命根源的也就是初始状态,对于人来说,就是婴儿。二十八章:"常德不离,复归于婴儿",婴儿状态也正是老子理想人格之所寄托。十章:"抟气致柔,能婴儿乎?"二十章:"我独泊兮其未兆,如婴儿之未孩。"五十五章:"含德之厚,比于赤子。"婴儿状态也就是人之根,人之初始状态。其他物也应如此,返回其根源处。十六章:"夫物芸芸,各复归其根……没身不殆。""各"字表明万物乃是分别地返回自己的根源处,如同人返回婴儿状态一样,而不是向道本身的回归。这种返回的目的,就是要"没身不殆"②。由此可见,当人复归于道之后,仍然是作为人在此世生存,并未消泯"人"之"性/德"。第八十章所描述的理想世界,是"甘其食,美其服,安其居,乐其俗。邻国相望,鸡狗之声相闻,民至老死不相往来"。人还是要吃饭、穿衣、住房子,要过年过节,有风俗,甚至仍然饲养家禽家畜。人并未

---

① 冯友兰:《中国哲学史新编》第4册,载《三松堂全集》,第9卷,第389页。
② 王博:《老子思想的史官特色》,第238页。

与禽兽同一。也就是说,在《老子》那里,人有人的自然性,进而每一物都有每一物的自然性。因此才是"各复归其根"。如果人为地抹杀物与物的差别,人像动物一样不穿衣服,或者让动物像人一样穿衣服,都是违背自然的①。第六十四章:圣人"以辅万物之自然,而不敢为"。河上公注:"欲以辅助万物自然之性也。"是万物各有其自然之性。《孟子·告子》上驳告子曰:"然则犬之性犹牛之性,牛之性犹人之性与?"即谓犬、牛、人乃生而异性。且孟既可以此诘告,可见告子亦服膺此义②。如果说以纵欲为"自然"是以"欲"为"道",那么以抹杀人兽之别为"自然"则是以"道"为"欲"。二者都是"伪道"③。无怪乎《老子》慨叹:"吾言甚易知,甚易行,天下莫能知,莫能行。"(第七十章)④

第三章:"无知无欲",第十九章:"少私寡欲",愈无我则欲愈少。真正复归于道的无欲并非消灭了一切欲望,而是实现了欲望的区分。王樵云:"老子言无欲,吾儒亦言无欲。……夫人生而静,天之性也,感物而动,性之欲也。……若以《中庸》喜怒哀乐之已发为即老子之有欲,则老子之所以异于吾儒者,正欲并此而患无之也!"⑤中田琇莹曰:"常无欲者,常克己也,言当理无私心也。"⑥陈澧曰:"无欲,谓禁遏其欲也。"⑦蒋锡昌曰:"老子所谓'无欲',有二种意义:一为无名时期之无欲,此完全无欲者也;一为有名时期人类之无欲,此乃十九章'少私寡欲'之意,非将欲望完全绝灭也。"⑧实则老子并不讨论完全的无欲,那也不可能成为人的生存状态。那薇曾言:"所谓少私寡欲,仅仅强调去除过分的欲望和需求,要保证维持自然生命的物质条件。道家把素朴恬淡的精神境界与肉体之身视为不可分割的统一体,道家

---

① 熊公哲《果庭读书录》谓道家言自然"侪人于一物,而不知物固各有其性,此道家之所以为蔽也"。诚未达一间。台北:台湾商务印书馆,1993年,第163页。
② 参见杨泽波:《孟子性善论研究》,北京:中国社会科学出版社,1995年,第121页。
③ 《庄子·内篇·齐物论》:"道恶乎隐而有真伪。"
④ 王叔岷〈老子通论〉言:"此章可作老子自序看,明乎此……五千言之妙义,可迎刃而解矣。"载王叔岷:《慕庐论学集》(一),北京:中华书局,2007年,第599页。
⑤ 〔明〕王樵:《老子解》,为《方麓居士集》卷十,载严灵峰编:《无求备斋老子集成初编》,第89册,第2页。
⑥ 〔日〕中田琇莹:《老子证注》,卷一,载严灵峰编:《无求备斋老子集成续编》,第238册,第2页。
⑦ 〔清〕陈澧:《老子注》,载严灵峰编:《无求备斋老列庄三子集成补编》,第4册,第3页。
⑧ 蒋锡昌:《老子校诂》,第9页。

并不存在着非要抬高人的精神境界而贬低人的肉体之身的禁欲主义倾向。"①禁欲恰恰是对自然生命的戕害。合于道的欲不是基于"物"与"我"的区分,而是洞忘物我,乃是无"我"之"欲",是无知无识的自然之欲。正如婴儿也会要吃要喝,哭嚎吵闹,甚至"捉固""朘作"(第五十五章),但婴儿完全是无意识的,他的心中并没有一个"我",这样做绝不是基于"我要"。如此才能"甘其食,美其服,安其居,乐其俗"(第八十章),卢育三曰:"自以其食为甘,自以其服为美,自以其居为安,自以为其俗为乐。这是一种无欲无羡、天然自足的生活。"②吃什么都觉得香,穿什么都觉得美,也就是弃绝了以一己之私欲区分外物,回归消泯物我的自然之境。王力曰:"初民之寡欲,根于天性。彼未尝知五色之悦目,五音之悦耳,五味之悦口。树叶、兽皮,与纤青、拖紫无殊;鼓掌、投足,与韶武、大䕶等量;茹毛、饮血,与熊蹯、鹿脯媲美。"③故孔颖达即以"无心"释"无欲"。《易·系辞传》上:"百姓日用而不知。"韩《注》:"故常无欲以观其妙,始可以语至而言极也。"孔《疏》:"故常无欲以观其妙者,引老子《道经》之文,以结成此义。无欲,谓无心。若能寂然无心无欲,观其道之妙趣,谓不为所为,得道之妙理也。云始可以语至而言极也者,若能无欲观此道之妙理,无事无为,如此可以语说其至理,而言其极趣也。若不如此,不可语至而言极也。"董思靖亦论"无欲"曰:"今所谓有欲,乃即其起处而言耳。当其静而无为之时,乃无欲也;及其应物而动,虽未尝离乎静,然在于事事物物,则已有边徼涯涘之可见,故对无欲而言,有欲也。欲犹从心所欲不逾矩之欲耳。"④薛蕙《老子集解》曰:"盖常与妄相反,常则不妄矣,妄则非常矣。一动一静,循天之理,乃其常也。若一涉于私意,是则有我之妄心,而非真常之谓矣。"⑤沈一贯《老子通》云:"欲,所以供人之求者皆是,人有耳目口鼻,乌能无欲!所以抚世酬物,养生尽年,长子孙福黎民者,皆资于欲。若游于声色货利之林而不染,未尝无喜怒哀乐,而亦未尝

---

① 那薇:《道家的直觉与现代精神》,北京:中国社会科学出版社,1994年,第175页。钱耕森等也指出"老子并不绝对的主张禁欲,而是要求人们在欲望的满足上要把握适'度'的原则。"见钱耕森、李仁群:《老子百问》,合肥:安徽人民出版社,1992年,第187页。
② 卢育三:《老子释义》,第281页。
③ 王力:《老子研究》,上海:商务印书馆,1928年,第42页。
④ [宋]董思靖:《道德真经集解》,《道藏》,第12册,第824页。
⑤ [明]薛蕙:《老子集解》,载高明选编:《四部要籍注疏丛刊·老子》,下册,第1187页。

有之,若莲生于污而不染于污,此无欲之妙也。"又云:"然以寂灭苦空为无欲,则非真常无欲。……惟真常有欲,触机赴感,天真自呈,欲无所欲,所欲自动,从心所欲而不逾矩。"①西垫直方《老子道德经集解》言:"无欲自天道言之,欲使人效天也。万物之生,不能无欲,……《孟子》曰,养心莫善于寡欲。无欲、寡欲,字异而意同,故后章曰,少私寡欲。"②芦隐滕舜政《老子本义》:"无欲,谓无心也。……而其谓无心者,非如木石之谓也,独露天真,不假思维者,庶几乎。"③我们可将老子的"无欲"与王国维的"无我"相比较。王国维《人间词话》三:"有有我之境,有无我之境。'泪眼问花花不语,乱红飞过秋千去','可堪孤馆闭春寒,杜鹃声里斜阳暮',有我之境也。'采菊东篱下,悠然见南山','寒波澹澹起,白鸟悠悠下',无我之境也。有我之境,以我观物,故物皆着我之色彩。无我之境,以物观物,故不知何者为我,何者为物。古人为词,写有我之境者多,然未始不能写无我之境,此在豪杰之士能自树立耳。"④其所举四例,冯延巳《鹊踏枝》为有我之句写有我之境,秦少游《踏莎行》用无我之句写有我之境,陶渊明《饮酒》以有我之句写无我之境,元好问《颖亭留别》乃无我之句写无我之境。黄霖解曰:"无我之境"乃是指审美主体"我""无丝毫生活之欲",与外物"无利害之关系",审美时"吾心宁静之状态",全部沉浸于"外物"之中,达到了与物俱化的境界。此时创造的诗境,即为物我合一的"无我之境"。这是一种对"无利害之关系"的外物静观而产生的物我浑化的"优美之境"。"有我之境"是指"我"的意志尚存,且与外物有着某种对立的关系,当"外物大不利于吾人"而威胁着意志时观物而所得的一种境界。王国维"有我之境"的"以我观物"之所以不同于"无我之境"的"以物观物",其关键是因为存有"我"的意志,且与外物存在着对立关系。带着"我"的意志观物,常与外物处于对立状态,作品总是带着欲望和意志的色彩,表现"有我之境"。相对来说,能绝灭欲念,能达到物我浑然的

---

① [明]沈一贯:《老子通》,卷上,载严灵峰编:《无求备斋老子集成初编》,第 95 册,第 1、4—5 页。
② 〔日〕西垫直方:《老子道德经集解》,卷上,载严灵峰编:《无求备斋老子集成续编》,第 235 册,第 5—6 页。
③ 〔日〕芦隐滕舜政:《老子本义》,卷上,载严灵峰编:《无求备斋老子集成初编》,第 148 册,第 1 页。
④ 王国维:《人间词话》,陈杏珍、刘烜重订,上海:上海古籍出版社,1998 年,第 1—2 页。

境地,写出"无我之境"就比较难得①。其中最高明者为陶诗。顾随云,采谁采?见谁见?曰"采"曰"见"则有我矣。王先生所说无我绝非客观之意,乃庄子"忘我"、"丧我"之意。如此讲,则"采菊东篱下,悠然见南山"虽是有我,而真是无我境界,是"非我",我与大自然合而为一,我成为大自然的一份子。② 我们大可将陶诗意境移以释老子。以有我之句写"无我之境",正可比拟老子"无我之欲",虽有"欲"而实无"我",浑忘物我,同于自然。③

"故常无欲以观其妙",胡楚生以为"故"字有承上启下的呼应功能,"则《老子》首章的上文与下文之间,一定有着相当程度的彼此呼应,也必然有其上下文相互影响的'互动'关系"。如上下文皆以"无"、"有"读,"不只在语气上互相呼应,同时,在意义上也正相呼应"。反之,"相互之间,在语气上、在意义上,两种不同的事物,都无法做出彼此的呼应,而此章中的'故'字,也就失去了它在文章中'承上起下'的作用,失去了它存在的价值,《老子》行文,是不应疏忽至此"④,过于拘执于字面对应。"妙"之义,河上公注:"妙,要也。人常能无欲,则可以观道之要,要谓一也。一出布道名,赞叙明是非也。"训妙为要,再训要为一,辗转递训,其义弥失。第二十七章:"是谓要妙","要妙"连言,或为河上所本。然彼处河上公注:"能通此义,是谓知微妙要道也。"仍以"微妙"释"妙",则一章之"妙"亦当为"微妙"明矣。王弼注:"妙者,微之极也。"是也。马王堆帛书甲本作"眇",乙本此处残损⑤。按

---

① 黄霖:《近代文学批评史》,上海:上海古籍出版社,1993 年,第 844—846 页。
② 顾随:〈论王静安〉,载《顾随全集》,石家庄:河北教育出版社,2000 年,第 3 卷,第 223—224 页。
③ 此语断句争论中旧说多有引《庄子·天下》"关尹、老聃闻其风而悦之,建之以常无有,主之以太一",并解其语为"常无"与"常有",以之论证《老子》此语当读为"常无"与"常有"。如易顺鼎《读老札记》,台北:艺文印书馆,1970 年,第 2 页;奚侗《老子集解》,第 2 页;高亨《老子正诂》,第 3 页;马叙伦《老子校诂》,第 91 页;古棣、周英《老子通》,上部,第 7 页;王叔岷《庄子校诠》,北京:中华书局,2007 年,下册,第 1337 页。但《庄子》之"常无有",李学勤已指出即上海博物馆藏战国楚竹书《恒先》之"恒先无有",或为关尹遗说,见李学勤:〈楚简《恒先》首章释义〉,载李学勤:《文物中的古文明》,北京:商务印书馆,2008 年,第 373—374 页。裘锡圭进而认为《庄子》之"常无有"本当为"极无有",《恒先》之语亦当为"极先无有",与《庄子·天地》所说的"泰初有无,无有无名"同意。"极先"可以简称为"极"。"较原始的本子当以'亙'表'极',后人误读为'恒',接着又因避讳而改为'常'。"见裘锡圭:〈说"建之以常无有"〉,载《复旦学报》,2009 年第 1 期,第 1—3、11 页。故本文不再缱绻于这一问题。
④ 胡楚生:〈试论《老子》首章的句读问题〉,载胡楚生:《老庄研究》,台北:学生书局,1999 年,第 14—15 页。
⑤ 陈锡勇《老子校正》云:"'妙',甲本、乙本作'眇',非。台北:里仁书局,2003 年,第 167 页。

"眇"为"妙"古字。黄生《义府》卷下"幼眇"条曰:"汉《元纪》:'分刌节度,穷极幼眇。'《中山王传》:'每闻幼眇之音。'(《注》作要妙)《老子》:'是谓要妙。'《北史·魏世祖纪》:'方寸玉印,有三字鸟文,要妙奇巧。'《上林赋》:'俛要眇而无见。'卫恒《四体书势序》:'杳眇邪趣,不方不圆。'按:本字当做幺眇。陆机赋:'绞幺徽急。'《注》:'幺,小也。'《说文》:'眇,丝急也。'绞小而急,则其声幽细哀切动人。《汉书》借用幼眇。若《老子》之要眇,则又借作深微之义。自汉以来,又借为美好之称,因改其字从女作妙,其实古无此字。《老子》之妙,必后人所改也。《易·系辞》'妙万物而为言',亦深微义,非美好义。今本作妙,古文定不尔。枚乘《七发》'此以天下之至言妙道',汉人用妙字始此。"①同卷《隶释·济阴太守孟郁修尧庙碑》:"'窥极道之要妙。'篆文妙作眇,本训精微之意。《易》'神也者,妙万物而为言者也',《老子》'常无欲以观其妙',又'玄之又玄,众妙之门',正得本训。后遂以妙为美好之称,(张衡《西京赋》:'妙材骋技。'曹植《七启》:'才人妙技。'繁钦《上太子笺》:'天壤所生,诚有自然之妙用。')故隶字变而从女。"②惠栋《周易述》卷二十三《易微言》下"妙"条曰:"理微谓之妙,妙犹眇也。自《广雅》训妙为好,而其义始晦。《系》下:'子曰,颜氏之子其殆庶几乎',虞注云:'几者,神妙也。颜子知几,故殆庶几。'案,妙古文眇。眇,小也,犹微也。荀悦《申鉴》曰:'理微谓之妙。'(章怀《后汉书》训妙为美,此俗训)《说卦》:'神也者,妙万物而为言者也。'董遇本妙作眇。眇,小也。《系》曰:'非天下之至神,其孰能与于此',又曰:'知几其神乎',虞注云:'至神谓易,隐初入微。'又云:'阳在复初称几,隐初入微,阴阳不测。故神也者,妙万物而为言者也。'(师古《汉书·昭帝纪》注曰:眇,微也)"③《说文》四上《目部》:"眇,小目也。"段注:"眇训小目,引伸为凡小之称,又引伸为微妙之义。《说文》无妙字,眇即妙也。《史记》户说以眇论,即妙论也。《周易》妙万物而为言,陆机赋眇众虑而为言,皆今之妙字也。"④桂馥《札朴》卷五"眇"条曰:"古妙字皆作眇。眇,小也。《汉书》昭帝诏'朕以眇身,护保宗庙'是也。《易·系

---

① [清]黄生:《义府》,载[清]黄承吉:《字诂义府合按》,北京:中华书局,1984年,第177—178页。
② 同上书,第229页。
③ [清]惠栋:《周易述》,北京:中华书局,2007年,下册,第467—469页。
④ [清]段玉裁:《说文解字注》,第135页。

辞》:'眇万物而为言。'《荀子·王制篇》:'王者仁眇天下,义眇天下,威眇天下。'《楚辞·九歌》:'美要妙兮宜修。'《汉书·元帝赞》:'穷极幼眇。'"①《广雅·释诂》:"妙,好也。"钱大昭《疏义》:"通作眇。《楚词·九歌》:'美要眇兮宜修',王逸注:'要眇,好貌。眇一作妙。'《说卦传》:'妙万物而为言',王肃作眇,音妙。"②以较旧注,徐梵澄云:"'眇'同'妙',皆训'细微',与妙丽之义无关。"③说字虽未当,释义则至确。至若马叙伦以谓"妙为玅讹,字当作杪"④,实属师心自用。徐志钧释帛书之"眇"云:"《广雅·释言》:'眇,莫也。'注:'《一切经音义》卷二十一引此而释之曰:言远视眇莫不知边际也。'"⑤何新将此句之"妙"读为"渺",意为"消失","是存在之失灭"。而以"众妙之门"的"妙""读为'秘',亦读为'美'。"⑥斯亦胶柱鼓瑟。李学勤曾云:"古人传流书籍系为实用,并不专为保存古本。有时因见古书文字艰深费解,就用易懂的同义字取代难字。《史记》引用《尚书》便使用过这一方法,看本纪部分即可明白。临沂银雀山竹简《尉缭子》的发现,初看与今本不同,颇多艰奥文句,细察也是经过类似改动,以致面目全非。这大概是由于《尉缭子》是兵书,更需要让武人能够学习理解。"⑦但后世改字,并非胡乱改窜,而是本身就体现了对于典籍原文的理解⑧。所以我们首先应从早晚期文字的一致性来考虑词义的理解,而不能有意立异。裘锡圭指出:"在将简帛古书与传世古书相对照的时候,则要注意防止不恰当的'趋同'和'立异'两种倾向。……后者主要指将简帛古书和传世古书中彼此对应的、意义相同或很相近的字说成意义不同。"⑨因此,无论是基于"眇"字释为消失,还是依

---

① [清]桂馥:《札朴》,北京:中华书局,1992年,第178页。
② [清]钱大昭:《广雅疏义》,载《续修四库全书·经部》,上海:上海古籍出版社,1996年,第190册,第208页。
③ 徐梵澄:《老子臆解》,北京:中华书局,1988年,第2页。
④ 马叙伦:《老子校诂》,第90页。
⑤ 徐志钧:《老子帛书校注》,上海:学林出版社,2002年,第158页。
⑥ 何新:《古本老子〈道德经〉新解》,北京:时事出版社,2002年,第100、101页。
⑦ 李学勤:〈对古书的反思〉,载《当代学者自选文库·李学勤卷》,合肥:安徽教育出版社,1999年,第19页。
⑧ 李连生《老子辨析》以此句"眇"改"妙"为"形讹",非。上海:学林出版社,1999年,第194页。
⑨ 裘锡圭:〈中国古典学重建中应该注意的问题〉,载裘锡圭:《中国出土古文献十讲》,上海:复旦大学出版社,2004年,第8页。

据"妙"字解作"美好",都是不可取的。"常无欲以观其妙",无欲故得观万物之精微,于是万物自身即成为道之呈显。熊十力曰:"西洋哲学谈实体似与现象界分离,即计现象之背后有其本质,说为实体。而中国哲学上则无持此等见解者,即如老子所谓道,决不是超脱现象界之外而别有物,乃谓现象界中一切万有皆道之显现。易言之,一切万有皆以道为其体。"①万有以道为体却绝非自明的,只有无欲才能使之显现。倘若人陷溺于物欲之中,则万物恰将成为对于道的遮蔽。

"常有欲以观其徼",郑良树曰:"帛书二本'观其徼'并作'以观其所徼','其'下有'所'字,'徼'作'噭'。河上《注》曰:'常有欲之人,可以观世俗之所归趣也。'盖河上本正文亦有'所'字,与帛书相合。'噭'作归趣、归终、归宿解,则'所'字不可缺。帛书两本咸有此字,可证古本既已如此,而河上公说当是古义。今赖帛书,可知河上说渊源之久远。"②郑说是。成玄英释"所,境也",是其本亦有"所"字③。刘笑敢指出:"'所徼'之徼乃动词,与'妙'不对应。显然是后来的编者为了语言的整齐对仗,去掉了'所'字,改变了'徼'之词性。"④至若岛邦男曰"索洞本误作所曒"⑤,王叔岷谓"所与其同义"⑥,叶程义以帛书本"'其'下衍'所'字"⑦,皆非。"徼"字之义,众解不一。其一,河上公曰:"徼,归也。常有欲之人,可以观世俗之所归趣也。"以"归"释"徼",又以"归趣"释"归"。"趣"当读为"趋"。王弼注:"徼,归终也。"波多野太郎曰:"《列子·天瑞篇》,死也者德之徼也,张注,徼,归也。(古屋昔阳既举之)与弼注合。"⑧其二,元刘惟永《道德真经集义》引严遵《指归》曰:"且有欲之人,贪逐境物,亡其坦夷之道,但见边小之缴,迷而不反,丧失真元。"⑨陆德明《释文》:"徼,小道也,边也,微妙也,古吊反。"⑩其三,朱谦

---

① 熊十力:《十力语要》,第130页,参见第297—298页。
② 郑良树:《老子新校》,第3页。
③ [唐]成玄英:《道德经义疏》,载高明选编:《四部要籍注疏丛刊·老子》,上册,第143页。
④ 刘笑敢:《老子古今》,上册,第94页。
⑤ 〔日〕岛邦男:《老子校正》,第55页。
⑥ 王叔岷:〈老子剩义〉,载《慕庐论学集》(一),第240页。
⑦ 叶程义:《帛书老子校刘师培"老子斠补"疏证》,台北:文史哲出版社,1994年,第34页。
⑧ 〔日〕波多野太郎:《老子王注校正》第1卷,载《横滨市立大学纪要》,1952年,第38页。
⑨ 见王德有:《老子指归辑佚》,第123—124页。
⑩ [唐]陆德明:《经典释文》,上海:上海古籍出版社,1985年,下册,第1393页。

之曰:"'徼',宜从敦煌本作'曒'。《经》文'常无观其妙',妙者,微眇之谓,荀悦《申鉴》所云:'理微谓之妙也。''常有观其曒','曒'者,光明之谓,与'妙'为对文,意曰理显谓之曒也。"①于省吾说同②。其四,朱骏声《说文通训定声》"徼"下、"窍"下皆以为"窍"之假借③。其五,蒋锡昌《老子校诂》:"《说文》:'徼,循也。'段注,'引申为徼求。'此指有名时期人类极端发展其占有欲之要求而言。"④熊十力说同⑤。刘殿爵以"所"字校验诸说,曰:"帛书本'噭'上多一'所'字,显示出'噭'字与上文'妙'字不同,是一个动词。这对整句的解释有很大的影响。"⑥韩禄伯进而提出:"根据语法,'所'字后应有一动词,因而我将本为名词的边徼之'徼'释作动词,训'求'或'要'。"⑦其从语法角度论证"所"后之字当为动词,甚是。但如将"徼"训为"求"或"要",则"有欲"之"欲"只能如蒋锡昌那样理解为"占有欲"而非合"道"的自然之欲。因此,当以河上公、王弼释"归"为是,"归"亦动词。"常有欲以观其所徼",即当我面对万物之时,不是陷溺于花花世界的诱惑,沉醉于物欲,而是顺应自然。我在自然之欲中与物相接,万物并未为我的欲望所区分,而是复归于自然,万物齐一。于是万物成为我与道之间的通道而非阻碍,万物自身即为道之显现。

(未完,下文见《哲学门》第二十一辑)

---

① 朱谦之:《老子校释》,第6—7页。
② 于省吾:《双剑誃诸子新证》,北京:中华书局,1962年,第232页。
③ 〔清〕朱骏声:《说文通训定声》,武汉:武汉古籍书店,1983年,第334页。
④ 蒋锡昌:《老子校诂》,第8—9页。
⑤ 熊十力:《十力语要》,第133页。
⑥ 刘殿爵:〈马王堆汉墓帛书《老子》初探〉(上),载《明报月刊》,1982年8月号,第16页。
⑦ 〔美〕韩禄伯:《简帛老子研究》,余瑾译,北京:学苑出版社,2002年,第180页。

品墨三昧

宋文坚[*]

提　要：《墨经》是考察论辩的著作。它考察了辩论的功能、方法、常态形式、论辩中的谬误等。《墨经》中逻辑内容不多。它没有展现研究者的逻辑观点和视野。它没有命题形式、推理形式的概念，没有命题形式和推理形式的考察。《墨经》的辩学研究着眼点是对论辩内容的事理分析，即出故、察理、明类。这和古希腊的论辩研究着眼论辩命题的形式分析，走的是完全不同的道路。本文质疑有关《墨经》的辩学是东方古人思维方式的逻辑，古希腊逻辑是西方古人思维方式的逻辑的说法，论证了自古至今，东、西方人都有着相同的逻辑思维。本文还对用现代逻辑比照《墨经》辩学的研究进路进行了讨论，认为到目前为止，这类研究的结果多不符合《墨经》原意。

关键词：《墨经》　辩学　论辩方法　逻辑　逻辑研究

"墨"指《墨经》六篇。品墨是我读墨的所感和所惑，笔者为读墨新学，谨将这些零碎所感所惑敬就教于中国逻辑史界诸先生。

---

[*] 宋文坚，1928年生，原北京大学哲学系教授。

一　墨辩是供墨派论辩所用的学问

《墨经》是讲墨辩的著作。墨辩是一种论辩之学,后世称之为墨辩,即墨派的辩学。这是中国最早创建的一门对论辩有较系统考察的学问,也可称得上是中国最早建立的一门学科。墨辩有它明确考察的对象、角度和方法,并对这门学问的功用做出了周全的陈述。墨派对辩的研究适应了当时的社会需要,大致也和先秦诸子百家对辩的见解相合。

(一)对辩学对象的考察。《墨经》对辩的对象的考察,包括辩的含义、辩的常态形式、辩的方法、辩的规范和规矩。

1. 辩的含义。〈经上〉和〈经说上〉说:"辩,争彼也。辩胜,当也。""辩:或谓之牛,或谓之非牛,是争彼也。"针对庄子"辩无胜",〈经下〉说:"谓辩无胜,必不当。"很明白,辩就是争论和争胜。不能把这里的辩和逻辑混为一谈,逻辑不研究争和胜,而墨辩中却讲了不少制胜之法术。

2. 辩的常态形式。辩不是小孩子斗嘴,重复着简单的肯定和否定。辩是辨明是非,得讲出道理。这就是用辩来出故、明理、察类。出故、明理、察类就是辩的常态形式。辩,就是争论双方或一方提出的故、理、类对不对。〈大取〉所说的"辞以故生,以理长,以类行",〈小取〉说的"以类取,以类予",就是对辩的这种常态形式的描述。

"辞以故生"。"辞"就是一方的论点、见解、看法。"生"就是提出论点,即立论。立论要有故:为什么提出这个论点,这样讲的原因、根据是什么。〈经上〉说:"故,所得而后成也。"〈经说上〉说:"小故,有之不必然,无之必不然","大故,有之必然,无之必不然",讲的也是辞以故生,立辞、生辞要建立在事物间的这种条件联系上。

"辞以理长"。"理"是事物之理、事情之理,即道理。〈大取〉说:"今人非道无所行……不明于道,其困也可立而待也",这里是以行道来譬喻讲理。道是循而行之,理是据理而使论点展开。"以理长",就是在论辩中要讲出理,要言之符合事物之理、事情之理,使人觉得讲得有道理。"长"就是展开,展现和增长辞、论点的充分性和说服力。

"辞以类行"。这里的"类"在〈大取〉中有专门的解释,"夫辞以类行者也,立辞而不明于其类,则必困矣"。接着就是例举什么是类,怎样辞以类行,"故浸淫之辞,其类在鼓栗。圣人也,为天下也,其类在追迷子。或寿或卒,其利天下也相若,其类在誉名。一曰而百万生,爱不加厚,其类在恶害。……兼爱相若,一爱相若,其类在宛蛇"。我们看到,这里讲的每一"类"都不是类属的类(《墨经》其他地方讲过事物类属的类),而是情况、事情、事理的相若或类似。"辞以类行"的"行"就是行得通。"辞以类行",就是通过举出若干相类似的情况、类似的情理使自己的立论、观点得到普遍的赞赏,征服听众,折服对方,从而使自己的立论被接受。〈小取〉说的"以类取,以类予"也是这个意思,"取"、"予"都是借助、通过之意,即举,举出若干相类的情况、情形作为佐证。先秦诸子"善辟",举类、用辟成了他们重要的辩说方式。《墨经》提出"辞以类行"、"以类取、以类予"就是对先秦论辩常态的总结。

〈小取〉说的"以名举实,以辞抒意,以说出故",也是辩的一种常态,偏重辩的语言运用。辩,就是要用名表示事物,用辞语表明自己的见解,用论述论证讲明事情的道理、原委。此外,这里还包含了论辩中的一些要求,论辩双方要明确所使用名词的含义,把辞、论点的意思讲清楚,把自己言论的根据讲清楚。

上述《墨经》关于辩的常态的说明都是针对论辩的,是把辩作为对象的一种表述。学界有多人把《墨经》上述言论解读成《墨经》中的逻辑语言,敝意不妥。故、理、类都不是逻辑的对象。名、辞、说虽可看作逻辑研究的对象,但以名举实、以辞抒意却并不是逻辑干的事。此外《墨经》中也没有怎么讲以说出故,就像讲推理、证明而不讲怎样进行推理证明一样。何况逻辑也根本不讲怎样推理,它讲的只是那些推理有什么形式和有效规则。

3. 辩的方法。"辟"、"援"、"推"、"侔"是〈小取〉提出的主要的论辩方法。"辟","举他物而以名之",这就是举类,举其他相类似的事、物做出说明。"援"是援引对方的话作为自己讲话的根据,"子然,我奚独不可以然也?""推","以其所不取之同于其所取者予之也",这是一种反驳方式,是用论证或证明对方之所取和所不取的同一来对付对方。"侔","比辞而俱行也",是比照、比对(依据)一辞而得出能成立的另一辞。辟、援、推都是在有论谈对方的情况下的语言交流活动,即举例给你看,援引你的话做我的论据,驳斥你的自相矛盾。显然这是一些在论辩中用来对付论敌的方法,而且是一些只能灵活运用的方法。辟、援、推都没有确定的形态和固定的程式,把它们当作推理来分析是很困难的。从《墨经》对这些方法的解释看,《墨经》也没有把它们当作推理来看待。

《墨经》中还提出"或"、"假"、"效"、"止"。根据〈小取〉的解释,它们也是论辩中使用的一些方法。"或"是不尽然,这可用于驳,即用特称肯定(否定)来反对全称否定(肯定)。"假"是提出假定、假设来构设新的思路。"效"是提出法效来制约对方。"止",也是种反驳方式。〈大取〉说:"止,彼以此其然也,说是其然也。我以此其不然也,疑是其然也。"疑,就是质疑,"疑是其然也",就是对于对方提出的说法提出质疑。

侔,是一种论辩方法,同时也可以看作一种推理。作为推理形态的侔,它类似于传统逻辑中讲的附性法,但严格说来在正宗的逻辑中并没有附性法的地位。它没有形式有效的规则,从形式上分析不出"蚂蚁是动物,因而大蚂蚁是大动物"有什么不对。《墨经》其实也没有把侔当作可作形式有效性分析的推理,它讲的却正好相反,讲侔要慎用,它不太可靠。〈小取〉说:"夫物有以同而不率遂同","其然也,有所以然也。其然也同,其所以然也不必同"。这是说,两物或两事可以相类相同,但造成它们的原因却可能不同。天下雨地会湿,洒水地也会湿。因而它说"侔之辞也,有所止而正",否则侔就会"行而异,转而危,远而失,流而离本"。就是说,做了会出差错,用反了就会危及自己,用得过分就会失败,随意使用就会脱离原来本意。那么怎样才能正确运用侔、辟等这些方法?〈小取〉说,讲话要看到事情、事物"多方(面),殊类、异故","不可偏观也"。显然,这里涉及的是认识内容,而非思维形态的结构。"止而正"靠审察所论及的内容,而不能依靠言辞的形式。因而说明《墨经》这里是在讲辩论方法的运用,讲解论辩的一些要领。《墨经》是讲论辩方法而不是讲逻辑,这可以从《墨经》对侔的不正当举例看出。例如〈小取〉把"车,木也。乘车,非乘木也","且斗鸡,非斗鸡也。好斗鸡,好鸡也","人之鬼,非人也;兄之鬼,兄也"等等都当作正确的言辞来举例,但严格讲来,它们在逻辑上都不通。至于那些来自语言习惯、语言约定的命题,如"居于国,则为居国,有一宅于国,而不为有国","桃之实,桃也。棘之实,非棘也","之牛毛黄,则谓之牛黄,之牛毛众,而不谓之牛众"等等,更没有多少逻辑道理可言。这让人觉得，似乎《墨经》还在教人如何在论辩中耍耍花枪。

4. 论辩的规矩守则。〈小取〉讲，"有诸己不非诸人，无诸己不求诸人"，这可以看作当时百家论辩时应遵循的操守和守则。孔子讲"己所不欲勿施于人"，其实也有这个意思。春秋战国时，有"君子之辩"和"小人之辩"，后者是花言巧语、"巧言令色"。君子之辩，一是辩的目标宏伟，治国爱民；二是辩的操守高尚，不胡搅蛮缠。〈小取〉这两句话针对的完全是辩论中应有的规范来说的。

5. 辩论中依据的一些思想观念和知识。《墨经》中列举了相当多关于社会、政治、人生、伦理等方面的论点、陈述，如："凡学爱人，爱众世与爱寡世相若，兼爱之，有相若。爱尚世与爱后世，一若今世之人也"，"贵为天子，其利人不厚于匹夫"，"利之中取大，非不得已也。害之中取小，不得已也"。关于这类问题的观点，在〈大取〉中尤为集中。如果说〈小取〉是讲辩的方法、形态和作用的，那么〈大取〉可以看作墨派为宣扬墨子学说，在辩论时选取故、理、类的根据。在〈经上〉和〈经下〉中，列着大量有关事物知识的命题以及对诸多名词的解释。《墨经》的这部分著述应当也和辩有关，知识可用来参与相关论辩，而名词解释则可用于明确论辩中使用名词的含义。

6. 关于论辩的社会功能和认知功能。春秋战国时期学派纷起，诸子各家都提出了自己治家国天下的学说，并且为了让自己的学说能取得实用而游说各方，为自己的学说的正确性进行宣传和论辩。因而论辩风盛起，各家都有对辩的讨论。他们讲的辩，就是论辩。各家都认识到论辩有重要作用。如孔子在《论语·子路》说"一言可以兴邦，一言可以丧邦"；荀子说"君子必辩"，意思是，辩有君子之辩和小人之辩，"君子辩言仁"，"小人辩言险"，因之君子有辩的责任；孟子也讲"我岂好辩哉，予不得已也"，这都是讲辩的社会功用。墨派那里"辩"这个词，指的也是辩论，无其他含义。墨派对论辩的功能做了最全面的概括，他们不仅认识到辩的社会功能，也认识到辩有重要的认识作用。这就是〈小取〉开篇的"夫辩者，将以明是非之分，审治乱之纪，明同异之处，察名实之理，处利害，决嫌疑。焉摹略万物之然，论求群言之比"。这里的审治乱、察名实、处利害、决嫌疑，都分明是讲辩的社会功能。其余，明是非、明同异、考察万物之然，求群言之比，涉及人思想认识的正确、错误,因而《墨经》谈到了辩的认知功能。〈经上〉、〈经下〉以及〈经说〉上下,罗列了许许多多林林总总的词条和解释,正是为辩的认识功用而设的。这是其他诸子所没有明确提出的。

(二)《墨经》考察论辩的视角和方法。辩、辩论、游说都在于用理来服人,用举类来影响和使人信服。墨派对辩的态度是鲜明地主张正当之辩,反对诡辩。辩是为了明是非,为了求万物之然,为了深入明辨事理。辩不是花言巧语蒙骗人于一时。因此其视角必然是重视辩的内容,重视事物的因故和情理、事理。因而墨辩主张把辩的力度花在内涵方面,这也是辩的本身特性使然。

《墨经》以这样的角度来研究论辩,由此也产生对辩的研究方法的特点,即内涵方法。这些方法主要有释义方法、例举方法和对比方法。

释义方法就是讲究语义分析,这表现在《墨经》提出的对名词、概念、论点、观点等等命题的解释说明。《墨经》中还有关于语言的歧义、偷换概念、语言习俗等的分析研究。〈小取〉中对侔、辟、援、推等论辩方法的说明用的也是内涵角度和内涵方法,强调事物多方、殊类、异故,不可偏观,就是强调使用这些方法时要重视内涵。《墨经》没有对这些方法的形式分析,对语形类似的命题也重在考虑它们的内涵方面。〈小取〉所说用侔有"或是而然,或是而不然,或不是而然,或一周而一不周,或一是而一非",都是说由于内涵方面的不同而导致命题的区别,要分析关键词的内涵才能看出类似的命题何以会有不同。

例举方法是先秦名辩诸家喜爱使用的方法。先秦"好辟",因为它效果好。《墨经》讲举类,"以类取,以类予",《墨经》对辩的研究也使用着例举、举类。〈小取〉对辩做的种种说明,很少讲道理,都是用举类、例举来完成任务,几乎通篇如此。显然,举类、例举也属于内涵方法之列。

对比方法也是一种重要的论辩方法。《墨经》中所说的援、推,也是建立在对比基础上的。对比方法也用于《墨经》对辩的应用研究,表现为在辩中对事理做对比说明。如把"天"与"圣王"比,把天子与匹夫比,把君子和小人比,把这一事理和那一事理比。如"贵为天子,其利人不厚于匹夫","利之中取大,非不得已也,利之中取小,不得已也","利爱生于虑。昔者之虑也,非今日之虑也,昔者之爱人,非今日之爱人也"。〈大取〉对"同""异"的陈述,也巧妙地运用了对比方法。对比方法是以其内容之可比照,因之也是一种内涵方法。

从《墨经》研究辩所使用的方法看,它没有形式的视角、角度,没有考察辩的形式方面,没有把辩当作一种形式方法。

二 《墨经》中的逻辑学研究

从前面分析,可以看到《墨经》对论辩做了较全面的考察,提出了对当时和今日都很有意义的论辩学说。我们知道,论辩学的研究和逻辑学的研究有密切联系,在西方逻辑发展史上就是这样。这里说的逻辑研究,大致是说,逻辑是研究推理这样的思维的形式原则的。逻辑研究乃指对这类形式原则做出的考察,这是我们今天对逻辑研究的理解。尽管我们对逻辑发展史上的逻辑研究有相对较为宽泛些的理解,把定义、证明、思维规律、谬误的研究考察也归于逻辑的领域或逻辑研究的范围,但这种范围的扩大并未掩盖逻辑的主体和逻辑的实质。

在亚里士多德以前的古希腊时期,论辩已成为一种学风。论辩大致是哲学家、思想家们的事。他们通过论辩来讨论哲学问题,以及一些抽象性的伦理学问题。论辩的题目是"什么是存在"、"什么是相"、"什么是勇敢"、"什么是善"这类问题。论辩常采用对话式,即一方提出一个论点,由另一方提出诘问,使问题一步步展开,最后或能求取一个正确结论。这种论辩也产生了一些方法,如苏格拉底通过对话进行从个别、特殊上升到一般的归纳方法,通过对话得出事物定义的方法。柏拉图有所谓组合与划分方法,这一方法是为了求得一般概念和定义,由两个过程组成:由一般的东西下降到特殊的东西,由属下降到种;由特殊的东西上升组合为普遍一般的东西。这一方法对亚里士多德发现三段论有直接影响。此外,在古希腊的论辩中还提出了一种称作论辩术的方法。它先假定对方的论点 P 是正确的,然后用对话引申出 P 的推论 Q,再用对话证明 Q 错误,从而也就逼使对方承认论点 P 是错误的。这和我们今天逻辑中说的反证法、归谬法的道理和形式是一样的,这也是亚里士多德建立他的三段论体系时所用的化归方法。正是西方逻辑史上这些论辩研究,给古希腊的逻辑研究以重要激发和推动。

亚里士多德的逻辑研究和他研究论辩有直接关系。据专家研究，亚里士多德的逻辑著作《工具论》中的〈论辩篇〉（亦译〈论题篇〉）早出于他的三段论研究〈分析篇〉。从〈论辩篇〉中我们很容易看出亚里士多德由论辩研究向逻辑研究的过渡，开始了对命题间关系的形式分析。

前面提到的苏格拉底和柏拉图的归纳方法、定义方法、划分与组合方法，都是建立在对命题做分析的基础上的。亚里士多德的〈论辩篇〉，通篇是讲论辩的，是由关于如何立论，如何立驳的几百条提示所构成的。它所提供的指导，是从分析论辩中的命题——包括论题和论据入手——他分析的命题是直言命题，从而提出了他的四谓词理论。由四谓词进到主谓词的属种关系，从而由对命题分析进到对命题的形式分析，也由此接触到逻辑的核心，对推理形式的分析。〈论辩篇〉是除了〈分析篇〉外，在《工具论》中逻辑研究最多的篇章。〈论辩篇〉虽未出现三段论这个名称，却讨论了三段论的诸多方面和较多的原则，并且都是抽象的形式分析。例如，"如果没有一个属的种差来表述被设定的那个种，属也不会表述这个种"，"分有属的东西必然地要分有属的某个种"，这里实际上已经是在讨论三段论了。

然而，论辩学和逻辑学终究是两门不同的学科。从论辩学的研究有可能触发逻辑研究，但也可能不会触发逻辑研究。这里的关键是如何看待和处理论辩学研究中所触及的逻辑问题，这些问题包括：论辩中提出的论题、论据的命题形式，这些命题中的联结词、量词，这些命题形式间的关系，论辩中使用的概念的内涵和外延，如何定义一个概念，论辩中的推理、推论的种类，推理的形式，论辩中的形式谬误、思维规律等等。如果能从逻辑的角度看待和处理这些问题，就能从论辩学的研究中开拓出一门新的研究领域，这就是逻辑学。所谓有逻辑的角度就是研究者的研究视野中要明确上述方面应是一些可研究的东西，它们可以作为研究的专门对象。

我们看到，在《墨经》中没有展现出这方面的视野。（一）《墨经》没有提出命题形式这一概念。《墨经》对辩论方法的分析是认识论的角度，它太专注于内容和事物方面的问题。辩就是要搞清事物、事情的故、理、类，强调论辩方法要依从事物的情况，要看到事物的多方面、殊类和异故。例如《墨经》很重视举类、用辟，把它们当作重要的论辩方法；但《墨经》讲的举类、用辟都得从内容方面来做，这样就影响《墨经》去关注表述故、理、类的命题的形式方面,从而失掉逻辑的视角。因此尽管〈小取〉在讲侔时使用了大量的事例命题,这些事例命题的形式方面已经昭然在目,给人以显明印象,但《墨经》却没有把这种形式的东西当回事。(二)《墨经》也没有提出推理这一概念,更没有提出推理形式这一概念。讨论论辩、论证和讨论论辩、论证中使用的推理是不一样的。讨论推理要先悟到有推理这个思维形式,《墨经》可能没有做到这一点。《墨经》考虑的是论辩中如何出故、明理、察类。它的或、止、效、假、辟、侔、援、推主要是作为方法提出的,讨论的着眼点是它们的方法论的层面,因而没能进到逻辑的核心。(三)《墨经》也没有"有效性"这一概念,而有效性是和推理形式联系在一起的。《墨经》中虽有"效"这一说,但它是作为一种单独的论辩方法提出的,和推理形式不相干。(四)《墨经》也没有定义的概念。它罗列了许许多多类似定义的词条,这些词条有些已具备了定义的格式,即属加种差,但《墨经》却没有把定义本身当作一项方法来考察。定义本身的研究可以触发对命题形式的研究,这也是进到逻辑研究的机会之一。命题形式、推理、推理形式、有效性、定义乃是逻辑的核心概念,这些概念的缺失,显然使《墨经》不能把这些概念研究的对象当作自己的研究领域,因而它也就与逻辑研究失之交臂了。

应该说,《墨经》也接触到或提出了一些宽泛意义上的逻辑问题。比如我们所说的矛盾律和排中律的思想规律。如"或谓之牛,或谓之非牛,是争彼也。是不俱当,不俱当,必或不当","辩也者,或谓之是,或谓之非,当者胜也",遗憾的是《墨经》只把它们和"争"、"辩"联系着,而没有看到它们在人的思想、思维中的地位。不像亚里士多德对之说得那么响亮,称它们是"一个最确实的原理","一切信条中最无可争议的","一切原理中最确实的原理"。再如,《墨经》提示和举例说明援、辟、侔、推这些方法使用不当会导致"行而异、转而危、远而失、流而离本",这有防止和揭露论辩中谬误的意思,可称得上对谬误的研究。但这些"不当"如果可说是谬误,也只是涉及语言方面的谬误或实质性的谬误,而非形式谬误,因而逻辑意味不大。《墨经》中还讨论了"所有"、"或(有些)"这类量词,按说这该能闯进到命题形式的分析;但《墨经》仅仅把它们当作孤立的词语来表述和看待,没有把它们和命题关联起来,当作构成命题的成分来研究,从而失去接近命题形式这一概念的机会。还应该说明,尽管思维规律、谬误研究对人的思维有重要意义,但从思维规律和谬误的研究却难于激发出形式逻辑来。

从上所说,我们从《墨经》中品不到多少逻辑研究的感觉。《墨经》中的逻辑和我们今天对《墨经》所宣扬的不怎么相称。

《墨经》没有跨进逻辑研究的门槛,可能还有以下一些原因。(一)墨子和墨派是一些搞政治的思想家,他们搞政治还要养家糊口。此外墨子一生为天下太平、百姓安乐、为实现他们的政治理想而奔波、游说、呼号。不像亚里士多德坐在家里一本一本地写书,拿着讲义到学园讲课。学术论著大都是学者们写出来的,什么战争论、兵法都是军事理论家写出来的,而不是一生戎马、南征北战的将军们写出来的。墨子、墨派虽写了墨学六经,总结了一些实用的论辩技巧,却无暇安下心来探讨离论辩术还远的逻辑学问题。(二)战国时期百家争鸣的辩论都是关于政治、社会问题的辩论。这种辩论,容易形成种种社会学说和学派,出现一套一套的政治策略和治国方案,但却难于建立各类科学。这点似乎和古希腊思想家们的作为不太一样。亚里士多德写了政治学、物理学、诗学、动物学、植物学、天象学、哲学、逻辑学等等,这是只有理论型的思想家们才能有的作为。逻辑是一门构造性的科学,在先秦的时代背景下,很难有人会去做这样的理论构造。

三 几个懵懂

中国逻辑史研究有较多的问题让笔者困惑。对于这些懵懂,笔者几经思索,有了一些想法。下面试述其三:

(一)关于东西方思维方式的问题。有学者认为,古代东西方的思维方式不同,西方重分析、推理、证明,东方重类比、重形象推理。《墨经》考察的是东方人的思维逻辑,传统逻辑考察的是西方人的思维逻辑。

我觉得这里可能是把思维方式和思维、思维机能弄混了。思维方式和思维(亦即思维之机能)是两个概念。东西方的思维方式可能有差异,这与东、西方人在一些观念上的不同有关,而很多思维方式是受观念影响和支配的。比如,所谓的辩证思维就是被人们的辩证观点影响和支配的。但也有传统和工作性质方面的问题。墨家以及诸子百家善用辟、类比、举类来讨论问题,喜欢讲故、理、类,喜欢使用侔、推,但这只是这个群体在论辩时的情况,这是他们的工作思维。这和当时的普罗大众的日常思维,及政治家们的工作思维,甚至也包括诸子百家们的整体思维是不一样的。在后一种思维中,他们都要进行正常的推断、推理、推论,使用由联结词"或"、"且"、"如果则"、"非"以及"所有"、"有些"、"是"、"不是"这些逻辑词作构件的命题形式来反映事物,进行分析、综合、抽象、概括,做出判断、推断和推论。这种思维活动形式,或这种思维机能是由客观外在事物及其关系的种种性质在大脑反映的结果,古今中外,概都一样。并且,这种思维机能在人的历史进化中已作为智慧基因而代代相传。因此人们的思维机能是一样的,没有东、西方人之分。西方古人有什么命题形式、推理形式,东方古人也会有同样的命题形式。东方现今之人能接受西方古人研究的复合命题推理和三段论的逻辑训练而毫无障碍、水乳交融,就证明东方古人和西方古人的思维机能是完全一样的,他们有着共同的思维形式的结构,思想时使用着相同的命题形式和推理形式。不同的只是,亚里士多德研究了三段论,用分析方法构造了三段论体系,斯多葛派研究了复命题推理,而我们的先秦诸子们这时在忙于国家大事、挽救芸芸众生罢了。

(二)用现代逻辑对《墨经》作比照研究的方法问题。有学者曾用西方传统逻辑比照《墨经》,比照出了一个《墨经》逻辑学。现在又有学者提出用现代逻辑来比照《墨经》,这些学者说,对《墨经》用现代逻辑来考察,就更能显出它是逻辑。

笔者赞成用现代逻辑的观点和方法来分析《墨经》,正像赞成用现代逻辑的观点和方法来分析传统逻辑中的问题一样。卢卡西维茨用现代逻辑的观点和方法分析亚里士多德的三段论,建立了一个有别于传统逻辑的新的三段论系统。我国也有学者做了这方面的工作,得到了三段论的一些新的特点和结果。但对《墨经》能做出这样的结果吗?下面由笔者对学界的这类分析做些考察。

1.〈经说下〉中有"正名者,'彼此彼此'可:'彼彼'止于'彼','此此'止于'此','彼此'不可'彼'且'此'也。"沈有鼎先生解释这段话时说:"中国语言里有二名并举的形式,例如'牛马'。……说'牛马牛马'等于说'牛马',这是'彼此彼此'与'彼此'同。所以说'彼此彼此'可,……说'牛牛'只等于说'牛',说'马马'只等于说'马',所谓'彼彼'止于'彼','此此'止于'此'。正如'凤兮凤兮,故是一凤'(《世说新语·言语篇》)。数理逻辑中也有 aUa＝a 这公式。但说'牛马'不等于说'牛',也不等于说'马'。"①有学者说沈有鼎先生是用数理逻辑来解释《墨经》,因为沈先生认为"彼彼止于彼"和 aUa＝a 的思想是一致的。细察沈著原文,他并没有从数理逻辑的角度来分析"彼彼止于彼"这句话。因为沈先生不会不知道,这句话从其语境和含义所指,都和数理逻辑毫不相干。沈先生这里只是随意一说,正像他说"凤兮凤兮,故是一凤",不会是说《世说新语》中也有数理逻辑思想一样。

2. 张家龙先生在〈论《墨经》中"侔"式推理的有效式〉②一文中,对〈小取〉"白马,马也,乘白马,乘马也"所使用的谓词逻辑作了刻画,认为这是一个有效式。但这可能和《墨经》的原意不符。张先生是从有效推理的角度来分析侔的,他把"是而然"和"不是而不然"当作有效推理,把"是而不然"和"不是而然"当作非有效式而从侔中排除,这显然是对的。但在《墨经》中,侔是作为辩论的方法、手段提出来的,从这点上说,"是而不然"和"不是而然"都可以用来立论和立驳。至于所谓"不是而不然",实在有点不足道,《墨经》也根本没有把它放在侔的方法、论式之列。说侔要慎用,也应该是指侔的所有方法而言,即便"是而然",也不见得普效。例如,用它来套"白马,马也,恶白马,恶马也"就不对头。一个人恶白马,可能只是恶白马,不恶其他色马;也可能他就是什么马都不喜欢,因而从"恶白马"既推不出"恶马",也推不出"非恶马"。

3. 莫绍揆先生在《数理逻辑初步》一书③中用逻辑代数方法刻画了侔,认为侔的"是而然"可表示为 $A＝B$ 同时又有 $CA＝CB$,"是而不然"可表示为 $A＝B$ 但 $CA \neq CB$,"不是而然"可表示为 $A \neq B$ 但 $CA＝CB$。莫先生还把"是而然"跟"是而不然"、"不是而然"做了区分,认为前者是"正常现象",后者是"不正常现象",他说,对这些"不正常现象,必须注意区别,否则便会得出错误的结论"。就莫先生所刻画的公式来看,笔者不解的是,莫先生所说的不正常现象,即"是而不然"、"不是而然",是指它们是侔的推理形式但要慎

---

① 沈有鼎:《沈有鼎文集》,北京:人民出版社,1992 年,第 323—324 页。
② 张家龙:〈论《墨经》"侔"式推理的有效式〉,载《哲学研究》,北京:中国人民大学书报资料社,1998 年增刊。
③ 莫绍揆:《数理逻辑初步》,上海:上海人民出版社,1980 年,第 168—170 页。

用呢？还是说它们是些不正确的形式，根本就不能用？如果是前者，那么他刻画的这些公式显然是互相矛盾的，如何能把它们放到他所说的"首尾一贯、体系完整"的〈小取〉逻辑体系中呢？如果是后者，即这些推理形式根本不能用，那么做这样的刻画又有什么意义呢？

现代形式逻辑有它的发展史，它是在具备一定的前提条件下发展起来的，人工语言和符号演算的观念才是它的基础。而人工语言和符号演算观念的产生，是要在传统形式逻辑暴露出不少缺点和它已不能再前进发展的前提下才能实现的。现代逻辑的萌始、发展和论辩没一点点关系。这告诉我们，把墨辩去和现代逻辑比照，从观念和方法上说都极其勉强，因而要慎之又慎。

（三）对墨辩作逻辑解释的必要性问题。对一个抽象形式系统做出解释，是给它的符号赋以语义，把这个系统解释成一个实质系统，如布尔代数可解释成命题逻辑或类逻辑。《墨经》并不是一个抽象系统，它既不抽象，也不系统。它讲了辩学，还讲了一些自然科学，还有墨家对社会、对事理的观点，从总的方面看，也许可以把《墨经》看作是墨派学说服务的经典。《墨经》是有内容的，不是抽象符号，它本来讲什么，它就该是什么。自西方逻辑传入中国后，我国学者开始用新的观点来审视《墨经》，由此整理出一部《墨经》逻辑，甚而晚近有发展出数理《墨经》逻辑的趋向。笔者这里有一个不解，我们中国学界这样的做法是不是在扔西瓜拣芝麻？《墨经》作为辩学之经，作为辩学，实在是我们的一份极宝贵遗产，在今天把它好好加以研究，提炼精粹，加以大大发扬，可能很具现实意义。把它当逻辑来拿捏，则是另一回事。实在说，逻辑学今天的发展，有如导弹升空、卫星上天，《墨经》中即便有点逻辑，那对于今日的逻辑发展却是一点用处也没有的。

《尼采思想传记》

〔德〕萨弗兰斯基　著，卫茂平　译
上海：华东师范大学出版社，2007年1月第1版

　　萨弗兰斯基是当今德国著名作家、哲学家，曾以《叔本华与哲学的狂野年代》一举成名，其《来自德国的大师——海德格尔和他的时代》亦好评如潮。这本《尼采思想传记》是他又一部用心之作。它从尼采对音乐的酷爱着手，顺着他生平的重大事件与著述顺序，清晰地展示出尼采思想的发展脉络与主旨，最后以其思想对后世之影响的提示收束。与其他研究尼采的专著相比，作者没有掺入自己"微言大义"的奢望，也不怎么做"补正纠偏"的尝试，着眼的多是尼采人格发展背景上的思想意旨，以及这些思想与西方哲学史和思想史的纵向联系和横向关涉。与其他尼采传记相较，他绝不拘泥于尼采的生平琐事和生活变迁，更不屑重复那些人们早已耳熟能详的逸事奇闻，而以思想发展为红线，辅以对其思想形成有特殊作用的生平材料，为读者提供了一部翔实和生动的尼采思想史。尼采颠覆了理性主义的哲学传统，以其骇异的虚无主义向世人挑战，要我们挥别安全的岸头，航向无垠的思想大海。萨弗兰斯基也不作任何结论，而是让思考和生活皆充满冲突的尼采跃然纸上，由读者们自己去体会。

（林丽娟）

郭象的政治哲学

杨立华[*]

提 要:"明内圣外王之道"是郭象思想的重心所在。也正是这一点,使得他的思考从根本上与那些"辨名析理"的清谈区别开来。对于郭象的政治哲学,历来的学者都给予了极高的关注。但其中的很多问题,仍有进一步厘清的必要。郭象的政治哲学极大地拓宽了道家无为思想的涵括范围,使其更接近一种现实的政治哲学取向。本文从文本的细致分析入手,对郭象的哲学概念,如"无迹"与"所以迹"等,做了深入的研究。从而在将这些概念内置于郭象的哲学文本的固有脉络的过程当中,揭示出郭象的理论思考所达至的深度。

关键词: 明王之功　不治之治　无为之迹

作为魏晋玄学发展的高峰,郭象的哲学一直是中国哲学史研究的重要课题之一。与大多数中国哲学家一样,郭象的本体论建构也有其明确的政治哲学指向。关于郭象的政治哲学,虽然历来的研究者多所关注,但其中仍有未发之覆,有待进一步深入地讨论和梳理。本文致力于以文本的细读和概念的详析为基础,对一直以来关于郭象政治哲学的种种误解做出必要的澄清和校正。

---

[*] 杨立华,1971年生,北京大学哲学系副教授。

一　明王之功

在郭象的政治哲学中,君主对于任何共同体来说都是不可或缺的。在注释《人间世》"臣之事君,义也,无适而非君也,无所逃于天地之间"一节时,他说:

> 千人聚不以一人为主,不乱则散。故多贤不可以多君,无贤不可以无君。此天人之道,必至之宜。①

魏晋时期的无君论,倡始于嵇康、阮籍,至两晋之际的鲍敬言而益趋极端。② 此种论调虽有激而言,但从政治哲学的角度看,最多只能算是一种情绪的宣泄。在这里,郭象明确地指出了无君的后果——"不乱则散"。政治的价值首在于秩序的构建和维系。"乱"意味着最低限度的秩序的丧失,而"散"则意味共同体的消亡。这两种后果,会从根本上摧毁弱者的生存基础。

郭象理想中的君主统治是一种无为政治。③ 而无为政治在表面上看,似乎看不到君主有什么实际的作用。因此,《老子》第十七章云:"功成事遂,百姓皆谓我自然。"④然而实际的情况却并非如此:

> 天下若无明王,则莫能自得。(令)[今]之自得,实明王之功也。然功在无为而还任天下,天下皆得自任,故似非明王之功。⑤

正是"明王"的运作,才使得百姓皆能自得。"明王"的存在至少防止了各种以干扰为本质的治理,从而让百姓按照自己的本性去生活。但由于"明王"总是在潜移默化中发挥作用,所以表面看来,好像无足轻重似的。

《老子》和《庄子》中经常出现的"亡圣弃智"这类表述,对于郭象来说,

---

① 《南华真经注疏》,北京:中华书局,1998年7月,第86页。
② 参见卢国龙:《郭象评传——理性的蔷薇》,南宁:广西教育出版社,1996年8月,第172—175页。
③ 值得注意的是,无为政治并非道家所独有。《论语·卫灵公》云:"无为而治者,其舜也与?夫何为哉,恭己正南面而已矣。"又《孟子·尽心上》:"霸者之民,驩虞如也;王者之民,皞皞如也。杀之而不怨,利之而不庸,民日迁善而不知为之者。"这里的王者之政,即是儒家的无为政治。当然,这两种无为政治的运作机制是有质的区别的。
④ 楼宇烈:《王弼集校释》,北京:中华书局,1980年8月,第41页。
⑤ 《南华真经注疏》,第173页。

无疑是需要解释和处理的。在解释〈胠箧〉"则圣人之利天下也少而害天下也多"时,郭象引入了这样的讨论:

> 信哉斯言!斯言虽信,而犹不可亡圣者,犹天下之知未能都亡,故须圣道以镇之也。群知不亡而独亡圣知,则天下之害又多于有圣矣。然则有圣之害虽多,犹愈于亡圣之无治也。虽愈于亡圣,故未若都亡之无害也。甚矣!天下莫不求利,而不能一亡其知,何其迷而失致哉!①

这一段注释在既往的郭象思想研究中,一直颇受关注。然而,这些研究大都试图让郭象的政治哲学承担超越其时代的责任——批判君主专制。②此类研究的内在焦虑是可以理解的,但太过热切地让郭象的思想与研究者自己的时代焦虑纽结起来,其实是思想缺少必要节制的体现。近些年来,正是这样一种试图将一切历史都做成当代史的倾向,使得我们反而失去了历史的纵深,从而将种种异质性的思想同质化了。在郭象看来,之所以不能"亡圣"的原因在于,如果仅仅弃绝圣智,而"群知"犹存,那么,其结果非但不能使社会复归素朴,反而适得其反。在郭象那里,最高理想当然是"都亡其知",即圣智与群智都被弃绝。然而,这实际上不可能实现的。退而求其次,现实的政治只能选择"以圣道镇之"的道路,即以圣智引领和化解群智。这样的政治选择可以在短时间内达到比较理想的治理,但既无法一劳永逸地解决问题,也无法实现"都亡其知"的终极理想。

二 圣人之德

在郭象的政治哲学里,理想的统治者是圣人。作为道家和儒家共同追求的人格典范,圣人成为一个契合点,使得郭象可以自如地将儒家的种种政治理念纳入到他对《庄子》的阐发和解释当中。在〈庄子序〉中,郭象明确将"内圣外王之道"标举为《庄子》一书的基本宗旨之一。而正是这一"内圣外

---

① 《南华真经注疏》,第202页。
② 在余敦康先生那里,这是一种"圆滑"的解释。参见余敦康:《魏晋玄学史》,北京:北京大学出版社,2004年12月,第368页。卢国龙反对将郭象视为一个"圆滑的调和论者",认为"在魏晋玄学家中,对专制政体作出最深刻理论批判的,正是郭象。"参见卢国龙:《郭象评传》,第170页。

王"的圣人形象,为解决道家的无为而治与历史和现实中的真实的政治实践之间的紧张提供了基础。

郭象首先要面对的是《庄子》文本当中推尊隐士、贬抑君主的倾向。在注解〈逍遥游〉里"尧让天下于许由"一节时,郭象写道:

> 夫能令天下治,不治天下者也。故尧以不治治之,非治之而治者也。今许由方明既治,则无所代之。而治实由尧,故有子治之言。宜忘言以寻其所况。而或者遂云:治之而治者,尧也;不治而尧得以治者,许由也。斯失之远矣。夫治之由乎不治,为之出乎无为也。取于尧而足,岂借之许由哉!若谓拱默乎山林之中而后得称无为者,此庄老之谈所以见弃于当途,[当途]者自必于有为之域而不反者,斯之由也。①

尧治理天下,所用的正是"以不治治之"的无为之道。而这已经是至高的统治路向了。既然尧已经实现了无为而治,那么,又何需许由的治理呢?而且在郭象看来,那种认为只有"拱默乎山林之中"才能算是无为的思想,一方面会使道家的思想为现实的统治者抛弃,另一方面会令作为统治者的君主认为自己只能是一个"有为"者,而放弃对无为的追求。

在郭象看来,许由之类的隐者,其实不过是与稷、契等尧的臣子同一层次的人物:

> 夫自任者,对物而顺物者,与物无对。故尧无对于天下,而许由与稷契为匹矣。何以言其然邪?夫与物冥者,故群物之所不能离也。是以无心玄应,唯感之从,泛乎若不系之舟,东西之非己也。故无行而不与百姓共者,亦无往而不为天下之君矣。以此为君,若天之自高,实君之德也。若独亢然立乎高山之顶,非夫人有情于自守,守一家之偏尚,何得专此!此故俗中之一物,而为尧之外臣耳。若以外臣代乎内主,斯有为君之名而无任君之实也。②

只有能做到无心而顺物的人,才有可能成为"天下之君"。在这里,理想

---

① 《南华真经注疏》,第10页。
② 同上书,第11页。

的统治者应该是"与物无对"的人。① 因为,如果统治者是一个有对者,那么,也就意味着他只是群物中的一个。而既然他仅仅是群物中的一个,那么,他也就无法周全普遍地照管一切人、一切物。许由作为一个隐者,"独亢然立乎高山之顶",表面上看起来似乎是无心于世务。但其实这正是执守于一偏的表征。执守一偏的人,与物为对。虽然外在表现有所不同,但其实质上与稷、契这些执守于某个专门领域的臣子并无不同。所以,说穿了不过是"尧之外臣"而已。

作为理想统治者的圣人,"虽在庙堂之上,然其心无异于山林之中"②。在解释〈大宗师〉里"彼游方之外者也,而丘游方之内者也"一句时,郭象阐述了"游外冥内"的圣人人格:

> 夫理有至极,外内相冥,未有极游外之致而不冥于内者也,未有能冥于内而不游于外者也。故圣人常游外以(弘)[冥]内,无心以顺有。故虽终日(挥)[见]形而神气无变,俯仰万机而淡然自若。③

这里的"游外冥内"其实就是〈庄子序〉中所说的"内圣外王之道"的具体解释。一个能周遍地照管一切人物的君主,必定是一个不执于一偏的人。而要做到不执滞于一偏,就要超越一切分别和限界,即"冥内"。而一个真正的"冥内"者,也必定能普遍地照管一切。

在郭象那里,"冥内"主要有以下三层意思:其一,无心于天下。〈逍遥游〉"窅然丧其天下焉"注云:"夫尧之无用天下为,亦犹越人之无所用章甫耳。然遗天下者,固天下之所宗。天下虽宗尧,而尧未尝有天下也,故窅然丧之。而尝游心于绝冥之境,虽寄坐万物之上,而未始不逍遥也。四子者,盖寄言以明尧之不一于尧耳。夫尧实冥矣,其迹则尧也。"④其二,无我。〈齐物论〉"此之谓'以明'"注云:"夫圣人,无我者也。故滑疑之耀,则图而域之;恢恑憰怪,则通而一之。使群异各安其所安,众人不失其所是,则己不用

---

① "无对"也就是"无待":"若乃厉然以独高为至而不夷乎俗累,斯山谷之士,非无待者也,奚足以语至极而游无穷哉!"(《南华真经注疏》,第15页)。
② 《南华真经注疏》,第12页。
③ 同上书,第155页。
④ 同上书,第15页。

于物,而万物之用用矣。物皆自用,则孰是孰非哉!"①其三,无喜怒。〈大宗师〉"喜怒通四时"注云:"夫体道合变者,与寒暑同其温严,而未尝有心也。然有温严之貌,生杀之节,故寄名于喜怒也。"②"冥内"是圣人的内在品质,也是无为之政得以实现的根由。

当然,"冥内"不是像木石般无知无识,而是一种精神上的纯完:"圣人之形,不异凡人,故耳目之用衰也。至于精神,则始终常全耳。"③而此种精神上的纯完,也就是郭象所说的"天机玄发",是无为之政的源泉。在理解圣人的"冥内"时,一定要注意郭象所理解的庄子与慎到等人的思想的差别:

> 夫去知任性,然后神明洞照,所以为贤圣也。而云土块乃不失道,人若土块,非死如何?豪杰所以笑也。④

正因为圣人能冥内,所以精神独全,天机玄发,能洞察一切。而如果像慎到等人那样,认为人必须像土块木石那样方能体道,那就成了根本没有生命力的东西了。

三　不治之治

郭象的政治理念虽然是道家无为思想的延续,但这并不意味着对黄老之道的一般原则的简单重复,而是在其基础上的进一步深化和发展。

1. 同众

无为之治的根本原则在于任百姓之自为。〈在宥〉"不闻治天下也"注曰:

> 宥使自在则治,治之则乱也。人之生也,直莫之荡则性命不过,欲恶不爽。在上者不能无为,上之所为而民皆赴之,故有诱慕好欲,而民性淫矣。故所贵圣王者,非贵其能治也,贵其无为而任物之自为也。⑤

---

① 《南华真经注疏》,第41页。
② 同上书,第138页。
③ 同上书,第487页。
④ 同上书,第614页。
⑤ 同上书,第212页。

在郭象看来,如果没有外在的诱导和影响,百姓自然会生活在朴素真诚当中。这从根底里也透露出道家对人性的一般理解:人并无自然为恶的倾向。在解释〈天地〉"厉之人夜半生子,遽取火而视之,汲汲然唯恐其似己也"一节时,郭象说:"厉,恶人也。言天下皆不愿为恶,及其为恶,或迫于苛役,或迷而失性耳。"① 本文中的"厉之人",应该是指貌丑之人。郭象有意将其解释为道德意义上的恶人。在郭象看来,如果没有苛役的压迫和外在的诱导,人是不会主动去作恶的。当然,这里的恶,主要是指对自己内在本性的背离和逾越。每个人都依自己的自然之性来生活,由此而构成的社会就是至善的。而这一理想社会的达成,根本上源于圣王的无为。

而圣王的无为具体的表现就是同众:

> 众皆以出众为心,故所以为众人也。若我亦欲出乎众,则与众无异,而不能相出矣。夫众皆以相出为心,而我独无往而不同,乃大殊于众而为众主也。②

与一般人总想与众不同相反,圣人总是同乎人而无我。圣人的"无往而不同"与众人的"以出众为心",正是两者的本质区别。

表面上的同众,恰恰是圣人异于众人之处:"人皆自异而己独群游,斯乃独往独来者也。独有斯独,可谓独有矣。"③ 而圣人的"独有斯独",正是其为众人所贵的原由:

> 夫与众玄同,非求贵于众,而众人不能不贵,斯至贵也。若乃信其偏见而以独异为心,则虽同于一致,故是俗中之一物耳,非独有者也。未能独有,而欲饕窃轩冕,冒取非分,众岂归之哉!故非至贵也。④

郭象的这一论述中,隐含了王弼"众不能治众,治众者,至寡者也"⑤的思辨逻辑。至人的同众,并不是为了众人的尊崇,但又会自然而然地受到推戴。如果以独异为心,那也就成了众人中的一个,而不再是真正的独有者,

---

① 《南华真经注疏》,第255页。
② 同上书,第224页。
③ 同上书,第225页。
④ 同上。
⑤ 楼宇烈:《王弼集校释》,第591页。

从而不可能成为为众人归服的"至寡者"。

圣人的同众也有现实力量对比上的考量:

> 吾一人之所闻,不如众技多,故因众则宁也。若不因众,则众之千万皆我敌也。①

以一敌众,无论在智慧还是在力量上,都是万万不及的。想要"以一己而专制天下"②,其结果不仅会塞断天下之路,也会让自己陷入绝境。

在言语上,圣人的同众表现为:"圣人无言,其所言者,百姓之言耳。故曰'不言之言'。"③甚至在教化上,圣人也是以百姓之心为本的。在解释《在宥》篇的"大人之教,若形之于影,声之于响"时,郭象说:

> 百姓之心,形声也;大人之教,影响也。大人之于天下,何心哉?犹影响之随形声耳。④

与儒家以圣人的主动引导来教化百姓不同,郭象的"大人之教"的特点是因顺百姓之心。而这种以百姓之心为形声,以教化为影响的思想,实际上是其独化论的逻辑延伸。

2. 顺世

与老庄思想中厚古薄今的历史观不同,郭象强调圣王之道需"因时任物"⑤。在解释〈天地〉中"有机事必有机心"一节时,郭象论曰:

> 夫用时之所用者,乃纯备也。斯人欲修纯备而抱一守古,失其旨也。⑥

在时世已经变化的情况下,一定要固执地拒绝当世种种器具,此种"抱一守古"的态度,表面上看,似乎是在复归朴素的生活,而实际上恰恰违背了无为的真意。因为,在郭象看来,无为的根本精神就在于不有"出众为心"。

---

① 《南华真经注疏》,第224页。
② 同上书,第225页。
③ 同上书,第481页。
④ 同上书,第225—226页。
⑤ 同上书,第249页。
⑥ 同上书,第247页。

而如果居今之世、守古之用,那反而成了某种惊世骇俗的立异之举。

历代圣王虽名号不同,功业异趣,但其治理的根本原则其实都是一致的:

> 夫尧舜帝王之名,皆其迹耳,我寄斯迹而迹非我也,故骇者自世。世弥骇,其迹愈粗。粗之与妙,自途之夷险耳,游者岂常改其足哉!故圣人一也,而有尧舜汤武之异。明斯异者,时世之名耳,未足以名圣人之实也。(〈在宥〉篇注)①

> 言二圣俱以乱,故治之。则揖让之与用师,直是时异耳,未有胜负于其间也。②

圣人的内在品质并无二致,之所以会有名号和功业的不同,完全是由于时世的变化。应对不同的时世,而有尧、舜之揖让与汤、武之用师的差别。汤、武所处的时世远较尧、舜时严峻(即文本中的"世弥骇"),故非用师不能平治天下。通过时世这一概念,郭象将无为之治在现实政治中延展的可能性极大地拓宽了。这样的做法,固然能让道家的无为思想发挥更为具体和切实的政治影响,但也有因外延的极度扩大而从根本上丧失无为之治的基本内涵的危险。因为如果一切统治都可归结为时世的结果,那么,所有的暴政也就有了被正当化的可能。而在郭象的一些议论当中,也的确有这样的倾向。在解释〈在宥〉篇"昔尧之治天下也,……是不恬也;桀之治天下也,……是不愉也"一节时,郭象论曰:"夫尧虽在宥天下,其迹则治也。治乱虽殊,其于失后世之恬愉,使物争尚畏鄙而不自得则同耳。故誉尧而非桀,不如两忘也。"③这一段议论当然是顺承《庄子》本文的文义而来的。但与郭象注对待此类文段的一般做法不同,他没有用寄言出意的方法反转文本的固有意趣。而这种一反常态,与上述郭象对无为思想的改造有关。换言之,

---

① 《南华真经注疏》,第217页。王晓毅在解释这段材料时说:"郭象以旅行路途的险易解释圣王们治国形迹差异的原因:不同时代的社会形势,犹如千变万化的地形条件;圣王的事迹,犹如出行者踩出的脚印。面对不同的地形,留下的脚印各异。"(《郭象评传》,南京:南京大学出版社,2006年,第264页)
② 同上书,第251—252页。
③ 同上书,第213页。在另一段落里,郭象甚至将尧与桀直接归为一类:"此皆尧桀之流,使物喜怒太过,以致斯患也。"(〈在宥〉篇注,《南华真经注疏》,第213页)

《庄子》这一段讨论,与郭象自己的思想的逻辑展开并无根本的冲突。

3. 用臣

在无为之政的具体运作上,郭象的思想与传统的道家思想基本上是一致的。但在具体的论述中,还是颇多新意:

> 夫在上者,患于不能无为而代人臣之所司,使咎繇不得行其明断,后稷不得施其播殖,则群才失其任,而主上困于役矣。故冕旒垂目,而付之天下。天下皆得其自为,斯乃无为而无不为者也。故上下皆无为矣,但上之无为则用下,下之无为则自用也。(〈天道〉篇注)①

君主不能代人臣司职,因为那样做会使群臣的才智得不到发挥。所以真正的明君,一定不会以自己的作为扰乱天下的自为。与传统的君无为而臣有为的表述不同,郭象提出了"上下皆无为"的思想。当然,如果细加分辨,我们会发现这种表述其实只是君无为而臣有为的另一种表达而已。虽然君主和人臣都要无为,但君主的无为体现为用臣,而臣下的无为则体现为自己发挥作用。

在君臣关系上,郭象引入了一个非常有趣的比喻。他将君臣关系比作工人与斧头的关系:

> 夫工人无为于刻木,而有为于用斧;主上无为于亲事,而有为于用臣。臣能亲事,主能用臣;斧能刻木,工能用斧。各当其能,则天理自然,非有为也。若乃主代臣事,则非主矣;臣秉主用,则非臣矣。故司其任,则上下咸得,而无为之理至矣。(〈天道〉篇注)②

在刻木方面,工人可以说是无为的,而说到运用斧头,他又是有为的。与此相类,君主在具体职能方面是无为的,但在用臣上,却又是有为的。所以,不能过分地拘泥于无为和有为的分别。只要每个人按照自己的"天理自然"来行事,不要刻意而为,其实就是无为了。

能否无为固然取决于人的内在品质,但也受所处地位的限制:

---

① 《南华真经注疏》,第 269 页。
② 同上书,第 268 页。

> 无为之言,不可不察也。夫用天下者,亦有用之为耳。然自得此为,率性而动,故谓之无为也。今之为天下用者,亦自得耳,但居下者亲事,故虽舜禹为臣,犹称有为。(〈天道〉篇注)①

"用天下"的君主,其实也是有种种具体运作的,但这些运作都是"率性而动",所以不能算作有为。而"为天下用"的臣子,也可以自得且逍遥,但因为处在"亲事"的地位上,所以即使有舜禹之德,也不能称作无为。

在具体的选材和用人的问题上,郭象继承了道家因任众人才智的思想。〈胠箧〉篇里引用了《老子》第 45 章的"大巧若拙",对此,郭象注曰:

> 故善用人者,使能方者为方,能圆者为圆,各任其所能,人安其性,不责万民以工倕之巧。故众技以不相能似拙,而天下皆(自)[因其]能则大巧矣。夫用其自能则规矩可弃而妙匠之指可搁也。②

让每个人都能充分地展现自己的才能,而不是强求他们去做力不能及的事情,是用人的根本原则。这一思想既与前面提到的教化观念相合,又是他关于性分自然的思想的延展。

君主在才智、勇力不一定比群臣卓越。唯其如此,那些才能上各有所长、性情各得一偏的人,才能真正地发挥作用:

> (夫)[天]王不材于百官,故百官御其事,而明者为之视,聪者为之听,知者为之谋,勇者为之扞。(夫)[天]何为哉?玄默而已!而群才不失其当,则不材乃材之所至赖也。故天下乐推而不厌,(乘)[臣]万物而无害也。③

此种论调与刘劭《人物志》"中和之质,必平淡无味"的思想实有相通之处。④ 对于君主来说,最重要的不是自己的材与不材,而是能否尽人之材。

4. 治具

郭象并不认为无为之治必然要排斥现实政治中的种种治理工具,如刑、

---

① 《南华真经注疏》,第 269 页。
② 同上书,第 206 页。
③ 同上书,第 95—96 页。
④ 刘劭:《人物志》,郑州:中州古籍出版社,2007 年 4 月,第 33 页。

礼、赏、罚等。这些现实的治理工具对于每一个政治共同体而言，其实都是必不可少的。在这里，认为只要君主能够无心而任物就可以治理好国家，无疑是一种极端到了天真地步的思想。基于一种现实主义的政治理解，郭象在其《庄子注》中尽可能将各种现实的政治工具纳入到他的无为之治的系统当中。

在解释〈大宗师〉的"以刑为体，以礼为翼"时，郭象说：

> 刑者，治之体，非我为。
> 礼者，世之所以自行耳，非我制。①

这里，郭象把无为之治的内涵又一次扩大了。在他看来，无为不是不用刑和礼，而是因任既有的刑和礼。刑是为治之体，礼是当世通行的习俗和规范，并不是君主自己创造的，所以，只要能以平正无私的态度让其发挥客观的作用，仍然可以算作一种无为之政。这样的论说并不能被简单地视为一种折衷主义的态度，而应视为郭象对道家无为思想的丰富和发展。正是郭象的努力，才真正使得道家的无为政治有了在现实社会中具体化的可能。

不仅是刑和礼，赏罚对于郭象的无为政治而言也是不可或缺的。只不过对于赏罚所应发挥的作用和功能，郭象有自己的独特理解：

> 忘赏罚而自善，性命乃大足耳。夫赏罚者，圣王之所以当功过，非以著劝畏也。故理至则遗之，然后至一可反也。而三代以下，遂寻其事迹，故匈匈焉与迹竞逐，终以所寄为事，性命之情何暇而安哉！②

一般说来，赏罚的功能主要是鼓励和禁止。比如，韩非子就认为赏罚是君主的"二柄"，不可假借给他人。③ 这种将赏罚的功能理解为"劝畏"的思想，与郭象的政治哲学是不能相容的。因为，郭象认为理想的治理就是要让每个人都能依照自己的本性来生活，而一旦有了"劝畏"，就会造成对人的天理自然的干扰。这种干扰对于一个朴素安静的社会来说，会带来致命的危害。在郭象看来，赏罚只是功过的自然结果。圣王并不是刻意地要去赏罚，

---

① 《南华真经注疏》，第140页。
② 同上书，第214页。
③ 王先慎：《韩非子集解》，北京：中华书局，1998年7月，第39—42页。

而只是保证了作为功过的自然结果的赏罚能够顺利地实现。当然,尽管赏罚的目的不在于"劝畏",但一旦功过与赏罚关联起来,人们就会自然地走上追逐功业、规避过犯的道路。这样一来,圣王以赏罚来"当功过",最终仍会带来"劝畏"的实际效果。在这里,我们已经触及到了郭象政治哲学的一个根本难题,即无论多么理想的治理,总会带来某种示范的效果。而此种示范的效果最终会引生出种种企羡和效法,从而最终破坏朴素的和谐。

5. 至乐

由无为之政所达到的理想世界,在郭象《庄子注》里被比拟为无声之乐。而此种无声之乐则是乐音的根本:

> 由此观之,知夫至乐者,非音声之谓也,必先顺乎天,应乎人,得于心而适于性,然后发之以声,奏之以曲耳。故《咸池》之乐,必待黄帝之化而后成焉。(〈天运〉篇注)①

这里,将至治之世比拟为无声之乐,应该是受了嵇康《声无哀乐论》的影响。在回答"移风易俗,莫善于乐"何以可能的问题时,嵇康提出了无声之乐的思想:"古之王者,承天理物,必崇简易之教,御无为之治。君静于上,臣顺于下;玄化潜通,天人交泰。枯槁之类,浸育灵液,六合之内,沐浴鸿荒,荡涤尘垢;群生安逸,自求多福;默然从道,怀忠抱义,而不觉其所以然也。和心足于内,和气见于外;故歌以叙志,舞以宣情。然后文之以采章,照之以风雅,播之以八音,感之以太和。……故无声之乐,民之父母也。"②

至治之世并不因其朴素安静而失去了性灵。事实上,在这样一个"天机玄发"的世界里,所有的人和物都浸润在诗意的光辉中。它与任何一种枯槁干瘪的生存样态,都有着本质的差别:

> 自然律吕,以满天地之间。但当顺而不夺,则至乐全[矣]。疏清,天也。浊,地也。阴升阳降,二气调和,故施生万物,和气流布,三光照烛,此谓至乐,无声之声。(〈天运篇〉注)③

---

① 《南华真经注疏》,第291页。
② 《鲁迅辑录古籍丛编》第4卷《嵇康集》,北京:人民文学出版社,1999年,第80—81页。
③ 《南华真经注疏》,第291页。

《中庸》第十二章有这样一段文字:"《诗》云:'鸢飞戾天,鱼跃于渊。'言其上下察也。"朱子在注释中引用了程颢对这一节的解说:"此一节,子思吃紧为人处,活泼泼地,读者其致思焉。"① 这种活泼泼的生活世界,也正是郭象的无为之治的目标所在。在主流的中国哲学传统当中,客观世界的存在始终与主观精神的样态紧密关联。郭象的冥内玄同、绝圣弃智,指向的都是一种更为自足和饱满的精神。在这种自足和饱满的精神的安顿下,人与世界共处于真理性的生存当中。在郭象看来,这也正是《庄子》一书的用心所在。

四 无为之迹与仁义之迹

"迹"与"所以迹"这一对范畴的创发,是郭象政治哲学的一个独到的发明。对此,此前的研究者已有种种阐发和论述。② 然其中犹有未发之覆,有待于进一步深细周详的讨论。"迹"与"所以迹"这一对概念的发明,其根本指向从属于郭象政治哲学的整体目标——丰富和发展道家的无为思想,从而使其更具现实的可能性。有了这对概念,郭象就可以更为顺畅地将不同时代的圣王的功业,统合到无为之治的系统当中。从而也为进一步丰富无为之治的内涵提供了可能。

1. "无迹"与"有迹"

王晓毅在论及郭象政治哲学中的"无迹"和"有迹"的关系时说:"郭象从哲学高度将事物分为'有迹'者与'无迹'者,确切说,是真正的'有迹'者与似乎'有迹'而实际'无迹'者两种类型。……圣人本性空灵,无心、无知、无为——无任何主见地'因循'社会形势和时代精神从事政治活动,同样留下了形迹,但这并不是圣人的真迹,而是臣民自己从事政治活动留下的形迹。所谓社会形势和时代精神,并非宇宙力量,而是臣民本性所决定的共同需求;所谓圣人的政治活动,无非是政策制定与执行,而这些政治活动都是臣民自己进行操作,圣人只是'因循'。人们的错误,便是将自己的政治事

---

① 《四书章句集注》,北京:中华书局,1983年10月,第22—23页。
② 参见汤一介:《郭象与魏晋玄学》,武汉:湖北人民出版社,1983年;余敦康:《魏晋玄学史》;卢国龙:《郭象评传》;王晓毅:《郭象评传》。

迹,误认为是圣人的事迹。"①这段论述没有真正深入郭象思想中"无迹"与"有迹"的复杂关系之中。

在〈让王〉篇注当中,郭象有这样一段关于圣人"无迹"的议论:

> 夫圣人因物之自行,故无迹。然则所谓圣者,我本无迹,故物得其迹,迹得而强名圣,则圣者乃无迹之名也。②

圣人任万物自为,本无形迹,但万物将其得以自为的原因归于圣人的治理,所以,以"圣"这样的名号来赞扬统治者。这里,百姓的"迹得而强名圣"不是"将自己的政治事迹,误认为是圣人的事迹",而是错误地将圣人的无心任物看作了某种仁爱百姓的举动。而实际上,"圣人无爱若镜耳,然而事济于物,故人与之名;若人不相告,则莫知其爱人也"(〈则阳〉篇注)③。圣人没有爱憎之情,像明镜一样无心无为。然而百姓因此而各得其所,所以,人们以为他是爱护百姓的。在一般的人眼中,圣人必是有仁爱之心的人。而郭象却认为,圣人是无心者,因而也就是"无迹"者。

既然圣人是"无迹"者,那又何必要做"迹"与"所以迹"的区分呢? 如果圣人真地"无迹",那么郭象为何要屡屡言及"无为之迹"或"仁爱之迹"呢? 在解释〈应帝王〉中"有虞氏不及泰氏"一句时,郭象注曰:

> 夫有虞氏之与泰氏,皆世事之迹耳,非所以迹者也。所以迹者,无迹也,世孰名之哉! 未之尝名,何胜负之有邪? 然无迹者,乘群变,履万世,世有夷险,故迹有不及也。④

在这里,"无迹"与"所以迹"是同一的。"无迹"其实就是"所以迹"的另一种说法。圣人的"所以迹",是不能用名言来指称和道说的,因此称之为"无迹"。不同时代的圣人的"所以迹"或"无迹"本质上都是相同的,其间没有高下的分别。时世处境的变化,对于圣人的"无迹"没有任何的影响。

由于世人无法了解圣人的"所以迹",只能从因时世的变化而自然产生

---

① 王晓毅:《郭象评传》,第204—205页。
② 《南华真经注疏》,第560页。
③ 同上书,第501页。
④ 同上书,第170页。

的种种外在表现来理解,所以就有了"尧舜帝王"等名号及与之相关的评价上的不同。这些不同从根本上源于世人对圣人的误解。

2. "无为之迹"与"仁义之迹"

圣人的"所以迹"其实就是前面谈到过的"冥内"之德。因为他无心、无我,所以能因任万物之自然。然而,无论圣人怎样无心无为,总会有因应时世而生的种种外在的表现,这些外在表现被郭象称为"无为之迹":

> 自三代以上,实有无为之迹。无为之迹,亦有为者之所尚也,尚之则失其自然之素。故虽圣人有不得已,或以棨夷之事,易垂拱之性,而况悠悠者哉!①

这里,值得注意的是"圣人有不得已"这样的表达。在某些极端的历史处境里,圣人也不得不调整自己的态度,甚至有的时候会以"棨夷之事"替代自己固有的"垂拱之性"。成玄英此处的疏解颇为精到:"棨夷,犹创伤也。言夏禹以风栉雨沐,手足胼胝,以此辛苦之事,易于无为之业。"②郭象将大禹这样"风栉雨沐"的形象纳入到了老庄那里优游无为的圣人形象当中。③ 在郭象看来,圣人必然是无为的,所以,历史上一切圣人都必须被纳入到这样一个理想治理者的谱系当中。这样做的结果无疑极大地丰富了无为思想的内涵。当然,正如我们前面指出的那样,这种拓展本身也有从根本上消解无为的政治路向的可能。

"无为之迹"在世人的眼中,被错误地理解为仁爱之心的外在表现,从而

---

① 《南华真经注疏》,第187—188页。
② 同上书,第188页。
③ 实际上,大禹的定位问题是郭象要面对和解决的难题之一。这个问题的难度一方面是由于大禹栉风沐雨的仁爱形象,另一方面则由于他将帝位传给了自己的儿子。对此,郭象不得不曲为之解:"夫禹时三圣相承,治成德备。功美渐去,故史籍无所载,仲尼不能间,是以虽有天下而不与焉,斯乃有而无之也。故考其时,而禹为最优,计其人,则虽三圣故一尧耳。时无圣人,故天下之心俄然归启,夫至公而居当者,付天下于百姓,取与之非己。故失之不求,得之不辞,忽然而往,侗然而来。是以受非毁于廉节之士而名列于三王,未足怪也。"(《天地》篇注,《南华真经注疏》,第242页)在他看来,大禹并没有传位给自己的儿子。由于当时没有出现另一位可以禅让的圣人,所以大禹听任百姓自己选择,而选择的结果是他的儿子启继承了帝位。《南华真经注疏》的校勘者依据赵谏议本在"是以受非毁于廉节之士而名列于三王"这句话的"而"和"名"两个字中间增补了"已其"二字,我们在引用这段话时,删去了增补的这两个字。

成为"仁义之迹":

> 夫黄帝非为仁义也,直与物冥则仁义之迹自见,迹自见则后世之心必自殉之,是亦黄帝之迹使物撄也。(〈在宥〉篇注)①
>
> 夫与物无伤者,非为仁也,而仁迹行焉;令万理皆当者,非为义也,而义功见焉。②

圣王本无心于天下,所以以"不治"的方式来"治理"。而这种"直与物冥"的无为之治,从外在的表现看,就成了"仁义之迹"。圣人无心而顺物,自然不会给任何事物带来伤害。这本身不是出于仁爱之心,但却被当成了仁爱的流露。圣人让万物各当其理,并不是出于义的原则,但却被看成了义的表现。

我们看到,从"无迹"(或"所以迹")到"无为之迹"、进而变成"仁义之迹"的过程,是圣人本身也无法控制的。不仅作为统治者的圣人如此,有德而无位的孔子也不能免于这样的命运。在〈德充符〉注中,郭象有这样一段议论:"今仲尼非不冥也。顾自然之理,行则影从,言则响应,夫顺物则名迹斯立。而顺物者,非为名也。非为名则至矣,而终不免乎名,则孰能解之哉!"③在这里,在"不得已"面前无力自拔的圣人形象,将《庄子》中"知其不可奈何而安之若命"的思想发挥到了极致。

3. 挠世之具

从"无迹"到"仁义之迹"的必然进程,使得圣人治理天下的根本原则被彻底地误解了。这一误解带来的恶果就是后世君主的企羡和仿效:

> 法圣人者,法其迹耳。夫迹者,已去之物,非应变之具也,奚足尚而执之哉!执成迹以御乎无方,无方至而迹滞矣,所以守国而为人守之也。(〈胠箧〉篇注)④

后世的君主试图效法圣王的治理,但所效法的仅仅是圣人应对时势的

---

① 《南华真经注疏》,第 216 页。
② 同上书,第 187 页。
③ 同上书,第 120 页。
④ 同上书,第 200—201 页。

印迹而已。时世已变，当时圣人的治迹已无法应对今日的情势。固执已成之迹来驾驭无尽的世变，其结果自然是滞碍难通的。

引生后世君主钦慕和效法的，一定是善法美治，而不会是残贼之政。在解释〈骈拇〉篇的"天下莫不奔命于仁义"时，郭象论曰：

> 夫与物无伤者，非为仁也，而仁迹行焉；令万理皆当者，非为义也，而义功见焉。故当而无伤者，非仁义之招也。然而天下奔驰，弃我殉彼，以失其常然。故乱心不由于丑，而恒在美色；挠世不由于恶，而恒（由）[在]仁义。则仁义者，挠天下之具也。①

仁义之挠世，正如美色之乱心。圣人本无心于爱民，但其外在表现却被当成了"爱民之迹"。而"爱民之迹，为民所尚。尚之为爱，爱已伪也"。这样一来，爱民反倒成了"害民之始"（〈徐无鬼〉注）。②

郭象对〈天运〉篇里的"至仁无亲"的思想特加发挥，以此彰显圣人之至仁与世俗所说的仁的区别：

> 无亲者，非薄德之谓也。夫人之一体，非有亲也，而首自在上，足自处下，府藏居内，皮毛在外。外内上下，尊卑贵贱，于其体中，各任其极，而未有亲爱于其间也，然至仁足矣。故五亲六族，贤愚远近，不失[其]分于天下者，理自然也，又奚取于有亲哉！③

这里，郭象以人对身体的态度来比喻圣人的至仁：人对自己身体的各部分并没有刻意的亲疏之别，但身体的各部分却自有上下内外之别。而正因为人的无亲，府藏皮毛才能各得其所。在具体的治理当中，圣人对于五亲六族、贤愚远近，也并没有刻意的分别，只是因任其自然的分位而已。尽管圣人的至仁与世人所谓的仁有着本质的分别，但并不阻止人们坚持他们错误的认识："冥山在乎北极，而南行以观之；至仁在乎无亲，而仁爱以言之。故郢虽见，而愈远冥山；仁孝虽彰，而愈非至理也。"（〈天运〉篇注）④在郭象的

---

① 《南华真经注疏》，第187页。
② 同上书，第472页。
③ 同上书，第288页。
④ 同上书，第289页。

政治哲学里,无论是圣人的"无迹"还是"至仁",都没有办法杜绝世人对其治理之道的误解,以及由此误解而来的种种后果。这里我们要面对的几乎是一个看不到出路的循环:一方面治世必须仰赖于圣人,另一方面,无论圣人怎样无心、无为,也无法阻止这个世界向着背离朴素的方向滑落。要超脱出这个循环,似乎只有出于绝圣一途。

在解释《胠箧》篇中的"圣人生而大盗起"时,郭象思想中"绝圣"的倾向得到了充分展开。正如我们前面指的那样,这种"绝圣"的倾向其实是其思想的固有逻辑的结果,并不仅仅是出于对《庄子》本文的承顺。郭象在这一节注释中这样写道:

> 夫竭唇非以寒齿而齿寒,鲁酒薄非以围邯郸而邯郸围,圣人生非以起大盗而大盗起,此自然相生,必至之势也。夫圣人虽不立尚于物,而亦不能使物不尚也。故人无贵贱,事无真伪,苟效圣法,则天下吞声而闻服之,斯乃盗跖之所至赖而以成其大盗者也。①

对于世人自然而然的企羡非分的倾向,圣人也没法做到"使物不尚"。而企羡仿效之心一旦兴起,最终反而会使"圣法"成了大盗为乱的工具。所以,唯一的解决之道只能是"掊击圣人":"夫圣人者,天下之所尚也。若乃绝其所尚而守其素朴,弃其禁令而代以寡欲,此所以掊击圣人而我素朴自全,纵舍盗贼而彼奸自息也。故古人有言:'闲邪存诚,不在善察;息淫去华,不在严刑。'此之谓也。"(《胠箧》篇注)② 这里所说的"古人"之言,应该是对王弼《老子指略》中的"闲邪在乎存诚,不在善察;息淫在乎去华,不在滋章"的不严格的引用。③ 要杜绝世人的追慕仿效,使人们重归素朴,只有通过"掊击圣人"才能达到。然而,这里的悖论是,在郭象的政治哲学,能够做到这一点的似乎只有圣人。而圣人只要居于统治者的位置,就必然会落入到从"无迹"到"仁义"之迹的必然的历史进程当中。其结果仍然是前面提到的那个看不到出路的循环。

---

① 《南华真经注疏》,第202—203页。
② 同上书,第203页。
③ 楼宇烈:《王弼集校释》,第198页。

五 反冥我极与反冥物极

从前面的讨论当中,我们可以清楚地看到,郭象的理想治世其实只能在有圣人维持的偶然的历史瞬间才能真正实现。而这一实现了的理想治世,最终又必然会在后人对"无为之迹"和"仁义之迹"的仿效中,渐渐地失落。在郭象那里,圣人是天生的,并非后天的努力所能达到:"俱食五谷而独为神人,明神人者非五谷所为,而特禀自然之妙气。"(〈逍遥游〉注)① 这里的"特禀自然之妙气"的表述,应该是受了嵇康《养生论》的影响。② 郭象不仅继承了嵇康的哲学表述,也完整地接受了他关于神仙系出天成、非积学所至的思想。只是将其中的神仙替换成了具有理想人格的神人。而在郭象的哲学话语中,神人与圣人这两个概念基本上是可以互换的。③ 既然圣人不是后天的学习所能达到的,那么,郭象在《庄子注》中构建的政治哲学就仅仅成了对无为而治的空洞想象而已。这样一来,他试图从无为之治中导出现实的政治可能性的种种尝试,意义究竟何在呢?通过更为深细地解读,我们会发现,郭象的《庄子注》还是有告诫和提醒后世的统治的用意:

> 天下皆以不残为善,今均于残生,则虽所殉不同,不足复计也。夫生奚为残、性奚为易哉?皆由乎尚无为之迹也。若知迹之由乎无为而成,则绝尚去甚而反冥我极矣。尧桀将均于自得,君子小人奚辩哉!(〈骈拇〉篇注)④

值得格外留意的是,郭象没有明确指出"若知迹之由乎无为而成"这一句话的主语。从"若知"这一特定的语气看,这句话的主语不可能是圣人,而只能是郭象所要告诫的后世的统治者。理想的无为之政当然只有真正的圣人才能运作,但是在没有圣王的情况下,统治者如果能明白"无为之迹"是由

---

① 《南华真经注疏》,第13页。
② 嵇康在《养生论》中说:"夫神仙虽不目见,然记籍所载,前史所传,较而论之,其有必矣。似特受异气,禀之自然,非积学所能致也。"《鲁迅辑录古籍丛编》第4卷《嵇康集》,第46页。
③ 〈逍遥游〉注云:"此皆寄言耳。夫神人即今所谓圣人也。"(《南华真经注疏》,第12页)
④ 《南华真经注疏》,第189页。

作为"所以迹"的无为产生的,那么,他们就不会再去效法这些外在表现,而转而去效法古代圣王的"无迹"。当然,这在郭象的哲学里也不无困难。因为如果这些并无圣人之德的后世的统治者企图效法圣人的"无迹",这其实就在根本上逾越了他们的本分。这里,我们可能已经将郭象政治哲学推到了他本人也未能明晰的层面。也许,这当中的滞碍难通之处,是郭象的哲学雄心的某种必然的代价。在郭象看来,只要后世的统治者能够仿效圣人的"无迹",做到从根本上去除对"无为之迹"的企羡,就能恰当地回归到自己的性分之内。通过这样的"反冥我极",统治者是有可能无限地接近圣人境界的。

统治者的"反冥我极",会自然而然地引领臣民回返到各自的性分之内。这在郭象的政治哲学话语里,是以"反冥物极"来表达的:

> 夫圣人者,诚能绝圣弃知而反冥物极,物极各冥,则其迹利物之迹也。(〈胠箧〉篇注)①

这一节的论述也有需要疏解的地方。"诚能绝圣弃知而反冥物极"的主语是圣人,而从"诚能"这一用语看,这句话似乎隐含了圣人未必能做到"绝圣弃知"的意思。这与郭象思想的整体显然是不能相容的。唯一可能的解释就是,此处提到的圣人并不是指理想的治理者,而仅仅是一般意义上的统治者的代名词。这里,"反冥物极"是统治者"反冥我极"的结果。万物各安其分、任其自然,理想的治世就在其中了。

六 小 结

经由郭象的努力,道家的无为之政的外延被极大地拓展和丰富了。在他的《庄子注》当中,无为不再是对古代圣王的理想治世的某种诗意的乡愁,而是变成了极富现实可能性的政治进路。这里,"迹"与"所以迹"这一重要的创造发挥了至关重要的作用,使得他可以毫无障碍地将历史上的各种治迹通通纳入到无为的政治范畴当中。当然这样做也有从根本上消泯不同政

---

① 《南华真经注疏》,第 205 页。

治取向之间的限界的危险。而实际上,他的思想中也确有这样的倾向:"尧桀将均于自得,君子小人奚辩哉!"(《骈拇》篇注)① 而且,既然"迹"只是圣人对变化中的时世的顺应,那么,一切暴政也都可以以此为借口,为自己找到正当性的基础。

正如我们前面的讨论中指出的那样,郭象对理想治世的达成是有着宿命般的悲观情绪的。一方面,圣人非后天积学所至,而理想治世的出现在根本上又只能依赖于圣人的无为而治。这就等于是将理想治世的实现归于偶然的天命了。另一方面,即使理想的治世在某个时代偶然地出现了,最终也会在后世统治者对圣人的"无为之迹"的效法中,无可挽回地失落。如果郭象的《庄子注》真的有什么现实的政治指向、而不仅仅是一种清谈之余的戏作的话,那么,他唯一能寄望的就是统治者们能够听从他的告诫,而自觉地做出相应的自我调整和改变。但他的"天性所受,各有本分,不可逃,亦不可加"的本体论思想,又断言了这种自我调整和改变的注定了的限度。

此前的很多研究者,都强调了郭象的政治哲学的批判性格。比如余敦康先生在《魏晋玄学史》中就这样写道:"郭象与阮籍、嵇康不同,不是进行道德的谴责,抒发感情的愤慨,而是从事冷静的理智的分析,去寻找现实的原因。在魏晋玄学中,对君主专制制度弊端的分析,郭象算是最深刻的了。"② 这样的说法,并非全无根据。我们在郭象的《庄子注》中甚至可以找到"专制"这个字眼:

> 己与天下相因而成者也,今以一己而专制天下,则天下塞矣。己岂通哉?故一身既不成,而万方有余丧矣。(《在宥》篇注)③

当然,这里所说的"专制"跟我们今天的政治哲学所谈的"专制"还是有着相当大的差别。此处的"专制",主要是指君主的有为:不能因任百姓之自然,而是勉强人们按照君主自己的构想来生活。郭象的确对历史上的暴政有尖锐的批判,甚至在某些地方流露出对当时的西晋政权的讥刺。如解释

---

① 《南华真经注疏》,第189页。
② 余敦康:《魏晋玄学史》,第369页。
③ 《南华真经注疏》,第225页。

〈天地〉篇"南面之贼也"时,郭象说:"田桓非能杀君,乃资仁义以贼之。"①在这段注释里,郭象引入了本文中没有的田恒弑君的故事,而且强调他的篡弑是假借仁义之名来实现的,这不能不令人联想起西晋王朝的根底来。郭象政治哲学的批判性格是不容否认的,甚至他选择校订和注释《庄子》本身就有某种批判的意味。但如果将这种批判拔高到对君主制度的质疑的层面上,就不免有时代错置之嫌了。

以自然和名教的关系来理解郭象的政治哲学,认为郭象的政治哲学的目标是自然与名教的统一,进而认为郭象要在儒道之间进行折衷和调和,这是一直以来魏晋玄学研究的根本误区。事实上,这一问题意识本身就建立在对嵇康的"越名教而任自然"的思想的误读和夸大之上。从我们前面的细致梳理可以看到,郭象的政治哲学不应被视为任何意义上的调和主义的产物,而应被看作在现实的历史处境当中,道家思想的某种自我发展和调整。

---

① 《南华真经注疏》,第240页。这里的"田桓"当作"田恒"。

《发展的呼唤与回应：哲学视野中的社会发展》

丰子义 著

北京：北京师范大学出版社，2009年7月第1版

诚如本书作者所言，社会发展问题研究如今已然成为一大显学。原因有诸多方面，归结起来有两个方面：一为社会实践的发展需要有新的发展理论；二为发展理论本身在新的历史条件下需要进行重新解读。

本书内容涵盖社会发展理论的诸多方面。全书共分三篇，分别为："发展的理论审视"、"发展的问题探索"和"发展的全球视野"。作者从实践切入发展理论的探讨，进而用新的发展理论关照现实的发展问题，凸显问题意识在理论研究中的关键性作用。

本书是作者多年来对社会发展问题所做的思索、研究的结晶，对于促进和推动当今学界社会发展理论问题的研究具有举足轻重的作用。（荣鑫）

刘因"议论之学自传注疏释出"的思想[*]

蔡方鹿 陈欣雨[**]

提 要：元代理学家刘因在治经学上提出"议论之学自传注疏释出"的思想，把讲心性义理的议论之学建立在汉唐传注疏释的基础上，先"六经"而后"四书"，从中发挥义理；将重心性义理的议论之学与重训诂的传注疏释之学结合起来。并以义理为指导，以经学为主，先经后史，融合各家各派、经史诸子，促进了元代学术的发展。表现出刘因由经学而理学，融会诸家的思想脉络。

关键词：刘因 议论之学 传注疏释 经学 理学

刘因(1249—1293)，与许衡、吴澄，并称为元朝三大儒，元朝重要的理学家、经学家。字梦吉，号静修，雄州容城(今河北容城)人。幼受庭教，从其父刘述学。后南宋儒生砚弥坚教授真定府学，刘因从之受业，受到砚弥坚思想的一定影响。元世祖(忽必烈)至元十九年(1282)召征为承德郎、右赞善大夫，教近侍子弟。未几，以母疾辞归，以教授、著述为业。至元二十九年(1292)，以集贤学士、嘉议大夫征召，因病辞不就。次年卒，年四十五。赠翰林学士、资德大夫、上护军，追封容城郡公，谥文靖，学者称为静修先生。其

---

[*] 本文系国家社会科学基金项目："中国经学与宋明理学研究"(编号：04XZX001)的阶段性研究成果。

[**] 蔡方鹿，1951年生，四川师范大学首席教授、博士生导师，中国哲学与文化研究所所长；陈欣雨，1986年生，四川师范大学中国哲学专业硕士研究生。

著作现存的主要有《静修集》，今《四库全书》本二十五卷，续集三卷，是研究刘因思想的主要资料。刘因另将朱熹有关"四书"的文字加以摘要选编，撰为《四书集义精要》，今《四库全书》本有二十八卷，约10万字，以此可见刘因对朱熹"四书"学的理解和选择，亦可作为研究刘因思想的参考。

刘因早年从砚弥坚先生游，治经学，究训诂疏释之说，但他认为圣人精义，不止于此。后得周敦颐、二程、张载、邵雍、朱熹、吕祖谦等理学家的书而读之，逐步由经学扩展到理学，提出"议论之学自传注疏释出"的思想，即议论之理学出自于传注疏释之汉唐经学。他同时强调经学与理学的联系及发挥理学思想的重要性，其理学思想具有兼容贯通，调和朱陆，沟通心学与理学的倾向。

一 "议论之学自传注疏释出"

刘因作为元代北方学者，其经学体现了有别于宋学和朱学的时代特征和地域特色；同时他作为元代理学家，又具有继承和发展宋学与朱学的思想因素。其时，元世祖忽必烈虽通过武力入主中原，但对中原制度文化则实行"祖述变通"与"效行汉法"的方略，代表汉文化核心内容的理学开始受到重视，并在此基础上，得以继续流传发展。生活在这个时代的刘因，其经学与理学思想正是这个时代及思想的反映。关于刘因思想的形成与演变，《元史·刘因传》称："国子司业砚弥坚教授真定，因从之游，同舍生皆莫能及。初为经学，究训诂疏释之说，辄叹曰：'圣人精义，殆不止此。'及得周、程、张、邵、朱、吕之书，一见能发其微，曰：'我固谓当有是也。'及评其学之所长，而曰：'邵，至大也；周，至精也；程，至正也；朱子，极其大，尽其精，而贯之以正也。'"[①]这表现出刘因治学，由起初的究训诂疏释之说到接受理学，将经学与理学结合起来的过程。但刘因的思想仍与前代理学家及朱熹思想存在着相异之处。这主要表现在：朱熹以"四书"为先、为主，侧重从"四书"中阐发义理，而刘因则以"六经"为先，直接从"六经"阐发义理；刘因并以"议论之学自传注疏释出"的思想与前代理学家不重传注疏释、但凭己意说经的思想区

---

① ［明］宋濂等撰：《元史》，第十三册，北京：中华书局，1976年，第4007—4008页。

别开来。

(一) 重"六经",以"六经"穷天下之理

宋代经学的集大成者朱熹继承二程,以"四书"及"四书"义理之学取代"六经"及"六经"训诂之学,作为整个经学的主体和基础,强调"四书"重于"六经";以"四书"发明道统,为建构和完善理学思想体系作论证;以"四书"阐发义理,其中包含了天理论、心性论、认识论等丰富的哲理。朱熹将以往的"四书"学发展到一个新的高度,从而集"四书"学之大成,革新并改变了中国经学发展的方向,对中国后期封建社会的思想文化产生了重要影响。朱熹认为,"四书"直接体现了圣人之道,而"六经"不过是关于圣人之道的间接材料。他说:"《大学》、《中庸》、《语》、《孟》四书,道理粲然。人只是不去看。若理会得此四书,何书不可读!何理不可究!何事不可处!"①指出"四书"之中包含了儒家圣人之道,掌握了"四书"中的道理,包括"六经"在内的其他任何书都可读懂,亦可穷究事物之理。所以朱熹说:"《语》、《孟》、《中庸》、《大学》是熟饭,看其它经,是打禾为饭。"②强调"四书"比起其他各经来,最能够直接体现孔孟之道,将其比之为"熟饭",而"四书"以外的其他经典,则比之为"打禾为饭",与圣人之道有所间隔,因而"四书"重于"六经"。

朱熹之所以强调"四书"重于"六经",是因为在他看来,《诗》、《书》、《易》、《春秋》等"六经"与圣人本意之间已隔有一两重,乃至三四重公案,所以与其求之于"六经",不如直接从《论语》、《孟子》等"四书"中去领会圣人之旨。他说:

> 某尝说,《诗》、《书》是隔一重两重说,《易》、《春秋》是隔三重四重说。《春秋》义例、《易》爻象,虽是圣人立下,今说者用之,各信己见,然于人伦大纲皆通,但未知曾得圣人当初本意否。……今欲直得圣人本意不差,未须理会"经",先须于《论语》、《孟子》中专意看他。③

这即是说,《论语》、《孟子》直接记载了孔孟之言,传道立说,深得圣人之旨。

---

① [宋]黎靖德编:《朱子语类》,王星贤点校,卷十四,北京:中华书局,1986 年,第 249 页。
② 同上书,卷十九,第 429 页。
③ 同上书,卷一百四,第 2614 页。

通过"专意"读其书,便可掌握圣人本意,即求得儒家圣人之道。而《诗》、《书》、《易》、《春秋》等"六经"并非治经之急务,其本义皆非为阐发义理而作,《诗》、《书》是隔了一两层,《易》、《春秋》是隔了三四层,何况对其解说因人各异,而不知是否符合圣人之本意。因此朱熹指出,如果要探求圣人之道,不须急于理会"六经",只要先从《语》、《孟》中专心领会即可,把"六经"置于从属于《语》、《孟》等"四书"的位置。他以发挥义理的眼光,甚至把自己在治经学上着力较多的《易》与《诗》比作"鸡肋"。他说:"《易》非学者之急务也。某平生也费了些精神理会《易》与《诗》,然其得力则未若《语》、《孟》之多也。《易》与《诗》中所得,似鸡肋焉。"①认为《语》、《孟》所得甚多,《易》、《诗》所得较少,只似鸡肋,可见"四书"的重要性在"六经"之上。并指出:"《语》、《孟》工夫少,得效多;'六经'工夫多,得效少。"②显然认为《论语》、《孟子》等"四书"的重要性和适用效果超过"六经"。

与朱熹思想有所不同,刘因对"六经"则很重视,把"六经"置于"四书"之先的位置。主张学者治学,应先"六经"而后《语》、《孟》,直接从"六经"中穷天下之理。他在为学者陈述读书为学之次第时说:

> 诸生从余问学有年矣,而余梗于他故,不能始卒成夫教育英才之乐,故为陈读书为学之次叙,庶不至于差且紊而败其全材也。先秦三代之书,"六经"、《语》、《孟》为大。世变既下,风俗日坏,学者与世俯仰,莫之致力,欲其材之全,得乎三代之学,大小之次第,先后之品节,虽有余绪,竟亦莫知适从,惟当致力"六经"、《语》、《孟》耳。世人往往以《语》、《孟》为学问之始,而不知《语》、《孟》圣贤之成终者。所谓"博学而详说之,将以反说约者"也。圣贤以是为终,学者以是为始;未说圣贤之详,遽说圣贤之约,不亦背驰矣乎! 所谓"颜状未离于婴孩,高谈已及于性命者"也。虽然,句读训诂,不可不通。惟当熟读,不可强解。优游讽诵,涵咏胸中,虽不明了,以为先入之主可也。必欲明之,不凿则惑耳。"六经"既毕,反而求之,自得之矣。③

---

① [宋]黎靖德编:《朱子语类》,卷一百四,第2614页。
② 同上书,卷十九,第428页。
③ [元]刘因:《静修集》,《续集》卷三,文渊阁四库全书本,〈叙学〉。

虽然刘因认为先秦三代之书，"六经"和《语》、《孟》同样为大，但从大小次第、先后顺序来讲，则应按照"博学而详说之，将以反说约者"的圣贤之教的原则，以"六经"为先，以《语》、《孟》为后。这是因为"六经"为博，而《语》、《孟》为约，治经学应遵循先博后约、博而反约的原则，由"六经"而返于《语》、《孟》。这与朱熹先《语》、《孟》等"四书"，后"六经"的治学次第迥然相异。刘因经典读书的次序，反映了其经学思想与朱学的差异。在刘因看来，"六经"体现了圣人体用本末之学，体用一贯，本末皆举，即穷究天下之理。遵循由《诗》、《书》、《礼》、《春秋》而《易》的治学次第，即可穷天下之理，穷理尽性以至于命，以体现圣人成始而成终之教。而把治《语》、《孟》放在治"六经"之后，强调不得躐等超越，未及"六经"之实，而务性命议论之学；主张只有治"六经"既毕，才能返求之性命自得之学。即把"六经"穷理之学放在优先于《语》、《孟》性命之学的位置。他说：

> 治"六经"必自《诗》始，古之人十三诵《诗》，盖《诗》吟咏情性，感发志意，中和之音在焉。人之不明，血气蔽之耳。《诗》能导情性而开血气，使幼而常闻歌诵之声，长而不失刺美之意，虽有血气，焉得而蔽也。《诗》而后《书》，《书》所谓圣人之情见乎辞者也，即辞以求情，情可得矣。血气既开，情性既得，大本立矣。本立则可以征夫用，用莫大于礼。三代之礼废矣，见于今者，汉儒所集之《礼记》、周公所著之《周礼》也。二书既治，非《春秋》无以断也。《春秋》以天道、王法断天下之事业也。《春秋》既治，则圣人之用见。本诸《诗》以求其情，本诸《书》以求其辞，本诸《礼》以求其节，本诸《春秋》以求其断，然后以《诗》、《书》、《礼》为学之体，《春秋》为学之用，一贯本末具举，天下之理穷，理穷而性尽矣。穷理尽性以至于命，而后学夫《易》。《易》也者，圣人所以成终而成始也。学者于是用心焉。是故《诗》、《书》、《礼》、《乐》不明则不可以学《春秋》，五经不明则不可以学《易》。夫不知其粗者，则其精者岂能知也？迩者未尽，则其远者岂能尽也？学者多好高骛远，求名而遗实，逾分而远探，躐等而力穷，故人异学，家异传，圣人之意晦而不明也。①

---

① 刘因：《叙学》。

刘因针对当时性命之学盛行后出现的弊端，强调治经学先"六经"后《语》、《孟》的次第。在治"六经"上，排列出由《诗》而《书》，而《礼》，而《春秋》，而《易》的治学顺序。指出《诗》能导情性而开血气，《书》则"即辞以求情"，通过治《诗》、《书》，达到得情性而立大本。大本立则求其用，通过治《礼记》、《周礼》二书而达其用。《春秋》以天道、王法断天下之事业，通过治《春秋》即可体现圣人之用。由此本之于《诗》以求其情，本之于《书》以求其辞，本之于《礼》以求其节，本之于《春秋》以求其断。然后以《诗》、《书》、《礼》为学之体，《春秋》为学之用，将本末体用一以贯之，则可穷天下之理。而后通过治《易》达成圣人成终而成始之学。这即是刘因所主张的治"六经"之学的次第和治学思想。与朱熹所主张的"六经"与圣人本意之间已有间隔，不如直接从《论语》、《孟子》等"四书"中去领会圣人之旨的重"四书"轻"六经"，先"四书"而后"六经"的治经路数存在着差异，一定程度上表现出元代经学的特色。这与程朱之学自宋末元初以来盛极一时，并为统治者所用而出现流弊，对其流弊的纠偏有关。随着时代的变迁，刘因强调，治经学应遵循博而后约，由近及远，由粗至精，先"六经"后"四书"的次第和原则，而不得好高骛远，躐等逾分，指出这正是"圣人之意晦而不明"的原因。由此他重视"六经"，从"六经"中求"天下之理"。这与朱熹"四书"重于、先于"六经"，《诗》、《书》、《易》、《春秋》等"六经"并非治经之急务，其本义皆非为阐发义理而作的思想形成对照。

需要指出的是，虽然刘因重视"六经"，以"六经"穷天下之理，但他对《论语》、《孟子》等"四书"并非不重视。他在先"六经"而后"四书"的前提下，亦不忽视《语》、《孟》等"四书"。他对朱熹有关注解"四书"的文字加以整理，标举要领，摘要选编，撰为《四书集义精要》，使朱熹"四书"之说得以在元代继续流传而不惑于歧义。这是刘因重"四书"的表现。

（二）融合汉宋，"议论之学自传注疏释出"

在中国经学发展史上，概括地讲，汉学重训诂，宋学重义理。汉唐经学家延续了重章句训诂的传统，提倡"注不违经，疏不破注"的注疏之学，而不大重视对经书义理的探讨。宋学学者则以讲义理为主，虽然在宋学内部，有理学和非理学等各派的分野，但宋学之于汉学，从其本质特征上讲，是以重义理阐发、轻训诂疏释的义理之学与重章句训诂、繁琐释经的汉唐训诂注疏之学相区别。虽然在汉学中,也有重视义理,注意发挥经典中的微言大义的;在宋学中,也有重训诂考辨的;但大致可以说,重义理,是宋学区别于汉学的显著特征。义理或是训诂注释,是宋学与汉学各自治学的侧重点。刘因在宋学兴起之后,既重视宋学义理和新儒学的天理,又看到宋学学者和理学家以己意解经而忽视训诂疏释,使所讲义理缺乏经文依据的弊病,于是提出了"议论之学自传注疏释出"的思想,把议论之学即心性义理之学建立在对经传训诂考释的基础上,将重心性义理的议论之学与重训诂的传注疏释之学结合起来,体现出融合汉宋的倾向。他说:

> "六经"自火于秦,传注于汉,疏释于唐,议论于宋,日起而日变。学者亦当知其先后,不以彼之言而变吾之良知也。近世学者往往舍传注疏释,便渎诸儒之议论。盖不知议论之学自传注疏释出,特更作正大高明之论尔。传注疏释之于经,十得其六七。宋儒用力之勤,铲伪以真,补其三四而备之也。故必先传注而后疏释,疏释而后议论。始终原委,推索究竟,以己意体察,为之权衡,折之于天理人情之至。勿好新奇,勿好辟异,勿好诋讦,勿生穿凿。平吾心,易吾气,充周隐微,无使亏欠。若发强弩必当穿彻而中的,若论罪囚棒棒见血而得情。毋惨刻,毋细碎,毋诞妄,毋临深以为高,渊实昭旷,开廓恳恻,然后为得也。①

刘因回顾了经学演变的历史,自秦始皇焚书坑儒,儒家经典遭到严重损毁以来,汉代经师为了恢复经典原貌,弄懂经文原义而对经书传文加以注解;其后唐代儒生又对汉代经师的注文加以疏释;至宋代,宋学学者对前代的传注疏释加以议论而阐发义理,即经学的发展演变大致经历了由传注到疏释到议论这样几个发展阶段。从而得出后起的议论之学应建立在先前的传注之学和疏释之学的基础上的观点。由此批评"近世学者"舍传注疏释而发议论的治学倾向,认为这实际是废弃了诸儒之议论,即抽掉了心性义理议论之学的基础。刘因提出的这一思想是对当时宋元以来学者们过分重心性义理而忽视心性义理的来源和根据的流弊的纠偏。刘因指出,阐发心性义理的议论之学出自于汉唐学者的传注疏释之学,是在传注疏释的基础上"更作正大

---

① 刘因:〈叙学〉。

高明之论尔",强调正大高明之论离不开汉唐的传注疏释之学。他认为就整个经学的流传发展而言,传注疏释之学对于经,已经是十得其六七,宋儒又加以发挥,铲伪存真,补充其三四而得以完备。所以治经学必须遵循先传注而后疏释,而后再议论的治学次第,先传注疏释,后发挥议论,这样通过"始终原委,推索究竟",再以己意体察,为之权衡,折衷于天理人情之至,从中阐发心性义理之学。这与其把"六经"置于"四书"之先,主张先"六经"而后《语》、《孟》的思想相一致,体现了刘因治经学把对"六经"的注疏考释放在对"四书"义理的阐发之先的特点。但刘因并不是不重视心性义理,只不过他把讲心性义理的议论之学建立在传注疏释的基础上,体现了刘因由经学而理学的思想发展过程。

尽管刘因提出"议论之学自传注疏释出"的思想,把讲心性义理的议论之学建立在汉唐传注疏释的基础上,但他对忽视义理的记诵词章之学仍提出批评,宣扬"立人道",重视君臣父子之义理。他说:"学《诗》、《书》、《礼》、《乐》者,各以所习之业而祭其先师也,孔子岂《诗》、《书》、《礼》、《乐》专门之师耶?既非《诗》、《书》、《礼》、《乐》专门之师,岂学官所得而私者耶?《诗》、《书》、《礼》、《乐》之官且不得而私,又岂后世俗儒记诵词章者之所得而私也。……孔子立人道者也,今吾之所以为人,君君臣臣父父子子,而不沦胥于禽兽之域者。"①刘因认为学习《诗》、《书》、《礼》、《乐》的人,都是各以其所习之业来祭祀其先师,而孔子并非《诗》、《书》、《礼》、《乐》某一类中的专门之师,所以不应把孔子作为某一门类的先师来加以祭祀,各个门类均不得把孔子"所得而私",孔子应是整个儒学各门类共同的先师。既然《诗》、《书》、《礼》、《乐》之官都不能得而私,那后世的记诵词章的俗儒亦更不能得而私。并指出孔子之学在于立人道,而人之所以为人,在于具备了君臣父子之义理,以此与禽兽区别开来。从重视立人道出发,刘因批评了把注意力仅放在记诵词章的治经倾向上,认为立人道是记诵词章所不能企及的。这体现了刘因以立人道为治经之本的思想。

---

① 刘因:《静修集》,卷十,〈高林重修孔子庙记〉。

二 论经、史、诸子关系

经学与史学的关系，是刘因经学所关注的重要问题。在这个问题上，刘因提出以经为主，先经后史的思想，认为古无经史之分，《诗》、《书》、《春秋》等经皆为史，经史相结合。他要求学者治史，须读全史，要有通史的眼光，考历代废兴之由、邪正之迹，弄懂典章制度文物。并以"六经"旨要立论，取宋儒之议论，即以宋学义理作为判断是非的标准，又不废汉唐，参之以诸子，将经史子集视为一个整体，由此论经论史，体现了刘因经史思想的特色，亦是对朱熹思想的继承和发挥。

朱熹在论经史关系时，主张以经为本，先经后史。他说："读书须是以经为本，而后读史。"①这一思想为刘因所发挥，提出以经为主，而兴废之史迹皆得以正确地权衡判断。他说："'六经'既治，《语》、《孟》既精，而后学史。先立乎其大者，小者弗能夺也。胸中有'六经'、《语》、《孟》为主，彼废兴之迹不吾欺也。如持平衡，如悬明镜，轻重寝飏在吾目中。"②在经史关系上，刘因以经为大，以史为小；经为先，以史为后；以经为主，以史为次，这反映出刘因的经史观。也就是说，学史应放在治"六经"、《语》、《孟》之后，可见治经先于治史。并且应以"六经"、《语》、《孟》为主，以治经为大，则不会被兴衰治乱的史迹所蒙惑，也不会受小的史事的影响。

在以经为主、先经后史的前提下，刘因亦肯定经史的联系，指出古无经史之分，经皆为史，圣人笔削删定古史，史则转化为经。他说："在吾目中，学史亦有次第。古无经史之分，《诗》、《书》、《春秋》皆史也。因圣人删定笔削，立大经大典，即为经也。"③刘因看到经书在圣人删定整理之前，不过是史的一面，如《诗经》乃古代的文学史料，《尚书》亦是记载上古的史实，《春秋》是记载当时鲁国之事的史书等等。这些史书经孔子整理，上升到大经大典的高度，则转化为经。即经的产生，离不开古代的史书。

---

① 黎靖德编：《朱子语类》，卷一百二十二，第2950页。
② 刘因：〈叙学〉。
③ 同上。

对于史书，刘因主张要读全史，以通史的眼光考察历史发展的兴亡治乱，并以"六经"旨要立论，以宋学义理来校正史迹之长短是非，体现了经史、义理与史学的结合。他说："学者必读全史，历代考之，废兴之由、邪正之迹、国体国势、制度文物，坦然明白，时以'六经'旨要立论其间，以试己意。然后取温公之《通鉴》、宋儒之议论校其长短是非。如是可谓之学史矣。"①己意与"六经"旨要之间存在着一定的差异，但时时以"六经"旨要为准，来调整己意；并以司马光的《资治通鉴》之史论和宋儒之议论，即以义理来考察历史发展之迹，判断其是非长短，如此在刘因看来，即谓之学史。这体现了其义理史学的观点，即把义理与史学结合起来。

除了把经学之义理与史学相结合外，刘因还主张吸取诸子之长，融合诸子学及汉唐儒学中的合理因素，为治学提供借鉴。他说：

> 史既治，则读诸子，《老》、《庄》、《列》、《阴符》四书，皆出一律，虽云道家者流，其间有至理存，取其理而不取其寓可也。《素问》一书，虽云医家者流，三代先秦之要典也，学者亦当致力。孙、吴、姜、黄之书，虽云兵家智术战阵之事，亦有名言，不可弃也。荀子议论，过高好奇，致有性恶之说；然其王霸之辨、仁义之言，不可废也。《管子》一书，霸者之略，虽非王道，亦当读也。扬子云《大元》、《法言》，发孔孟遗意，后世或有异论者，以其有性善恶混之说，剧秦美新之论，事莽而篡汉。韩子谓其文颇滞涩，苏子谓艰险之辞，文肤浅之理，而温公甚推重之，以为在孟荀之上，或抑或扬，莫适所定。虽然，取其辞而不取其节可也。贾谊、董仲舒、刘向皆有书，惜其犹有战国纵横之余习，惟董子《三策》明白纯正，孟轲之亚，非刘、贾所企也。文中子生于南北偏驳之后，隋政横流之际，而立教河汾，作成将相，基唐之治，可谓大儒矣；其书成于门弟子董、薛、姚、窦之流，故比拟时有太过，遣辞发问，甚似《论语》；而其格言至论，实汉儒所未道者，亦孟轲氏之亚也。韩子之书，删去靡丽，李唐一代之元气也，与汉氏比隆矣；其诋斥佛老，扶持周孔，亦孟柯氏之亚也。②

---

① 刘因:〈叙学〉。
② 同上。

这里刘因所谓的诸子,除道家、医家、兵家、法家人物外,亦包括了诸多从先秦到汉唐的儒家人物,如荀子、董仲舒、扬雄、王通、韩愈等。其中有不少人为宋代正统理学家所指斥,被排除在"道统"系列之外。而刘因则对他们加以肯定,表现出其不废汉唐的治学倾向。如肯定荀子的王霸之辨、仁义之言,肯定扬雄有可取之处,盛赞董仲舒的《天人三策》,肯定王通发汉儒所未发,赞扬韩愈的斥佛老、扶周孔等等。除肯定为宋代理学家所指斥的儒学人物外,刘因对被正统理学家视为"异端"的诸子也予以适当的吸取,而不一概排斥,如认为老庄道家有"至理"存焉,兵家的名言不可弃,《管子》之书亦当读等等。体现了刘因治学恢弘开阔,吸取众家之长的一面,而不限于狭隘正统的观念。这是刘因与正统理学家的区别,亦是对其流弊的纠偏。

在吸取诸子及汉唐诸儒之长的基础上,刘因对宋代理学及宋学中的人物亦不偏向于某一派,而是兼容并蓄,广收博采,以促进学术的发展。他说:"诸子既治,宋兴以来诸公之书,周、程、张之性理,邵康节之象数,欧、苏、司马之经济,往往肩汉唐而踵三代,尤当致力也。"①强调无论是周敦颐、二程、张载的性理之学,还是邵雍的象数之学,或者是欧阳修、三苏、司马光的经济之学均是继承汉唐、接续三代的有用之学,都应当致力而学习之,而不可偏废。这正与正统理学家排他性的弊端形成对照。

如此,刘因在研治经学的过程中,把经学、史学、诸子学及宋学各派加以整合,在以经学为主、先经后史、重视义理的前提下,融合各家各派、经史诸子,促进了元代学术的发展。他说:"如是而治经治史,如是而读诸子及宋兴诸公书,……大小、长短、浅深、迟速各底于成,则可以为君相,可以为将帅,可以致君为尧舜,可以措天下如泰山之安,时不与志,用不与材,则可以立德,可以立言,著书垂世,可以为大儒,不与草木共朽,碌碌以偷生,孑孑以自存。夫天之至善,坏己之全材也。勖哉诸生,毋替兹命。"②他认为只要掌握了这套治经治史、读诸子及宋儒诸公之书的原则,并将其贯彻到具体的社会实践中,就可实现治国平天下的理想。即使时运不济,不能出而用,也可退而隐,著书立说,立德立言,为一代大儒,不致碌碌无为,埋没一生。刘因以

---

① 刘因:〈叙学〉。
② 同上。

此勉励诸生,不要在日常生活中丢失了自己的使命。

由此我们已经清晰地感受到了刘因的治学路径,他重视"六经",以"六经"为先,以《论语》、《孟子》等"四书"为后,直接从"六经"阐发义理,这与程朱"四书"学,先"四书"而后"六经"的治学次第形成了鲜明的对照。以此出发,刘因提出"议论之学自传注疏释出"的思想,强调议论之理学出自于汉唐传注疏释之学,把理学建立在经学的基础上,而与前代理学家不重传注疏释、但凭己意说经的思想区别开来,体现出刘因学术思想的特点。在研治经学的过程中,刘因还把经学、史学、诸子学及宋学各派加以整合,在以经学为主、先经后史、重视义理的前提下,融合各家各派、经史诸子,促进了元代学术的发展。刘因由经学而理学,融合诸家是为他学术思想的显著特色。

论怀特海哲学对牟宗三的影响

王 锟[*]

提 要：牟宗三深受怀特海哲学的启迪和影响。在研读和绍述怀特海哲学的过程中，牟宗三融会了怀特海的"觉知的因果说"和康德的"知识可能说"，创成颇有特色的知识论。这既使康德的认识论趋向客观化，又使怀特海的知识论避免了"平面化"缺陷。为弥补怀特海哲学道德形而上学的缺失，后期的牟宗三哲学，开始从"现象界"转向"本体界"，他融合儒家的道德生命和康德的道德法则，力图实现道德层面的"见体立极"。

关键词：牟宗三 怀特海 绍述融会 知识论 道德形而上学

学界多提到牟宗三受康德影响颇深，却鲜有人提到怀特海对牟宗三的影响。事实上，要研究牟宗三哲学从前期到后期的转向及其对中国哲学的创见和贡献，就必须追寻牟宗三与怀特海哲学之间的因缘。

20世纪20年代末期，牟宗三进入北京大学哲学系读书，师从张申府、金岳霖研究数理逻辑。他不仅对怀特海、罗素合著的《数学原理》浸淫颇深，而且还超越了罗素的实在论和纯逻辑主义的限制，迷上了怀特海的有机主义哲学。牟宗三说过，他学哲学的第一阶段便喜欢上了怀特海的著作，而且从灵魂深处契会于怀特海，认为怀氏之学实有类于《易经》，所以他读书一面喜

---

[*] 王锟，1973年生，浙江师范大学法政与公共管理学院副教授。

读怀氏书,一面喜《易经》。牟宗三一生非常尊崇怀特海,认为他是当代英美最有成就的哲学家。他指出,怀特海的哲学,熔生物、物理、数学为一炉,把神秘的数学秩序融于神秘的生命底蕴中,把理智融于美学中。它继承了毕达哥拉斯与柏拉图为代表的古希腊传统精神,充满着尊贵气质,具有一个值得称赞的灵魂。为此,他批评20世纪的中国哲学界几十年来大体走以罗素为代表的实在论和纯逻辑主义之路,这不仅使怀特海的哲学在中国不受欢迎,而且使中国人失去原有哲学的解悟力、想象力。① 正是对怀特海的喜爱和长期的浸润,牟宗三成为对怀特海绍介和研究最多的中国哲学家之一。牟宗三研究怀特海哲学,可作两方面说,一是他对怀氏之学的绍介,一是他对怀氏之学的融会和吸收。

一

牟宗三对怀特海的著作可谓了如指掌,他对其数理逻辑名著《数学原理》,对自然哲学著作——《自然之概念》、《自然知识之原则》、《科学与近代世界》,对讲知识论的《象征论》,对讲形而上学的《过程与实在》、《观念的冒险》等著作,都在第一时间获得并仔细研读。其中,怀特海最重要的形而上学著作——《过程与实在》,与康德的《纯粹理性批判》一样,一直是牟宗三案头常阅之书(颇有意味的是,怀特海本人熟读《纯粹理性批判》而到能背诵的地步)。在熟读怀氏著作的基础上,牟宗三相当系统地介绍了怀特海的哲学。

牟宗三先给我们一个理解怀特海哲学的总视点,即从自然哲学出发。他认为,怀特海哲学"将自然只做自然观",直接以自然的事实为对象,完全靠经验的观察,用"描述法"来讲自然哲学。也就是说,怀特海是在自然哲学的基础上,建立其宇宙论以上达希腊哲学传统并进入上帝的。所以,"要了解怀氏之学,首须有自然科学做底子"②。接下来,牟宗三从以下三个方面来介绍怀氏之学:一是对西方形而上学传统的批评,二是基础概念的诠解,三

---

① 牟宗三主讲,蔡仁厚辑录:《人文讲习录》,桂林:广西师范大学出版社,2005年,第132—133页。
② 牟宗三:《人文讲习录》,第132—133页。

是怀特海哲学的问题性入路。

牟宗三认为,对西方形而上学传统的批评,是怀特海早期的哲学工作。首先,怀特海批评了"物质"的概念。怀特海认为,以前哲学中"物质"的概念——如亚里士多德以主谓式表达的"物质的本体",物理学上的"物质"概念,都是抽象的。怀氏认为,前人将抽象之物质概念当作具体之事实,乃是"错置具体之谬误"(The fallacy of misplaced concrete);而真正的实在,是具体而现实的事实。事实是生成的过程,它处在相互关系中。其次,怀特海还批评了空间之点、时间之瞬的观念,认为这种"单纯的定位"是高度理智构造的产物(即认为"空间上的这一点"与"时间上的这一点"自足的,不需要参考其他时空区域来界定)。虽然,自然科学利用抽象的点与瞬能达到某种程度的准确性,但它不是具体的真实,因为时空是相对的、统一的。牟宗三指出,怀特海的时空观,与爱因斯坦和爱丁顿的时空观不同。爱因斯坦以实质的物决定形式的时空,这是物理学的讲法;而爱丁顿重视形式,以时空决定物,这是数理的学说。怀氏对他们的观点都不赞成,认为实物与时空都是被决定的,是后起的,实物与时空都是由代表宇宙最具体、最真实的"活动"所引起。"活动"即"自然之流转",由"自然之流转"引出实物、时间、空间。而相应的,时间、空间之说,就是最具体的"时动关系"与"空扩关系"。用"抽延法"(即扩延抽象的方法)可以从"时动关系"造成时间,从"扩延关系"造成空间。……至于实物,则是有机体在生长发展中的完成或形成。

牟宗三以"自然之流转"引出实物、时间、空间的解释比较模糊。实际上,他所谓的"自然之流转"或"活动",即怀氏所谓的"事物之流变"(flux of thing)或"事件",也就是"事态"(occasion),它是宇宙中最基本的单位。牟宗三的意思是:任何发生的"事态"都在特定的时空之中,而任何"事态"都有其他"事态"与之关联的,而时空只不过是对"事态"在"纵"的关系方面和"横"的关系方面的广延抽象罢了。也就是说,时空是从事态关系中引申而来,因此时空是后起的、构造的。同样,"实物"也就是由诸种事态有机聚合而成。牟宗三还说,从事之扩延关系(此是形式的)向时间、空间方面走,即讲形式的知识,如几何数学;从事之物理关系(此是具体的、实际的)向生长方面走,即讲自然哲学,此即宇宙论。由此,牟宗三转入对怀氏之学基础概念的解释。

牟宗三认为,"事件"与"物相"(object)是怀氏之学的两个基础概念。"事件"是自然宇宙最具体而真实之底子。云行、水流、电磁现象都是事件。事件的因缘生起,因缘生起就是"缘起事",也就是"场",它是事件相互关联形成的环境。由于事件之生起是一下子完成的,可一而不可再,它不可重复认识,所以事件不是认识的对象,然而事件可摄受或领悟。与"事件"相对的是"物相"。"物相"之意义实同于理型、本质或形式,它是可一再认识的对象,故有永恒的意义,也称"永相"。而"物相"随认识的抽象程度,有知觉物相、物理物相和科学物相的层级划分。牟宗三指出,"物相"与柏拉图的"理型"不同,比之于柏拉图的"理型","物相"更为无特殊之规定,更为具体,更为内在,更为美学。

牟宗三说,怀氏之学问题性的入路,就是因果问题。众所周知,因果关系是科学知识的基本条件;科学知识靠归纳,归纳靠因果,科学的客观性依据因果律。然而休谟却说,因果关系只是一种心理习惯,它只是一个心理的幻象,因果律没有客观性。他曾说:科学家相信因果律,如相信上帝,并不能证明。这里的问题是:如果因果律没有客观性,科学便失去了客观性,人类就有陷入怀疑论的危险。休谟之后,因果律就成了西方哲学的大问题。为对付此问题而解救因果律,康德便写了大著《纯粹理性批判》。康德解决该问题的方式是:他把认知主体作为自然世界的立法者,外在自然世界服从内在认知主体的建构原则;因果关系——作为十二个知性范畴中最重要的建构原则之一,它是人们认识世界所必须的方式,不仅是必然的、合理性的,而且作为组织和安排经验材料的原则,它是先验的(即先于感觉经验而不受其影响)。因此在这个意义上,因果律是客观的。以此,康德武断地把因果律当作人认识世界所运用的先验法则,以保住因果律的客观性,这是康德解救因果律的方法。

牟宗三指出,对于因果律问题,怀特海既不赞成休谟,也不赞成康德的观点。为对付此问题,怀特海提出了两种知觉模式:即直接呈现式的知觉和因果效应式的知觉。在怀特海看来,自休谟以来,哲学家对知觉问题都采取直接呈现模式。按照休谟的观点,人们依据感觉认识外界。人有五种感官,眼耳鼻舌身,随之有颜色声音气味软硬冷热等感觉观念。而通过感官获得的感觉是孤立的、零碎的,如我耳闻一声音,眼看一颜色,都是感官的一个直接呈现,这只是一个单纯的感觉现象,因为人本无一感官能感觉到诸现象之间的联系,所以此一感觉现象与彼一感觉现象之间联系找不出来,这就是直接呈现的知觉模式的特点。正是从严格的单纯感觉现象出发,休谟认为一现象与另一现象本身不产生影响,没有直接的关联,如果人们硬说一现象是另一现象的因或果,这只不过是纯粹的"主观联想"。怀特海认为,休谟的这种直接呈现知觉模式是主观主义的,而康德的感官知觉同样是直接呈现的模式,也是主观主义的,只不过他强调作为先验建构原则的"认知心"是一种逻辑的心、理性的心,它具有普遍必然性,因此,康德是一种理性主义的主观主义。牟宗三认为,与休谟、康德不同,怀特海把握因果关系的客观性,是从具体事实讲入、从直接知觉讲入。就直接知觉方面,怀特海大体想从知觉本身将因果效应引出来,使因果性在我们的知觉关系中有其直接的确定性。如人吃砒霜可以致死,吃砒霜与致死两现象,这二者本身有物理学上的动力效应过程在其中。也就是说,该事实具有的因果关系是直接确定的,也是客观存在的。

牟宗三指出,从事实方面,怀特海的因果效应式是要"将有机的自然宇宙之结构与发展解剖出来"①。这句话有点模糊,如果联系怀特海的原意就可以这样理解:在怀特海看来,自然宇宙中的任何现实事物的形成,都是一个历时性的因果效应结构。任何一当前事物的产生,都是先前的事物所引起的,即先前的事物参与了当前事物的形成并对其产生了作用和影响。因此,宇宙中任何一事物的产生都受到先前事物的推动和作用,这是一个因果效应结构,该因果效应在任何事物中都是客观存在的。② 正是通过解剖自然宇宙中每一事物生成的结构和脉络,怀特海从具体事实的效应活动的直接知觉,来肯定因果关系的客观性。

以上是牟宗三对怀特海哲学的绍述,然而,牟宗三并未完全服膺于怀特海。在他看来,怀特海的哲学,虽然"以缘起关系为底,而建立现实宇宙。数学的秩序,几何的布局,尽纳于事之迁流中",它"一体平铺,到处皆如,不偏

---

① 牟宗三:《人文讲习录》,第149页。
② 有关怀特海的"因果效应结构",罗斯有好的论述。参见〔美〕菲利浦·罗斯:《怀特海》,李超杰译,北京:中华书局,2002年,第32—37页。

于我见,亦不偏于法执。物我双忘,主客并遗",真可谓"充实而庄严,光辉而灿烂而圆通"。然而他的哲学系统,目光集中在自然界,只是一个自然哲学,只是一个宇宙论,只是一个现象界,它没有知识论,没有"见体立极",没有建立"大体"、"真体",因此还必须从一体平铺的现象界,上悟大道。① 在牟宗三看来,上悟大道、"见体立极"有两条路:一是认识论的进路,一是道德的进路。

二

从认识论的进路,牟宗三吸收了怀特海因果律问题的讨论成果,同时改造了康德认识论"主观主义"的缺陷,形成自己的知识论,这就转到牟宗三对怀特海哲学的吸收和融会方面了。

20世纪30年代,牟宗三系统地提出了自己的知识论,成为当时最有创见的哲学观点之一。牟氏的知识论,集中表现在他〈觉知的因果说与知识的可能说〉一长文中。该文发表于1937年的《哲学评论》第6卷上,在这篇文章中,他开宗明义地说,本文就是把罗素派的觉知因果说与康德派的知识可能说结合起来以形成一种新的知识论。② 如果通读该文发现,所谓"罗素派的觉知因果说",很少涉及罗素的观点,而主要是吸收、借鉴了怀特海的"因果效应式知觉"说。事实上,牟宗三本人在文章中也承认了。他说:"觉知因果说能证明外界,能证明世界条理。当然我的说法是比较接近于怀特海的。"③这里的"觉知因果说"就是怀特海"因果效应式知觉"(perception in the mode of causal efficacy)的另一种译法。也就是说,牟氏的知识论,实质是把怀特海的因果效应式知觉说与康德派的知识可能说结合起来而形成的一种新解说。后来他曾明确指出:《认知心之批判》(这部讲认识论的书,其核心观点与〈觉知的因果说与知识的可能说〉一致)的理路是康德的,但讲因果律则是吸收了怀特海的观点而从知觉讲入。④ 下面,围绕〈觉知

---

① 牟宗三:《寂寞中的独体》,陈克艰编选,北京:新星出版社,2005年,第90—91页。
② 同上书,第3页。
③ 同上书,第16页。
④ 牟宗三:《人文讲习录》,第149页。

的因果说与知识的可能说〉,我们来具体分析他是如何吸收怀氏观点而成就自己的。

牟宗三讲知识论,首先区分了感觉与思维两种知识。他认为,知识论以"生"或"生之过程"为根本前提。他说,"生"是根本的,"生之过程"是根本的,知识是生之过程中所有事,感觉与思维当然是生之过程中所有事。"生"是牟宗三的元学范畴。那么,"生"是什么?"生"不是抽象的"生命",而是指发生在特定时空中并与其他分子发生关系的一个具体活动或事素(他在文中"生"与"事素"通用)。任何具体的东西,如人、蛆、狗、草、木都是一个"生"。可以说,这里的"生",就是怀特海所谓的"事件"或"现实事态"(actual occasion)。为了不引起混乱,我把"生"都称为"事态"或"事件"。明白了"生"之后,我们来看"感觉是什么"?

与怀特海哲学事物的"相依性原理"一样,牟氏认为,任何特定的"生"都与其他分子发生关系。与一个特定的"生"发生关系的其他诸分子,就是这个特定"生"的关系场,而这个"生"就是这个关系场之"焦点"。作为焦点的这个生,以"肉体"作为与其他分子发生关系的"资具"。这个"资具",在知识方面讲就是"感觉"。一句话,"感觉",就是特定"焦点事态"自身的功能,由于任何"事态"都可以成为特定的焦点,因此说,"感觉"就是任何事态的功能,它是对其他事态发生影响或作用的关系。

牟宗三进一步说,一事态与其他事态发生关系的"感觉",就是"感得"或"摄受"。实际上,"感得"和"摄受",是怀特海所创造的两个重要的范畴。"摄受"是一个事态与其他事态所发生的确定性影响或关系,"感得"就是"正的摄受"(positive prehension),指诸事态对一个焦点事态的内在构成所具有的正面关系或积极贡献作用。牟宗三借怀特海的这一概念来解释"感觉",就是指一个事态与其他事态之间的摄受关系。牟宗三指出,每一个事态都摄受其他事态又被其他事态所摄受。因此,感觉不仅被人这样的高级有机体拥有,而且任何具体的现实存在——如一花、一狗、一石头等都拥有感觉。概括地说,牟氏认为感觉就是事态的流变,是事态之间相互的摄受。他把感觉的生活称为"赤裸的生活",认为它是没有意和价值的生活。

既然"感觉"是焦点事态与其他事态的摄受或影响关系,而事态之间的摄受或影响,会引起焦点事态对感觉世界的主观态度,这个初步的主观态度,牟氏称之为"抵回"。在最复杂的感觉世界里,如在高级的有机体——人中,便有这个主观态度即"抵回"的发生。而这个初步主观态度的发生,就意味着它是走向有意义生活的过渡或媒介。正是通过对初步主观态度的认识、评判和鉴赏,"思维"产生了,同时也产生了有意义生活中的所有事——包括"真妄界"、"善恶界"和"美丑界",这是第二步的主观态度。

必须注意,受康德认识论把感性与知性划分的影响,牟氏严格区分了感觉与思维。他把与"感觉"相关的"赤裸的生活"称为无意义、无价值的生活,把"思维"相关的判断、鉴赏和认识的过程称为有意义的生活,这些观点与怀特海有所不同。因为后期怀特海的形而上学,就是要努力发展出一个审美价值经验的宇宙论,他把事态之间的相互摄受关系看作是有价值的审美关系;不仅如此,他认为这种关系还是获得真正知识的基础。这与牟宗三把事态的摄受关系仅仅看作无意义不同。可见,牟氏没有严格领会怀特海本来的意思,其中悄悄加进了康德的一些观念。

至此,牟氏清晰地指出:"感觉"是作为焦点的事态与外界发生交互关系的结果,是焦点事态与外界的接触或作用。然而,由于焦点事态与外界的接触或作用使得双方都上了呈现焦点,"思维"就是对于上了呈现焦点的客观存在者所进行的理解,其目的是要发现组成存在物的诸事态之间的关系。也就是说,由于"感觉"是焦点事态与外界的接触,这一接触使双方都上了呈现焦点,它表示焦点事态与周围关系场发生了因果作用,而该因果作用都发生在焦点——区域之内。因此,这个因果关系是内在的关系,而且它是一客观的事实,是存在物本身的变化;也正是这个内在的因果关系,它成为人们思维或理解的对象。在此意义上,主观思维与它的理解对象(即内在的因果关系)之间,却是一个外在的关系。所以牟氏说:我们在感觉上主内在关系,在思维上主外在关系。①

区分了"感觉"和"思维"这两种知识,接下来就是要确定知识的对象或知识的"所与"(given)。在讨论知识的对象或"所与"时,牟宗三提出了"纯粹所与"与"现显所与"的概念。在讨论"纯粹所与"与"现显所与"时,他明

---

① 牟宗三:《寂寞中的独体》,第10页。

确说,这大半都是继承怀特海的思想而叙述的。①

"纯粹所与",是与上面所说的内在因果关系相关,它指每一事态与其他事态的摄受或影响关系。然而,每一事态与其他事态的摄受和相互配合,便形成一个结聚,这个结聚有一个"定型"并呈现出"样式";这个"定型"或"样式",就是"现显所与"。而该"定型"或"样式"如果被我们所认知后,则是公共的、不变的,怀特海称之为"永相"(eternal object),牟宗三自己有时称之为"物相"。牟宗三指出,我们认识世界,就是认识世界的条理或"样式",而认识条理,不能不根据"永相"(或"物相")。也就是说,"永相"(或"物相")是认识的对象,我们是通过事态关系之间的结聚所呈现的公共不变的"结构"(定型或格式)来认识世界的。

牟宗三把"物相"分为三种类型:即感觉物相(如声、色、味等)、知觉物相(如石头、桌子等)、科学物相(如电子、原子、质子等)。其中,感觉物相是最根本的物相,它属于事物本身,是作为"焦点事态"的身体感官与其他事态发生内在感觉关系所致。知觉物相是感觉物相之格式间的关系的抽象组合。科学物相是把这种格式间的组合更抽象、更简单化。因此,知识的对象或成立根据是思维对这三种"物相"的解析。

必须指出,在讨论作为知识对象的"物相"时,牟宗三采用了怀特海"永恒客体"的范畴,但又与怀特海"永恒客体"的原意不完全吻合。按照怀特海的观点,"永恒客体"是指人们通过概念性认识的、并不必然指向经验世界的任何具体特殊事物的存在,它是思想领域的"潜能性"或"可能性"。"永恒客体"包括客观的和主观的两类,其中客观类如数学公式或柏拉图的形式,而主观类的如痛苦、快乐、喜欢、厌恶等评价性态度。可以看出,怀特海没有明确把"永恒客体"分为感觉物相、知觉物相、科学物相三类。实际上,牟宗三对"永恒客体"如此分类,是受康德将知识对象进行三分法——即感官的、知觉的和智性知识的影响。由此可见,牟宗三是按照康德的认识论模式来解释"永恒客体"的。

既然知识的对象就是感觉物相、知觉物相、科学物相三种"物相",接下来就是吸收康德"知识可能说"来探讨如何组织知识了。以此,牟宗三批判

---

① 牟宗三:《寂寞中的独体》,第13页。

地改造了康德时空格式和十二范畴,创见性地提出知识必具的三个条件,并以十六个先验范畴来建构和组织知识。① 而就这组织知识的三个条件与十六个先验范畴来说,是他借鉴怀特海、罗素《数学原理》中的"函数关系"推演而来的;这些"函数关系"表达了两个事件集合之间的一切可能关系,实际上也是事态与事态之间复杂感觉关系的抽象演绎。由此可以说,作为抽象而成的知识建构和知识组织的原则,正是客观存在于事态本身之内的感觉关系。

以此,牟宗三在承认事态固有的客观关系的同时,又把这种感觉关系抽象出来,成为建构知识的普遍原则,这既保证了知识的客观性,克服了康德先验认知心的主观主义,又避免了怀特海认识论平面化的缺陷,最终成就了自己的知识论体系。难怪贺麟说:牟宗三的哲学贡献,就是吸收怀特海的宇宙论,使康德的认识论走向客观化。② 或许我们可以接着贺麟说:牟宗三的哲学贡献,就是吸收了康德先验的认知心,为怀特海的认识论"见体立极",使其避免平面化的倾向。

三

在道德进路上的"见体立极",牟宗三是通过"独体"说来表现的。"独体"是什么?牟氏认为,在逻辑上,"独体"可定义如下:设有一群现象共时生起于一背景,而复有一律则将此共时生起之现象统束于一起,而使此群现象相互间发生一内在之关系,因而成一统一之结聚,则此"统一之结聚"即为一"独体"。可以说,作为"统一之结聚"的"独体",就是怀特海所谓的作为"现世事态的聚合体"的一个"现实存在"(actual entity)。

牟宗三还指出,"独体"有以下含义:独体是一个实际存在的概念,它是一个"成为过程",在活动或践履中来表现自己;独体并非如原子那样的最后的单位,而是一"统一的结聚"。每一独体都是一个复杂体。它有"独"与"统一性"两面;统一体自律则言,复杂性自律则所统驭的现象说。律则是共

---

① 有关牟宗三的"三个条件及十六个先验范畴",参见牟宗三:《寂寞中的独体》,第 25—35 页。
② 贺麟:《五十年来的中国哲学》,北京:商务印书馆,2002 年,第 47 页。

相,自律所统驭的现象是殊相。依其复杂性,独体可解体、消灭;依其统一性,又不能消灭。如果没有统一性,就不能成"独体";没有"律则"则根本不能言独体。"律则"可说言隐显,不可说有无。独体有背景。对独体言,背景是同质的;对背景言,独体是异质的。① 牟宗三对"独体"含义的描述,大体同于怀特海对"现实存在"特征的描述,其中有稍许差异,牟宗三似乎更强调"律则"性而不是"事态内在因果性",而怀特海则从"事态内在因果性"之中谈"律则"。②

以上是从一般存在物的层面说明"独体",然而就"人"这个存在物层面,牟宗三独体之意义有三个层次:一是赤裸的生命之情欲冲动;二是生命之智能的烛照与审美欣赏;三是生命之道德的实践与参赞。他认为,赤裸的生命是"生物的独体",它依据"动荡的律则",这只是生命欲望的冲动,没有意义与安顿,这不能使人满意,必须寻找安顿。在人追求意义和安顿的过程中,由于西方传统追求纯粹理智与审美欣赏的方式,重视追求外在理型或对象,并将生命系于外在绝对的对象上而忽视内在的生命,因此这就不能给人生以真正的意义和安顿。相反,儒家生命道德的实践和参赞——即孔子那种承当生命的大担子,并使天地万物"广生大生"的实践,才能安顿生命,赋予生命以意义。也就是说,只有承当了生命,安顿了生命,才可以"见体立极",成就"独体"之表现而不堕落。

正是基于对怀特海哲学认识论和道德论方面缺陷的批评和补救,牟宗三从怀特海哲学转向康德哲学。20世纪40年代以后,牟宗三的哲学研究和创造有了新的转向,即从认识论向道德形而上学、从现象界向本体界的转向。具体地说,他把儒家的道德生命和康德的道德法则融合,实现道德进路上的"见体立极"。然而,这种哲学研究的转向,其基础、动力和契机来自于他前期对怀特海哲学的解悟、融会和批判。如果我们不理解牟宗三之怀特海哲学的因缘,就很难准确理解牟宗三哲学的创见、转向和贡献。

---

① 牟宗三:《寂寞中的独体》,第98—99页。
② 怀特海对"现实存在"的描述,参见〔英〕怀特海:《过程与实在》,杨富斌译,北京:中国城市出版社,2003年,第38—39页。

《记忆的承诺：马克思、本雅明、德里达的历史与政治》

〔加拿大〕弗莱切　著，田明　译

上海：华东师范大学出版社，2009年7月第1版

据 The State University of New York Press, 2005 年版译出

现代性进程是以理性精神为依托，以历史的进步、社会的发展为基调的。然而，这种基调在20世纪遭受到人们普遍的怀疑：所谓资本主义的现代性进程是否就是某些独裁者的意识形态的面纱。本书就是从对这一以进步、发展为基调的现代性进程的反思开始的。

本书从本雅明和德里达的视角来重读马克思，并试图通过这一解读建构自己的哲学话语。全书共分四个部分："本雅明视域中的马克思"、"德里达视域中的马克思"、"暴力批判"、"逝者对生者的企盼"。作者的思想对于我们当下研究现代性问题、历史的进步问题具有很好的借鉴意义。（荣鑫）

徐刚:《孔子之道与论语其书》

北京:北京大学出版社,2009年

孔子其人是历史的,他曾活跃于春秋时代,也逝于春秋时代。孔子其形却是长存的,也是常新的,历史文化的发展与革新,一次又一次把他推向了前沿,让他在各种新的思想学说的包裹下以另一番鲜活的面貌出现于各个不同的时代。"仰之弥高,钻之弥坚",颜回这句对夫子的由衷赞叹,似乎可借以形容孔子形象与思想在整个封建时代的发展倾向。谥号是一种意义特别的封赏,"褒成宣尼公"、"文圣尼父"、"至圣先师"这些名号,让孔子有了高高在上、令人仰望莫及的地位。而历代学者则将孔子思想重新阐释、大加发挥,将其演变得十分深奥和复杂,也在很大程度上偏离了孔子的原意,这其中掺杂进了董仲舒、程颐、朱熹、王阳明等众多人的意思。清代的颜习斋说,呈现在他们眼前的都是宋儒重塑后的孔子形象。孔子一生不得志,深感时运不济,然而,他若知道千百年后因为"夷狄"文化的冲击带给他的厄运的话,是否会为他所处的时代而庆幸呢?五四以来,对孔子及其负载文化的批判是那样激烈,孔子其形又一再被往下拉,偏离历史的地平线。而《论语》一书,因其跟孔子形象的关系最为密切,也被层层解说覆盖,其本义往往被误解。时至今日,当孔子无比辉煌和极端失落的时代形象都已成为过去,又该如何客观地去看待孔子、解读《论语》,一些学者自觉对此进行了反思。他们试图拂去历史的尘埃,站在纯学术的立场,通过分析《论语》文本的原义,还原一个属于春秋时期的真实的孔子形象,以期不"诬古人,惑来者"。北京大学中文系几位先生的著作可称是这方面的代表,如孙钦善先生的《论语本解》、李零先生的《丧家狗:我读论语》以及徐刚先生的这本《孔子之道与论语其书》。

与另两本著作不同,徐刚先生的《孔子之道与论语其书》不是逐字逐章解读《论语》,而是论述性的著作。全书共13章,内容分思想和文本两大部分,方法上正是义理加考据这两大古文献传统研究门路的结合。第一、二章介绍了孔子生活的时代和他的家世生平,为研究孔子思想提供背景知识并梳理源流，指出孔子的思想是深深扎根于当时的传统文化的，他的出生使他采取了三代兼容的文化立场。第三、四、五章集中论述孔子的思想，徐刚先生认为孔子的思想是成体系的，综理各种有关孔子言行的文献，整合其思想的各方面，找出其内在逻辑，并将这种逻辑运用到分析孔子所追求的至善永恒的哲学以及恕以贯之的伦理学中去。第六章介绍《论语》的基本知识，对《论语》的名称、编者、源流、传承都进行了梳理辨析，还特别论述了西方人眼中的孔子。第七、八章分析《论语》传世文本和传统注释的错误，其中不乏精彩的考辨和独到的见解。第九、十、十一章对《论语》一书的内容要点的解释，包括《论语》中隐含的礼制，《论语》中"君子"、"小人"、"志士"、"仁人"、"圣人"、"成人"等重要概念的内涵以及孔门弟子的情况。第十二章为《论语》中的难解之谜，应是徐刚先生本人研究《论语》时对其中一些疑难问题的考证札记。第十三章讲《论语》中所涉孔子的日常生活，包括服饰、饮食、起居、车马、娱乐、疾病等，表面看不过是孔子时代的文化史常识，但作者在这些名物制度的细节问题的考证上还是下了很大工夫的。拜读此书，受益匪浅，且将所得略述一二。

一　构建体系，理清逻辑

孔子曾说："吾道，一以贯之。"但他却从未对自己的思想体系有过完整的表述。后世研究孔子思想的学者，多从其思想的各个方面分别述论。即使是相信孔子思想有完整体系的人，也多是以某个方面为中心（一般是"仁"）去展开分析，如李泽厚在《中国古代思想史论》中认为孔子思想中"仁"的结构是"血缘、心理、人道、人格"组成的"一个以实践（用）理性为特征的思想模式的有机整体"。而徐刚先生此书，正是要在前人研究的基础上对孔子思想的各个方面进一步整合，"努力找出一个有着内部逻辑，相对完整的系统来"。他在寻找这个系统的道路上另辟蹊径，不是以"仁"或"礼"作为核心贯穿起孔子的整个思想体系，而是以"天道"作为孔子思想的出发点和落脚点。而这一判断则是基于《周易》对孔子思想的影响，徐刚先生认为学《易》使得孔子思想走向成熟。"孔子的思想，在晚年有一次很大的转折，就是从仁义礼乐的世俗理论，上升到天道性命的探索。这一转变，应该与他晚年喜读《周易》有关。"这个转变使得孔子为他以往的学说找到了天道、天命的依据，使得孔子思想形成了一个完善的系统并具有思辨色彩。孔子的整个思想体系从天道出发，"性自命出，命自天降"，天道直接影响到人性，再由人性扩大到人伦，进而涉及礼乐规范。人性的中心体现为德，人伦的中心体现为仁和义，礼乐是维持社会伦常的基本保证。而孔子所处的正是礼坏乐崩的时代，他要通过恢复礼乐规范这一环去维持人性、人伦以及社会秩序，使其按照天道运行。为此，孔子提出了正名的手段、中庸和权的原则，以及学习、为政的途径。德、仁、义、礼乐、正名、中庸、权、知等孔子思想的核心概念就按照这样的脉络一一贯穿于这个思想体系之中。而这些概念，都属于世俗社会的范畴。孔子思想中还包含了对鬼神的态度，既敬畏又不依赖，展现出智慧的理性光芒，把思想又从世俗引向宗教，回归到天道。这就是这个思想体系的内在逻辑，"从孔子对于天命的先验认识出发，回归到他对于鬼神的智慧的态度"，"他所谓的礼乐，不但是和谐人类社会的态度，也是沟通人与神的手段"。

二　新材料、新解说

新材料的发掘和运用对于整个文史学术界的意义是众所周知的，而受益最直接的自是非文献学莫属。《论语》之所以会有一些疑案悬而不绝，众多说解聚讼纷纭，"文献不足征"也是一个重要原因。具有古文字学术背景的徐刚先生，充分运用了各种相关的出土文献来重新分析解读《论语》文本，得出了不少新的有价值的结论。如在文本校勘方面，传世本〈为政〉篇"先行其言而后从之"一句本有歧义，导致了后世在训读上的差异。皇侃读为"先行其言，而后从之"，而朱熹读为"先行，其言而后从之"，而此句定州简本作"先行其言从之"，无"而后"二字，徐刚先生认为应据定州简本作"先行，其言从之"才更合理，谓"竹简本才可以代表《论语》的原始面貌，传世本'而后'二字应是误衍"。同时，他还饶有兴味地用当今的出土文献去检验清儒的理校成果，以此作为对前代学者成就最为刺激的挑战。如俞樾认为〈卫灵公〉篇"乐则韶舞"应为"乐则韶武"，王引之认为〈阳货〉篇"三年之丧，期已久矣"应为"三年之丧，其已久矣"，阮元认为〈微子〉篇"明日，子路行以告"

的"行"字是衍文等,都从定州简本中得到了印证,让人在感慨清代学者"辨析之细致、立说之精审"的同时也读出了文献考证的趣味与魅力。在训诂注释方面,如〈雍也〉篇"伯牛有疾,子问之,自牖执其手,曰'亡之,命矣夫!'"这个"亡"字,过去学者都解释为"丧",孔子说伯牛要死了。但定州简本、唐敦煌写本均作"末之命矣夫",《汉书·楚元王传》引作"蔑之命矣夫",由此徐刚先生认为"末"、"蔑"通"勉"字,这三个字在上古音中也正属于同一声部,"勉之"的用法在《左传》中很常见,孔子看望重病的弟子,说出勉励的话也是更为合情合理的。

除了利用新材料,徐刚先生对传世本《论语》的解读颇为持中客观,有不少超越前人旧说、别出心裁之处,如〈乡党〉篇"色斯举矣,翔而后集。曰'山梁雌雉,时哉时哉!'子路共之,三嗅而作。"其中"子路共之,三嗅而作"一句的意思本不甚明朗,郑玄认为是子路抓了给孔子吃,孔子嗅了几下走了,朱熹把"嗅"释为"臭",解释为子路对野鸡拱手作揖,野鸡振翅飞走了,此二说都求之过深,显得比较曲折,反而可能偏离了原意,徐刚先生直接从文本入手,提出是"子路听到孔子称赞那些野鸡'知时',因此喂他们一点食物,但是这些野鸡嗅了几下,就飞走了"。这个解释,正如他自己所述,未必一定正确,但的确最贴近文本,也十分通顺。但对于〈颜渊〉篇:"齐景公问政于孔子,孔子对曰'君君,臣臣、父父、子子。'公曰'善哉!信如君不君,臣不臣,父不父,子不子,虽有粟,吾得而食诸。'"这段话反映了孔子的"正名"的思想,意思很明确,历代注释并无太大争议,一句"善哉"完全可以看出齐景公称赏的态度,而徐刚先生却提出这是齐景公在挖苦孔子说的都是一些废话。这一说法未免证据不足,欠缺说服力。

三 人文关怀

穿过历史的迷雾,徐刚先生眼中看到的孔子形象仍那样高大。他尽可能客观地在春秋时期的历史背景中去记述孔子的生平,但字里行间对孔子所具有的人格魅力、精神内涵和文化意义充满了赞叹,对孔子许以了"文化英雄"之称。本着这般崇敬的态度,徐刚先生把对孔子和《论语》的解读引入到对现实人生的观照上来,追问"我们现在重读孔《论语》,重新与孔子相遇,意欲何为?""无意于对大众进行道德说教,也无意于对孔子给定任何价值判断",却想要为世人展示孔子一生对真理和人类幸福的追寻,并思考这种追寻的精神对于今天为人为学的意义。徐刚先生认为孔子的可贵在于他的现实性——"不仅具有'知其不可而为之'的刚毅不屈的精神,又具有'顺乎天而应乎人'的温和旷达的气质",这种外柔内刚的完美人格对于一般人的精神和心理塑造是很有启发的,这样的人格应是通往幸福人生之路所必备的。而更为可贵之处则是,"孔子以他殉道的一生"所阐释的作为学者的意义,独立自由的思想、高尚的尊严和传承人类精神的理想,这些孔子身上所体现出的学者的灵魂如今已经失落到什么地步了呢?这个问题,既是徐刚先生的扪心自问,也是他对所有想成为学者的人的问难。当今为学之人应该怀揣着这样的问题遥望孔子,对孔子那颗伟大的心灵致敬,同时在这样的敬意中与孔子的灵魂产生一种呼应和共鸣,以此来自勉自励。

综观全书,我们可以看到徐刚先生始终以一种客观、平和的心态去看待孔子,他有意隐去了自我,而文字背后又透露出自己的立场和感情倾向。孔子逝去已两千五百余年,不得夫子亲传面命,后世之人谁又能说他就能写出完全真实的孔子?而这个一定真实的面貌,似乎也不是研究孔子的绝对要义,自司马迁就只能说"读孔子书,想见其为人",如今也只能就古书所记载的孔子言行去进行解读,抛开个人的期望与偏见,去接近历史的真实。而那些细节上的是非对错,就任由别人去评说指摘吧。

(付佳,北京大学中文系 2008 级博士研究生,100871)

向世陵:《理气性心之间——宋明理学的分系与四系》

北京:人民出版社,2008 年

儒学的发展在经历了长期的不景气之后,自宋代开始复兴运动,传统儒学也相应地变为新儒学,是为宋明理学。延续七百年的发展,使得宋明新儒学——理学在整个中国思想学术领域逐渐占据了中心地位,成为近世以来我国传统社会的主导意识形态。但是,宋明理学经历的并非一条直线式的发展路线,而是由陆续出现的众多的思想大家和相应的儒家思想派系共同构成的一个整体性的思潮。宋明理学一直是中国哲学学科确立以来的重要研究领域。在思想家和理学派系的个案研究方面产生了一大批十分重要的研究成果,但在整体理学的分系问题方面,却少有人注意。然而如果是要从整体上来研究这次规模盛大、影响深远的传统儒学复兴运动的话,理学的分系问题无疑是非常重要的。与其说分系是为了叙述思想史的方便,不如说分系代表了思想史整体研究的前沿水平,应该受到研究者的重视。中国人民大学向世陵先生关于宋明理学研究的新著《理气性心之间——宋明理学的分系与四系》,2008年9月入选"国家社科基金成果文库"第三批优秀成果,就宋明理学的分系问题进行了系统考察和深入研究。

全书41万字,除引言和结语外,正文共分八章,包括以性为本观的初期形态;道南学派与性学的创立;"理学"的产生;理学分系的历史考察;当代流行的宋明理学分系;性学的体系与四系之间;性学遗产与学术传承等组成部分。

作为国内外第一部专门讨论宋明理学分系问题的研究专著,纵观本书,笔者认为,至少有以下几个理论贡献是非常明显的:

一 一个被忽视的问题:整体理学何以可能

宋明理学通常被认为是中唐以来儒学复兴运动的产物,但是,就宋初学术发展的实际来看,北宋儒学复兴运动的实际产物是兴起于各地的古文学、涑水学、新学、蜀学(分别以欧阳修、司马光、王安石、三苏等为代表人物)和北宋"五子"的濂学、洛学、关学和先天象数学等,这些学说各自为派,并无后来学术史意义上作为一个整体的理学。而且,在整个宋明时期,活跃在思想领域的儒家学派除了理学之外,尚有其他学派,比如王荆公的新学,陈亮、叶适的事功学派等。本书在系统梳理宋明理学产生历史的基础上,提出了一个至关重要而人们又从来没有注意到的问题,那就是整体理学何以可能的问题,也就是说在不同时间兴起于不同地域的诸家学术何以能被整合成为整体意义上的"理学"。

对于理学做整体观察,早已有之。宋明理学肇始于唐中期韩愈标举儒家道统之说,而不论宋明理学的殿军为王夫之还是刘宗周,从时间上和从名词概念上来看,宋明理学作为在历史上确实发生过的儒学思潮的代名词,其终点确定在明末清初这一阶段是合适的。也就是在明末清初,理学家开始有意识地对中国封建社会后期儒学复兴运动的主要理论思想形态"理学"进行反思和总结。以此为限,我们可以把此前的历史时期称之为宋明理学思想的发源、形成、发展和成熟时期;而在此之后一直到今天,虽然也有作为"接着"宋明理学思潮来"讲"的原创性理学思想产生,但作为一个已经完成的整体,宋明理学开始进入学术史研究的视野,它主要成为学术史研究的对象,这一时期可以称之为宋明理学的学术研究时期。正如向先生指出的,从历史上来看,胡宏是第一个对北宋理学做整体思考的思想家,他虽然并未直接使用"北宋五子"的概念,但在理学史上是他首次将北宋五子作为一个学术整体,从当时众多的思想流派中分别出来,予以集中的表述,而这五位思想家被今天的大多数理学研究者认为是宋明理学产生的标志性人物。随后,多数理学家也都或多或少地阐述过对于理学整体的看法,但因为其各自理论立场的局限性,此等看法多有偏颇之处。进入宋明理学的学术研究时期之后,研究者们对于整体理学进行考察应该成为研究的一个重要内容。事实上,就宋明理学的研究历史来看,在很多相关的研究成果之中,已经包含了研究者对于理学整体的看法,但这些看法众说纷纭,究其根源可以说是忽略了一个对于整体理学来说最为紧要的根本性问题,那就是整体理学何以可能的问题。向先生在书中明确提出并详细论证解答了此问题,这在学术研究史上是第一次,这一点可以说是本书在宋明理学学术研究史上的重要贡献之一。

向先生提出这个问题,意味着他有着对宋明理学作整体研究的高度自觉。对于宋明理学的研究者来说,宋明理学的存在是一个预先设定的前提。但正如本书系统考察的结果,纵观从理学自觉意识产生的明末清初一直到当代的宋明理学研究,这个前提却始终没有得到证明,或者至少可以说没有得到有效的专门的证明。整体理学何以可能这一问题的提出,其在学术思想研究史上,就有如近代欧洲哲学提出科学何以可能、康德提出形而上学何以可能的问题一样,具有根本性的意义。它首先直接关系到宋明理学成为后世认定的完整的学术研究对象是否成立,在何种意义上成立的问题;其次它也提示我们注意到理学与其理论对立面在两个不同层次上的理论分野，一个是在儒学内部，它揭示了宋明理学与当时存在的其他儒家学派之间的最大分野所在；另一个，它揭示了作为当时最主要的儒家思想形态，理学与儒家思想的对立面即佛老两家之间的最大区别所在。宋明理学的真精神、真智慧必然体现在这两个分野上。

回到近几年来学界关于中国哲学合法性的大讨论中来看，整体理学何以可能的问题，可以说是中国哲学何以可能的子问题。本书的努力为我们思考中国哲学何以可能的问题，提供了思路和方法上有益的启示和具体例证。

二 分系并非为了分而分

派系的存在在中国哲学史上是非常明显的事实。大的方面，在中国学术思想的轴心时代，先秦时期有所谓的诸子百家之说，比如《韩非子·显学篇》云："世之显学，儒、墨也。"《庄子·天下篇》讨论当时"道术将为天下裂"的情形时，将"天下"的"百家之学"分成了墨家、宋尹派、彭蒙田骈慎到派、关尹老子派、庄子派和惠施为代表的名家等六派。司马谈《论六家要旨》总结当时的学术而有阴阳、儒、墨、名、法、道德六家的划分。小的方面，在儒学内部，自孔子没后，儒分为八，后来又有思孟学派、荀况之学等。在思想形成发展时期，学派的分野一方面有利于各学派的独立发展；另一方面有利于与其他学派的交流辩驳，对于整体思想界的繁荣发展也是有益的。从最早的学术研究总结著作开始，后人对前人的思想进行总结研究时就必然要进行派系的分别工作。

宋明理学产生时面临的学术思想环境是非常复杂的，本土的传统儒学面临着严重的危机。在思想派别方面，首先存在着非常成熟的历史传统和强大现实影响力的佛道两家，其次还有汉唐一直以来的辞章考据之学等。自韩愈在《原道》中首次提出儒家道统，并认为自孟子之后千百年来，儒家传道谱系既已中断，儒家真精神已然失传。儒家学者开始有意识地拯救这场儒学危机，宋明理学家基本上都在力图承接儒家道统演变前进的谱系。这场拯救与复兴运动延续数百年的历史，其间学派林立，参与人物众多，至少达数千人之多。①

面对如此复杂的研究对象,分系是我们接触宋明理学思想时必然会遇到的问题。本书系统梳理并深入分析了宋明理学研究史上所有重要的分系理论,为我们勾画了一个分系理论的发展史,最后在整体理学的概念下,把宋明理学的分系问题提高到了一个新的理论高度。这个新的高度是建立在对历史上和当代流行的理学分系理论系统梳理和深入分析的基础之上。本书第一次对宋明理学分系的历史、标准和意义等进行了深入研究。

向先生指出,在宋明理学思想的形成时期,总是以地名、人名和师承关系来划分各家思想。以地名划分的,如我们熟悉的濂学、伊洛、关学、闽学、江西之学等;以创始者的名号划分的,如程朱理学、陆王心学等,这是最早的、最简单的,也是最粗糙的理学划分方法,其标准是外在可观的。当宋明理学开始进入到学术史研究时期,即明末清初理学家对理学进行总结之时,学术研究意义上的理学分系逐渐成熟并受到重视。这个时期的分系理论主要以几大学案(《圣学宗传》、《理学宗传》、《宋元学案》、《明儒学案》)为代表,为了学案叙述的方便,在参考地名、人名和师承关系的基础上,注意到了思想理论本身的分野,从大体上把宋明理学分为程朱理学和陆王心学两系。这些早期学术总结著作的作者,自身既是学术史研究专家,同时又是重要的理学思想家,因其自身的理学立场,故在后来学者看来,其对理学家的理论分类和排序具有一定的偏见和不妥之处,此种两系说不足以完全展现宋明理学的整体风貌,如黄宗羲对周汝登的《圣学宗传》和孙奇逢的《理学宗传》的批评,而其实黄宗羲本人也是站在阳明后学的立场上,格外推崇心学一派。此外,向先生此书还对与程朱理学和陆王心学两系说直接相关的朱陆异同之辨与朱陆和会问题进行了详细考察和细致分辨,提出了不少创见。

为了更加真实地展现理学思潮的丰富性和复杂性,以现代学术研究模式对宋明理学进行研究的现当代学者,依据各自的学术研究立场,在传统两系说的基础上,就理学分系问题纷纷提出多种不同的看法。这其中既包括20世纪中期前后的夏君虞、吴康和黄公伟等先生的分系说,也包括冯友兰、

---

① 《宋元学案》一共列出了86个学案、2个党案、2个学略和1个说略,涉及学者达两千人以上;而《明儒学案》共列出17个学案,总叙明代学者210多人。

张岱年、张立文和港台的牟宗三、劳思光等的分系理论。向先生分别从学术立场、研究方法、分系标准、分系成立的根据以及分系的影响等方面,进行了分析评论。他认为,夏、吴、黄三先生的分系理论,"不论在理论的创新性还是思辨的深刻性上,其研究都还表现出尝试和过渡的性质"[①]。而冯先生与两位张先生的宋明理学分系,"由于辩证唯物论的思维方法深入人心,并强调与历史上的唯物论系统相承接,故重点在推出张王气学一系,以弥补长期以来只讲客观之理与主观之心相对待的两系的不足,由此形成为一个三系之间交相作用并前后推进的整体发展链条"[②]。这是值得肯定的。但同时,"气、理、心的三系之分,也有一个重要的不足,那就是在理学的基本概念和理论系统之中,缺少了性概念和性学的地位,从而在恰当反映理学的总体面貌上有所不足"[③]。因此"可以说,缺少性学一系,不但理学学术的研究不可能完整,理学理论形成和发展中的很多关键问题也是说明不了的"[④]。此外,本书还对在港台流行的两个分系理论进行了详细梳理和有力辩驳。生活于海外的现代新儒家代表牟宗三先生,认识到性范畴的价值和"性体"的地位,提出以五峰(胡宏)、蕺山(刘宗周)为代表的最为"圆整饱满"的"心性合一之模型",而与陆王和程朱相并立。但牟先生推崇心性却贬低理气,不承认张王气学一派的存在价值,故所成之理学系统便是有别于大陆学者的另一三系说。而劳思光先生以"重建心性论"作为宋明理学发展的主线,反对牟先生的三系说,提出了一系说。但向先生在详细论证的基础上,认为"劳先生一系说的论据大多难以成立,至于他所反对的二系说、三系说,比起一系说来反倒有更多成立的理由。劳先生不能驳倒牟先生提出的湖湘性学一系,而牟先生与劳先生又都未能正确对待张载气学一系。那么,综合各家之研究,将性学与气学作为独立的理学派别而与传统的程朱、陆王二系相并立,便有余所主张的理学四系说的提出"[⑤]。

向先生指出,"理学的分系虽然在直接层面是分析的结果,但分析总是与

---

① 向世陵:《理气性心之间——宋明理学的分系与四系》,北京:人民出版社,2008年,第212页。
② 同上书,第231页。
③ 同上书,第232页。
④ 同上书,第232页。
⑤ 同上书,第263页。

综合联系在一起的,理学之分为不同学派,是在理学作为整体已经存在的前提下才有可能,分系与整合也就应当作为同一个问题来讨论。或许,前人告诫我们的学术发展走势的'同归殊途',也包含了这一方面的历史教益"①。重新对分系问题进行研究,就意味着对整个理学发展史进行重新梳理。

相比于历史上和当代流行的各种宋明理学分系理论,在整体理学的视野下,本书提出的分系与其说是为了叙述学术思想史的方便,不如说是对于整体理学的内在理论结构的重要认识结果。向先生指出,分系的理论意义在于它不是为了分而分,而是通过分系来说明各部分如何整合成为整体理学,即回答整体理学何以可能的问题。因此分系问题事实上关系到理学的内在结构、理论模型、学术特点和思维风格等,分系理论反映的是研究者对宋明理学的丰富内涵和复杂发展进程的高度概括。

三 分系的新理论：四系说

在系统梳理传统的分系理论,阐明道学、心学、气学基本观点的基础上,本书围绕整体理学的概念,对宋明理学分系问题提出四系说这一新理论,即认为宋明理学应该包括性学与道学、心学、气学四系。

不同于传统分系理论的提出者多是站在理学思想某一派系的立场上,四系说是站在相对客观的、对整体理学的内在逻辑结构的深刻认识的基础之上。正如该书指出的,"性学与道学、心学、气学四系的提出,目的在弥补两大三系说或漏掉性学或否定气学的不足,以便更准确地反映和更恰当地解释宋明理学的理论体系及其历史发展"②。

性学作为理学四系之一的提出,是建立在对宋明理学兴起、发展、成熟不同时期的性论发展史系统梳理的基础之上的。首先向先生梳理了唐至胡宏时期儒家的性论发展历史,他认为佛教的心性理论在推动理学家转向对心性本体的追问起了非常关键的作用;接着他重点讨论了胡宏创立的以性为本的性学体系,即湖湘性学;此外他还探讨了性学与四系并立互动之机

---

① 向世陵:《理气性心之间——宋明理学的分系与四系》,北京:人民出版社,2008年,第276页。
② 同上书,第265页。

制,对于性学与理学、性学与心学、性学与气学之间的相互影响、相互发明的内在逻辑做出了令人信服的论证。在这些讨论的基础上,向先生抓住胡宏性学体系在理学史上的一个标志性成果,对四系说进行了非常精彩的论证。

向先生认为,胡宏的性学是性与天道论在经历了上千年的延续和发展之后,开始以自身为中心进行自觉的理论创造。其理论要旨,从本体论方面说,是重在论证以性为本;其基本的标志,就在于抓住天命"全体"和古人为学之"大体",这种"全体"和"大体"意识可以说是胡宏"学成有立"的最重要的标志。这一标志性成果,作为理学学术创造的重要组成部分,最终使理学区别于"世儒"和佛老之学:后两者或沉溺于章句、寥落斯文而不能提举出"大体";或背违纲常、别谈精妙而割裂性命之"全体",从而只能成为胡宏坚守的以"性命理"学为标志的"儒门大业"必须要超越的对象。更重要的是,在理学学术已经兴起的情况下,只有在阐明"全体"和"大体"的观念下,才能使以性为本的性学,既是相对独立的理学派别,又能成为贯通各学、构成整体理学的中介和枢纽。在这层意义上,本书提出以理、气、性、心四大基本范畴为标志的道学(程朱理学)、气学、性学和心学的四系说,只有这样才能完整揭示宋明理学的内在理论结构。①

在此四系说的基本框架下,我们可以发现一个完整的整体理学:以性与天道为核心,以"复性"为主线,以理气性心为最基本的理学范畴。从整体学术看,大体包括道学(程朱理学)、气学、性学和心学四系;从本体论架构看,是理本论、气本论、性本论和心本论;而从经典命题来看,则可以说是性即理、气即理(性)、理即性和心即理(性);同时,性范畴作为贯通各系的枢纽,一性通贯理学的"全体",并且此四系之间相互发明。这样就令人信服地解答了本书提出的整体理学何以可能的问题。

因性学的师徒传承在南宋后期便颇有不继,于是如何看待性学思想的后世继承和影响便成为重要问题。对此,该书提出一种新的观点:"就理学四系来看,各自学术的传承有不同的情况,大致可以分为比较严密的师徒传承型与相对松散的前后思想认同型两类。"②围绕着湖湘性学的两个代表性

---

① 向世陵:《理气性心之间——宋明理学的分系与四系》,第266—274页。
② 同上书,第331页。

观点"以性为本"与"性无善恶",通过对元明清时期各相关学派思想的深入辨析,认为元明清学者不论是讲性理、性心还是性气,都在不同程度上对性学思想进行了选择取舍。一方面,这使得性学学术在与不同的思想体系的相互磨合中得以传延不衰,因此,和程朱、陆王两系的严密的师徒传承型相比,元明清学者对湖湘性学的继承属于相对松散的前后思想认同型,在这个意义上,不少历来归属于道学系的思想家,也在一定程度上成了性学的传人;另一方面也说明,性学学术不再局限于某个特定的学派,而是演化为一种公共资源,不同学者在对这一公共资源的选择和采撷中,形成和完善了自己的体系,从而推动了整个时代学术的发展。应该说,这样的论述是符合思想发展史实际情况的。

在思想史上,一个思想流派不会因为严格的师徒传承关系中断而彻底消失。相反,它的思想遗产逐渐成为后世思想创新时可资使用的公共思想资源,它通过松散的前后思想认同式的传承模式在后世获得新的生命力,对后世思想的发展产生影响。相对松散的前后思想认同型的学术传承模式的提出,其根据在于不同思想理论之间内在的家族相似性。这与该书着重从整体理学的内在逻辑结构出发考察分系问题一样,在思路上具有一致性,为我们进行学术思想史的研究提供了一种非常有意义的新的分析模式。

(邓庆平,江西师范大学政法学院讲师,330022)

王中江:《近代中国思维方式演变的趋势》

成都:四川人民出版社,2008 年

鸦片战争之前的中国社会,总体上可以说是以儒家思想为核心,建立起来的具有逻辑一致性的观念——秩序系统;也就是说,经过儒家与道家、佛教等先后出现的思想系统之间的对抗和吸收,这些系统中的观念逐渐渗透到中国社会秩序和大众生活的方方面面。这样,在对自然、社会和日常生活世界的理解中,形成了一系列被认为"理所当然"的观念和生活态度。这些"理所当然"中所包含的"理",就是我们的"思维方式"。

思维方式的形成是渐进的,润物细无声的,它构成了文明形态的基调。无论是社会风俗、制度法规,还是物质性文化成就,如建筑、园林等,都可以若隐若现地看到一个民族、国家的思维方式所发挥的内在作用。当然,思维方式不会是凝固不变的,因为它终究是人们应对问题的手段。不同的历史时期,因为所遭受的挑战不同,便有了不同的应对方式,其背后的理据也就会产生相应的一些变化。如果缺乏不同类型的思维方式的挑战,那么思维方式的自我变革会是缓慢的"微调"式。比如,先秦时期中国思维方式的定型,本身是不同的文化整合的结果;而魏晋宋明时期思维方式的变化,主要来自于佛教的冲击。我们很难设想,如果没有佛教的传入,宋明道学会以心性之学作为其关键的理路。

在曼海姆看来,冲突和竞争是文化现象的一个基本特征。正是这样的竞争,使得在人们的观念中,形成了对不同文化是主导或附庸、优异或低劣的不同评价,并使居于劣势的文化群产生连带性的全面社会危机。鸦片战争后中国社会所经历的便是这样的情形。鸦片战争的失败,带来的是人们对于中国文化的深层反思。由此得出的一个重要的结论就是"变",按康有为的说法,"能变则全,全变则强,小变仍亡"。变革成为近代中国的一个关键词。然而,在纷杂的社会变革主张和实践背后,我们能发现变革的主调就是思维方式的变革:按照汪晖的说法就是由"天理"向"公理"的转化。这样的转化意味着中国传统社会所依赖的合法性依据已经由天道人心转变为以实证科学为基础的"公理"。经由进化论的洗礼,"公理"被扩展到一切社会领域。由此,西方的政治法律原则也被上升到"公理"成为中国社会变革的方向。

这样的讨论依然略显抽象,所以王中江在展开他对于近代中国思维方式的演变这样一个主题的思考的时候,聚焦的问题集中在中国的"世界观"的转变,也就是近代中国是如何重构他们对于我们生活的世界秩序的理解模式的。王中江在其新著《近代中国思维方式演变的趋势》一书中,通过对近代以来,中国面对西方时产生的条约制度、《万国公法》的翻译、进化世界观的接受等问题的讨论,给我们展现了传统的中华帝国在进入民族国家体系之后,产生的"公理与强权"、"传统与现代"、"中国与西方"之间的紧张关系,为近年来日趋兴旺的近代研究提供了一个新的视角。与较早出版的汪晖的《现代中国思想的兴起》一书一样,在缜密的细节研究基础上,作者展开了他对近代中国的独特理解。

一 《万国公法》,中国融入世界之迷惘

"中国"之名由来已久,但是,它一直以来并不是"国家"的名称。先秦时,"中国"这一称谓指称的是中华族类全体之民族与文化统一的观念,呈现的是诸夏列邦和周围邻国之间以文化发展程度为依据的"天下秩序"。在这个秩序中,"中国"不仅标志着地理上的世界中心,还意味着文明和教化的先进。中国与周边国家的关系是以"宗主国对藩邦"为基本架构和以"怀柔对朝贡"为机能的世界体系和秩序。① 所以"中国数千年历史上,无国际之名词,而中国之人民,亦惟有世界观念,而无国家观念。此无他,以为中国以外,无所谓世界,中国以外,亦无所谓国家。盖中国即世界,世界即中国,一而二二而一者也"②。但是,鸦片战争的失败使得理所当然的华夷秩序无法继续维持。虽然,在官方的文件中,我们依然保持了"夷"的用语,但是,中国的精英群体已经了解到中国所要面对的是一个新的国际格局,尽管那时候还不了解这是"民族国家"体系。他们认识到中国只是世界许多国家之中的一个,而且中国必须遵守新的规则,即使这些规则很不合理,严重地损害了中华帝国的权利。

为了获得一个公平地处理内外事务的资格,中国必须"在新的世界体系中重新确立自己的国家身份和国际关系"③。具体地说,国家身份的确立是一个"转化"。汪晖说:"中国的国家建设基本上是一个帝国向主权国家的

---

① 王中江:《近代中国思维方式演变的趋势》,成都:四川人民出版社,2008年,第371页。
② [清]杨度:〈金铁主义说〉,载《杨度集》,长沙:湖南人民出版社,1986年,第214页。
③ 王中江:《近代中国思维方式演变趋势》"总论",第368页。按汪晖的表述,这样的确立过程可以分为两个方面:"一方面,通过进入民族—国家体系将原有的帝国体制改造成为主权国家的模式,另一方面,承认原有朝贡国的主权国家的身份和平等地位,将中国置于国家体系之中。"汪晖:《现代中国思想的兴起》,上卷,第二部,北京:三联书店,2004年,第706—707页。

自我转化过程,从而如何保持中央权力以维持国家的统一、如何将社会成员从特定的地缘关系中解放出来并组织成为主权国家的权利主体,如何在不同地区和文化的认同之间形成平等的和具有各自特点的政治结构,势必成为中国政治制度、法律体系、区域关系和公民权利问题的基本问题。"①

由于新的国际秩序是由西方新兴的国家建立的,出于掠夺资源等殖民活动目的,这些新规则的制定者在指责中华帝国没有遵守这些规则的时候,根本无意以平等的立场来对待我们。对此,当时中国的有识之士已经洞若观火,杨度认为国际法就是一个强权的法则,每当他们以一个新的方式消灭一个国家,在国际法上就增添一个规则。"自吾论之,则今日有文明国而无文明世界,今世各国对于内则皆文明,对于外则皆野蛮,对于内惟理是言,对于外惟力是视。故自其国而言之,则文明之国也;自世界而言之,则野蛮之世界也。何以见之?则即其国内法、国际法之区别而可以见之。"②所以,康有为等人意识到,在西方强权的压力之下,要保护国家的权利只有一条路,就是以国家的强力来抵抗霸国主义,否则,国将无以为国。他说:"当竞争之世,霸国主义之时,国欲自立,而内无精练之陆军,外无相当之铁舰,则以子产、俾斯麦为外部大臣,庸有幸乎? 夫国家者无道德,惟示强力。既无强力,何以拒外,则惟有隐缩退让而已。夫国而隐退让为事,一切听命于人,这不得为国矣。"③然而,"强力"之建设需要一个漫长的过程,远水难解近渴,所以在"自强"的过程中,寻求平等和主权完整成为维护国家利益的重要手段。在这样的复杂背景下,"国际法"成为中国人寻求国家间平等关系的一个"幻想"。

国际法的起源是欧洲国家之间相互关系的确立,"明确地承认其他国家的合法性,承认凡是国家都无权以其他国家为代价来普遍推行自己的行政原则和法律。……不过,与此同时它又是'无政府'的原则,因为每一个国家在其自身的主权获得承认时,也须承认其他国家具有独立的主权领域"④。可以说,国际法体系是对早期帝国与属国之间的类似朝贡关系的超越。在

---

① 汪晖:《现代中国思想的兴起》,上卷,第825页。
② 杨度:〈金铁主义说〉,第218页。
③ [清]康有为:〈物质救国论〉,载《康有为政论集》上,北京:中华书局,1998年,第568—569页。
④ 〔英〕吉登斯:《民族—国家与暴力》,胡余泽、赵力涛译,北京:三联书店,1998年,第109页。

形成于欧洲国家之间的国际法体系出现之前,"早期帝国之间的条约或朝贡关系的礼仪协定并不奠基于一种'国际法'之上,它们或者是力量对比、文化交往的产物,或者是内部关系的扩展。当涉及帝国之间的关系时,帝国之间的缔约是力量对比和对相互规范的认可的产物"①。

西方列强借口中国不在公法体系之内,所以无法以公法对待中国,进而强迫中国签订许多不平等条约,有鉴于此,许多有识之士试图通过公法的引入而保障国家的权利。对此,汪晖和王中江都将丁韪良翻译《万国公法》作为一个重要的案例,讨论中国人试图从《万国公法》中寻求国家间的"公理"的希望。丁韪良将当时也被称作《万国律例》的国际法最终定名为《万国公法》。将一部国际法冠之以"公法"之名,王中江认为,其深意在于要强调该法律的普遍有效性,同时也要突出"善意"和"正义"的意味。汪晖似乎更侧重从实际的作用来看待丁韪良翻译《国际法》的动机,汪晖认为丁之翻译动机并不是像他自己所说的是要"补中国所无",而是有更深层的原因:"第一是实际的,即以欧洲国际法为准则确立中国与西方之间的交往规范;第二是理念的,即力图将欧洲的自然法原理普遍化,从而让中国人在这一普遍主义原理的前提下接受欧洲'国际法'的合法性。"②

但是,无论丁韪良的动机何在,包括郭嵩焘、郑观应在内的朝野人士均对引入"公法"抱有期待。对此陈其璋的奏议中说得明白:"公法一书,本性理而定,即有诸国不能改一语,则我恃公法即可知各国之不能不从。徒以我中国不事远图,我不肯处于公法之中,彼亦不列我于公法之内,一旦有事,只能以空言辩驳,未能折服其心,岂能钳制其口。居今日而力图补救,惟有请旨饬下总理衙门,将《万国公法》一书悉心参考,如果与交涉全局有益,即与各国立约,并知照李鸿章就近与各国外部当面议定,嗣后不得视中国在公法之外,一切事件,均照公法而行。如此,则各国不能肆其志,而我自有之权,我得而主之,彼不得而操之,实居于此矣。"③在中国无法与西方进行实力较量的情况下,中国人越发期待有一部能够公平对待世界各国的法律。如果

---

① 汪晖:《现代中国思想的兴起》,上卷,第二部,第691页。
② 同上书,第710页。
③ [清]陈其璋:〈请与各国订明同列万国公法疏〉,《皇清道咸同光奏议》卷十六。

说康有为、杨度等人提倡物质救国和"金铁主义"是侧重以国家实力制约强权的话,对于《万国公法》的期待则侧重于国际"公理"保障国家的力量,由此形成了强权主义和公理主义的两极性的思维。

但是,在强力和公理均无法现实化的境况下,中国人的思维世界是矛盾而复杂的。对于《万国公法》,晚清人士存在着二重化的思维倾向,他们承认《万国公法》作为国际法律规范具有正义性的同时,又认识到了《万国公法》因受现实制约而被扭曲和践踏。事实上,西方列强也是有意将中国不了解和不执行国际法作为践踏中国主权的一个借口。由于他们并没有将中国视为文明国家,从而也就认定中国没有资格享受国际公法这个"文明世界"的规则。对此张之洞是了解的,他指出那些以为公法可以依赖的想法是幼稚的。"夫权力相等,则有公法。强弱不侔,法于何有?古来列国相持之世,其说曰:力均角勇,勇均角智,未闻有法以束之也。今日五洲各国之交际,小国与大国交不同,两国与中国交又不同,即如进口税,主人为政,中国不然也;富商受中国约束,中国不然也。各国通商,只及海口,不入内河,中国不然也。华洋商民相杀,一重一轻,交涉之案,西人会审,各国所无也。不得与于万国公法,奚暇与我讲公法哉?"①事实上,19世纪欧洲国家与亚洲、非洲的政治实体在国际法名义下所签订的一系列条约,其实质就是将这些政治实体的领土、主权和利益在"合法"的名义下转移到欧洲国家手里。王中江指出,按照国际法,签订国际条约是不同国家之间的自愿行为,彼此间的权力和义务是对等的;但实际上,近代中国几乎所有的条约都是被武力胁迫的结果,这就使被迫签订条约的一方完全失去了对等的资格,出现了"治外法权"、"片面最惠国待遇"、"协定关税"甚至"领土占领"的现象。西方列强所坚持的是他们自己设定的标准,因而所有的限制似乎只针对中国人,他们自己则可以享受无限的权利。

公理主义和强权主义两极性思维的纠缠,很深刻地呈现了近代中国在面对外部世界秩序时的矛盾处境。晚清的中国人,并不是要拒绝世界秩序,但是强势的西方文化所奉行的强权逻辑使中国人的内心深处存有深刻的矛盾。当他们将公理作为建立世界秩序和处理国际关系的理想准则加以运用

---

① [清]张之洞:《劝学篇》,郑州:中州古籍出版社,1998年,第165页。

时,外部的世界被理想化为是正义、平等、道德、人道、符合自然法的,但现实中的世界却是霸道、战争、暴力、控制、掠夺和征服。因此,中国人对于世界秩序的追求会幻灭并转变为对于强权逻辑的认同,特别是当他们接受进化论这样的观念的时候。比如梁启超说:"自有天演以来,即有竞争,有竞争则有优劣,有优劣则有胜败,于是强权之义,虽非公理而不得不成为公理。"①

对于近代中国的解读,我们一般接受的是"落后就要挨打"或清政府"闭关锁国"这种带有政治意味的解读,而这样的解读事实上是将强权政治合法化,变相承认了殖民行为的正当性,是典型的西方中心主义的解读。近来西方许多历史学家试图抛弃这样的"成见",建立起以中国为解释方式的新的观念,如柯文《从中国发现历史》和何伟亚的《怀柔远人》等作品是此类观点的代表性作品。在王中江的分析中,我们也可以看出类似的倾向,也就是要抛弃传统的地域中心主义而建立超越性的更为"正义"的视角。

对此,王中江有两个观点值得关注:第一,清帝国本身也是一个"帝国体系",这一体系是以"宗主国对藩邦"为基本构架和以"怀柔对朝贡"为机能的世界体系和秩序,清帝国位于这一体系的中心并作为上方之国扮演着"天下共主"的角色。② 所以,晚清中国与外部世界的战争实际上是两种不同的帝国主义试图垄断国际权力而进行的争夺。按照中国自身的规则,开放广州口岸已经属于"开恩",他们拒绝西方的贸易要求,即使是按照现代的国际准则来说,也是属于一个主权国家的正当权力。虽然,建立在夷夏逻辑基础上的国际交往准则和受控制的贸易制度有很强的单边主义色彩,但是清帝国"有权利对贸易作出各种限制,也有权利随时中止贸易关系"③。所以,喜欢以殖民主义者的立场来分析中国近代历史的人,一般将鸦片战争看作是自由贸易和闭关锁国的政策之间的冲突,事实上是英国试图将中国强制性地纳入由他们操控的贸易体系中,并不惜采取不道德交易和军事胁迫的手段。第二,清帝国和外来的帝国之间的冲突,是两种文明体系之间的冲突。"一个是以新工业技术武装起来的近代军队,是由新兴的民族国家和以欧洲

---

① 梁启超:〈国家思想变迁异同论〉,载《梁启超选集》,上海:上海人民出版社,1984年,第191页。
② 王中江:《近代中国思维方式演变的趋势》,第371页。
③ 同上书,第372页。

国际法来维持的国际关系,是以市场为主导的商品经济制度;而另一个则仍然是未经分化的以农业为中心自给自足的国家,是传统延伸下来的中心对边缘的宗藩国际关系。"①王中江认为,并不能将文明体系之间的差别简单地归结为"传统"与"现代",因为中国之进入世界体系是西方殖民主义者武力胁迫的结果,而"现代"又是由西方来"定义"的,因此,"传统"成为"拒绝现代化"的"传统",而"现代化"又成为反叛"传统"的"现代化"。这种处境对中国这样的文明体系来说存在着天然的"意义困境",而以西方为标准的线性的文明发展方向否认了"多元的现代性"的可能,也就忽视了不同类型的文明体系在现代世界发挥其独特作用的可能性。

二 公理的泛化和科学主义的魅影

中国传统的思维方式中,始终坚持一种普遍主义的倾向,最典型的表述就是"四海之内","人同此心,心同此理",但是这个"理"指的是"天理"。而从上文可以看出,对于"公法"的追慕背后呈现出的则是对于"公理"的崇信,这个公理和天理之间有什么差别呢?

其实由"天理"到"公理",表征出的就是中国近代思维方式的变化之大趋势。在汪晖看来,"在国家体制的改革过程中,一种新的、以实证主义的科学观念为核心的公理概念上升为能够为政治、道德和认识过程提供合理性和合法性的至高范畴。在这一公理观的支撑下,改革的士大夫和知识分子用一种新的科学宇宙观和社会学说对天理世界观进行全面地批判,并最终在意识形态上和知识体制上取而代之"②。汪晖认为,天理世界观代表着一种将物质关系和利益关系看作一种道德关系和形而上关系的倾向,这样的倾向必须面对建立在实证科学基础上的现代思维方式即公理观念的挑战。

的确,"公理"是适应中国近代知识界向现代转换而出现的一个核心观念。"它既是一切新的各种知识和学说的同义语,又是能彰显新知识、新学

---

① 王中江:《近代中国思维方式演变的趋势》,第 373 页。
② 汪晖:《现代中国思想的兴起》,上卷,第一部,第 51 页。

说共同特征和优越性的象征;它既是社会资源的动员力量,又是政治变革行动合法性的基础。"①但是,王中江发现,这个以实证科学为主要特征的"公理",在中国人的观念中却发生了一种奇怪的转变;也就是说近代中国人热衷于给各种自然和社会的原理冠以"公理"之名,但是将这些认识上升为公理所需要的实证过程,却不是我们真正关心的。"'公理'作为一种普遍的原理、法则和科学知识,是要通过认知来把握的。但是,通观起来,中国近代知识界对'公理'的认知问题,整体上并不关心,许多运用这一知识符号的人,只是肯定'公理'是普遍的原理、真理就止步了,至于'公理'的认知问题就完全处在他们视野之外。"②近代的知识分子相信,社会现象与自然现象一样,人们也可以最终获得关于它的普遍可靠性的知识。这样,"公理"便很吊诡地被泛化为无须证明的前提,并适用于一切领域。或许我们可以这么说,近代中国人视野中的"公理"带有浓厚的"天理"的影子。由此,公理成为中国近代知识界论证一切目标的合法性的根本范式。比如,对于何以要提倡科学知识和科学方法,何以要主张进化、自由、民主这样的问题,论证的方式是简之又简,一句话,这些目标符合公理。我们可以看到许多政治立场迥异,论证手段各不相同的论说,其背后的逻辑却是一致的,即他们都宣称是在将某种公理现实化。比如,"在维新派那里,'变法'这一社会政治改革要求之所以正当,是通过'公理'得到其合法性论证的。同样,在革命派那里,革命和暗杀之所以正当,也是'公理'所给予的最具权威的支持"③。然而,公理主义者并不在意"公理"之间彼此的冲突,也不顾及公理所需要的实证支持,在病急乱投医的窘境中,将"公理"信仰化。

王中江认为,"公理合理主义"已经为随后的"科学合理主义"准备了观念基础,并在20世纪初"科学"这一术语逐渐通行,成为"现代知识和学科的垄断性用语,'公理'则成为科学之下每一门学科的普遍知识、学说和原理的统称"④。虽然,我们已经用更为西化的"科学"取代了中国色彩浓厚的"公理",但其背后的思维方式并没有发生变化,依旧是以一种信仰式的态度来

---

① 王中江:〈"公理"普遍主义的诉求及其泛化效应〉,《近代中国思维方式演变的趋势》,第364页。
② 同上书,第356页。
③ 同上书,第363页。
④ 王中江:〈近代中国思维方式演变趋势总论〉,《近代中国思维方式演变的趋势》,第407页。

对待科学,科学合理主义只是公理泛化的逻辑延伸而已。第一是对科学作为普遍有效方法和科学精神的进一步自觉,相信科学方法是所有学问的方法典范。因此科学的方法和精神也变成了普遍的规范和尺度。第二是相信科学有无限的能量。比如胡适宣称,科学为人类增加了无限的信心和能力,人类完全能够通过科学建立起人间美好生活。科学成为"现代人的宗教"。第三是将科学价值化,科学成为判断和衡量价值和道德的根据及标准。人们所要建立的不仅是"道德科学",而且是"科学道德";不仅是"人生观的科学",而且是"科学的人生观"[1]。由此可见科学主义在传播科学的同时,也日益将科学信仰化。到新文化运动开始,中国传统日益成为科学的对立面。当陈独秀呼唤"德先生"和"赛先生"的时候,他设定的对立面是中国传统,也就是他要通过呼唤民主来反对中国传统的专制统治,通过呼唤科学来反对中国传统的愚昧和迷信。本文的重点并不是反思五四新文化运动的得失,但是从陈独秀、胡适他们的思维方式来看,他们潜在的理路明显是"科学主义"。虽然"势有必至"但"理不必然"。

毫无疑问,中国近代的科学主义受到了当时在西方流行的唯科学主义的影响。受资本主义发展刺激而蓬勃发展的现代科学,在西方社会解构传统的宗教信仰的"魅力"的时候,却继承了宗教式的思维方式,科学主义者"把所有的实在都置于自然秩序之内,并相信仅有科学的方法才能认识这种秩序的所有方面"[2]。很显然,科学主义在西方语境中的对立面是曾经统治一切的宗教传统和"封建贵族"制度,而在中国社会,宗教的力量始终只是世俗力量的补充,儒家传统本身具有很强的"理性化"倾向,反对"怪力乱神"。中国传统的皇权主义与西方的政治制度也差别甚大,所以当新文化运动将西方的科学主义移植到中国的时候,事实上对中国传统进行了以西方为摹本的"再塑造"。

近代中国发生过许多论战,包括胡适和梁漱溟关于东西文化的论战、张君劢和丁文江关于科学和人生观的论战,以及随后关于中国社会性质的论战,在这些论战中,科学派几乎都占据了上风,甚至政治性的论说也

---

[1] 王中江:《近代中国思维方式演变趋势总论》,第407—411页。
[2] 〔美〕郭颖颐:《中国现代思想中的唯科学主义》,雷颐译,南京:江苏人民出版社,1995年,第17页。

以"科学"作为其合法性和正确性的自明的基础。1940年毛泽东在〈新民主义论〉中说:"新民主主义的文化是科学的。它是反对一切封建思想和迷信思想,主张实事求是,主张客观真理,主张理论和实践一致的。在这点上,中国无产阶级的科学思想能够和中国还有进步性的资产阶级的唯物论者和自然科学家,建立反帝反封建的统一战线;但决不能和任何反动的唯心论建立统一战线。"①这样的论说显然是继承了五四新文化运动的传统,但是却进一步将"科学"视为"无产阶级"的立场、"唯物论"和"唯心论"的分界线。

近代以来,西方的观念日益被中国人所接受,并转化为批评和重新解释中国自身传统的重要工具。从对"公理"的泛化到"科学主义"的形成中,我们则可以看到将西方思想的普遍化和自身传统的本土化的定势,并借此淡化19世纪中期以来尖锐的华夷、中西、新旧之间的紧张。但是当"科学主义"掩盖了科学精神和科学自身特性的时候,科学并没有成为中国现代思维方式的真正组成部分。可能是因为"救亡压倒了启蒙",可能是因为在强权和公理的较量中迷茫失措。国家的积弱需要意志的力量,但是真正的实力提升却需要理性的方略。近代中国的思维困境正在于"意志"和"理性"的交错,由此,中国在进入"世界的中国"的时候,既失去了对于自身思维传统即普遍性的自信,也没有形成以科学和实证为基础的新思维方式。

王中江的研究领域广泛,但是近代研究一直是他用力甚勤的,从早期的严复与福泽渝吉的比较研究、2002年出版的《进化主义在中国》到2008年的《近代中国思维方式演变的趋势》,他核心的关怀都在于如何理解中国的当下,从而为中国的发展提供价值和方法上的支持,而这也正是现时代知识分子的使命。

(干春松,中国人民大学哲学院教授,100872)

---

① 毛泽东:〈新民主主义论〉,载《毛泽东选集》,北京:人民出版社,1952年,第679页。

〔韩〕崔英辰:《韩国儒学思想研究》

邢丽菊 译,北京:东方出版社,2008年

自两千多年前孔子创立儒家思想始,儒家思想因其切近人性、人心,切近人的日常生活而成为人伦日用之道;因其良善文明的政治主张而成为统治者用以标明贤德开明的治国方略;因其高迈超越的性命天道而成为独具特色的形上哲学。儒家思想不仅影响了传统中国的政治、文化、艺术、经济、社会所有方面,而且传播影响到韩国、日本、越南等国家和地区,形成了"东亚儒家文化圈"。同时由于各国社会情况不同,思想文化基础存在差异,东亚各国对儒教思想的接受和理解也不尽相同,从而形成了韩国儒学、日本儒学、越南儒学等不同于中国儒学的形态。

"如我们所知,韩国是东亚汉字文化圈中最好地保存了儒教传统的国家,以家族主义为核心的儒家思想的德目规范至今在韩国社会中发挥着重要的作用,并成为人们现实生活的行为规范。几乎所有的韩国人都很遵守孝这一规范。"(《韩国儒学思想研究》,第2页。本文以下引文均出自本书,只注页码)几乎所有的韩国家庭(族)都把祭祖作为家庭大事并按《朱子家礼》所记载的仪式进行;几乎所有韩国人的婚礼都依儒家婚姻六礼的模式举行;几乎所有的韩国人都把"君臣父子夫妇长幼朋友之大伦、修身齐家治国平天下之大经"、"忠孝仁爱、信义和平"等儒教的基本理念作为立身行事之本。虽然,在近代化的过程中,在西洋文明的强烈冲击下,韩国也曾出现过激烈批判和否定儒教的所谓"儒教亡国论",认为只有抛弃儒教,韩国才能走向近代化的提法。特别是战后韩国按美国政治模式建国,取消儒教的国教地位,在官方意识形态方面淡化儒教色彩,但儒教在韩国却从未中断和真正淡化。这一切的根源是什么?韩国儒教研究重镇——成均馆大学崔英辰教授的《韩国儒学思想研究》给我们做出了令人信服的说明。

一 韩国儒教有自己的理论体系

韩国儒学源于中国儒学,特别是朱子的性理学,但并非是对中国儒学

或朱子性理学的简单移植和原样照搬,而是结合韩国固有的思想文化资源,对儒家思想进行本土化也就是"韩化"。"朝鲜士大夫们吸收中国的朱熹学,并将其作为国家的统治理念,发展成为朝鲜性理学。同时他们还吸收了朱熹学中所提出的理想社会思想及政治制度,创造了十七八世纪的儒教式国家。朝鲜王朝能够延续500余年稳定国政的理由也在于此。"(第119页)

崔英辰教授在《韩国儒学思想研究》中篇"朝鲜时期儒学思想的发展"中以"问题"为关节点,深入分析了"儒教思想的本质在朝鲜时代的历史大环境下是如何发展并重新构成为韩国思想的"。崔教授从韩国古代神话传说与原始思维中发掘出与儒家思想相契合的"对立项的和合统一"的原始思想,认为朝鲜半岛的学者和统治者们本着"道不远人,人无异国"的理念广泛吸收、折中各种思想,包括儒家思想。崔教授简洁地勾画了朝鲜半岛上儒学思想的发展。三国时代(相当于我们的东汉)随着汉字传入,儒家伦理意识也传入朝鲜半岛,"而且与当时社会的规范制度实现了折中性的结合"。到"高丽末期朝鲜初期,随着由古代社会向中世社会的转换,儒家的制度和规范得以确立"(第122页),并在韩国近世社会变革中起了决定性的作用,当时的社会主导力量士大夫们"吸收了当时先进的思想——朱熹学,并且实现了由贵族中心的中世社会向以士大夫中心的近世社会的历史转换"(第122页)。朱熹的性理学在这一历史转换中被士大夫们作为理论依据,并"实现本土化",在批判佛老虚无的同时把朱熹的性理学定为实学,形成著名的"四端七情论",代表人物为退溪和栗谷。退溪把"四七论"解释为"传统的朱熹学没有提到的一种独特的学说。性理学的特征是把人心和社会、自然用理气论来解释,并且确立其形而上学的根据。朱熹在人心的三个层面即心、性、情中,与性相关的问题用理气论来研究,平生致力于确立道德性的形而上学的基础。与此相比,退溪则主要致力于'情'的问题"(第128页)。栗谷不同意退溪的观点而主张"四端七情"既有价值论的差异又有存在论的同一。一些反对"四端七情"的学者也提出了各自的观点,相互间展开了学术论辩。"四端七情成为关注的焦点说明了随着对朱熹学研究的深入,儒学者研究的重点开始从形而上的本体之性逐渐转向其作用的情。"(第128—129页)这一学术论辩的影响是经退溪和栗谷发展的性理学到17世纪后期成为引领韩国社会前进的指导理念。

继"四端七情论"之后,韩国学者在将朱熹学韩国本土化的过程中又提出了"人物性异论"和"圣凡心不同论"。其"主题是由心出发,并发展到性。人与人以及人与自然的关系成为讨论的中心,'同'与'异'成为关键词。'同'与'异'也是实学思想中的重要概念"。而实学"不仅从哲学学问的角度上致力于性理学研究,而且也依据朱熹的经世论展开了土地制度、身份制度等等改革",可以说,实学学风是"随着士人们对变化的社会现实的直观认识和社会责任感的觉醒而逐渐被推动、发展"的(第144页),是对性理学的批判性发展。

1876年后,韩国也被卷入"被牵引的"近代,"胸怀儒学理念的知识人面对西方近代化的冲击,采取了斥邪卫正论、东道西器论、文明开化论等积极的对应方式,多方面探求并实践救国方案。在这过程中也确立了新的儒学理论"(第152页)。

在崔英辰教授史论结合的论述中,我们清晰地看到韩国儒学发展的内在脉络和逻辑。那就是:一、韩国儒学始终注重本土化和实践化。韩国在接受中国儒学的过程中总是从自身背景和现实出发,对中国儒学进行诠释和实践。正如崔英辰教授所指出的:"朝鲜士大夫们在实践儒学理念的过程中,用朱熹学的语言和理论来解释并克服当时社会的问题,同时也对朱熹学进行了重新构建,发展成为朝鲜性理学。表面看起来非常纯粹的哲学论争的背后包含着许多政治矛盾和冲突。"(第149页)二、韩国儒学注重进化与开放。韩国儒学虽然学派之间有严格的门户界限,在讨论问题时严守学派观点,但对问题本身则是进化与开放的,始终保持对时代变迁的敏感性,依据时代要求改变儒学的关注点。如实学的产生就是在对当时"共同的现实的认识基础上,超越了党派、学派和阶层的知识人之间"(第144页)交流的结果。三、韩国儒学注重"细致的挖掘人的内面心性"(第1页),注重人性、道德性的探讨并"追求实现这种道德性的现实制度和力量"(第149页),形成了典型的"儒教社会"。

二 韩国儒教具有民间性

韩国不仅是世界上最早输入儒文化的国家,而且在某种意义上讲,它是比儒学的诞生地中国更加遵从儒家文化的国家,"这与历史上的朝鲜时期,儒教作为国家的统治理念在政治、经济、文化、艺术等方面发挥了指导性作用大有相关"(第3页)。这种指导作用无疑也指导到民间,影响到民风民俗,因为"大传统"对"小传统"有指导、规范的作用,而"传统的意识和习俗在本质上具有延续性"。在《韩国儒学思想研究》下篇中,崔英辰教授给我们揭示了韩国儒教绵延不绝的另一深刻原因——韩国儒教的民间性。

在第九章"韩国社会的儒教传统与家族主义"中,崔英辰教授分析了儒教民间性构成的基本要件——家庭(族)。在"儒教家族主义的本质"一节中,崔教授指出:"儒教是以人类最基本的共同体——家族为基础的。"而家族是以"父子有亲"和"夫妇有别"所规定的关系性伦理规范和方法论为基础的。这里崔教授提出了一个对我们非常有启示的观点:儒教家族主义的方法论。"儒家的家庭重视方法论,它要求将在家庭内部形成的血缘的、自然的爱施及他人。家庭伦理其本身不是目的,而是为了实践社会伦理的方法。"(第404页)前几年国内曾对儒家家庭(血亲)伦理展开过一次探讨,一些学者认为儒家的血亲伦理导致了当下中国政治和社会中一些问题的产生,如贪污腐败;儒家的家庭伦理禁锢、压抑了人的个性,造成中国人缺乏独立的自我意识等。当然也有一些学者对此加以反驳,对相同的经典、相同的伦理条目做出正面积极的解释,但感觉只是就事论事的争论。而崔教授的"方法论"的提法,不仅超越了对儒家家庭伦理正负面、积极消极的简单机械的理解模式,而且发掘出了儒家家庭伦理的合理性和客观性价值。崔教授认为儒教的家族利己主义不是儒教共同体主义影响的结果,而是家庭二重性所致。作为方法论的儒教家族主义伦理,对个人层次上的家族中心主义的态度和行为所带来的对社会层次上的他者家族的排斥,以及由此产生的矛盾和"反社会性"是极为警戒的,所谓"先公后私"、"天理人欲"、"人心道心"等都是为了保证方法的有效性而提出的。可以说儒教家族主义伦理自身具有克服反社会的机制。儒教家族伦理与社会性不存在对立与冲突。以儒教家族伦理的重要德目之一孝为例,"在一项以现役军人为对象开展的与孝相关联的15个问题与服役态度的问卷调查显示,越是对父母极尽孝心的将兵,军队服役的态度也越好,对国家也越忠诚"(第390页)。

"在现代韩国社会,这种儒教式的孝并不是传统时代遗留的垃圾产物,而是人们日常生活中所经历的现在式规范。政府为了继承和奖励孝行文化专门制定了《孝行奖励法》,而且还委托专家学者研究孝文化的实践方案。每逢到了父母节,大众歌手都举办以孝为主题的音乐会,企业也掀起以孝为经营理念的战略热潮。关于孝的舆论调查结果再次证明了孝文化在韩国社会的重要性。"(第408页)权威性调查结果显示,"韩国是儒教国家中孝思想内在化最好的国家,家族纽带意识最为强烈"(第409页)。即使在产业化、城市化迅猛发展的今天,表面看来家族的存在理由和意识弱化了,但"实证性调查研究则表明产业化反而强化了家族纽带和团结。韩国产业化的特殊性就在于它不但没有阻碍朝鲜时代已经制度化的家族中心主义的价值观,反而促进了其发展"(第411页)。当然,现时代的家族形态、功能和伦理也都发生了很大的变化,甚至因为高离婚、低出生率而使家族解体。但浓浓的人情味、整个社会如同秩序井然的大家庭,仍是儒教家族主义影响下的韩国社会的主体风貌。

三 儒教自身的开放性

儒学迄今历经了古代(奴隶社会、农业社会)、中世(封建社会、农业社会)、近世(半殖民地半封建、农业为主的工业社会)、现代(产业社会、工商社会)。在漫长的历史长河中,儒学在不同性质的社会国家里,与其他思想展开过"争鸣",接受过佛老的挑战,成功地实现了儒释道的融合,近百年面对西方的冲击,也曾经并正在进行着积极的努力,可见,儒学是一个开放的体系,它不断地因应时代与社会的变化而调整自己、发展自己、完善自己,因而才保有两千多年的常存长青。在《韩国儒学思想研究》上篇中,崔教授对此进行了独到的分析。

"儒学的真理观:以道、则为中心",考察了中国古代天、帝的观念和春秋时期的社会背景,认为:"在中国古代,真理是帝天的命令(帝命、天命)以及理法化的'帝之则'、'天则',当其内在化时便成为万事万物的'当然之则'。"(第6—7页)当其内在于人时,便成为人之性。此即《中庸》的"天命之谓性"。从"儒学的目的在于建立道德世界,而道德秩序又立基于自然秩序"(第3页)的立场出发,可以推论出"儒家的根本理论是以人的本性为媒介,依据天道来确立人道(人伦秩序)"(第8页)。在儒家看来,天道是以"对待性"为本,以"中"为指向的反复运行而"生生不已"的创生运动,天道的这种好生之德落实到人身上就是仁,是人的"不忍人之心"。人尽此心,以此"心为媒介来同参他者的生命,并完整的扩延之",就是"'至高善',是体得天地之大德——生的人的正确位置,也是人的当为"(第13页)。崔教授认为这就是儒家的真理,他概括为:形式层面的"道、则(矩)",内容层面的"对待律(中)和仁(生命性)"。

从真理观的角度分析理解儒家的天道心性之学在中国学术界尚不多见,这里涉及儒家思想的定位问题。崔教授首先把儒家思想定位为一种真理观,然后分析其真理性及其依据,为我们提供了一个新的视角。

在"中的逻辑"中,崔教授对儒家思想的重要概念"中"同样做出了有新意的解释。他在承认"中"作为儒家传统的最高德目和人的心性乃至世界的根本的同时,把"中"作为儒家的思维逻辑,看成是构成儒家思想的方法和正统性的依据。

我们都知道,在中国古代文献中"中"是在与"两端"、"四方"、"圆周"的关系中确立的,是以周边或周围的关系性为前提,而不是与他者绝缘而独立存在的。儒家将其作为构成思想体系的思维逻辑主要表现为《周易》以阴阳对待的逻辑的"中"建构儒家的天命性道的形而上学体系;《中庸》以"中和"、"中道"建构人的道德世界和宇宙秩序;《尚书》、《论语》、《孟子》等中以"执中"、"用中"来建构政治秩序。通过对中国古代儒家典籍的分析,崔教授得出结论:"中"的逻辑"依据阴阳对应的均衡关系而成立,以否定'不偏不倚,无过不及'的形式性概念定义的'无固着性'为前提,以'时中'为运用,依据根据情况而'时中'的人都主体道德性的确立而实现"(第38页)。所以,"中"是"儒学中最高的德目和实践原理,同时也是儒家思维的文法,即逻辑"(第38页)。

把"中"理解为儒家思想的思维逻辑的意义不仅仅是对"中"的含义的拓展,而且是对完善儒家思想体系的一种尝试。因为以往研究儒家思想多是针对儒家思想的某个方面、某个命题、某个人物、某个学派、某部经典等的研究,即使是研究儒家思想通史也只是将上述问题按年代、学派、人物和问题串联起来,很少对儒家思想的内在思维逻辑进行研究,这也是招致一些研究西方哲学的学者质疑的地方。也正是在这个意义上说,崔教授把"中"作为儒家思想的思维逻辑对完善儒家思想研究有建设性的意义。

在"孝:身的形而上学"的文题中,已经透露给我们一个新的信息,"孝"不仅仅是儒家伦理的一个家庭德目,而且是"身"的形而上的表现形式。所谓的"身""不仅是血肉之躯(肉体性存在),而且也包含着'性命'"(第46页),即意义性的存在。而"孝"不只是孝亲,也是在实践"性命"之理(也可以理解为"天命"),是"事天地"。"换言之,孝这一家族伦理应该超越家族的封闭空间,升华为宇宙的普遍理法。"(第48页)"如此以身体为媒介就会形成天人合一、物我一体的宇宙共同体。"(第49页)"孝:身的形而上学"由此确立。

该书还有许多独特新颖的观点和细致深刻的论述,这里不再一一列举,留待读者自己去体验思想的快乐。

通读全书,作者深刻的思想,经由译者专业而流畅的文字传神达意地表述出来。本书的译者邢丽菊博士精通中韩两国语言,师从崔英辰教授专攻韩国儒学,正如崔英辰教授所言:"她比任何人都熟悉我的思维逻辑和学问思想。相信她的翻译很充实而完美地体现了我的著作意旨。"(第6页)借由邢丽菊博士的译作,我们确实领略到了崔英辰教授《韩国儒学思想研究》的意蕴,并进而领略到韩国儒学的风貌。正如尹丝淳先生在"序"中所言:"此书的出版会对中韩两国的学术交流起到很好的推动作用。特别是在当今以中国为首的国际儒学界对韩国儒学的关注日渐升温的时代大背景下,相信此书的出版会对中华圈学者以及关注韩国儒学的各国学者起到很好的参考作用。"(第2页)

(王雅,辽宁大学哲学与公共管理学院,110036)

〔美〕沃格林:《希腊化、罗马和早期基督教》

谢华育 译,上海:华东师范大学出版社,2007年

在1942年12月9日写给施特劳斯的信中,沃格林认为:"柏拉图—亚里士多德式的科学的可能性已经扎根于神话之中,基督教与历史意识只是改变了它们。基督教与历史意识并没有完全而只是部分地废除它们,但这种改变也决非无关紧要:希腊中心思想所理解的人已经被个人——那个能直接与神交流的人——所取代。"①事实上,沃格林的政治哲学的历史哲学基础乃是两套"符号—秩序"的划分:一套是神话、历史与哲学,另一套则是帝国与基督教。虽然《希腊化、罗马和早期基督教》位列八卷本《政治观念史稿》的第一卷,但它本来只是沃格林谋划的三大卷《政治观念史》的第二卷开头部分。② 此卷进入正文之前有个"导言",所谓"精神的瓦解",就是指"基督教帝国"这套精神秩序出现之前的另一套精神秩序的瓦解,对于它的研究是在《秩序与历史》前三卷中进行的。《希腊化、罗马和早期基督教》具有特殊的意义,它承前启后,勾勒出西方在从古代城邦走向基督教帝国的数百年过程中,新的"符号—秩序"是如何在混乱中诞生的。

关于古代精神秩序的瓦解,沃格林在〈科学、政治和灵知主义〉中说:"东方古代帝国的崩溃,以色列、希腊和腓尼基城邦独立地位的丧失,人口的流动、放逐和囚禁,以及各种文化之间的交流,把这些无法主宰历史进程的人们逼进一种极端孤独绝望的境地,感受到世界的动荡、思想的混乱、精神和物质的不安。由制度、文明和种族凝聚力的崩溃所导致的意义的丧失召唤人们做出各种努力,去重新理解在一个既定处境之中的人生意义。"③意义的丧失和内心的不安,正是《希腊化、罗马和早期基督教》的起点。在"导言"

---

① 恩伯莱、寇普编:《信仰与政治哲学——施特劳斯与沃格林通信集》,谢华育、张新樟等译,上海:华东师范大学出版社,2007年,第10页。
② 〔美〕沃格林:《希腊化、罗马和早期基督教》(《政治观念史稿·卷一》),谢华育译,上海:华东示范大学出版社,2007年,第11页。
③ 〔美〕沃格林:〈科学、政治和灵知主义〉,载沃格林:《没有约束的现代性》,张新樟、刘景联译,上海:华东师范大学出版社,2007年,第18页。

中,沃格林指出,希腊世界的非政治主义引发了一场伟大的运动,这场运动以认识到"人格的价值"为终点。至关重要的是,真正的非政治主义应该超出种族与国家之外,正是它有关"天堂"的精神状态洞悉并瓦解了城邦。哲学家的外国人身份为希腊语赋予了东方观念;伊壁鸠鲁的新型学校所具有的教派意味很像后来的基督教社团,他渴望用他的灵魂治疗术去拯救那些陷入灵魂困境的人;廊下派使世界城邦的观念产生了广泛影响;犬儒派,特别是第欧根尼则迈出更大的一步,憧憬并预示了一个全新的世界图景。在沃格林看来,第欧根尼具有和柏拉图同样的地位,他们是"精神上的手足","柏拉图的城邦和第欧根尼的世界城邦都是伟大灵魂的梦想"。只不过,这个"世界城邦"的梦想,还需要廊下派学者的亚洲背景、亚历山大及其继任者的帝国、罗马帝国和基督教、萨珊帝国和摩尼教,以及阿拉里克对罗马的征服,来为它填补充分的历史材料。只有这样,它才能在奥古斯丁的观念中得以明确表达。①

《希腊化、罗马和早期基督教》的正文内容,正是以亚历山大的征服为始,以奥古斯丁的"上帝之城"为终。中间被凯撒和耶稣隔开,标志着一个新纪元的来临。因此,第一部分即为"从亚历山大到凯撒",第二部分即为"从耶稣基督到奥古斯丁"。不难看出,沃格林的"政治观念史",最主要的关注点乃是伟大人物(特别是统治者和思想家)及其相关学说或统治的"激发性",即他们为"符号—秩序"的形成贡献了什么。

第一部分的核心观念是君主与帝国。沃格林具有非凡的洞察力,这在他对亚历山大和凯撒的精要评论上显示得很清楚。他说亚历山大的伟大来源于他"强力而神秘的人格"②,凯撒的伟大则来源于他"宽广的个性"③。沃格林关注的是君主的形象及其符号效应,在某种程度上,伟大君主之所以能成为一个神话,正是因为他们的人格。事实上,希腊化时期有关国王的理论正将国王视为活着的法律(*nomos empsychos*),并且认为,正是国王从他的神圣人格中创造了政治的小世界。④ 希腊化时期的政治论题,最显著的特征就

---

① 沃格林:《希腊化、罗马和早期基督教》,第93—105页。
② 同上书,第113页。
③ 同上书,第177页。
④ 同上书,第131页。

是从城邦向帝国的转变,"政治单位所具有的内在结构是希腊思想的主要课题,但是随着帝国的兴衰成为一个具有魅力的新主题,它现在变得次要了"①。帝国理论中的核心问题是帝国迁移或帝国命运问题,《但以理书》第一次为各个帝国排序,而波吕比乌斯在他的《通史》中试图阐明这个问题。沃格林认为,"波吕比乌斯的主题是 imperium 的终点","他开启了一种有关世界性事件的观点,这种观点使罗马的 imperium 具有了宿命的色彩"②。但罗马为什么会成为最后的政治命运?它何以能够抵制政治的衰败?人们一般会从波吕比乌斯著名的"混合政体"中去找原因,但沃格林认为它并非决定性的。他认为,波吕比乌斯给出的真正原因乃是两项具有根本意义的事物:习俗和法律。"罗马优于其他国家,不是因为她拥有一套均衡的组织形式,而是因为她的贵族制度拥有一定的行为规范,这能指导国家的事物。当大众'不再同意服从或甚至想成为统治阶层的对手',当这个国家将变成民主制,罗马就将终结。"③沃格林说,波吕比乌斯特别强调了人民的 deisidaimonia(虔敬;迷信),换言之,公元前2世纪的罗马还没有像公元前5世纪的雅典那样陷入城邦信条的瓦解。但沃格林的主要意图,并非是想弄清罗马拥有什么优势使它成为一个帝国,而是罗马缺少什么以至于罗马帝国只是一套权力工具而非能使其治下的各族人民达成一致的精神秩序。也正是因此,他对于西塞罗之试图把罗马视为理想政治本身进行了批判。他说:"理想的国家对西塞罗根本不是问题;他不必从他的灵魂中去创造它;他只要环顾四周:罗马就是个理想的国家;他所要做的就是描述罗马的政治组织、民法和宗教法。"④换言之,西塞罗只是把现存的罗马变成了神话,这就限制了对于真正的理想政治秩序的激发性想象。维吉尔的《埃涅阿斯纪》也是如此。它似乎创造了罗马的神话,但实则不然,因为史诗中的罗马仍是帝国秩序的工具和执掌大权的皇帝的工具,何况这个神话还披着希腊神话的外衣。

简言之,在沃格林看来,"罗马帝国只是人们聚集在一起,但是并没有成为一个民族。如果说基督教的主要作用适应于有关政治激发活动的历史,

---

① 沃格林:《希腊化、罗马和早期基督教》,第151—152页。
② 同上书,第156、157页。
③ 同上书,第161页。
④ 同上书,第170页。

那么这个主要作用就是创造了一个新的社群本质"①。《希腊化、罗马和早期基督教》的第二部分就主要与"新的社群本质"相关。不过,沃格林在第一部分中也勾勒了廊下派和以色列的某些观念,它们具有激发性,对于"新的社群本质"亦有贡献。在沃格林看来,廊下派观念的重要性就在于,它发现了人的灵魂,它体验了孤独,而这对将来产生了长远的影响,它为基督教所带来的剧变铺平了道路。它特别发展了平等和人格的观念。"似乎廊下派有关世界之邦、世界城邦的观念在公元前2世纪朝着平等的观念得到了进一步的发展。根本的形而上学假设的内容仍然是:从世界精神、逻各斯(拉丁文的 ratio)或 nomos(拉丁文的 lex)中散发出来的火花——或者分离出的些许残光——构成了人们的人格核心。"②每个人都因可以分享到神圣逻各斯的光芒而是平等的。正如沃格林在后文所言,在基督教的学说中,这个逻各斯乃是基督和神圣理性:基督是基督教社群的神圣本质,而神圣理性在所有人的心中都发生作用,使他们朝向正确而避免错误。③ 至于以色列,它的约、终末论和受苦仆人的观念,也都为基督教所吸收:作为神圣的约法,以色列的社会准则被基督教社群接受,正是因此,基督教免于成为众多希腊化的神秘教派中的一个;当终末论从宏大的战士理想转变为存在于心中的律法,这使以色列内部的发展十分近似于希腊化的发展过程,以致它们在基督教中的融合成为可能。以色列还有一个观念是其他文明中没有的,即世界将通过一个清白无辜的仆人所受的苦难而得到拯救,在把罪和责任个人化的过程中,这个观念是决定性的一步。④

关于第二部分,沃格林在第三章开头交代了,他为什么把关于基督教的讨论放在关于皇帝的讨论前面:"基督教和其他精神运动是这个时期的主要推动力量,尽管这个帝国依靠的还是来自罗马共和国的推动力量,直到它被东方的力量慢慢改变和淹没。"⑤在沃格林看来,基督教的力量,就在于它作为一个精神社群的本质,而精神的社群,主要与基督的人格、人的品格以及

---

① 沃格林:《希腊化、罗马和早期基督教》,第191页。
② 同上书,第169页。
③ 同上书,第257页。
④ 同上书,第142—148页。
⑤ 同上书,第235页。

这两者间社群的特色有关。耶稣的神力和信徒的信仰是"相互呼应的人格元素,这些元素可以相互交流,于是就构成了一种社群的本质"①。在构成精神社群的过程中,metanoia,亦即转变、疗愈、信仰的状态特别重要,它跟个人的灵魂力量有关。基督教的终末情绪强硬地把人做出区分,它的强硬态度正是信徒对非信徒的强硬。为了避免误解,马太把受赐福归因于灵魂的状态,只不过这种状态在穷人中比在富人中更容易找到。因此,沃格林认为,登山宝训的作者有意识地避免将话语的终末论含义简化成对一种社会本质的反映。② 在这个意义上,metanoia 同柏拉图的灵魂神话一样,是真正的非政治主义,而非表面的非政治主义,它求诸的是灵魂的革命,而非社会的革命。不过,"从保罗和他的圈子开始,这个终末论的社群开始转变为基督教的社群,基督教社群则认为最后审判之日将在更为遥远的未来才能出现,而这个社群也会在现世中暂时调整自己,以适应生存的紧迫要求"③。沃格林认为保罗的伟大在于他具有政治家特质,正是他使基督教社群在现实中成为可能。他为"言简意赅的《希伯来书》注入内容,并把由伴着基督的完美者组成的社群变为这样一种观念,对于那种并非由完美的圣徒组成的社群,这种观念能解释其中发生的实际问题"。这主要是通过"保罗的包容"来实现的:包容历史以向外邦人宣讲福音,包容人的弱点以形成一个自然的等级体系和分层结构,以爱的律法补充旧律法、成全旧律法,对于社会问题的冷漠使忠于社会现状成为基督徒的责任,对于由神命令的政府掌权者的服从使不可见的国度得以与这个世界共存。④ 沃格林指出,"保罗已经在本质上包容了世界。……从基督之灵中产生了一个新的民族,这个新的民族会越来越深入地适应已有的世界,并慢慢地将不同的民族和文明改变成神的国度"。即便如此,沃格林接着说道,"在历史上,基督教的帝国观念并没有实现,尽管它在中世纪发展成了但丁的梦:一位神、一位皇帝,一个基督教的民族。阻止这个梦实现的是人类在民族和文明上的多样性"⑤。

---

① 沃格林:《希腊化、罗马和早期基督教》,第197、225页。
② 同上书,第196、202—203页。
③ 同上书,第208页。
④ 同上书,第212—216页。
⑤ 同上书,第217—218页。

这是一个根本性的悖论：罗马帝国实现了，但它不具有精神性；基督教提供了具有精神性的社群生活，但从未成为一个精神性的帝国。这个悖论的因由，亦即"民族和文明上的多样性"，乃是第二部分乃至全卷所涉及的最为关键的问题。

"一群在种族上多少一致的人、一个属于这群人的文明，以及它那作为一个权力单位的组织形式，在旧有的形式中，这三者紧密和谐地联系在一起，但是在那些拥有超越自然和超越民族之主张的社群出现以后，这种旧有的形式却不可能存在了。"① 沃格林在此所说的种族、文明和政权三合一的共同体，就是基督教出现之前的古希腊—罗马城邦。它对应着沃格林对古希腊法律理论所作的三个阶段划分中的第一阶段，即民族神话阶段。接下来智者阶段的出现，标志着第一阶段开始瓦解。第三个阶段就是柏拉图和第欧根尼的灵魂神话阶段。如果说柏拉图还试图在灵魂中构建一个城邦，第欧根尼则试图在灵魂中构建一个世界城邦。在沃格林这里，"世界城邦"在从城邦到帝国、从异教到基督教的过程中之所以如此关键，就在于它使得对"民族和文明上的多样性"的超越成为可能。同时，与"世界城邦"同等重要、可谓相辅相成的，乃是个体灵魂或个体人格的观念。这使个人从"城邦神话"中解脱了出来，成为超越性的"世界城邦"的一员。这种转变，正是沃格林的两套"符号—秩序"之间的转变，即从"神话、历史和哲学"到"帝国与基督教"的转变，而《希腊化、罗马和早期基督教》所处理的，正是"帝国与基督教"这套符号秩序的萌生与发展。"帝国"提供了一种超民族的政治形式，"基督教"则提供了一种超民族的精神实质。而且，最后经保罗奠定的基督教社群的本质也是对现世帝国政治的一种超越。

但是，新的政治形式，亦即帝国，并没有把所有民族整合为一。西塞罗把世界的秩序等同于罗马，把罗马的 *lex* 等同于东方的 *nomos-logos*，这样罗马法就变成适用于所有民族的制度了。但是人们最后发现，对所有民族都适用的法律并不如预料中的那么理想。对此，沃格林评论说："'部族'是世界不完美的原因。这个属于罗马法范围内的发现，类似于保罗发现民族，*ta ethne*，是推行普世的基督教秩序的障碍。人类在民族上和文明上的多样

---

① 沃格林：《希腊化、罗马和早期基督教》，第224页。

性就其本身而言是不完美的;当我们以历史的眼光看待人,人是一种下落的生灵,他从一个纯真的国度下落,在这个国度中,所有人作为活生生的存在者,都是平等的。"①罗马帝国不是那个"纯真的国度",而试图超越所谓不完美的"民族和文明上的多样性"的基督教普世秩序却也并没实现。即便在君士坦丁治下,各种权力组织与那些精神社群及其教会组织之间的关系拉得最近,但是,"帝国、民族社群和精神社群完全相关联的情况从没有达到过"②。

《希腊化、罗马和早期基督教》最后讨论的是奥古斯丁。截至奥古斯丁的时代,基督教的历史发展与保罗在他的帝国观念中所设想的大相径庭。皇帝的观念,并没有向基督教的方向发展。教会总是对教义争吵不休,并争权夺势,潜藏着分裂的危险。阿拉里克洗劫罗马,更使异教徒们把帝国的基督教化当作灾难的原因,基督徒们也为此深感困惑。这一切向奥古斯丁提出新的挑战。奥古斯丁建构的"上帝之城"(civitas Dei),是一个超越的社群,它与任何历史上的制度都不相同;它的成员是由神单独挑选出来的,而不是由人们选出来的。在整个世界的历史中,奥古斯丁在被选者的团体和由迷失的灵魂组成的"地上之城"(civitas terrena)之间做出区分。精神上的不同造成了两座城中成员资格的差异,而这种精神上的不同是出于神的一个永恒的计划,神在堕落的人中选出一些来接受他恩赐的,并给予他们力量以从"对自己的爱"(amor sui)上升到"对神的爱"(amor Dei)。历史按照双重计划发展着,人类的神圣历史是由善和灵魂构成的历史,它从天使之国里神的统治开始,历经天使们的堕落,善良的人类灵魂和邪恶的人类灵魂两相分裂,最后在邪恶的灵魂受到永远的惩罚之后,在世界的尽头终止于正义的灵魂和基督的统治之中。所以,"上帝之城"和"地上之城"都不能等同于历史中的任何一种经验性的制度。教会保留了神圣的整体,体现了被选者和邪恶者;而帝国仍然是帝国。教会本身不是"上帝之城",但它毕竟是"上帝之城"在历史中进行积极活动的代表。在沃格林看来,从保罗有关社群的观念到奥古斯丁的"上帝之城",侧重点发生了变化。保罗并未丢弃宿命说,但

---

① 沃格林:《希腊化、罗马和早期基督教》,第 254 页。
② 同上书,第 224 页。

他强调通过信仰来证明人的灵魂，metanoia 对于所有人都是可能的；但在奥古斯丁这里，教会成了给定的框架，神预先知道历史的进程，神圣历史的宿命论笼罩着教会，也笼罩着"上帝之城"以及它那由天意决定的成员。沃格林对此评论道："这透露出，奥古斯丁体验到人具有魔鬼的本性，这种体验毫无疑问部分是来自自省，但它同时也是源于周遭世界的瓦解。"①

作为"基督教的第一个时期"的终结者，奥古斯丁的意义何在？"处于古代世界末期的这个奥古斯丁观点类似于处于民族国家时代末期的黑格尔的观点：当现在，理念经过正题和反题演化成国家客观道德中的合题时，我们就站在了历史的悬崖边；历史的动力已经用尽，而我们审视着陷入虚无的世界边界。当然，正在到来的不是虚无，而是孕育着崭新未来的一场危机。"② 根据沃格林的这段绝妙比较，从马基雅维利和路德到黑格尔的现代时期对应着的正是《希腊化、罗马和早期基督教》反映的时期。在本卷的最后一页，沃格林写道："只是到了文艺复兴时期，民族的崛起唤醒了种族的、文明的意识，并把它作为一种普遍的历史决定因素，到了这个时候，人们才在批判中理解到，旧有的世界结束了，新的西方世界开始了。"③但是，沃格林并没有把"民族—国家"当作"基督教—帝国"之后的一套新的秩序符号。与现代人往往把"现代"看作一个逐渐成熟的时期不同，沃格林似乎只是把它看作"基督教—帝国"这套符号秩序崩解后、新秩序出现前的过渡时期。倘若沃格林是对的，那么理解《希腊化、罗马和早期基督教》，正有利于理解我们所处的时代及其未来；即便沃格林不一定对，如他所言，"直到今日，在一个现存的政府框架内讨论政治问题，这个强大的传统仍然存在；按照政府的实际情况，有关政府的神话被人们接受，这样牢牢地限定了研究的视域"④。在这个意义上，阅读他，仍有助于我们打开研究的视域。

奥古斯丁面临的问题，乃是在罗马被蛮族入侵的情况下如何为基督教开脱的问题。罗马的灾难似乎与他无关。对于"永恒之城"的毁灭，他并不感到悲痛，因为他热爱的永恒在"上帝之城"中。也许沃格林拥抱的"神圣存

---

① 沃格林：《希腊化、罗马和早期基督教》，第 274—277 页。
② 同上书，第 272 页。
③ 同上书，第 286 页。
④ 同上书，第 172 页。

在"同样在"上帝之城"中？正如《政治观念史稿》的编者在"总序"中所言，沃格林试图在哲学上复兴 *fides quaerens intellectum*[寻求理解的信仰]。① 不过，对于"神圣存在"的信念，并没有影响沃格林的判断，这最典型地体现在：虽然他看到了"帝国与基督教"在古代世界瓦解后成为重构历史的关键符号，但他同时看到，或许有过帝国，但从来没有过"基督教帝国"。沃格林说："奥古斯丁是第一个重新认识到部族个体存在的权利的；他把它们理解为种族的和文明的性格，这种性格可以在精神上提升到基督教的层面，但是它不能因为一个帝国的 *magnum latrocinium*[大型强盗团伙]而灭绝。"②对于我们而言，无论是理解作为"大型强盗团伙"的帝国，还是沃格林心中的"神圣帝国"，都有必要。与沃格林为了理解而信仰不同，也许我们所致力的当是为了信仰而理解，只不过所"信"不同而已。因为，"民族及其文明是一件事情，民族的法律组织形式是另一件事情，正义的精神又是一件事情"③。

（刘晨光，复旦大学国务学院政治学系 2007 级博士研究生，200433）

谷裕:《隐匿的神学——启蒙前后的德语文学》

上海:华东师范大学出版社,2008 年

时至今日，得益于一代代学人的努力，西方文学经典已经越来越多地介绍进来了。经典之为经典，在于其思想之伟力能穿透时代和民族的限制，让生存境遇迥然不同的人同样受到震撼，并进而启发人们对那亘古长存的问题进行思考。但遗憾的是，这并不意味着我们与西方文学之间没有隔膜。任何文学作品都诞生于相对统一的文化背景之中，镶嵌在其独特的文明传承之上。而要是斩断这种与生俱来的牵连，单单来看其所谓的普世价值，那

---

① 沃格林:《希腊化、罗马和早期基督教》,第 54、60 页。
② 同上书,第 281 页。
③ 同上书,第 280 页。

么，任何伟大的作品都会失去原有的生命力。

两千年的基督教文明构成了西方文学经典的宏大背景。我们对西方文学的隔膜，在很大程度上是因为我们对基督教文明的陌生。由于无法进入其语境，我们看到的始终是我们眼中的哈姆雷特，却无法理解那脱胎于基督教文明背景的哈姆雷特。事实上，西方文学作品中到处都是宗教的痕迹，两千年的基督教文明使得在其中的任何叙事都无法摆脱其潜移默化的影响。倘若不首先了解基督教，我们就永远读不懂莎士比亚——这对启蒙前后的德语文学来说也一样。

在《隐匿的神学——启蒙前后的德语文学》这本书中，谷裕先生试图揭示启蒙前后的德语文学与基督教之间存在的千丝万缕的联系。在学界愈发专业化的今天，谷裕先生的这种跨专业尝试十分可贵。

一

刘小枫先生在本书"序言"中提到，德语古典文学的翻译和研究领域长期荒芜，根本无法望法语、英语、俄语古典文学翻译之项背。这其中的原因之一或许在于德语小说的晦涩难懂。德语文学向来以沉重晦涩著称，而德语似乎天生就不适合进行诗情画意的描绘——这令德语小说在可读性上大打折扣。

在本书"前言"中，谷裕指出，德语小说并非向来如此："给人造成这种印象的并非所有的德语文学，而是我们接触最多的启蒙以后的德语文学。"[①]启蒙以后的德语文学颇具神学气质。在德语启蒙文学所使用的语言中存在大量宗教元素，而其所关注的问题也与神学极为相似，比如，关注人的内心世界，注重思辨，致力于带领读者去追问存在本质，或对读者进行道德提升。总之，启蒙以后的德语文学因袭了神学的问题、语言和关怀，这使得呈现在中国读者面前的德语文学绝不轻松。

然而，上述解释似乎制造了更大的问题：德语启蒙文学既然诞生于旗帜鲜明地抨击基督教的启蒙运动之后，缘何又会携带宗教特征？刘小枫先生

---

① 谷裕：《隐匿的神学——启蒙前后的德语文学》"前言"，上海：华东师范大学出版社，2008年，第1页。

也在"序言"中提到了这个困扰他多年的矛盾:"在我的感觉中,启蒙文化的矛头针对的是基督教,但启蒙后的文学又大多带有基督教色彩……"①

正是这个问题构成了本书的核心线索。以今天的眼光来看,启蒙运动与其所反对的中世纪神学信仰,理应在各方面都截然不同。以启蒙运动为界,西方开启了一个全新的时代,这个时代的人们的生活和思想状况都应决然区别于以信仰为标志的中世纪。但谷裕恰恰在书中指出,启蒙运动与基督教有着斩不断理还乱的诸多联系。退回当时的语境之中,或许我们会发现,启蒙运动的影响并没有现代人所想象的那么大,而普通大众根据基督教教义建构的生活方式也并没有那么容易瓦解。

这一点在德国文化中表现得尤为明显,因为相较欧洲其余各国,德国的宗教文化要更为源远流长、根深蒂固。在本书第二章"启蒙以前的德语文学与基督教文化"中,谷裕首先向我们展示了德国基督教文化的历史。我们在这里可以看到:神圣罗马帝国的皇帝几乎全部出自信奉天主教的哈布斯堡家族,这使得帝国的皇权和神权在很长时间之内都弥足坚固地结合在一起;在15—16世纪文艺复兴时期欧洲各国人文主义大兴之时,德国却因路德宗教改革而仍以宗教和神学为精神生活的核心;路德宗教改革的影响如此深远,以至于在那之后一个半世纪,德国的思想和文学领域仍然继续着信仰的论争;全欧洲范围内持续三十年的惨烈的信仰纷争始终在德国本土进行,战争对德国政治、经济、历史和文化造成了难以估量的影响;最重要的,从神圣罗马帝国成立到启蒙以前的七百年间,基督教文化渗透于个人生活、社会秩序和国家管理的方方面面,而基督徒的身份成为每个人最基本的社会认同。而即便在启蒙之后,启蒙运动对宗教的批判也"主要在新教文化精英中展开,因此并不代表民意,更不意味整个社会信仰结构的转变"。"占德国人口总数过半的天主教地区……既未展开与宗教对抗的启蒙运动,也没有进入或接受启蒙以降的文学经典。"②这透露出,启蒙运动的影响或许并不像我们所想象的那么大,而持续整个中世纪的信仰生活模式也并非在朝夕之间即能改变。

---

① 谷裕:《隐匿的神学——启蒙前后的德语文学》"前言",上海:华东师范大学出版社,2008年,第4页。
② 同上书,第5页。

二

直到 19 世纪,德国才出现强有力的国家政权与教会权力制衡。在长达千年的时间内,德国的宗教性广泛地渗透到市民生活的方方面面。

我们不妨重新回到本书所关注的"德语文学和基督教文化"论题上。在本书第二章接下来的部分中,谷裕为我们介绍了启蒙以前的德语文学状况。"德语有文字记载的文学从产生之日起,就笼罩在基督教文化框架中。"[①]中世纪僧侣文学、骑士史诗、讲道文和神秘神学著作以及 17 世纪的巴罗克文学等,皆是由基督教催生的文学形式。难能可贵的是,谷裕并没有停留于简单介绍,而是以结合具体文本解读的方式来揭示其中深厚的宗教内涵。其中,对骑士史诗《帕西法尔》和巴罗克小说《痴儿西木传》的解读尤为精彩。骑士美德所揭示的日耳曼文化与基督教文化的融合、高贵的圣杯骑士理想,和痴儿西木所体现出的悲凉末世论和消极等待救赎思想,都给人留下深刻的印象。结合这两部作品,或许我们能对启蒙之前人们的时间观、历史观和世界观有更生动和具体的理解。

德国文化的宗教性扎根如此之深,这使得如下事实也不再令人惊奇了:启蒙之后,大力批判基督教的德语启蒙文学仍然不可避免地带有宗教性,或至少带有宗教性的变种。在本书的第三章"启蒙以后的德语文学与基督教文化"中,我们看到,启蒙后的德语文学,虽希望挣脱基督教获得纯文学的独立地位,并因此有着明确的渎神和敌基督倾向,但却又在种种方面遗传了基督教的影响。

正如恰恰是在教父们的论战作品中,人们得以发现本已被焚烧殆尽的敌基督言论;同样,正是因为德国启蒙文学有着过于鲜明的针对性,所以人们不难在它那里发现其对手的痕迹。"到 19 世纪末以前,被列为德语文学经典的作品无不以探讨和思辨存在本质和终极问题为内容。这表明它们不知不觉地履行着神学的义务和要求。"[②]而文学对神学的严肃批判和对抗,在

[①] 谷裕:《隐匿的神学——启蒙前后的德语文学》"前言",第 30 页。
[②] 同上书,第 90 页。

某种程度上也正构成了信仰形式的另一种表达:"作家对宗教的批判和质疑本身就显示了一种追求真理的姿态,是神学允许的对话形式,比漠不关心的态度更富有建设意义。"①更重要的是,受家庭和教育影响(牧师之子现象与虔诚运动),启蒙作家们几乎必然要在基督教定下的框架内思考(启蒙作家良好的古典语言修养要追溯到路德的"唯圣经论"),类宗教话语和类宗教思考源源不断地在他们笔下流淌出来。"作家们一方面试图消解基督教信仰和教义,另一方面又由于所受宗教教育和宗教社会化而不知不觉按照它的思维方式去思考和写作。他们批判基督教,同时又试图依照同样的模式建立人文的世界观或政治乌托邦;他们批判基督教的伦理道德体系,却又试图建立另一套具有普遍约束力的价值体系;他们否认三位一体的基督教的神,却不断打造人文偶像或提出'超人'。而且事实证明,他们的写作和批判本身就是在追求真理,寻找新的救赎办法。"②德语古典文学和浪漫文学中的理想主义仍然借用了宗教之信仰结构,取代神的最高地位的是某种类似神的东西(人的个体和自我)。

三

文学作品中深刻的基督教文化记忆,使得其中有隐匿的神学。为了对这一点提供更详实充分的说明,谷裕在本书的第二部分"经典解读"中,对启蒙以降六位德语作家的经典作品进行了解读。这部分不失为此书之精华所在。在这部分中,作者显示了其良好的文学修养和扎实的神学功底,自如地运用文学解释法,令多部经典作品以令人耳目一新的面貌呈现出来。我们从中既可以重新认识人人耳熟能详的德语文学大师,比如歌德;又可以新结识一批我们虽不熟悉但仍非常重要的德语作家,比如莫里茨、瓦肯德罗、诺瓦利斯、伊默曼和冯塔纳。在谷裕的解读下,我们不难发现,这些写作风格和思想倾向迥异的作家有一个共同特点,即其作品中都保留着宗教文化的记忆。

---

① 谷裕:《隐匿的神学——启蒙前后的德语文学》"前言",第4—5页。
② 同上书,第4页。

不妨先以歌德的四部主要作品为例。谷裕提醒我们注意歌德《少年维特之烦恼》中的内在张力,即一方面,《维特》作为一本自杀之书本身就是反基督教的;而另一方面,维特仍留在基督教的逻辑之中,他赴死的方式与耶稣极其相似,并仍希望能拥有一个基督教的葬礼。在歌德的长篇小说《威廉·迈斯特的学习时代》中,第六部《美的心灵》明显受到了宗教虔诚运动的影响,而其晚期小说《亲和力》则在多处体现了天主教文化。最值得注意的是《浮士德》中愈发走向明处的宗教文化:《浮士德》与《约伯记》具有相似的框架,而《浮士德》结尾更揭示了失去信仰的人们所面临的终极困境,并以基督教救赎的形式预言救赎。凡此种种向我们揭示出,宗教文化始终伴随着人文主义者歌德一生的思考,甚至令晚年的他对理性启蒙产生怀疑。

与歌德相似,启蒙主义者莫里茨在其自传小说《安通·莱瑟》中,也不自觉地暗示出作者所受寂静派运动和虔诚运动的影响。但如果说在歌德和莫里茨的作品中,神学尚且以记忆的形式隐匿着,那么在其他几位作家那里,宗教文化则成为作家有意凸显的主要对象。瓦肯德罗以"艺术宗教"缅怀已逝时代的神圣事物,诺瓦利斯则以"诗化宗教"追溯感性和神圣的维度。而在伊默曼和冯塔纳的作品中,也流露出宗教信仰和启蒙人本思想合题的理想。与歌德和莫里茨相比,这些作家显然更加明显地觉察出启蒙运动的问题。他们认为理性并不能解决一切问题,并指出信仰缺失的后果。这后果在伊默曼的《蒙豪森》中表现为虚无,在冯塔纳的《茜茜尔》中则表现为具有天主教气质的茜茜尔在启蒙社会中的窒息而死。比起最早一批启蒙主义者,他们更加明显地感受到极端理性主义和新教伦理对人性造成的束缚,并进而提出种种"类宗教"以修正启蒙。但是,无论这些作家所提出的宗教理想与传统天主教气质多么接近,在正统教会看来,他们仍然是异端邪说。因为他们虽向往神圣维度,却将神圣维度系于艺术和诗,或者寄希望于启蒙与信仰的结合。

这些作品向我们揭示出启蒙运动通常不为人知的一面,也让我们不得不重新思考:以理性和思想解放为标志的启蒙运动,其实质究竟意味着什么?

四

正如前面曾提到过的,谷裕提醒我们,在笼统地说德国启蒙运动的实质和影响之前,必须首先区分新教和天主教。所谓启蒙运动,其实主要发生在新教地区。"严格意义上讲,18、19世纪的世俗化以及文学与宗教之间的互动在德国主要发生在新教地区。德国的启蒙运动主要在新教地区展开,天主教方面至今对当时在天主教地区是否出现启蒙尚存有争议,至少不承认曾经发生过新教地区那样理性至上的启蒙。""事实上,以启蒙为界,德国天主教文化与新教文化变得越来越泾渭分明。"①这一点尤其表现在,德国天主教地区并不接受启蒙以来新教地区所确立的纯文学经典。"直到19世纪末,天主教方面并不接受莱辛、歌德和席勒等古典作家。"②

单就新教地区而言,启蒙运动也并不意味着信仰生活的绝对削弱。谷裕指出:"18世纪启蒙时期新教发生的根本变化表现在人们教会意识的淡化以及个人信仰的加深。"③所谓启蒙时期宗教性减弱的说法是有所指的:"启蒙时期宗教性的减弱主要指正统教会生活力度的减弱,而非教会以外普遍的宗教性的丧失。"④启蒙时期宗教信仰虽在外在形式上减弱,但是却转移到内心信仰、对其他门类事物的热爱、对私人结社和团体活动的责任感中。信仰文化开始世俗化,教区活动变为文学组织和文学沙龙,戏剧接替了宗教之道德教化和解释世界的职责(歌德《威廉·迈斯特的学习时代》)。虔诚与信仰只是部分地丧失了与教会相关的外在形式,但却以更丰富的方式与人们的生活关联起来。这一切使得启蒙时期的信仰解放同时伴随着信仰的深化,正统的教会信仰转化为世俗的虔诚文化。道德的神化尤其造就了苛刻的新教伦理,导致了"程式化的僵化后果"和"对世俗生活的逃避"(冯塔纳的《茜茜尔》和《艾菲·布里斯特》)。⑤

---

① 谷裕:《隐匿的神学——启蒙前后的德语文学》,第67页。
② 同上书,第139页。
③ 同上书,第68页。
④ 同上书,第69页。
⑤ 同上书,第71页。

然而,我们必须注意的是,正如虔诚文化并不为正统教会所承认一样,我们这里所谈的虔诚文化及其信仰,都是在极其宽泛的意义上说的。对富有道德教化功用的戏剧的关注,以及对大自然的热爱,终究不是虔诚与信仰本身。对世俗事物的热爱和忠诚,也当然不能等同于宗教意义上的虔诚与信仰。然而,在宽泛的意义上,人们对于世俗事物的热爱的确不可避免地秉承了信仰的模式。

这提醒我们宽泛意义上信仰的重要性。人天生是信仰的动物,不能没有信仰而活。这一点不光体现为现代人需要以信仰来修正极端理性,更首先体现为多数人仍以信仰的形式来接受理性启蒙。在苛刻的新教伦理之下,人们所心甘情愿做出的牺牲(比如《艾菲·布里斯特》中的殷士台顿),只能用信仰的热情(而非理性的力量)才能解释。在此意义上,启蒙运动的作用并非是将人由信仰转向理性,而只是将人的信仰对象由神转向了理性。

现代人不信神,却相信人文偶像歌德;即便不相信歌德,也相信一套主义;即便不相信任何主义,也相信虚无。"人宁可追求虚无,也不能无所追求。"①所有这些的实质都是相同的,即,都需要信仰来提供生活的意义。人总是要相信什么才能继续活下去。即便取消一种信仰,人们又迫不及待地走向新的信仰。赤裸的生命本身令人畏惧,而信仰意味着精神生活的安置。

进入现代之后,科学与进步成为新的信仰,并驱逐了大地上所有的神灵。但是,问题在于,基督教信仰在解释世界的同时也提供了道德依据和对终极问题的回答,科学本身却是价值中立和客观的,不能带人去认识那永恒的、绝对的、不可见的东西。在此意义上,启蒙理性带来了某种程度上的信仰缺失,并使现代人面临虚无困境。启蒙以后文学经典中隐匿的神学,表达的也正是这样一种忧虑。

五

谷裕的这本书上架建议为"外国文学",但实际上也值得哲学和宗教界诸位学者的注意。就笔者个人而言,在阅读此书过程中澄清了许多基督教

---

① 〔德〕尼采:《论道德的谱系·善恶之彼岸》,谢地坤等译,广西:漓江出版社,2000年,第132页。

概念,也得到了不少启发。书中经典解读的部分尤其能引领读者重新畅游一番德国文学宝库,并提醒读者多角度解读文本的价值。此外,学界关于启蒙运动历来有颇多争论,此书从跨专业角度为我们提供了有价值的思考,值得重视。

(林丽娟,北京大学哲学系 2008 级硕士研究生,100871)

〔法〕汤姆·洛克曼:《马克思主义之后的马克思》

杨学功等 译,北京:东方出版社,2008 年

苏东巨变之后,国内外马克思主义研究界几乎同时出现了一种思潮:把马克思的思想与"马克思主义"区分开来,试图超越"马克思主义"对马克思思想的阐释,"回到马克思"本身,通过重新阐释马克思的文本来彰显其思想的当代价值。伴随着这种思潮而来的,是所谓的"三大对立论":马克思与马克思主义的对立、青年马克思与晚年马克思的对立、马克思与恩格斯的对立。当国内学界正在为区分"马克思哲学"与"马克思主义哲学"的合理性争辩之时,由洛克曼(Tom Rockmore)教授写作,杨学功老师主持翻译的《马克思主义之后的马克思》中文本出版了。

一 马克思与黑格尔关系的再思考

该书的出版使得我们可以直接面对西方学界对马克思主义和马克思严格进行划界的一手文本,因而引起了国内学界的一定反响。但令人遗憾的是,一些学者似乎并未真正窥见此书全貌,而依然在用旧有的框架评判此书的观点,譬如用"西方马克思学"来定位此书的观点。固然,笔者也不甚赞同将马克思和马克思主义严格区分的观点,但是此书区别于其他同类著作之处在于,除了表达这种观点之外,更为重要的是,还触及到马克思主义哲学

(抑或马克思哲学)研究中一个非常重要的问题——马克思与黑格尔的关系。在我看来,与其继续陷入无谓的争论,还不如让我们通过洛克曼教授的新视角来重新审视马克思与黑格尔的关系这一问题。

《马克思主义之后的马克思》全书一共分为六章,第一章是总论,主要概览了黑格尔、马克思和马克思主义的关系;第二章到第四章主要依据第一章提供的思路,对马克思的众多文本(从《博士论文》到《资本论》)一一做了重新的梳理和解读;第五、六章则进一步全面阐释了马克思与黑格尔关系。因此,从本书的谋篇布局很容易就能看出,此书的核心有两个:一是在马克思与马克思主义的区分下,重新解读和阐释了马克思的主要文本;二是对马克思与黑格尔的关系做了崭新的诠释。当下国内学界正在进行着构建中国马克思主义哲学新形态的理论探索,这一探索的一个重要方面便是重新厘清马克思哲学形成的思想史背景,其中最为重要的便是马克思与德国古典哲学特别是黑格尔哲学的关系问题。对这一关系的理解一定程度上决定了理解和把握马克思思想水平。从这一角度来看,我们更应该从对第一个问题的争论转入到对第二个问题的透视中来。

马克思与黑格尔的关系问题是马克思主义哲学研究中历久弥新的问题,根据经典作家的定义,马克思主义哲学就是颠倒了的黑格尔哲学中辩证法的合理内核加上费尔巴哈的唯物主义前提。这种观点作为教科书的结论,为绝大多数对马克思主义有所了解的人熟知,但熟知并非真知,近期国内学界和译界已有一些学者对此观点提出了不同看法[1]。同样,本书作者对此有不同于传统观点的看法,他对之前学者研究这一问题的成果不甚满意:"虽然马克思深深地沉浸在黑格尔的著作当中,每一个讨论马克思的人至少都会提到这种关系,但是却很少对这种关系进行详细研究。"甚至连马克思本人"也一直没有做到"。他还批评了恩格斯对这一问题的研究"做得很糟糕",他的研究至多不过是一种"暗示",并且妨碍了对马克思和黑格尔的关

---

[1] 参见俞吾金:《问题域的转换——对马克思和黑格尔关系的当代解读》,北京:人民出版社,2007年;诺曼·莱文:〈马克思与黑格尔思想的连续性〉,载《马克思主义与现实》,2008年第5期;鲁克俭:〈国外马克思学者关于马克思与黑格尔关系的新观点〉,载《中共天津市委党校学报》,2009年第1期。《马克思主义与现实》杂志还在2008年第2期开辟专栏,讨论马克思与黑格尔关系的新解读。因而,《马克思主义之后的马克思》一书的出版也为国内学界深入探讨这一问题开启了新的思路。

系的正确理解①。作者认为,以恩格斯为代表的马克思主义传统,将唯物主义和唯心主义简单对峙,把唯心主义看作仅仅是需要克服的。于是,唯心主义被贴上了"荒谬"、"虚无"之类的标签,似乎在理论发展史上是一文不值的学说。然而,作为哲学孪生子的唯物主义和唯心主义,它们的使命归根到底都在于对人的存在意义及自由的追问,哲学本身就是争取自由的学问。唯心主义尽管有万般缺点,但不可否认的是,其最大的优点就在于直指人的自由,以应有来批判现实,因而包裹了深刻的人文因素。如果唯物主义仅仅只完成了对现实社会关系的一般性描述的话,那是无法真正反对唯心主义的;如果从唯物主义理论中生发不出人的自由向度以及实现自由的可能性和必然性,那就无法真正与唯心主义相抗衡。因而马克思整个理论探索的要害之处就在于并非简单地抛弃唯心主义,而是扬弃唯心主义,即在唯物主义的基础上来解析如何通达人的自由的问题。作者也就是在这个角度上认为马克思继承了德国主体性哲学,强调主体的自由,因而是一个黑格尔主义的唯心主义思想家。

在"马克思主义"谱系的学者中,作者肯定了卢卡奇对马克思与黑格尔关系的判断。他认为,卢卡奇在《巴黎手稿》和《关于费尔巴哈的提纲》尚未出版之时对马克思的黑格尔主义解读是一个非常深刻的洞见,启发人们重视黑格尔对马克思思想的构造方式的深刻影响。但卢卡奇却在另一层面上模糊了黑格尔对马克思的重要性,因为他声称马克思一直反对德国古典哲学。洛克曼教授指出,德国古典哲学并非终结于黑格尔,而是很显然继续存在于马克思那里。但是,作者并没有简单地将二者关系置放在哲学的单一语境中,即只不过将传统的从辩证法角度出发的观点转化为另一种哲学领域的传承。此书最为重要的一点就在于开启了一种观照黑、马关系的新视域——哲学与政治经济学的统一。

---

① 汤姆·洛克曼:《马克思主义之后的马克思》,杨学功等译,北京:东方出版社,2008年,第39页。如无特别说明,以下引用此书只在引文后的括号内标明页码。

二 哲学与政治经济学相统一的语境

那么,洛克曼教授是如何从一个崭新的角度来看待黑格尔对马克思的影响的呢?可以说,这本书中最大的亮点就在于将马克思与黑格尔的关系放置在哲学和政治经济学相结合的语境中来考察。正如作者所言:"无论马克思对政治经济学怎样有兴趣和贡献,他的政治经济学概念的形成是以大量的哲学研究为前提条件的。"(第 257—258 页)这显然是针对传统理解中仅仅将马克思看作是对辩证法合理内核的吸收这一观点的纠正。我们可以看到,之前国内马哲学界无论是从辩证法的进路解释黑、马关系,还是从逻辑学或历史观的进路解释马克思,这些进路虽然有益于加深对黑、马关系的深度理解,但是对于两者关系依然停留在"哲学"的理解领域,依旧停留在"作为纯粹的哲学",马克思哲学的独特性(哲学语境中的经济学或者说经济学语境中的哲学)并没有得到充分的彰显。作者说道:"根据最早期的文本,把马克思最早期著作中出于浓厚兴趣的专门哲学问题研究和后来著作中的政治经济学批判、现代工业社会的选择替代理论割裂开来,是完全错误的。因为这三个主题(哲学、政治经济学和现代工业社会)相互联系地贯穿于马克思著作的始终,哲学和政治经济学在马克思思想的任何一个观点中从未被分离过。"(第 230 页)这一论断对当代中国马克思主义哲学研究有着十分重要的启示作用,即强调不能割裂马克思主义的三个组成部分,而要在统一视域中加以整体研究和把握。不懂得马克思的哲学,就不可能真正理解马克思的经济学,同样也不能理解以"人的自由和全面发展"为目标的科学社会主义运动。所以,从哲学、政治经济学和科学社会主义相统一的维度来研究马克思的思想,就必然要将黑、马关系从哲学的单一视域推进到政治经济学领域。

首先,洛克曼教授从德国古典哲学的逻辑进程出发,考察了康德和黑格尔的不同之处。他认为黑格尔不同于康德的地方在于对社会现实有一种历史性的看法,黑格尔深刻地洞察了工业革命的本质,并且在《法哲学原理》中的"需要体系"一节中对现代工业社会做了精彩的描述。黑格尔遵循的实际上是亚当·斯密等古典政治经济学家的观点,即人们利用现代工业社会的经济结构来满足自己的需求。我们知道,卢卡奇在其名著《青年黑格尔》一书中就指出了黑格尔哲学与古典政治经济学之间的关联,他分析了黑格尔哲学的本质是对法国大革命和古典政治经济学的理论反映:"黑格尔不仅在德国人中对法国革命和拿破仑时代持有最高和最正确的见解,而且他同时是唯一的德国思想家,曾认真研究了英国工业革命问题;他是唯一的德国思想家,曾把英国古典经济学的问题与哲学问题、辩证法问题联系起来。"①

在充分肯定了黑格尔和古典政治经济学之间的理论关联之后,洛克曼教授开始论述黑格尔在政治经济学领域对马克思的影响。他认为,马克思虽然在著作中批评黑格尔,但却并没有因此而放弃哲学。更准确地说,马克思利用、发展和改造了黑格尔的一系列思想,特别是关于现代工业社会中人们满足其需要的观点,这成为马克思的政治经济学批判和独特的现代工业社会理论的基础。可以说,坚持政治经济学的本质是历史性的观点,这是马克思从黑格尔那里接受过来的。我们知道,黑格尔对政治经济学特别是"劳动"概念的论述,指出了经济异化是一种历史现象,有其存在的暂时合理性,这实际上已经超出了古典政治经济学将资本主义永恒化和非批判化的逻辑。根据洛维特的研究,黑格尔一生有三次关于劳动主题的讨论:最初是在1803—1804年的耶拿讲演中,然后是在《精神现象学》中,最后是在晚年的《哲学全书》及《法哲学原理》中。② 其中,斯密的《国富论》对黑格尔产生了十分巨大的影响,在黑格尔那里,劳动作为人的自我实现和自我确证的本质,绝不是一种抽象的本质,而是完全落实于由分工主导的现代工业体系中的一种社会结构中,正是通过对劳动的社会结构的分析,黑格尔极其深刻地揭示了现代市民社会的种种矛盾,预言了异化是现代人无法逃避的命运。这对青年马克思看待异化问题上的思路有很大影响。实际上,青年马克思在《巴黎手稿》中对"异化劳动"是持全面批判的态度,他虽然否定了古典政治经济学家将异化劳动永恒化的非历史逻辑,但实际上却也走向了另一种非历史化的极端。而黑格尔却已经看到了异化劳动是历史必然性和偶然性的统一,是历史暂时的产物。

---

① 卢卡奇:《青年黑格尔》(节选本),王玖兴译,北京:商务印书馆,1963年,第23页。
② 洛维特:《从黑格尔到尼采》,李秋零译,北京:三联书店,2006年,第358页。

马克思虽然受黑格尔极大影响,但另一方面,他又批判和超越了黑格尔,当然这一批判始终是从哲学和政治经济学双重视域的角度来进行的。在关于法哲学的讨论中,马克思的论述主要集中在黑格尔对政治经济学在现代工业社会中的作用没有足够认识和估计上,指责黑格尔对经济因素没有给予足够的重视,认为不考虑经济的中心地位和决定作用就不能够理解现代社会形态的基本性质。并且,黑格尔没有打算去改造现行的经济体制,而是坚持在资本主义社会的运行轨道内用理性的手段来解决问题。根据马克思的观点,黑格尔的逻辑分析忽视了重要的经验内容,国家和其他事物最终是由市民社会决定的,而市民社会的核心问题是私有财产。换句话说,市民社会通过私有财产决定了国家而不是相反。因此认识当代社会必须从基于财产关系的经济关系开始。黑格尔虽然看到了经济的作用,但是他没有看到经济在当代社会的基础作用,因为他对私有财产进行了错误的解释。因而马克思接下来就要说明,真正能把握现代社会的理论应该是一种基本的经济理论,这种理论是建立在私人财产权的经济作用的基础之上的。当所有人都去批评黑格尔从法律角度去处理财产权问题,并把它视为现代国家的基础时,马克思则看到,私人财产权是现代工业社会的核心。

私人财产权问题上的分歧是马克思反对黑格尔的中心所在。要想全面展示马克思对黑格尔的批判,或从根本上去揭示马克思批判黑格尔的具体内容,关键是要阐明马克思和黑格尔在政治经济学作用和本质问题上的差异,尤其是他们在财产权问题上的分歧。黑格尔认为,保护私人财产权是现代社会自由生活所不可缺少的;马克思则认为财产权是未来社会自由发展所必须解决的问题,未来社会自由发展的现实可能性依赖于废除私人财产权。黑格尔用私有财产的合法化来论证当代工业社会的基础,马克思同样把私有财产看作是当代工业社会的核心因素,但是由此做出了当代资本主义将走向自我否定的推论。这样,马克思就从私有财产的角度得出了资本主义的灭亡和实现共产主义的终极目标。

在马克思那里,哲学和经济学之所以呈现一种相互交融的关系,关键就在于历史性的思维方式。作者认为,马克思之所以具有这种思维方式,乃是得益于黑格尔。黑格尔虽然用抽象的观念来解释现实,但是却蕴涵着巨大的历史感。这种"历史性"不是通常我们理解的历史学意义上的时空范畴中的社会历史,而是运用把事物当作"过程"而非"实体"来理解这一辩证分析方法所得到的结果,它以现实为支点来保持历史和现实的张力;它不是一般历史学平铺直叙的历史,而是始终指向当下现实。从"实体"到"过程"的转变,这是对黑格尔哲学观精确而本质的概括。马克思创立的历史唯物主义中蕴涵的历史性方法所彰显的则是把事实看作是一个过程发展的结果,把历史看成是一种内在矛盾不断发展的历史,即最能反映现实的个人的真实社会状况的生产力和生产关系的具有丰富内涵的内在矛盾发展史,把纯粹的理论争论拉入到现实的矛盾发展过程中,从而在学理上对近代哲学推进了一大步。这种历史主义的研究方法就是要运用历史发生学的观点来看待现实,探究一种历史现象产生和发展的整个过程。古典政治经济学正是在这一点上与马克思的方法有很大差距,他们的哲学基础虽然是唯物主义的,但是这种唯物主义却是非历史的,他们不考察资本主义生产的前提,只关注在资本主义生产关系之下如何最大限度地创造财富,把资本主义生产关系看作是天然合理和永恒不变的。而在历史主义方法被最科学地揭示出来的《1857—1858年经济学手稿》及其《导言》中,马克思向我们揭示了这种从抽象上升到具体的方法,从中所能揭示的是资本主义经济过程中的内在矛盾是怎样在私有制社会形态中一步一步从抽象上升为当下具体的,与古典政治经济学和近代西方哲学不同,马克思的"历史"归根到底落脚在对市民社会及其文化意识形态的批判上面,而不是对之的实证。

三 对一些评论的回应

首先,如何看待"将马克思黑格尔化"的指责?马克思在分析资本主义时运用、批判、深化了黑格尔对资本主义所做的分析,并对这一分析做了拓展、修改和解答。在这个意义上,马克思过去是而且现在仍然是一位黑格尔主义者,他在黑格尔的众多重要学生当中是最重要的一位。对我们今天理解现代世界的本质而言,仍然是最重要的人物。马克思的理论提供了今天用以把握现代工业社会的最佳选择,是对时代本质的最好阐释。教条主义的马克思主义已经过时并且应当抛弃,但是只要发达工业化社会继续存在,马克思就将永远与我们同行,"那种认为政治性的马克思主义迅速崩溃、马克思的思想不复存在的看法同样是不适当的"(第291页)。从洛克曼教授的这些观点中我们可以看出,他的主张并非是像国内一些学者所认为的那样要退回到马克思之前,将马克思同化为黑格尔。针对有学者认为"马克思主义之后的马克思"的提法是要将马克思黑格尔化的质疑,作者也在此书中做了回应:"断言马克思在根本上是黑格尔派的时候,我并不是在宣称马克思仅仅是一位哲学家。他不同凡响的思想家形象意味着他的学说不可能仅仅局限在哲学、经济学、政治学或任何其他单一的领域之中。"而黑格尔"仅仅是一位哲学家而已。"(第9页)这就说明了作者认为马克思无论在研究领域,还是在研究深度和方法上都远超过了黑格尔。

其次,如何对待还原(回到)马克思的问题?洛克曼教授在本书中文版导言中认为,要想精确地恢复马克思文本的原始意义是不可能的,因为历史事件和历史文本都是不可重复的,不存在对历史的纯粹客观的描述,而只有在描述与解释相统一的视域中才能洞见马克思的真正思想:"我认为绝对不可能把描述和解释割裂开来,因为任何描述都是一种解释。绝对不可能在描述马克思的理论时,不挑选出文本中有重要意义的部分,从而不对它们进行解释。在认识到任何描述也将同样是一种解释之后,唯一相关的问题就是如何理解马克思的见解。应该怎样来描述它?应该怎样来解释它?描述和解释有何区别?"(第6—7页)可见,本书作者并不赞同还原式地回到"客观"的马克思那里,而是强调在解释的视域中重新开启马克思哲学的当代性。作者的本意是要充分发掘出黑格尔在政治经济学领域对马克思的影响,从而将马克思对现代工业社会的深刻洞察延伸到全球化资本主义时代,从而真正实现"马克思与我们同行。"正如洛克曼教授自己所说的那样:"在把马克思的意图归纳为一种公式或几个精心挑选的概念的过程中,却有意漏掉了对马克思哲学理论的正确把握,更没有提到他的哲学理论和今天的关系。和其他哲学理论一样,马克思的哲学理论和今天的关系是不可能用那些抽象的、绝对的词语来估量的,而只能结合当代的哲学讨论来做出评价。"(第277页)

最后,如何看待马克思和马克思主义之间的关系?这实际上涉及到如何看待马克思主义的问题。从本书谈到这一问题时的语境来看,作者所针对的马克思主义是教条化和庸俗化的马克思主义,与之相对的是"真正的马克思主义",作者坦言:"马克思始终是真正马克思主义的。"(第290页)教条化的马克思主义遮蔽、扭曲、篡改了马克思的原意,这种"马克思主义"也是马克思本人所反对的。19世纪70年代,针对法国"马克思派"中存在的宗派主义和教条主义倾向,马克思断然说道:"我只知道自己不是马克思主义者。"我们不能通过这种"马克思主义"反过来解读马克思的思想,"确定马克思的观点的最好的方法是阅读马克思"(第7页)。对马克思主义的理解和把握应该正本清源,从马克思的文本出发,而非从马克思主义出发来反观马克思,况且这种马克思主义还不是"真正的马克思主义"。在中国,教科书体系的抽象原理、规律长期作为普遍性真理被宣称、普及和接受,马克思的本真思想和丰富的文本则处在一个被忽视的状态。如果不是怀有非学术目的来刻意区隔马克思和马克思主义,那么这种观点就恰恰与中国学术界所追求的破除对马克思主义的教条式理解可谓是殊途同归。不再纠缠于意识形态的争论,踏踏实实地依据一手文本,深入准确地阐发马克思本人思想,才是中国马克思主义哲学研究的正道。

在笔者看来,《马克思主义之后的马克思》所要表达的核心含义有两层:第一,意识到马克思提供了最为深刻的批判资本主义的理论武器,而这样的批判即使从今天的角度来看也是无与伦比的,就像已有学者指出的那样,马克思从来没有像今天这样贴近中国社会的实际;第二,将马克思本人的思想与庸俗化、教条化了的"马克思主义"理论区别开来。马克思主义的开放性和实践性品格决定了简单的回归并非唯一的研究路径,我们需要"接着马克思说"而不能仅仅"照着马克思说",但是,只有在搞清楚了马克思"说了什么"和"怎么说"的前提下,我们才能更好地接着他说。从这个意义上来看,回到马克思,或者说正本清源,正是为了结合当下的社会发展现实更好地发展马克思。所以,一旦我们跳出"马克思与马克思主义"抑或"马克思学"之争,回到此书本身,就会获得更多有益的思考。

(王巍,北京大学哲学系2009级博士研究生,100871)

《哲学门》稿约

为了不断提高我国哲学研究的水准、完善我国的哲学学科建设、促进海内外哲学同行的交流,北京大学哲学系创办立足全国、面向世界的哲学学术刊物《哲学门》,每年出版一卷二册(每册约 30 万字)。自 2000 年以来,本刊深受国内外哲学界瞩目,颇受读者好评。

《哲学门》的宗旨,是倡导对哲学问题的原创性研究,注重对当代中国哲学的"批评性"评论。发表范围包括哲学的各个门类,马克思主义哲学、中国哲学、西方哲学、东方哲学、宗教哲学、美学、伦理学、科学哲学、逻辑学等领域,追求学科之间的交叉整合,还原论文写作务求创见的本意。目前,《哲学门》下设三个主要栏目:论文,字数不限,通常为 1—2 万字;评论,主要就某一思潮、哲学问题或观点、某类著作展开深入的批评与探讨,允许有较长的篇幅;书评,主要是介绍某部重要的哲学著作,并有相当分量的扼要评价(决不允许有过度的溢美之词)。

为保证学术水平,《哲学门》实行国际通行的双盲审稿制度。在您惠赐大作之时,务必了解以下有关技术规定:

1. 本刊原则上只接受电子投稿,投稿者请通过电子信箱发来稿件的电子版。个别无法电子化的汉字、符号、图表,请同时投寄纸本。
2. 电子版请采用 word 格式,正文 5 号字,注释引文一律脚注。
3. 正文之前务请附上文章的英文标题、关键词、摘要和作者简介。
4. 通过电邮的投稿,收到后即回电邮确认,3 个月内通报初审情况。其他形式的投稿,3 个月内未接回信者可自行处理。

在您的大作发表以后,我们即付稿酬;同时,版权归属北京大学出版社所有。我们欢迎其他出版物转载,但是必须得到我们的书面授权,否则视为侵权。

《哲学门》参考文献的格式规范

第 1 条　正文中引用参考文献,一律用页脚注。对正文的注释性文字说明,也一律用页脚注,但请尽量简短,过长的注文会给排版带来麻烦。为了查考的需要,外文文献不要译成中文。

第 2 条　参考文献的书写格式分**完全格式**和**简略格式**两种。

第 3 条　**完全格式**的构成,举例如下(方括号[ ]中的项为可替换项):

著作:作者、著作名、出版者及出版年、页码

吴国盛:《科学的历程》,湖南科学技术出版社,1995 年,第 100 页[第 1—10 页]。

R. Poidevin, *The Philosophy of Time*, Oxford University Press, 1985, p. 100[pp. 1-10].

译作:作者、著作名、译者、出版者及出版年、页码

柯林武德:《自然的观念》,吴国盛等译,华夏出版社,1990 年,第 100 页。

Martin Heidegger, *Being and Time*, tr. by John Macquarrie & Edward Robinson, Harper & Row, 1962, p. 100[pp. 1-10].

载于期刊的论文(译文参照译作格式在译文题目后加译者):

吴国盛:〈希腊人的空间概念〉,《哲学研究》,1992 年第 11 期。

A. H. Maslow, "The Fusion of Facts and Value", *American Journal of Psychoanalysis*, 23(1963).

载于书籍的论文(译文参照译作格式在译文题目后加译者):

吴国盛:〈自然哲学的复兴〉,载《自然哲学》(第 1 辑),吴国盛主编,中国社会科学出版社,1994 年。

T. Kuhn, "The History of Science", in *International Encyclopedia of the Social Sciences*, ed. by D. L. Sills, Macmillan, 1968.

说明与注意事项:

1. 无论中外文注释,结尾必须有句号。中文是圆圈,西文是圆点。
2. 外文页码标符用小写 p.,页码起止用小写 pp.。
3. 外文的句点有两种用途,一种用做句号,一种用做单词或人名等的简写

（如 tr. 和 ed.），在后一种用途时，句点后可以接任何其他必需的标点符号。

4. 书名和期刊名，中文用书名号，外文则用斜体（手写时用加底线表示）；论文名无论中外一律用正体加引号。

5. 引文出自著（译）作的必须标页码，出自论（译）文的则不标页码。

6. 中文文献作者名后用冒号（：），外文文献作者名后用逗号（，）。

7. 中文文献的版本或期号的写法从中文习惯，与外文略有不同。

第 4 条 简略格式有如下三种：

第一种 只写作者、书（文）名、页码（文章无此项），这几项的写法同完全格式，如：

  吴国盛：《科学的历程》，第 100 页。

  Martin Heidegger, *Being and Time*, p. 100.

  吴国盛：〈自然哲学的复兴〉。

  T. Kuhn, "The History of Science".

第二种 用"前引文献"（英文用 op. cit.）字样代替第一种简略格式中的书名或文章名（此时中文作者名后不再用冒号而改用逗号），如：

  吴国盛，前引文献，第 100 页。

  吴国盛，前引文献。

  Martin Heidegger, op. cit., p. 100.

  T. Kuhn, op. cit..

第三种 中文只写"同上。"字样，西文只写"ibid."字样。

第 5 条 完全格式与简略格式的使用规定：

说明与注意事项：

1. 参考文献在文章中第一次出现时必须用完全格式。

2. 只有在同一页紧挨着两次完全一样的征引的情况下，其中的第二次可以用第三种简略格式，这意味着第三种简略格式不可能出现在每页的第一个注中。

3. 在同一页对同一作者同一文献（同一版本）的多次引用（不必是紧挨着）的情况下，第一次出现时用第一种简略格式，以后出现时用第二种简略格式。下面是假想的某一页的脚注：

  ① 吴国盛：《科学的历程》，第 100 页。

② M. Heidegger, *Being and Time*, p. 100.

③ 吴国盛,前引文献,第 200 页。

④ 同上。

⑤ M. Heidegger, op. cit., p. 200.

⑥ T. Kuhn, "The History of Science".

⑦ Ibid.

4. 在同一页出现对同一作者不同文献(或同一文献的不同版本)的多次引用时,禁止对该文献使用第二种简略格式。

编辑部联系方式:
电子信箱:pkuphilosophy@gmail.com
通信地址:100871　北京大学哲学系《哲学门》编辑部
传真:010 - 62751671

北京大学哲学系
北京大学出版社